U0652030

第三版

新编心理学

◆ 主　审　刘华山
◆ 主　编　范安平　孙灯勇
◆ 副主编　童腮军　缪丽珺

华东师范大学出版社
·上海·

图书在版编目(CIP)数据

新编心理学/范安平主编. —3 版. —上海:华东师范大
学出版社,2016

ISBN 978 - 7 - 5675 - 5504 - 4

Ⅰ.①新… Ⅱ.①范… Ⅲ.①心理学-高等学校-教
材 Ⅳ.①B84

中国版本图书馆 CIP 数据核字(2016)第 159286 号

21 世纪教师教育课程规划教材

新编心理学(第三版)

主　　编	范安平
项目编辑	皮瑞光
特约审读	孙　聪
责任校对	张　雪
装帧设计	俞　越

出版发行　华东师范大学出版社
社　　址　上海市中山北路 3663 号　邮编 200062
网　　址　www.ecnupress.com.cn
电　　话　021 - 60821666　行政传真 021 - 62572105
客服电话　021 - 62865537　门市(邮购)电话 021 - 62869887
地　　址　上海市中山北路 3663 号华东师范大学校内先锋路口
网　　店　http://hdsdcbs.tmall.com

印 刷 者　昆山市亭林印刷有限责任公司
开　　本　787毫米×1092毫米　1/16
印　　张　21
字　　数　480 千字
版　　次　2016 年 8 月第 3 版
印　　次　2023 年 8 月第 6 次
书　　号　ISBN 978 - 7 - 5675 - 5504 - 4/B · 1031
定　　价　39.80 元

出 版 人　王　焰

(如发现本版图书有印订质量问题,请寄回本社客服中心调换或电话 021 - 62865537 联系)

21世纪教师教育课程规划教材

21 SHI JI JIAO SHI JIAO YU KE CHENG GUI HUA JIAO CAI

编审委员会

BIAN SHEN WEI YUAN HUI

主审/顾问：

刘华山　华中师范大学心理系教授、博士生导师，教育部理科教学指导委员会委员

郑日昌　北京师范大学心理系教授、博士生导师，教育部普通高等学校学生心理健康教育专家指导委员会委员

郭元祥　华中师范大学教育学院教授、博士生导师，教育部基础教育课程改革课程专家组成员

王坤庆　华中师范大学教育学院教授、博士生导师，全国教育哲学专业委员会副主任

张文兰　陕西师范大学新闻与传播学院副院长，教育部高等学校教育技术学专业教学指导委员会委员

编委会成员：（以下排名不分先后）

伍德勤	范安平	周　速	耿建民	江　芳
吴才智	杨国龙	王国英	包　卫	彭国元
瞿建国	程　坤	江秋玮	毛　丹	喻　瑶
王　健	孙灯勇	童腮军	缪丽珺	刘　君
杜宁娟	滕　瀚	田　斌	庞秀玲	郑传芹
杜国莉	蒋湘祁	彭　彬	温艳玲	高　芹
赵　辛	李秋谭	李　江	陶丽苹	张建彬
张玉孔	宋洪芳	陈庆方	丁洪霞	李丽君
张凌燕				

内 容 提 要

2020 年 10 月，习近平总书记在党的二十大报告中提出要"重视心理健康和精神卫生"。

作为全国教师教育公共课教材，针对当代教师培养的具体特点，本教材体现与遵循《教育部关于大力推进教师教育课程改革的意见》和《教师教育课程标准（试行）》的精神和要求，以心理学理论在学校教育情境中的运用为主线，着重阐明青少年学生心理的发生、发展和活动规律，力求用教育心理学的原理去认识、解决教育和教学中的实际问题。讲究科学性和先进性，注重实用性和可读性是本书的特点。

前　言

公共心理学课程,是一门为实现教师教育培养目标的教育类专业核心课程,随着基础教育的改革与发展,其地位与作用益显重要。我们认为,该课程的教学,应以培养适应时代要求的基础教育教师为出发点,在帮助未来教师在教育工作中培养学生良好的心理素质和心理潜能的开发、促进个性发展等方面发挥较好的作用。强调以教师教育专业学生的个体素质和教育能力提升为中心的发展性,注重基础理论与教育实践相联系的应用性,体现当代教育和心理研究最新成果的先进性,应是该课程教材编写的重要原则。

《新编心理学》自2009年出版、2013年修订再版以来,被众多教师教育培养院校使用并受到欢迎,同时也得到了他们不少宝贵的意见和建议。教材使用者及广大读者对教材的关注与厚爱,是对我们莫大的支持与鼓励,同时也促使我们根据时代发展与教育改革的要求,对教材进行重新审视和修订。

本次修订,我们以《教育部关于大力推进教师教育课程改革的意见》和《教师教育课程标准(试行)》两个文件的精神,以及教师资格考试对知识与能力的要求为依据,努力体现对教师教育课程标准的遵循与教师资格认定考试的需要与适应。修订工作主要反映在如下方面:

1. 进一步强化基础心理学与教育心理学内容的沟通与联系

教材修订中继续努力突出以心理学理论在学校教育情境中的运用为主线,着重阐明青少年学生心理的发生、发展和活动规律,并力求用教育心理学的原理去认识、解决教育和教学中的实际问题。在感觉、知觉与教学,记忆与教学,思维、想象与教学,注意与教学,情绪、情感与教育,意志与教育等各章中,进一步突出以心理学理论为导引,以教育活动中学生的心理想象为依据,相互呼应,步进突入,以求利于教、便于学。在章节的编排中,将第二版中的第十一、第十二章的内容修改合并为一章(第十一章),以求内容设计上更为科学,框架结构上更趋合理。此外还独立增设了"教学策略与课堂管理"这一章,以便与当前教师素质与能力培养的新要求相衔接。这些内容的改动与增添,对于反映我国教师教育课程改革与发展的新理念、新精神,更好地满足该课程教学的需要是有其现实价值和实践意义的。

2. 继续立足学科前沿,反映当代教育和心理研究的新成果

根据教师教育的培养目标及教师专业化发展的需要,在全书内容的处理上,注意吸纳了教育心理学、发展心理学、教育社会心理学、教育管理心理学以及咨询心理学等当代国内外教育和心理研究的最新成果,以适应当前急剧变化的社会和教育环境对教育工作者智能结构的新要求。

3. 努力优化教材结构和体例,体现教材内容与形式的丰富性、生动性和新颖性

教材在结构和体例的安排上,在每章的正文前设计、更新了课前思考和学习指导,目的是激发学生的学习兴趣,引导学生带着问题学习教学内容,并在一定程度上提高学生学习的积极性和主动性。配合教材内容,每章正文中以阅读专栏的形式,提供了一些相关的拓展性阅读资料,可起到佐证理论知识、加深概念理解、提高学习兴趣、拓宽学生视野、深化教学内容等作用。附于各章之后的思考与练习,则力求既有理论题,又有实践题,注重"学以致用",体现应用性。在本次修订中,编写者也重新精选或更新了相关内容。

中国心理学会副理事长刘华山教授为本书赐序,华东师范大学出版社的责任编辑焦广明为教材的修订给予了大力的支持与帮助,并自始至终予以指导和敦促,谨此表示衷心的感谢!

本书由范安平、孙灯勇担任主编;童腮军、缪丽珺担任副主编。具体编写者有:范安平、孙灯勇、童腮军、缪丽珺、刘君、杜宁娟、包卫等。全书由范安平统稿。

本书编写过程中参阅、引用了不少专家、学者的研究成果,未一一注明出处,谨向原作者致谢!

欢迎心理学专业工作者和读者对本书的不足提出批评与指正,并期待广大师生对本书的使用提供建设性的意见。

范安平

2016 年 5 月

序

　　早在两百多年前,著名的瑞士教育家裴斯特洛齐(J. M. Pestalozzi)就深刻地认识到教育必须以心理学为基础,必须以教师对学生的本性及其改变规律的了解为基础,因而明确地提出了"教育要心理学化"的主张,推动了教育与心理学结合的历史进程。

　　近些年来,我国教师教育的改革与发展受到了社会普遍关注,一个以促进教师个人成长及教师职业素质提升为目标的教师教育体系正在形成。作为教师教育核心课程之一的公共课心理学,在现代教师培养中无疑发挥着极为重要的基础作用。实际上,多年来心理学、教育心理学的学术研究与学科积累,也使得我们可以负责任地说,心理学能够在教学的各个环节(确立目标、分析任务、确定学生原有水平、设计课程、实施教学过程、评价与诊断)为教师提供多方面的有益建议。编写既能反映心理学科最新理论观点和研究成果,又能为提高教师职业胜任力提供切近帮助的心理学教材,一直是有志服务于教育领域的心理学工作者追求的目标。

　　范安平教授主持编写的这本高校教师教育公共课心理学教材,立足于现代教师的培养目标和该课程的教学目标,在深入研究现有教材的基础上,博采众长,取精用宏,力求体现"打好基础,精选内容,体现更新,利于教,便于学,突出用"的编写原则,形成了如下值得称道的特点。

　　一是基础理论与教育实践相联系的应用性。通读该教材,给人留下深刻印象的首先是在内容的整合与更新上,编者力求克服以往心理学教学中存在的"听起来有味,用起来不会"的问题,以普通心理学内容为主干,将教育心理学、教育社会心理学、心理健康教育等内容融入到公共课心理学的教材体系当中,认真关注未来教师工作实践的要求和教育对象的需要,体现了用心理学的基础知识与原理去认识、解决教育和教学中的现实问题的鲜明意向。

　　二是教材内容与课程目标相契合的针对性。该教材体现了从现代教师的培养目标来审视公共心理学的课程价值观,努力做到针对师范专业学生未来教育工作实际和未来教育对象的实际,处理和安排教学内容,使教材内容与课程教学理念相契合,凸显并较好地实现了课程的教育价值。这一编写教材的指导思想与当今教育上的建

序

构主义关于知识的理念不无共通之处：认识是一种适应活动,应把知识看作是一种概念和行动纲要。教材内容不仅仅是关于人的心理现象"是什么""为什么"的冷漠的描述;同时也是与教师目标、意图形成的教育情境相关联的,关乎"做什么""如何做"的行动指南。

三是讲究教学内容的科学性和先进性。近二三十年来,心理学在吸收邻近学科的研究手段和成果的基础上,在认知心理、认知神经生理、毕生发展心理、人类行为改变的理论和技术等诸多方面有了长足的进步,各分支心理学的研究也十分活跃。为了适应急剧变迁的社会文化和教育环境对师范生素质培养的新要求,教材积极尝试将当今国内外新的心理科学理论与应用成果充实到教学内容之中,以求让学生开拓视野,在有限的教学时间内最大限度地接受更多、更新、更实用的知识。

四是体现编写体例的创新性和内容的可读性。该教材编写结构与体例较之传统教材有较大突破:课前思考:发人深思,引人入胜;学习指导:认知定向,突出重点;专栏材料:拓宽视野,增添情趣;思考与练习:复习强化,温故知新。教材目标清晰,要点突出,留有教师个人发挥余地,适于教学;核心概念及重要原理表述准确,好懂易记;引例贴近生活,可读性强。

该书作者都是长期从事心理学教学与科研的高校骨干教师,具有丰富的教学实践经验及较高的理论素养。相信这本《新编心理学》既可作为一本教师教育教材,用于促进教师职业能力的提高,又可视为一本素质教育教材,用于促进教师和未来教师个人健康成长发展。也希望本教材的出版与使用,不但可以优化师范生的职业训练,而且也可以使广大在职教师从中获益。

由于各种主客观条件的限制,本教材难免存在一些不足之处。教材使用者和其他方面读者若能指出其不当之处并提出改进建议,当是对编者的最大帮助和爱护。

刘华山

目录

目

录

第一章 心理学与教育

课前思考

1. 为什么说心理学是一门渊源数千年但却只有百余年历史的学科？

2. 人的心理是神秘莫测的吗？研究心理现象有什么意义？

3. 心理学的学习与教师的教育工作有什么关系？

学习指导

1. 概念识记：心理学，心理现象，心理过程，个性心理，心理测验。

2. 分析理解：人类心理现象所包含的主要内容，心理学的任务，心理与教育的关系。

3. 实际运用：请谈谈你对师范学生要学习心理学这门课程的理解。

科学的发展，社会的进步，使心理学（psychology）的影响力和渗透力日益增强。越来越多的人关注、学习和应用心理学，以更好地完善自我，认识他人。对于享有"人类灵魂的工程师"之称的人民教师来说，学习心理学的基本原理，掌握心理学知识在教育活动中的应用规律，从而提高教育工作的质量和效益，具有十分重要的意义。本章将对心理学的研究对象、心理学与教育的关系、心理学研究的原则和方法，以及心理测验的运用等内容作简要的介绍。

第一节 心理学概述

一、心理学的研究对象

心理学是一门研究心理现象发生、发展及其规律的科学。

心理学以研究人的心理现象为主。尽管人的心理现象形式多样、复杂多变，但也绝非虚无缥缈、神秘莫测，而是有一定规律可循的。心理学所研究的心理现象，指的是心理活动的表现形式，一般包括心理过程和个性心理两个方面。

（一）心理过程

心理过程即心理活动的过程，是人脑对客观现实的反映过程。它包括认知过程、情感过程和意志过程三种形式。

1. 认知过程

认知过程是人的最基本的心理过程,它是人脑对客观事物的属性及其规律的反映。认知过程又称认识过程,是人们获取知识和运用知识的过程。

认知过程包括感觉、知觉、记忆、思维和想象等心理过程。人们对客观事物的认识,是先从感觉开始的。人的感觉器官会接受外部事物的各种刺激,如可以触到不同的物体,嗅到不同的气味,看到不同的颜色,听到不同的声音,尝到不同的滋味等,这就产生了不同的感觉。感觉是一种简单的心理现象,是对事物个别属性的反映。在感觉的基础上,人们对某一事物的各种个别属性进行综合,得出整体的认识,这就是知觉。知觉不是感觉的简单相加,而是对事物整体的综合认识,比感觉要复杂一些。记忆则是感知过的事物在大脑中的保持。而人们在认识事物时,会充分利用感知的材料和已有知识经验,进行分析和思考,以进一步认识事物的本质和规律,这种认识活动就是思维。在感知、记忆、思维的基础上,人们在头脑中对感知材料重新加工组合形成一种新的形象,这就是想象。想象是思维的一种特殊形式。

感觉、知觉、记忆、思维、想象等都是人们经常表现出来的对客观事物和对象认识方面的心理特征,伴随上述心理活动而存在,指向和集中于一定的对象的心理特征,则是注意。注意是人们从事任何活动、获得新的信息、提高工作效率的必要的心理条件。

2. 情感过程

人们在认识客观事物时,往往还会对客观事物产生一定的态度,产生这样或那样的感受和体验,如满意或厌恶,喜爱或憎恨,赞扬或鄙视,高兴或烦恼,沉静或激动等。这些在人的认知过程中所产生的各种各样的态度体验,就是人们经常表现出来的、心理学所称情绪和情感方面的心理活动。

3. 意志过程

人们在认识事物的过程中,总会遇到不利的条件,发生某些困难。这时,人们总是想方设法战胜困难,达到自己预定的目的。这种想方法、制定计划、采取措施、克服一定困难、坚决到达目的的心理活动过程,就是意志过程。

认知、情感、意志这三种心理过程并不是彼此孤立的,而是相互联系、彼此制约而构成的统一的整个心理过程。探讨心理过程产生和活动的规律以及各过程之间的关系,是心理学一个重要的研究对象。

(二) 个性心理

个性心理是指表现在一个人身上的比较稳定的心理特征的总和,即人与人之间在意识倾向和稳定的心理特征等方面的个别差异。这种差异是由个人的先天素质不同、生活环境不同、所受的教育影响不同和实践活动不同等因素形成的。人的个性心理差异主要表现在个性倾向性和个性心理特征两方面。

1. 个性倾向性

个性倾向性主要包括需要、动机、兴趣、理想、信念、世界观等,是人的个体意识的积极性的表现,它是人的个性结构中的核心,制约着人的心理活动方向和行为的社会意义。个体之间的个性倾向性往往存在着较大的差异。

2. 个性心理特征

个性心理特征主要包括能力、气质和性格,是表现在人身上的经常的、稳定的、本质的心理特征。在这方面人与人之间的差异更大。如有的人感知敏锐、思维深刻、想象丰富,有的人则相反;有的人记忆快且保持长久,有的人则记得慢且易遗忘;有的人长于形象思维,有的人则长于抽象思维等。这些方面表现了人们在能力和智力方面的差异。有的人性情温和、不易发脾气,有的人反应迅速、情感外向,有的人则反应迟缓、情感内向等。这些方面则表现了气质方面的差异。有的人活泼愉快,有的人却多愁善感;有的人怯懦软弱,有的人勇敢坚强;有的人机智果断,有的人优柔不决等。这些构成了性格方面的差异。这些都是个性心理特征的不同表现。

个性心理是心理学研究的一个重要组成部分。心理过程和个性心理是人的心理的两个不同方面,二者是密切联系,不可分割的。一方面,个性心理是在心理过程的基础上逐渐形成的,并通过各种心理过程表现出来。离开了心理过程,个性心理就无从形成和发展。也就是说,如果没有对客观现实的认识,没有对外界事物的情感体验,没有对客观现实的积极改造的意志行动,人的性格、气质、能力以及需要、动机、兴趣和世界观等都是不可能形成的。另一方面,已经形成的个性心理又制约着心理过程,并在心理过程中表现出来,如人们的兴趣、动机不同,其认识活动的指向、内容也有所不同;能力不同的人,认识的深度有所不同;性格不同的人,情感和意志的表现也不一样。因此,心理过程和个性心理特征是既有区别,又相互联系、相互制约的。

综上所述,可将人的心理现象简单概括如下:

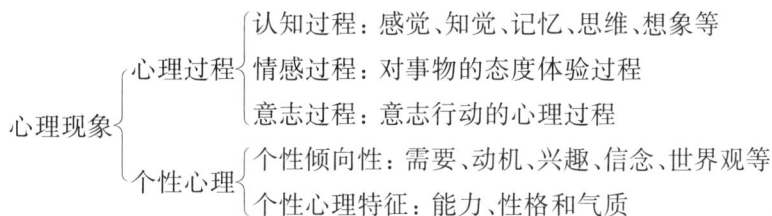

$$
心理现象
\begin{cases}
心理过程
\begin{cases}
认知过程:感觉、知觉、记忆、思维、想象等 \\
情感过程:对事物的态度体验过程 \\
意志过程:意志行动的心理过程
\end{cases} \\
个性心理
\begin{cases}
个性倾向性:需要、动机、兴趣、信念、世界观等 \\
个性心理特征:能力、性格和气质
\end{cases}
\end{cases}
$$

二、心理学的任务

任何一门科学,均肩负有推动人类文明发展和社会进步的任务,心理学的研究与应用,更可直接造福于人类。心理学的基本任务,就是要科学描述和解释心理事实,揭示心理规律和指导实践应用。

(一)描述和解释心理事实

通过观察和研究,对人类的各种心理现象进行科学的描述和解释,这是心理学的最基本任务。目前来说,心理学作为一门正在发展中的年轻科学,对不少心理现象的概念内涵和外延尚不明确,离建立全面、准确、统一的心理学概念体系还差之甚远,其根本原因就在于尚未实现对各种心理现象的科学界定。对心理事实的解释是对心理现象作进一步分析,并探索该现象产生的原因和规律的基础。随着心理测量技术的开发和运用,当代心理学已开始对个体心理现象作出更为深入、科学的解释。

（二）揭示心理规律

对心理现象的描述和解释,其目的还是要发现和掌握人类心理发生、发展的规律,并进而预测和控制人的心理。人们之所以有"奇妙的心理现象"之说,很大程度上就在于尚未了解和掌握人类心理规律。我们需要了解心理的发生机制、发展历程及其与外部客观世界的相互依赖关系,才能给心理学的实践运用开辟道路。心理规律的揭示包括两个方面:一是研究各种心理现象的发生、发展、相互间的联系,以及其具体的特征和作用;二是探讨心理现象所赖以发生和表现的心理机制和生理机制。

（三）指导实践应用

心理学既是一门理论科学,也是一门应用科学。将心理学理论研究的成果和知识,应用到社会生活的各个领域和层面,已成为当代心理学发展的重要方向。在心理学理论的指导下,人们已开始尝试如同根据物理规律去影响物质变化一样,根据心理规律影响人的心理变化。如根据心理学研究所揭示的人类遗忘的规律,有效地提高记忆的效能;根据注意的规律,增强人们的观察力等。目前,在教育、经济、文化、医疗乃至军事等领域,心理学的应用正展示出无限的生命力和广阔的前景。

三、心理学的学科属性

要回答心理学的学科属性,我们需要首先简单回顾心理学的产生与发展。

（一）从哲学的心理学到科学心理学

科学心理学的发展有两大源头:一是自古流传的哲学;一是兴起于 19 世纪的生物学与生理学。

古代哲人对心灵与身体、思维与存在、人性的本质等问题均有诸多的论述。例如,德谟克利特认为,人的灵魂由不可分的原子所构成,这些原子是圆球形的,可以四面滚动,所以灵魂是物质的、能动的。而柏拉图却认为,灵魂与物质没有任何共同之处,不是万物产生了理念,而是理念产生了万物。亚里士多德则在他所著的《灵魂论》等著作中反对柏拉图的二元论,认为灵魂可以分为植物的、动物的和人类的三种。植物只有滋长的灵魂,动物有感性的灵魂,唯人具有高级的理性灵魂。我国古代祖先中也不乏柏拉图和亚里士多德这样著名的哲学家和思想家,如荀子就提出了"形具而神生"的命题,范缜更明确地指出:"形者,神之质;神者,形之用。""形存则神存,形谢则神灭也。"意即身体是心理的物质基础,心理是身体的功能。心理随着形体的死亡而消失。古代这些哲学先辈们思辨性的研究,虽然论及了一些心理学中的重要问题,但因历史的局限,并未使心理学成为一门独立的科学。

19 世纪中后期,随着生物学、生理学等自然科学的飞速发展,人类加深了对自身的认识,并逐渐把自然科学的研究方法和成果直接引入到人的心理的研究。1879 年,德国生理学家、哲学家 W. 冯特在德国莱比锡大学建立了世界上第一个心理学实验室,这意味着科学心理学的正式诞生,冯特也被誉为"实验心理学之父"或"心理学之父"。

有人曾这样比喻,科学心理学的发展,哲学是父亲,生理学是母亲,而生物学是媒人。经生物学的媒介作用,哲学与生理学结合孕育出了科学心理学这一"新生儿"。

科学心理学创始人冯特

冯特(Wilhelm Wundt),1832 年 8 月 16 日出生在德国曼海姆北郊内卡劳,求学于杜宾根大学和海德堡大学,主修医学,1855 年获海德堡大学医学博士学位。1855-1874 年,冯特一直在海德堡大学从事教学和研究工作。1875 年,冯特应聘出任莱比锡大学哲学教授,开始了其漫长但也是最重要的学术时期,他在那里工作了 45 年。1879 年,冯特在莱比锡大学建立了世界上第一个心理学实验室。该实验室的出现,可以说是心理学史上的一个里程碑,标志着新心理科学的诞生。1920 年,冯特写成自传《经历与认识》一书,回忆了他在心理学领域中艰苦奋斗的一生。这本书出版后不久,他便于 1920 年 8 月 31 日在莱比锡去世,享年 88 岁。

图 1-1 冯特(1832—1920)

(二) 心理学的学科属性

从前述可知,心理学是一门"古老而年轻"的科学,正如德国心理学家艾宾浩斯所说:"心理学有一个长期的过去,却只有一个短暂的历史。"心理学作为一门科学,如何给它在科学类属中定位,或者说它究竟属于什么性质的科学,对这一问题有过长期的争论。

我们说,一门科学的性质,应由它的研究对象的特殊质的规定性来决定的。心理学作为一门研究人的科学,与其他研究人的科学不同。如生理学侧重研究人体器官功能,解剖学侧重研究人体器官形态结构,而心理学要研究人的全部心理活动及其生理机制。它既要研究"心",又要研究"身"。从"身"的角度看,人是个"自然的实体",是自然界长期发展的产物,就是作为心理器官的人脑,虽说是在社会性的劳动中形成发展起来的,是社会化了的物质实体,但它的本质仍是物质的,仍不失物质所固有的自然属性;从"心"的角度看,人的心理反映的内容既包括社会存在,又包括自然界的一切事物,人的心理过程是全人类共有的,不存在什么阶级性的问题,可人的个性则又是社会关系的总和,要打上阶级的烙印。我们既要研究脑的机能,又要研究客观现实怎样通过脑而转化为主体意识。所以,心理学在人类知识体系中占据十分特殊的重要地位。

在我国,一段时期曾过分强调人的心理的社会性、积极性,而漠视心理的自然性和脑的作用,认为心理学应是社会科学。也有人根据马克思关于"脑是心理的器官""心理是脑的机能"等论述,过分强调人的心理的自然性和神经生理意义,而忽视人们的心理的社会制约性和社会发展规律对心理发展的重要作用,认为心理学属于自然科学,还有人认为心理学是一门介乎自然科学和社会科学之间的交叉学科。

我国著名心理学家潘菽和陈立两位教授,曾以政协委员的身份,向全国政协提出过一份正式提案,郑重提请国务院有关部门给予考虑,将心理学列为一门独立基础科学。中国科学院受全国政协委托对提案作了答复,表示赞同提案意见,并指出:心理学是一门正在发展的科学,把它单独归属于自然科学或社会科学及教育科学中,似都欠妥当。有鉴于此,我们认为应当确认心理学为一门独立的基础科学。

1999 年,国家科技部开始组织制定全国基础研究"十五"计划和 2015 年远景规划,根据学科地位、国际发展趋势和前沿性、在我国的现状、未来发展规划及相关政策措施六个方面的综合状况,将心理学列为我国优先发展的 18 个基础学科之一。2000 年,心理学被国务院学位委员会确定为国家一级学科。

专栏 1 - 2

20 世纪中国心理学十件大事

2001 年,中国心理学会组织专家评选了 20 世纪对中国心理学发展有重大影响的十件大事。

1. 中国第一个心理学实验室建成

1917 年,北京大学哲学门(系)的心理学、哲学教授陈大齐在蔡元培先生的支持下,创立了我国第一个心理学实验室。

2. 中国第一个心理系成立

1920 年,南京高等师范学校在教育科下设立了心理系,这是我国设立的第一个心理系。

3. 中国心理学会成立

1921 年 8 月,中国心理学会的前身中华心理学会成立。新中国建立后,1955 年 8 月在北京正式成立了中国心理学会。

4. 中国第一种心理学学术期刊发行

1922 年 1 月出版了中国第一种心理学杂志《心理》,这也是东方第一种心理学杂志。

5. 中央研究院心理研究所成立

中央研究院心理研究所是现今中国科学院心理研究所的前身,于 1929 年 5 月在北平正式成立。

6. 中国科学院心理研究所成立

1956 年南京大学心理系与心理室合并又扩建成所,于 12 月 22 日在北京举行成立大会。

7. 全国心理学学科座谈会召开

由心理所主持于 1977 年 8 月 16—24 日,在北京平谷召开了全国心理学学科规划座谈会。

8. 中国心理学会加入国际心理科学联合会

1980 年 7 月 6—12 日,第 22 届国际心理学大会,讨论并一致通过接纳中国心理学会代表中国加入国际心联,成为其第 44 个国家会员。

第 28 届国际心理学大会于 2004 年 8 月 8—13 日在北京召开。

10. 心理学成为国家一级学科

2000 年,心理学被国务院学位委员会确定为国家一级学科。

(陈永明《光明日报》2001.8.27)

第二节　心理学与教育

　　心理学与教育有着密切的关系。一方面,心理学是教育的理论依据之一;另一方面,教育也是促进心理学发展的一种重要动力来源。对在校的师范生来说,学习心理学理论,了解心理学知识在教育活动中的应用规律,对于指导未来的教育实践工作,具有重要的意义。

一、心理学在教育中的作用

(一) 有助于教师理解和说明学生的心理现象和行为,认识和掌握教育、教学规律

　　教师天天都在和学生的各种不同的心理现象和行为打交道,但要真正理解和解释这些心理现象和行为并不容易。教师只有真正理解和解释这些现象和行为背后的心理原因,才能在教育工作中作出正确的决策,采取适当的教育措施,引导学生健康迅速地成长。心理学作为教育学的理论基础学科,研究学生认识活动、情感、意志以及个性特征的形成和发展的规律,研究学生年龄特点及在教育、教学条件下的心理活动规律,这些知识对于准确地了解受教育者的心理发展水平和年龄特点,预见学生发展的前景,有针对性地采取教育、教学措施,是十分重要的。

(二) 有助于教师运用心理学原理提高教育教学质量

　　在德育工作中,教师对学生进行思想品德教育的过程,其实也就是塑造他们良好个性的过程。教师了解学生个性心理的结构和形成、发展的规律及影响因素,则能更好地开展科学而富有艺术性的思想教育工作,提高德育的实效性。

　　教学工作也是如此。教学是一门科学,也是一门艺术,课堂教学不仅具有传递知识的属性,更具有启迪智慧的责任和使命,要实现这一目的,就需要教师具有高超的教学技艺。学生学习动机的激发、学习兴趣的提升、教学心理环境的调控等,都需要教师娴熟运用建立在心理学原理之上的教学技能。教师教学风格的形成也是如此。教师的个性特征是教学风格形成的心理基础,教师的兴趣、爱好、性格、气质等方面的差异,对形成不同教学风格有着直接的影响,并呈现于教学实践之中。了解个性心理与教学风格的关系,对于我们更好地发挥个体的自身优势,选择和形成适合于自我的教学风格,从而更加有效地提高课堂教学质量,具有积极的实践意义。

(三) 有助于教师运用心理学原理,指导和开展当代教学改革

　　我们的时代正处在一个伟大的变革时期。随着现代科技的迅猛发展,人类认识客观世界

日益深化,研究人的智能及其发展,研究思维规律、学习机制、智力开发、人才培养等教育问题,深入开展教育改革,已成为一项举世瞩目的富有挑战性的课题。从心理科学的角度,探索开发智力、改革教育、培养人才的有效途径,是每位教育工作者肩负的重任。

纵观现代教学改革的理论,大部分是心理学家根据学生的心理发展规律提出来的。教师只有学习和掌握心理学理论,才能有效地开展教学改革,提高教学质量。同时,也才可能在教改实践中开展心理学的研究,推动心理科学的发展。

(四) 有助于教师识别学生的心理健康状况,有效地开展学生的心理调适工作

在现代社会里,只有身体和心理两方面都健康的人,才可称为真正的健康者。对教育工作者来说,促进学生的心理健康无疑是一项重要的教育任务与目标。

教师应当学习心理学理论知识,掌握提高学生心理调适能力的基本技能,向学生提供有助于身心健康的心理学知识和劝导,了解心理异常学生在学校生活和社会适应上遇到的困难、挫折和冲突,帮助他们树立正确的自我意识,形成良好的人际关系,提高情绪的自我调控能力与环境适应能力,增进积极的个性品质和活动效能等,以便提高广大学生的心理素质、改善学校的心理社会环境、增进学生的社会适应能力,最大限度地促进学生德、智、体、美的全面发展。

二、与教育关系密切的心理学分支学科

近百年来,心理学的发展极为迅速,研究的范围也逐步分化,分支学科相继出现,学科之间相互渗透,已发展成为一个具有众多分支的学科体系。现将与教育关系密切的分支学科简介如下:

1. 教育心理学(educational psychology)

教育心理学是心理学服务最早的领域,也是最有成效的领域。它研究学校情境中学与教的基本心理规律,是心理学与教育学的交叉学科。同时,该学科还依据其研究成果,对教育者的个性品质、职业能力等也提出了要求,以保证教育者正确运用心理规律组织教育和教学,高质量地实现培养人才的目的。

2. 发展心理学(development psychology)

发展心理学又称年龄心理学。研究在个体发展过程中心理的演变规律及年龄特征。在发展心理学中又可分为幼儿心理学、儿童心理学、少年心理学、青年心理学、成人心理学、老年心理学等分支,分别研究各年龄阶段的心理特点及其形成规律。

3. 教育社会心理学(educational social psychology)

教育社会心理学是一门介于教育学、社会心理学之间的边缘学科,也可以说,它是社会心理学的一门分支学科。教育社会心理学强调用社会心理学的基本理论、基本观点与原则来研究一定的教育情境下学生心理活动发生、发展与变化的规律。其实质也就是研究教育领域内人与人之间相互作用条件下学生的心理活动。

4. 教学心理学(instructional psychology)

教学心理学是研究知识和认知技能的获得以及通过设计良好的教学条件发展这种能力

的一门学科。它的研究范围涉及教学目标的分类、系列化,课堂教学的结构因素,教学方法,教学效果的评价,学习及其迁移过程,教与学的最佳配合等。

5. 学校心理学(school psychology)

学校心理学是介于心理学和特殊教育之间、专门研究与中小学教育系统有关问题的一门学科。主要目的在于为儿童和青少年提供直接的或间接的心理服务,促进他们的心理健康和发展。

第三节　心理学研究方法与心理测验

一、心理学研究方法

了解心理学研究方法,有助于我们更好地认识心理科学,消除对心理学研究工作的神秘感,同时能使我们在今后的教育实践中增强科研意识,并自觉地在教育教学工作中研究有关的心理问题,提高教书育人的质量。

心理学的研究必须以辩证唯物主义方法论为指导思想,遵循一定的原则,采用科学的方法。

(一)心理学研究的基本原则

1. 客观性原则

进行心理学研究时,要按照心理现象的本来面目来研究心理活动的规律,在搜集研究资料、开展研究实验、分析研究结果时,均要实事求是,不可从主观臆想出发加以揣测,更不能任意歪曲和杜撰。要通过研究产生心理活动的客观条件和心理活动的客观表现来揭示心理发生、发展和变化的规律。任何结论的获得都必须建立在客观的事实材料基础上。

2. 系统性原则

人的心理活动是一个开放的、动态的、极为复杂的系统,各种外界客观条件和个体心理因素相互影响、相互制约,形成错综复杂的心理现象。因此,心理学研究中要坚持以系统、整体、全面的观点,从不同层次、不同侧面和不同水平去分析研究人的心理活动,不能片面地割裂心理活动的内外联系。反对那种片面地、孤立静止地看待心理现象的研究倾向。

3. 发展性原则

心理学研究中要坚持以运动、变化和发展的观点,对人的心理活动作动态的分析和研究。既要看到某种心理现象当前的特征,又要注意其变化发展的可能性。在研究中不但要注意确立心理发展的阶段性,还要努力探明心理发展的普遍规律。要把人的心理发展看作一个动态的变化过程,既要看到量的变化,也要辨别质的差异。

4. 教育性原则

教育心理研究中,要从有利于个体身心健康的角度来设计和实施研究,不得有悖于道德伦理准则和有损于个体的身心健康及发展。在研究项目的选择、研究方案的制定和具体的研究活动中,还应考虑研究目标的教育取向和研究成果的教育应用,把心理学研究与教书育人实践联系起来。

（二）心理学研究的主要方法

1. 观察法

观察法是在自然情境中有目的、有计划地对被观察者的行为表现作系统的观察并记录以了解其心理的方法。这种方法的主要特点是研究者在不进行任何干预的情况下观察和记录所研究的事件，取得研究资料。科学技术的发展为观察法提供了越来越精良的现代化工具，如各种现代化的测量仪器、摄影、录音、录像等。

为了避免观察的主观性和片面性，使观察能够获得全面、正确的资料，在使用观察法时应注意：应使被观察者始终处于自然的情况下进行观察；观察应当围绕研究目的，有计划地进行；观察必须是系统的，而不是零星、偶然的；应及时如实地做好观察记录，并充分利用现代化的观察工具和手段；观察过程中应注意维护伦理道德准则。

观察法的主要优点在于，具有现实可靠性，简便易行，资料真实，并且可在较长时间内加以使用，相对成本较低。因此，往往是教育工作者最常用的一种学生心理研究方法。观察法的不足之处在于，对自变量缺乏控制，因而对观察到的材料难以进行比较精确的分析和判断。同时，观察所得往往只能说明"是什么"，而不能解释"为什么"。因此观察法作为一种较为有效而常用的心理研究方法，有时对其发现的问题还需用其他方法作进一步的研究。

2. 实验法

心理学的实验研究方法是在控制变量的条件下，了解人的心理现象及其规律的活动。心理学的实验法主要有实验室实验法和自然实验法。实验室实验法是指在实验室中利用一定的设施，控制一定的条件，并借助专门的实验仪器进行研究的一种方法。自然实验法则是在日常生活的自然情境中进行的一种实验方法。

心理实验中应注意变量与变量控制。变量是指存在着变异性的事物在数量或性质上的属性。通常，我们将变量划分为自变量、因变量和相关变量。在进行实验研究时，我们应尽量全面地考虑到与实验有关的各种变量。

心理实验中还应考虑主试与被试的情况对实验结果的影响。主试是实验的主持者，被试则是实验的受试者。主试影响实验结果的主要方面是指导语和主试的情感表露。在做心理实验时，对指导语的应用要极为慎重，反复推敲，严格统一，使之标准化。主试在进行心理实验过程中，应注意情绪和情感表露对被试的影响，同时还应避免任何可能对被试产生暗示的行为。被试的个人特征，包括年龄、性别、文化水平、生理和心理状况、过去经验等，也会对实验结果产生影响。实验结束后，通过请被试谈体会、对自己的行为进行解释等工作，有助于弥补实验过程中的一些不足，或对被试的行为作出较为符合实际的科学评定。

由于心理实验的直接对象是人，因此实验者应遵守有关的道德准则，以保护被试的身心不受损害。对待被试要尊重、友善、热情，不可为了创设实验条件而对被试施以不适当的刺激或谎言。有的实验结束后，还应对被试作必要的解释，以避免被试产生心理困惑。

3. 调查法

心理实验中的调查法是以提问的方式了解被调查者心理活动的方法。使用调查法的目的往往是为了了解个体和群体的基本情况，或探索不同个体间在心理及行为方面的差异。

调查法可分为书面调查和口头调查两种。书面调查又称问卷法，是根据研究的目的和需要，设计问题让被调查者自行回答或陈述的方法。问卷法效率高、费用低，可在较短时间和较大范围内获取大量资料。并因为可采用科学抽样，调查结果具有较高的代表性。问卷法在实施过程中应注意消除被调查者所可能产生的各种顾虑，提出的问题应简单明确，易于作答，同时还应考虑所获资料应便于统计处理等。口头调查也可称为访谈法，是通过当面进行言语交流以获得资料的方法。访谈中要注意营造坦率、信任的良好氛围，使被调查者畅所欲言。同时，还应做好必要的记录，以便进行回顾和分析。与问卷法相比，访谈法有利于研究者控制研究内容和进程，并可根据需要和被调查者的反应及时采取应变措施。但其不利之处是较为费时费力，调查的数量有限。

心理学研究的具体方法除上面所介绍的三种方法外，还有测验法（将在接下部分专门介绍）、个案法、活动产品分析法、教育经验总结法等。每一种方法都有其特点和局限性，在具体的心理学研究过程中，常常需要运用几种不同的方法结合进行，取长补短，互为补充。

二、心理测验

心理测验（mental test）是一种对人的心理和行为进行标准化测定的技术。在当今社会，心理测验已广泛地应用于个体生活和社会生活的诸多方面，正在为人的心理品质的测评、人才的教育培养、心理疾病的诊断和治疗等发挥着日益重要的作用。

考虑到目前学校教育中心理测验的使用较为广泛，同时也存在着一些错用、滥用的现象，因此有必要针对师范学生的专业特点，对心理测验作一些专门的介绍，以有利于我们对心理测验功能的了解和使用中的把握。

（一）心理测验的功用

1. 了解学生心理特点，有利于因材施教

通过心理测验可了解学生的心理发展水平、聪慧程度，以及性格、气质、兴趣、态度、情绪等个性心理特征，有利于教师针对不同学生的特点，开展因材施教。这是心理测验在教育中的主要功用。

2. 评价学生能力，指导升学就业

根据智力测验和非智力测验的结果，可为教师开展学生的升学和就业指导提供依据。如通过难度测验、速度测验、创造性测验等可评价学生有关能力方面的优劣，辅以职业兴趣测验，可为学生填报专业志愿或选择职业提供决策帮助，使学生将自己的某些愿望与特定的职业领域联系在一起，从而使其未来的工作"适得其所"而有所作为。

3. 提供心理诊断，维护身心健康

目前，我国青少年学生中存在着不少不容忽视的心理异常现象，这已引起教育工作者的广泛关注和高度重视。通过有关心理测验，可帮助教师了解学生的心理健康水平或心理卫生状况，判断其是否有偏常或变态心理，为学生的心理健康提供咨询帮助，也可为有偏常心理的学生提供心理治疗、心理矫正、心理训练、心理健康指导，从而维护学生身心的健康发展。

当然，除了上述方面之外，心理测验还有着许多其他方面的功用。

心理测验的实际应用始于 19 世纪,最早被运用于对心理有缺陷者进行诊断和确定护理的标准。而后心理测验一直处于稳定发展状态。目前,心理测验已不仅限于一般智力和成熟度的测量,而且扩大到人格方面,涉及人的情感、动机、兴趣、爱好、性格、人际关系等诸多方面,并产生了许多实用的测验量表和工具。

但是,我们也应看到,心理测验无论是在理论上还是在方法上都还存在不少缺陷,我们应以科学的态度正确对待和使用心理测验。

(二) 使用心理测验应注意的方面

为了更好地发挥心理测验的效能,我们在具体实施时应注意下述几个方面:

1. 防止滥用心理测验

心理测验固然可为人们提供许多有用的心理信息,但不可高估其效能。我们一方面反对将心理测验工作神秘化;另一方面也要强调它的科学性、严肃性,防止测验的乱编滥用,以避免引起一些不良后果。对于我们师范生来说,可了解和掌握一些比较成熟、便于实施的有关教育心理方面的测验内容,至于一些内容层次很深的测验,由于对主试的要求很高,施测人员应具有较丰富的理论知识和实践经验,则有待我们在今后工作中不断学习和提高,形成必要的能力和具备一定的资格才可进行。

2. 严格按测验条件施测

要按标准化的施测要求实施心理测验,具体来说应做到下面几点:

(1) 正确使用指导语

同其他心理实验一样,指导语属于一种自变量,是测验刺激的一部分。指导语的内容通常包括对测验目的的说明和被测者如何作答的指示。其中包括如何使用测验工具、完成测验的时间、测验中应注意的事项等。对于书面测验来说,指导语一般印在测验的开始部分,也有的印在另一张纸上,可由被试自己阅读。

指导语会直接影响被试的作答方法或态度。曾有人试验以不同的指导语请被试作一般能力测验,其结果显示,被告知为作"智力测验"的一组被试成绩最高,而被告知为作"日常测验"的一组成绩最低。通常,指导语应简单、明了,在运用指导语时不要任意发挥和解释,或提供任何暗示。

(2) 控制测验环境

设置或选择心理测验的场所应注意环境的影响。一般应避免噪声和其他干扰,光线合适,通风良好,并提供适当的桌椅。总之,应使被试能够在安定的情绪状态下集中注意进行测试。

(3) 遵守测验规则

不同的测验有不同的测验规则。比如,有的测验规定了一定的时限(如能力测验),以考查被试的反应速度和解决问题的能力,这就要求主试严格按规定时限完成测验。有的测验,尤其是操作题,会有一些特别的规则要求,在实施过程中也应予以遵守。在测验过程中对被试的质疑,要热情而谨慎地予以回答。

3. 正确解释测验结果

在向被试解释测验结果时,必须非常谨慎。这是因为,一方面测验本身并非完美无缺,能够完全正确地反映被试的特征;另一方面,还需考虑测验结果对当事人可能形成的影响。

有的测验结果容易对被试造成心理冲击。如智力测验和一些人格测验,对测验结果的解释会影响被试的自我认识、自我评价,解释失当会使被试失去信心或带来心理压力,从而影响其生活和学习,有时甚至会给被试带来严重的挫折感,造成难以弥补的后果。因此,主试向被试解释测验结果时,在客观、准确的基础上,还应把握好"度",以对被试负责。

有的测验结果还可能通过他人间接地影响被试。美国心理学家曾做过一项试验:某校一教师被告知,通过智力测验,他班上有几名学生的认知能力发展突出,有培养前途。其实,这些学生的名字是从该班学生名册中随机选出的,测验成绩也是杜撰的。但一年后,这些学生的学习成绩的确优于其他同学。这是因为教师对学生的期望对学生产生了积极的影响。

在向被试解释实验结果时,还应注意通俗易懂,使用其所能理解的语言,避免概念化。作为教育工作者,有时在向学生解释测验结果时,还应辅以必要的引导和教育工作。

思考与练习

1. 心理学的研究对象是什么?

2. 人类心理现象包含哪些主要内容? 心理学的基本任务是什么?

3. 师范学生学习心理学,对于未来的教育实践工作有何重要意义?

4. 简述心理学研究应遵循的基本原则。

5. 心理测验实施中应注意哪些问题?

第二章 科学的心理观

课前思考

1. 为什么表示心理现象的汉字,如思、想、怒、愁、恋等,往往都带有"心"字旁呢?

2. "狼孩"的故事想必你听说过,这一故事说明了什么?

3. 俗话说"人心如面,各不相同",那么,不同人的不同心理是如何产生的呢?

学习指导

1. 概念识记:反射,反射弧,无条件反射,条件反射,操作性条件反射,第一信号系统,第二信号系统。

2. 分析理解:人类心理现象所包含的主要内容,神经系统的基本活动方式,大脑皮层活动的基本规律,影响人的心理发展的主要因素。

3. 实际运用:举例说明两种信号系统的关系和作用。

心理现象是每个人在活动中都切身经历到的最熟悉的现象。人的一切活动都是在一定的心理支配下进行的。但是,"心理究竟是什么","人的心理是怎样产生的",对类似于这样的问题,自古以来许多思想家进行了不懈的探索,并提出过许多不同的看法。在此之中,有着唯物主义和唯心主义之分。

唯心主义者认为心理是不依赖于物质而独立存在的某种东西(古代一般称之为灵魂),并认为它是产生宇宙万物的本源。现实的物质世界是第二性的,而灵魂是第一性的。这种心理观,从根本上颠倒了心理(或精神)与物质的关系,自然是十分荒谬的。古代朴素唯物主义者虽然也认为人的心理是人体的一种机能(如荀子在《天论》中曾说:"形具而神生。"),但由于时代的局限,并未能深刻地揭示人类心理的本质。只有辩证唯物主义的心理观,才是正确的心理观。以辩证唯物主义为出发点的科学心理观认为,人的心理是客观现实在人脑中的主观反映。这从根本上符合了"物质第一性,意识第二性,物质决定意识,意识具有能动性"的马克思主义基本观点。

依据科学的心理观,本章将就心理是脑的机能与心理是客观现实的反映这两个方面予以分析。

第一节　心理是脑的机能

在中国古代,由于科学水平的局限,人们长期以为心脏是心理的器官。所以,迄今人们仍然把人的精神活动称为心理活动。汉字中有关精神活动的字也大多带"心"字,如想、思、悲、怒、念等。孟子就曾说过"心之官则思"。后来,随着解剖学、生理学和医学的不断发展,人们才逐步认识到心理活动与心脏没有关系,却与脑的状况存在着密切的关系。我国明代著名医学家李时珍在《本草纲目》中指出:"脑为元神之府。"清代名医王清任也说:"灵机、记性,不在心在脑。"随着医学经验的积累,人们也越来越清楚地认识到,当人的头部受到损伤时,精神活动就不正常,而人的心脏有病时,对心理活动的影响却不大。例如,1861 年,法国医生布洛卡首先发现了大脑左半球额下回损伤,使人失去说话能力。此后,人们又陆续发现,大脑额中回后部损伤,导致人不会写字,称"失写症";大脑角回损伤,导致"失读症",即看不懂文字。这些发现都进一步明确了心理机能直接依赖于人脑,脑才是心理的器官。

一、脑是心理的器官

脑(brain)是心理活动的器官,要了解心理,必须了解脑的结构和功能。虽然脑是心理的器官,但它不能单独产生心理活动。脑是神经系统的最高级部位,它离不开神经系统的低级部位。孤立的大脑不能起作用,低级部位也离不开大脑的控制和调节。因此,学习脑的结构和功能之前,我们有必要先看一下神经系统的结构与功能。

(一) 神经系统的结构和功能

1. 神经元

神经元(neuron)是构成神经的基本单位。

神经元的主要构造,包括细胞体、树状突与轴突三部分(见图 2-1)。树状突是从细胞体周围发出的,多而短、呈树枝状的分支。轴突是从细胞体发出的一根较长的分支。从细胞体发出的这两种分支,通常称为神经纤维(nerve fiber)。细胞体与轴突两者的主要功能,是与其他神经元合作,接受并传导神经冲动。神经冲动是指由刺激引起而沿神经系统传导的电位活动,

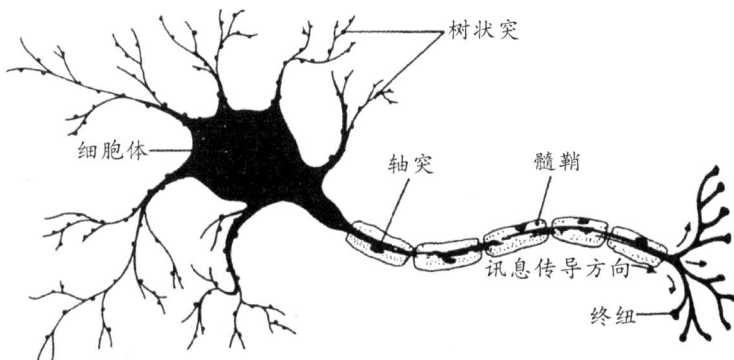

图 2-1　神经元

其任务是实现信息的传导。轴突的周围包以髓鞘,具有绝缘作用,以防止神经冲动向周围扩散。轴突的末端有分支状的小突起,称为终纽。终纽的功能是将神经冲动传至另一元。

神经元具有两个最主要的特性,即兴奋性与传导性。前一特性指由感受器或另一神经元传来神经冲动之后,立即会引起神经元的兴奋;后一特性指将神经冲动迅速传至相邻的另一神经元,以完成其神经传导功能。神经元之间的传导功能,在性质上有点像电流的传导,但电流靠接触传导,而相邻两神经元之间,事实上并不连接,其间有一小的空隙,叫做突触。在神经冲动的传导上,突触的功能是极为重要的。

神经元的细胞体与轴突,在传导神经冲动时,只能将它传送到终纽,而终纽与另一神经元的传导,则是靠突触部分所产生的极为复杂的生理化学作用。对突触的特殊功能最简单的解释是:突触是介于终纽与另一神经元细胞体之间的一个小空隙。终纽内的细胞质中含有极复杂的化学物质,当神经冲动传到终纽时,细胞质中的化学物质即产生变化,导致终纽的外膜移动,最后使其表面的小泡破裂,而将神经传导的化学物质注入突触空隙中,引起一种放电作用,从而刺激另一神经元的兴奋,立即连续传导神经冲动(见图2-2)。

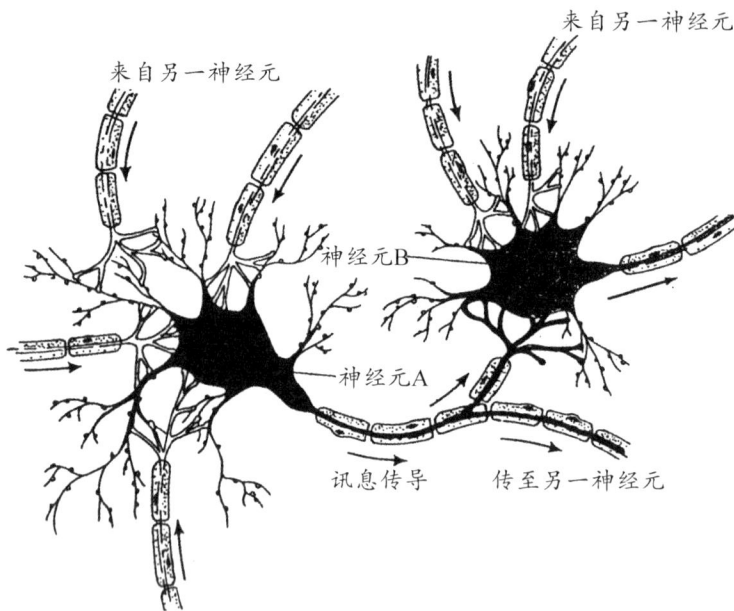

图2-2 神经传导

神经元的兴奋性具有一种很特殊的现象,即当刺激强度未达到某一程度时,则无神经冲动的发生。但当刺激强度达到某种程度而能引起冲动时,该神经冲动立即达到最大强度。此后刺激的强度纵使再继续加强或减弱,对已引起的冲动强度也不再发生影响。这种现象称之为全有全无律(all-or-none law)。

2. 神经系统

人的神经系统按其不同部分和功能,分为周围神经系统和中枢神经系统两大部分。

周围神经系统分布在人的全身。其中分布在头部的叫脑神经,共12对(即嗅、视、动眼、滑车、三叉、外展、面、听、舌咽、迷走、副、舌下神经等);分布在四肢和躯干的称脊神经,共31对(即颈部8对,胸部12对,腰部5对,骶部5对,尾部1对);同内脏、腺体器官相联系的还有植物神经系统,即交感神经和副交感神经,如图2-3所示。

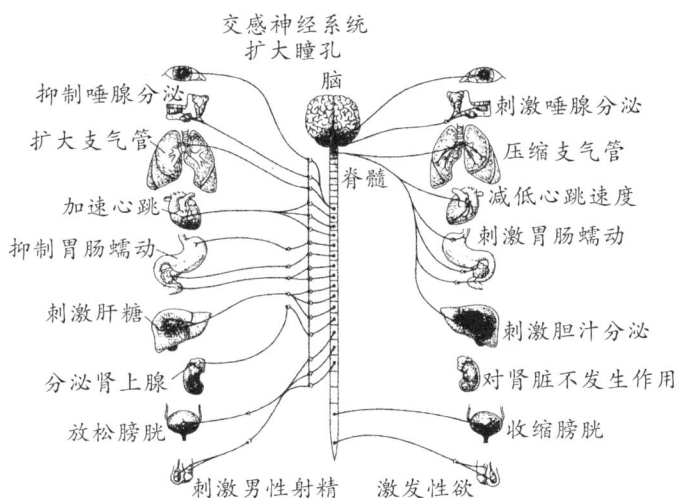

图2-3 植物神经系统

周围神经主要起传递信息和神经冲动的作用。根据它们的作用性质不同,又分传入神经和传出神经两种。传入神经(又称感觉神经)主要把感觉器官得到的信息,向中枢神经部位传递;传出神经(又称运动神经)主要把来自中枢部位的神经冲动向效应器官传递。

中枢神经系统由脊髓和脑组成。

脊髓是中枢神经系统的低级部位,共分31个节,每节有一对脊神经发出。它的功能是:

(1) 它是低级反射中枢;

(2) 在感觉传入和运动传出时起联络作用。

(二) 脑的结构与功能

脑由脑干、小脑、大脑两半球组成(见图2-4)。

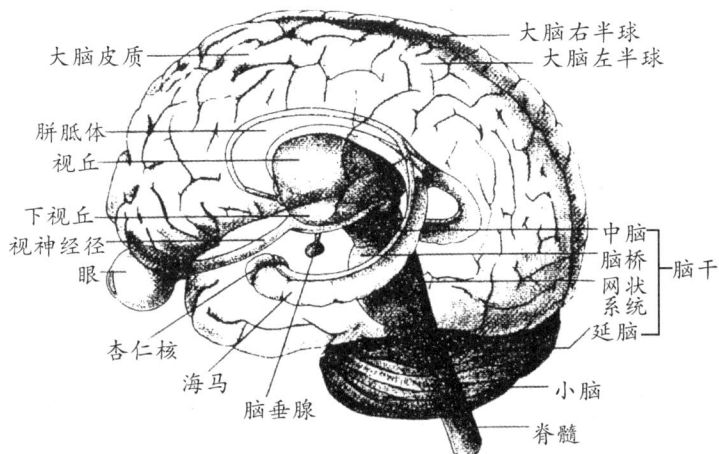

图2-4 脑

延脑与脑桥：与脊髓上端紧密连接的是延脑，这是脑的低级部位。延脑的上面是脑桥。延脑（包括脑桥背侧部分）是调节循环、呼吸、吞咽、呕吐等功能的基本生命中枢，脑桥是角膜反射中枢所在的部位。

中脑位于脑桥上部，它与姿势和随意运动有关。间脑位于中脑上部，其上部与大脑的两半球相连，主要分丘脑、下丘脑两部分。丘脑是大脑皮层下的感觉中枢，它是传入神经的转换总站。下丘脑是植物神经的转换总站，是植物神经系统的高级部位，是内脏活动与情绪反射的中枢。

延脑、脑桥、中脑、间脑又统称脑干。

小脑位于延脑、脑桥后部，由两个半球构成，是保持身体平衡和协调动作的中枢。

大脑两半球是脑的高级部位，是人类思维、意识、情感及智慧活动的器官。

大脑两半球主要由表面的灰质和深部的白质所组成。

表面的灰质部分又叫大脑皮层，这是中枢神经的最高级部位。它是细胞体较集中的、高度褶皱的神经组织，厚3—4毫米。该组织的神经细胞有规律地分为6层。其总面积约22万平方毫米，表面布满深浅不等的沟或裂，沟裂之间隆起部分称为回。主要的沟裂有：中央沟位于上缘近中央处斜向前下方；大脑上侧裂由前下斜向后上部；顶枕裂在半球内侧面的后部斜向前下；距状裂也在内侧面后部连顶枕裂和枕极附近。这些沟裂将大脑皮层分为四个叶，即颞叶、额叶、顶叶和枕叶，它们分别成为听觉、动觉、语言、运动、皮肤感觉和视觉中枢（图2-5）。

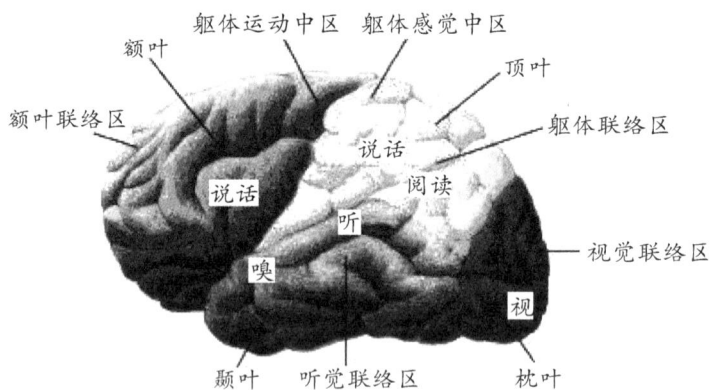

图2-5 大脑皮层的功能分区

大脑半球的深部是白质，主要由神经纤维构成。白质主要起连接大脑两半球、半球内脑叶和脑叶、回与回、皮层和脑干、皮层与脊髓的作用。其中主要神经纤维来自胼胝体（连接左右半球）和内囊（连接皮层、脑干和脊髓）。半球深部也含有灰质，叫基底神经节，具有协调肌肉运动和维持姿势的作用。

（三）内分泌系统

在前面讨论脑的结构与功能时，曾指出，下丘脑是植物神经系统的管制中枢。下丘脑的主要功能之一就是管制内分泌系统（endocrine system）。内分泌系统由多种内分泌腺构成。内分泌腺所分泌的化学物质，称为激素（hormone），直接渗透到血液之中。人体内的内分泌系统,包括各种内分泌腺,如图 2-6 所示。

各种不同的内分泌腺所分泌的激素及其作用是不同的。

内分泌系统能通过各种渠道与神经系统相互作用,实现对生理和心理的调节,维持生命有机体的正常活动。通常,神经调节是通过神经冲动的传导来实现的,其特点是:调节作用快而精确,所作用的范围有一定的局限性。体液调节是通过内分泌化学物质来实现的,其特点是:调节作用缓慢但时间持久,作用范围广泛。

综上所述,大脑是心理活动的主要器官。但是人的感觉器官、内脏器官、内分泌系统,甚至中国古人提出的经络系统等,在某种意义上也是心理活动的器官。

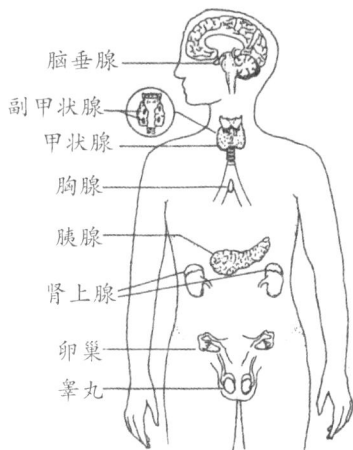

图 2-6　内分泌系统

二、心理是脑的机能

脑产生心理活动,并不像肝脏分泌胆汁那样,神经系统的基本活动方式是反射(reflex),这也是心理现象的基本产生方式。

(一) 反射和反射弧

反射就是有机体通过神经系统对内外刺激所作的规律性的反应。反射的具体程序是:刺激→感觉器官→感觉神经→中枢(脑和脊髓)→运动神经→效应器官(肌肉和腺体等)→作出反应。例如,强的光线作用于眼睛这个感觉器官,由视神经传入脑中枢,经分析综合觉得难受,然后支配相应的运动神经传递到眼球虹膜,作出缩小瞳孔的反应。

反射活动是有原因、有规律、有结果的活动。外界刺激作为原因,产生分析综合外界信息的心理活动结果。可见,作为反射活动中间环节的心理活动,是有前因后果的有规律可循的活动,并不是神秘莫测的东西。

实现反射活动的全部神经结构叫做反射弧(reflex arc)。它由感受器、传入神经、中枢神经、传出神经和效应器组成。心理作为脑的反射机能,作出反应后并不意味着反射的终止,反应本身和所产生的结果,又作为一个新的信息引起一定神经冲动而返回大脑,这叫做反馈。大脑根据反馈的信息再对反应行为进行必要的校正,使反应行为逐步精确,更加符合客观实际。可见,反射的结构不是一个简单的反射弧,而是一个复杂的有环形回路的反射环。

(二) 无条件反射、条件反射和操作性条件反射

反射是多种多样的,有简单的,有复杂的,有先天的,有后天的。俄罗斯心理学家巴甫洛夫把反射分为无条件反射(unconditioned reflex)和条件反射(conditioned reflex),后来,斯金纳(B. F. Skinner)又提出了操作性条件反射(operant conditioned reflex)。

图 2-7　巴甫洛夫(1849—1936)

1. 无条件反射

无条件反射是动物和人都具有的一些不学而能、生来就会的从遗传获得的反射活动。如眨眼、吸吮、膝跳、呕吐等。

无条件反射的神经通路是固定的联系,引起反射的刺激是具有生物学意义的非条件刺激,不需要后天的学习和训练。这类反射活动为人或同一类的动物所共有,在中枢神经的低级部位也可以实现,因此,无条件反射也称为本能的或种族的反射。

最基本的无条件反射有:食物反射、防御反射和性反射等。这些是维持有机体的生存、排除危险、避免伤害、种族延续所需要的反射活动。

2. 条件反射

条件反射是在无条件反射的基础上,经过后天训练和学习建立起来的反射活动。

巴甫洛夫用狗做了条件反射的实验(图2-8)。当狗吃食时会引起唾液分泌,这是无条件反射;如果给予铃声,则不会引起唾液分泌。但如果每次喂食都出现铃声,这样反复多次之后,铃声一响,狗也出现唾液分泌现象。本来与唾液分泌无关的铃声,由于多次与食物结合,铃声也具有了引起唾液分泌的作用,即铃声成了喂食的信号,铃声已由无关刺激转化为信号刺激即条件刺激,这种反射就是条件反射。

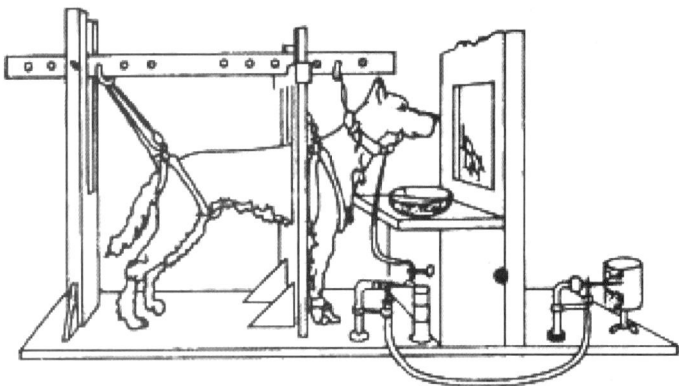

图2-8 狗的条件反射

条件反射的神经通路是暂时接通的,其刺激物是无关刺激在无条件反射基础上,通过后天训练、学习获得的信号刺激物。条件反射的建立除以无条件反射为基础外,在巩固的一级条件反射的基础上,还可以建立二级条件反射,在二级条件发射的基础上,还可建立三级、四级以及语言信息的反射。

3. 操作性条件反射

上述的条件反射的理论是巴甫洛夫及其学派的观点,一般被称为"经典性条件反射"。它在揭示人的心理和行为的生理机制方面具有重要意义。但是高等动物和人的某些复杂的学习活动并不都建立在无条件反射基础上,为此,美国的心理学家斯金纳以他的实验为基础,于20世纪40年代又提出了一种与上述经典性条件反射相对应的操作性条件反射理论。

斯金纳主要是通过研究白鼠、鸽子等动物建立条件反射的实验提出其理论的。他把动物放进一个特制的实验箱(又称斯金纳箱,见图2-10)里,箱内装有一个杠杆,只要动物碰压到这个杠杆,就会有一粒食丸弹落出来供动物食用。

开始,把一只饥饿的白鼠或鸽子放在实验箱内,在东碰西撞的自由活动中,它们偶然会碰到杠杆,每碰一次就会得到一粒食丸。在多次偶然地获得食丸之后,它们就会越来越多地去碰压那个杠杆,以获得食丸。如此反复强化,最后混乱行为明显消失:每次把它们放到箱内,它们立即就去碰压杠杆。这表明动物最终学会了准确地碰压杠杆以获取食物的方法,即建立起了碰压杠杆的行为与食丸之间的暂时神经联系,从而形成条件反射。斯金纳把这种动物通过自己的活动或本身的操作行为逐渐强化

图2-9 斯金纳(1904—1990)

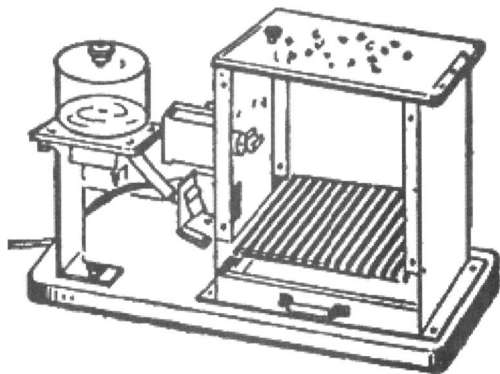

的条件反射称为操作性条件反射。在这种反射中,动物的行为就是为获得食物而进行的一种操作,白鼠或鸽子碰压杠杆的操作行为是获得食物的"工具"。因此,又称工具性条件反射。

图2-10 斯金纳箱

操作性条件反射与经典性条件反射既有联系,又有区别。二者的基本原理是相同的,都是随着强化的次数增多而巩固,如果得不到强化就消退,也都有泛化和分化现象。二者的区别主要在于:第一,形成条件反射的条件与刺激物呈现的程序不同。在经典性条件反射中,刺激(铃声)在前,反应(狗分泌唾液)在后,强化物(食物)是同刺激物(铃声)结合出现的。在操作性条件反射中,动物的操作反应(碰压杠杆)发生在强化刺激物(食丸)之前,并且只有通过自己的活动或操作才能得到强化,强化物不是与刺激物相结合,而是与操作行为相结合。所以,在经典性条件反射中,机体是被动强化的;在操作性条件反射中,是机体主动操作并通过自身的操作行为而得到强化的。第二,条件反射建立的基础与所达到的程度也不同。经典性条件反射是在动物的先天反应(狗分泌唾液的反应)的基础上建立起来的,因此,有机体的反应是不随意的。而操作性条件反射则是在动物后天习惯的操作行为的基础上建立起来的,因而,其机体的反应是能控制的、随意的行为。总之,经典性条件反射和操作性条件反射既是相互联系的,又

是有差别的,二者往往是一同出现的,只是操作性条件反射更为多见。

(三)两种信号系统

条件反射其实是一种信号活动,信号活动是大脑两半球的最根本的活动。大脑皮质的活动有两种信号系统,即第一信号系统(first signal system)和第二信号系统(second signal system)。

1. 第一信号系统

第一信号系统是指由直接作用于感觉器官的具体刺激物建立的条件反射系统。吃过酸梅的人,看见了酸梅就会分泌唾液,所以有"望梅止渴"的说法。这里的酸梅,就是一种信号,是第一信号,由具体刺激物作为引起信号的条件反射是第一信号系统。第一信号系统是人和动物共有的。

2. 第二信号系统

第二信号系统是由词形成的条件反射系统。第二信号系统是人独有的。词包括人们说的话、文字和默默发出音的词。词是具体事物的抽象和概括,是第一信号的信号。"谈梅生津"指的是讲到"酸梅"这个词时,也会分泌唾液,这就是第二信号系统的作用。

词是与具体刺激密切联系的。词具有概括性,因此借助第二信号系统的活动,人们以语言文字等作中介,可以无限扩大自己的认识范围,了解人类的历史,了解从来没有去过的地方,了解从来没有看过的事物,积累经验或交流思想和经验,从而使人类的心理生活日益丰富起来。教师的教学过程,主要是靠第二信号活动进行的。词具有社会性,因而人是在具有社会意义的词的基础上形成第二信号系统的。人都是通过第二信号系统来控制和调节自己的心理、意识和行为的,据此,教师可以用词的强化作用来表扬、鼓励和调节学生的行为。

对人类来说,由于掌握了词,因而人的单纯的第一信号系统活动和单纯的第二信号系统活动是没有的,而总是两种信号系统协同活动的。第一信号系统是第二信号系统的基础,第二信号系统比第一信号系统具有更丰富、更概括的内容,它在人的生活中起主导作用,调节着第一信号系统的活动,使人们的行为具有自觉性、目的性和能动性。

(四)大脑皮层活动的基本规律

根据巴甫洛夫学说,大脑皮层的活动遵循两个基本规律,即"神经过程的扩散和集中"以及"相互诱导"。

当大脑皮层受到刺激后,就会产生两种相对立的过程——兴奋和抑制。兴奋过程是加强或激发与皮层的兴奋中心相关联的器官、腺体、肌肉的活动;抑制过程则是减弱或停止与皮层的抑制中心相联系的器官、腺体、肌肉的活动。

这两种基本的神经过程,无时不在进行着相互联系和转化的有规律的活动。

扩散和集中是最基本的运动规律之一。巴甫洛夫条件反射实验表明:大脑皮层的兴奋和抑制过程都不是停留在原发点上,而是沿着大脑皮层扩散开来,然后又向原发点集中。

相互诱导是神经过程的另一基本规律。所谓相互诱导,即指一种神经过程的发展,引起相反的神经过程。其中,由抑制过程导致兴奋过程的加强是正诱导,如人从睡眠状态到清醒状态;反之,由兴奋过程导致抑制发生是负诱导,超强刺激引起的超限抑制即属此类。

脑的潜能开发与科学用脑

科学研究证明，人的大脑潜能很大，脑的重量虽仅 1400 克左右，可它的信息储存量却十分惊人。美国麻省理工学院的一份报告估计，一个正常人的大脑可储存 10 000 万亿个信息单位，如果全部用来储备知识，人脑的记忆容量将是世界最大的美国国会图书馆藏书的 50 倍，即相当于 5 亿本书的知识总量。人们用"脑海"来形容脑能的博大无边，的确是恰如其分的。但实际上，这些大脑潜能的 99% 未被开发利用。

所以科学家预言，人天赋的潜能如能再开发 1%，造福于人类，社会将进入另一个境界。因而开发智力、科学用脑及大脑保护十分重要。经研究，科学用脑及大脑保护的方法很多，主要可列举以下一些。

1. 加紧早期开发

儿童心理学研究证明，5 岁以前是人的智力发展最快的时期，小学生大脑的发展已接近成熟水平，只要教育得法，完全可以使儿童智力充分发挥出来。古今中外的许多儿童"早慧"现象，已充分说明了这一问题。因而加紧早期开发，促使儿童提前发展，前景是十分广阔的。

2. 注意用进废退

科学研究证明，大脑发展的规律是用进废退，正如谚语所说"刀子越磨越快，脑子越用越灵"，只有经常地思考问题，不断地拨动大脑琴弦，大脑才有生机与灵气。相反，不愿动脑的人，大脑缺乏刺激量，只会越来越迟钝。因此，"勤于思，敏于事"，多用脑十分重要。

3. 考虑劳逸结合

要求多用脑是从脑活动的总体上讲的，从脑活动的具体阶段上讲，则要求劳逸结合。因为大脑兴奋时，神经细胞要付出一定的物质能量消耗，兴奋时间过长，消耗过多，能量供不应求，就会出现脑疲劳，大脑皮层的兴奋就会向抑制转化（出现负诱导）。金属疲劳到极限也会发生断裂，大脑长期处在疲劳状态则会引起很多病症，如视力减弱、血压升高、记忆力减退、注意力下降等。因而一张一弛，劳逸结合，才是合理用脑的方法。只有具体阶段上的合理用脑，才能实现总体上的多用脑，这就是科学用脑的辩证法。

休息的方法多种多样，基本方法是睡眠。睡眠可使脑神经细胞充分抑制，从而恢复能量，解除疲劳。一般小学低年级学生每天要有 12 小时的睡眠，高年级学生要 10 小时，初中生也要 9 小时。睡眠的本质是实现静养，紧张的脑劳动后的闭目养神，气功中的收心、调息等，也都能较好地达到静养的目的。交换活动的内容也是一种休息方法。如前一节课上数学，后一节课上历史。这样会使大脑皮层的原兴奋部位转入抑制而得到休息。延伸来说，紧张用脑之后转入文体娱乐活动、轻微体力劳动也都是积极的休息方法。这样可使人精神放松、体质增强，有利于实现身心的协调发展。

4. 讲究学习方法

随着现代科技的迅猛发展和知识的爆发性骤增,传统的博闻强识的治学方法已经不适用了,所以法国政治家埃德加·富尔说:"未来的文盲不再是不识字的人,而是没有学会怎样学习的人。"因而讲究学习方法,把脑力有效地用到关键之处,是时代的迫切要求。首先人们要对浩瀚的知识进行重点选择。要学好基本的知识,因为它能派生出很多相关的知识;要学好系统的知识,因为它能吸收同化众多新知识;要学好方法的知识,因为它是有效获取知识的知识,是有利于创造发现的知识。其次是获取知识的方法要符合大脑神经活动的规律。再次是要学会在脑外储存、检索知识。脑外储存知识的方法,一是记笔记和知识卡片。俗话说:"好记性不如烂笔头""最淡的墨水胜过最强的记忆"。所谓"勤笔免思",就是用"笔记"来减轻"脑记"的负担。二是使用图书和音像资料。要注意做好目录卡片,以便在这种信息的宝库中游刃有余,随时提取自己需要的知识。古人言:"不读汉书艺文志,不可读尽天下书",就是强调读书必先掌握目录、索引,提高宏观控制书籍资料的能力。这是大脑由内储向外储的转化,是脑功能由内部向外部的扩展,是科学用脑的更有效的方法。

5. 增强营养供应

因为用脑就要消耗脑神经细胞的能量,所以补充营养对大脑十分重要。特别是有些物质如维生素,在脑内无法合成,必须在食物中获取;有些物质如脂肪,在脑内无法保存,必须每日补充;脑重只占身体的2%,却要消耗体内20%的氧气;此外,碳水化合物、蛋白质、矿物质等都必须满足供应。它们都是形成并提高脑力的物质基础。

由于对人脑生化研究的不足,现在人们还很难回答"哪些食物能使孩子更聪明",更列不出大脑营养补充量表。但可以肯定的是,人们应从食物中均衡地摄取营养。如果因环境、偏食或病症等原因而造成大脑营养偏差,则应改变环境、习惯或以人工营养来补充。一般认为:母乳、小米、玉米、黑芝麻、海藻、枣等食物都有益于脑的健康。

6. 保持积极的态度和乐观的情绪

营养是形成脑力的物质基础,积极的态度则是提高脑力的精神能量。因而以积极的态度正确地对待社会、对待环境、对待他人、对待自己,有效地排除烦恼、焦虑、嫉妒、颓废等精神压力,是增强脑活力、提高脑效能的良方。科学史上的成功者,大多是生活目标明确,自信心强,执着地追求真理、热爱科学的人。

积极的态度又产生乐观的情绪。有人认为,创造良好的心境,是活化大脑的"心理按摩"方法。通过它"柔和的抚摸",大脑能消除紧张,解除疲乏,轻松康宁,从而提高功能,勃发生机。

近些年来,人们对科学用脑的研究十分广泛,还包括进行艺术教育开发右脑潜能的问题,为增强记忆而合理遗忘的问题,以及增强脑部机能的锻炼技巧等等。无论是对生理的还是心理的研究,无论是理论的还是经验的成果,只要符合个人的具体情况,都不妨认真地吸取,从而科学地使用和保护我们的大脑。

(资料来源:李之群. 趣味心理学. 武汉:华中理工大学出版社,1997)

第二节　心理是客观现实的反映

一、人的心理对客观现实具有依存性

心理是脑的机能,这是从心理活动的产生方面来说的。从心理活动的内容方面来说,它是客观现实的反映。客观现实是心理的源泉,没有客观现实及其对人脑的作用,就不会产生人的心理。客观事物作用于人的眼睛,才能产生视觉,作用于耳朵,才能产生听觉,没有客观事物对感觉器官的作用,任何感觉都不可能产生。

所谓客观现实是指主体意识以外的一切客观实际存在的事物,包括自然现象、社会现象和人体自身及其内部的生理状态。无数的客观事物以各种不同的形式作用于我们的各种器官,引起神经系统的活动,结果就以感知、记忆、思维、情感、意志、个性等形式反映在人的头脑中,于是就产生了各种心理现象,并且往往引起主体以言语、动作等方式进行应答性的活动。人的大脑好像是个"加工厂",客观现实好像是原材料,没有原材料,头脑这个"加工厂",就不能生产出任何产品。没有客观现实提供信息,人脑是不可能产生心理现象的。

离奇古怪的思想、幻觉、做梦及梦游等,也是以现实为蓝本的。神话小说《西游记》中的孙悟空的形象,就是借助具有反抗精神的猴子形象来表达人的思想、情感、意志和愿望的。产生错觉或幻觉,如有人把草绳当毒蛇,也必须有外界刺激和已有心理状态、知识经验作基础。

此外,个人的行为习惯、兴趣爱好、情感意志、能力和性格等,也都是在实践活动中形成和发展起来的。离开社会实践活动,不会产生人的心理。国外的"感觉剥夺"实验发现:被剥夺者不久即变得烦躁,不能集中注意,意识混乱,错觉也开始产生。野兽哺育幼童的资料也证明:脱离现实,脱离人类社会的交往和实践活动,即便有健全的人的神经结构,心理也会变得畸形。1983年,我国辽宁省曾发现一名"猪孩",名叫王显凤,1974年12月生,父母均为痴呆人,其傻父以养猪为业。王显凤出生后,大多数时间与猪在一起,所以,养成了许多猪的习性,但她毕竟生活在半猪半人的环境中,因此,她也会穿衣、吃饭和简单的会话。然而,九年"以猪为伍"的生活,给王显凤的智力、个性发展造成了严重的损害。科学家们发现她时,其智商只有39。可见,人的正常的心理功能发展是离不开人的社会环境及人的社会实践。

所以说,人的心理活动的内容来自客观现实,人的心理是客观现实在人脑中的反映,客观现实是人的心理活动内容的源泉。

专栏 2-2

野兽哺育的孩子

心理学家和教育学家们通过查阅国内外有关资料文献,发现从14世纪50年代起,各地发现的狼孩、熊孩、猴孩、绵羊孩等多达43例。在国外,比较典型的有:1968年,在萨尔瓦多发现的一个在野外生活的男孩,他在树林里攀登跳跃,十分灵巧,尤其投掷十分准确,人们发现后,心理学家进行专门研究。1970年,在美国加州发现一名与世隔绝的女孩儿,已 13 岁,但不会站立,不会控制大小便,更不会说话,只会呜咽。后来,心理学教授克蒂丝用了 7 年时间,专门研究她的语言"关键期"(3 岁)错过之后能否逆转的问题。1972 年,在印度森林中发现一个男性"狼孩",约三四岁,四肢爬行,行为表现为狼的习性。经过 9 年的教育训练,其智力和健康有了明显改善,学会了简单的语言,但反应迟钝,健忘,接受能力极差,仍为低能儿。

二、人的心理反映具有主观性

人的心理对客观现实具有依存性,但人的反映并不是简单地、直接地决定于当前被反映的客观现实。这是因为,人对客观现实的反映是以主体的已有的主观世界为中介,通过折射而进行的。人在反映客观现实的过程中,逐渐形成了具有丰富内容的主观世界(知识、经验、思想、观念等)及不同的心理状态和特征(动机和需要、兴趣和爱好、理想和信念、情感和意志、气质和性格以及能力等)。反过来,这些心理内容、状态和特点又影响和调节主体对现实的反映,从而表现出人的心理的主观性特点。由于每个人知识经验、目的动机、兴趣爱好、态度体验不同,因而对现实的反映也不一样,不同的人对同样事物,以及同一个人在不同的条件、不同的时间对同一事物的反映都不一样。所以,我们称人对现实的反映是主观映象。如同看同一部电影,一个小学生和一个具有一定文艺修养的成人,由于他们的已有知识和经验不同,因此,对电影会有不同的评价。同一部电影,人在不同的成长阶段也会有不同的评价。这就表明,人的心理是带有主观性的,是一种主观映象。因此,人的心理是客观现实的主观反映。

三、人的心理反映具有能动性

人的心理、意识是对客观现实的反映,但不是消极被动的反映,而是在社会实践中积极的能动的反映。这就是意识的能动性。人的心理反映的能动性,具体表现在以下几个方面:

首先,人在行动之前,对行动的结果有预见性。人是抱有一定的动机和目的才采取行动的,人的行动中有预定的蓝图、目标、活动方式和步骤等,这就体现了人的行为的目的性和计划性,这些是任何动物所不具备的。

其次,人能认识世界、改造世界。认识世界是人类重要的心理功能。人们凭借言语和思维认识世界内部的本质和规律。一般动物只有感知而没有思维,只能感知客观世界的外在形象,而不能认识事物的内部规律。这是人与动物的一个本质区别。人类通过发明、发现、创造积累的大量社会科学和自然科学知识及成果,就是对客观世界的认识结果。

心理活动的能动性不仅在于人们能从实践中形成正确的认识,更重要的表现在以这些正确的理论为指导,通过实践把观念的东西变成现实,在自然界打下人类"意志的印记"。自从地球上出现了最美的花朵——"思维着的精神"以来,我们周围世界的面貌已经发生了巨大的变化。大至山河土地,小至生产和生活工具,地球的每个角落,都留下人类的痕迹。人类今天已开始冲出地球,飞向遥远的天体,在广阔的宇宙中显示自己的威力。

再次,人能认识自己、改造自己。人在社会实践中,不仅能认识和改造客观世界,而且能认识和改造自己的主观世界。第一,通过实践,人类能把自己从客观世界中区分出来,认识到自我的存在;第二,人类能认识自己的心理活动过程、心理状态和个性特征,能认识自己主观世界各方面的优点、缺点,逐步形成"自知之明"。在自我认识的基础上,能用意识来控制、调节自己的心理和行为,发扬优点,克服缺点,使自我不断完善。

　　总之,人们的心理就其产生的方式来说是脑的反射活动,就其内容来说是客观世界的反映。这种反映是在生活实践中通过主体的主观世界的"折射"进行的,是积极能动的反映。所以,人的心理是人脑对客观现实的主观的能动的反映,是客观现实在人脑中的主观映象。

思考与练习

1. 为什么说人的心理是客观现实的反映?
2. 请解释人类高级神经活动的基本规律。
3. 试比较经典性条件反射和操作性条件反射的异同。
4. 第二信号系统对人类的学习有何特殊作用?
5. 请通过互联网收集有关开发人类大脑潜能的资料。

第三章　感觉、知觉与教学

1. 拥有感觉似乎很平常,但失去它却是可怕的。你听说过"感觉剥夺"实验吗?

2. 我们对时间长短,为什么会有光阴似箭或度日如年的不同的感觉?

3. "格式塔心理学"有一著名论点是"整体大于部分之和",你能用人类知觉的特点解释为什么只有"成竹在胸",才能画出竹子的风姿、神韵吗?

学习指导

1. 概念识记:感觉,知觉,感受性,绝对感受性,差别感受性,感觉阈限,绝对感觉阈限,差别感觉阈限,观察力。

2. 分析理解:感觉与知觉的关系,感觉和知觉的意义,感受性的变化规律,知觉的特征。

3. 实际运用:举例说明感受性的变化规律并说明其实际意义,联系实际谈谈感知规律在学习活动中的运用。

人类认识世界的过程是一个从感性认识到理性认识的过程,感觉(sensation)和知觉(perception)是认识世界的开端,是构成认识过程的初级阶段。只有在感知的基础上,人才能进行更高级的心理活动。在教学活动中,运用感知规律,提高学生对有关客观事物的感知效果,是十分必要的。

第一节　感觉和知觉的概述

一、感觉和知觉的概念

(一) 感觉的概念和知觉的概念

感觉是人脑对直接作用于感觉器官的事物的个别属性的反映。

感觉和其他的心理现象一样,是人脑对客观现实的反映,然而所反映的只是直接作用于感觉器官的个别属性。例如,在我们面前有一块黑板,它有特定的颜色、硬度和光洁度等,这些都是黑板的"个别属性"。我们看到它的颜色是黑的;我们用手去摸,觉得它是硬的、光滑的。

这块黑板直接作用于我们的眼睛和手,于是在我们的头脑里,就产生了对它的颜色、硬度和光洁度的反映。这种当前事物的个别属性在人脑中的直接反映就是感觉。

感觉是最简单、最基本的心理活动。通过感觉,不但能分辨外界各种事物的颜色、声音、软硬、粗细、涩滑、重量、温度、气味和滋味等外界特征,而且能反映人体各部分(眼、耳、鼻、舌、身、四肢)的运动和人体内部五脏六腑的情况。例如,我们有"心跳动"的感觉,这是因为心的搏动在头脑里得到反映。又如,我们有"肚子饿"的感觉,这是胃的蠕动及血糖变化等在头脑里的反映。我们通过某一种感觉,只能认识事物的某一外部特点或某一种情况。如视觉只能认识颜色,听觉只能辨别声音,对身体内部的感觉只能感受某一种内部情况。

感觉不仅是认识的开端,知识的源泉,而且对于个体正常心理状态的维持也是必不可少的。感觉如被剥夺,人的记忆、思维、注意、情绪等心理活动均会受到影响,出现不适应问题。

专栏 3-1

感觉剥夺实验

加拿大心理学家赫布(D. O. Hebb)等人曾做过"感觉剥夺"实验:被试孤单一人躺在专门设计的暗室里,堵上耳朵,戴上厚厚的手套,听觉、视觉、触觉等均处于被剥夺状态。时间一长,被试产生了难以忍受的痛苦。大多数被试只能坚持两三天,能忍受一周以上的几乎没有。结果表明,感觉被剥夺后,人会产生不同程度的理智紊乱现象,半数以上的人会产生恐惧感,80%的人出现幻觉。被试在被解除隔离后仍存在各种心理功能障碍,需经过一段时间才能逐步恢复。

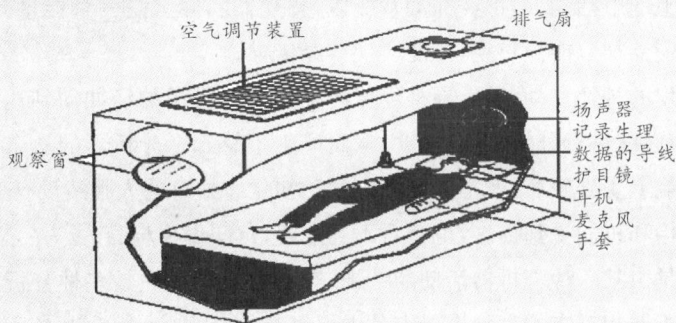

图 3-1 感觉剥夺实验

知觉是人脑对直接作用于感觉器官的事物各种不同属性、各个不同部分及其相互关系的整体的反映。

知觉是比感觉复杂的反映形式。知觉的产生以头脑中各种感觉信息的存在为前提,并且与感觉同时进行,但它却不是各种感觉的简单总和。我们在知觉的过程中,各种感觉信息按事物的联系和关系被整合成为一个完整的映象。例如,听一首歌曲,我们除了反映它的声音的高低、强弱和音色这些个别属性外,还反映这些属性之间在时间延续、空间定位和运动节奏变化等方面的联系,从而组合成为曲调和旋律稳定、完整的一首歌曲,这就是知觉。

(二)感觉和知觉的关系

感觉和知觉是紧密联系而又有区别的心理过程。它们都是客观事物直接作用于感觉器官时在人脑中的反映。客观事物是感觉和知觉的源泉。事物个别属性的有机结合形成了事物的整体,反映事物个别属性的感觉信息在头脑中有机结合便形成了反映事物整体的知觉。感觉是知觉的基础,是知觉的内在组成部分,没有感觉就无所谓知觉。感觉愈丰富、愈精确,知觉就愈完整、愈正确。另一方面,知觉的完整性和正确性也影响着感觉的鲜明性和精确性。由于感觉和知觉有这种密切的关系,因此,经常把它们合起来通称感知。但它们又是两种本质不同的感性认识阶段。感觉是一种最简单的心理现象,通过感觉只能认识事物的个别属性,还不能把握事物的全部;知觉是一种较复杂的心理现象,知觉是对事物的各种不同属性、各个不同部分及其相互关系的反映,由于知觉过程中有语言、思维、经验等心理因素的参与,因此我们能够认识事物的整体,明确事物的意义。所以,感觉和知觉是两个本质不同而又相互联系的概念。

(三)感觉和知觉的生理机制

感觉和知觉是客观事物作用于神经系统,引起神经系统的活动而产生的。产生感觉和知觉的神经系统叫分析器。分析器由感受器、传导神经和神经中枢三部分组成。人体有多种分析器,如视觉分析器、听觉分析器、味觉分析器、肤觉分析器、运动觉分析器,等等。

感受器是指接受某种刺激产生兴奋的神经装置,如眼、耳、鼻、舌等感受器官中的感觉细胞或神经末梢。外界事物对感受器的影响叫刺激,每种感受器都有各自的适宜刺激,如光波是视网膜的适宜刺激,视网膜对光能量特别敏感。而温度、气味都不能引起视觉细胞和听觉细胞的兴奋,对它们来说都是不适宜刺激。感受器在接受适宜刺激时,把外界刺激的物理或化学能量转化为神经系统上的电活动(即神经冲动),所以,感受器实际上是一种能量转换器,环境中的信息只有通过感受器加以能量转换,才能实现神经传导。

感受器中产生的神经冲动,沿传导神经传向神经中枢。当神经冲动到达大脑皮层相应区域之后,皮层相应区就进行分析、综合活动,从而产生了感知。分析器的三个部分有任何一个部分在结构和机能上受到破坏,就不能产生感觉和知觉。如有的人眼睛没有毛病,但由于大脑皮层视觉区的结构和机能受到损害,也会看不到东西,这叫做中枢盲。

感觉的产生是由某一种分析器活动的结果,知觉的产生往往是多种分析器同时或相继活动的结果。由分析器相对应的大脑皮层中各中枢复杂的分析、综合活动,有可能形成复杂的暂时神经联系,产生对事物整体的反映。同时,人借助关系反射,能形成完整的知觉。引起多种分析器同时或相继活动的刺激物叫复合刺激物,以复合刺激物之间的相互关系建立的条件反射称为关系反射。一首乐曲,不管是用钢琴还是小提琴演奏,不管是用高八度还是低八度演奏,虽然其中个别成分改变了,但乐曲中各成分的关系未变,仍然能被知觉为同一乐曲。

人的感知由于有第二信号系统的参与,使人的感知具有随意性。借助词组的作用,人能更迅速、更准确地分析和标志出事物的不同属性,如颜色、声音、重量、气味等;借助语词,人还能把这些属性综合成一个整体,并唤起以往经验,加深对对象的理解,体现了人类感知与动物感知的本质区别。

（四）感觉和知觉的意义

感觉和知觉虽然是简单、基本的心理过程,但它们却是一切高级、复杂心理活动的基础。没有感觉和知觉,环境中的信息就不可能进入人脑,也就不可能有记忆、思维、想象、情感和意志等心理过程,更不会形成兴趣、理想、能力和性格等个性心理。

感觉和知觉虽是认知活动的初级形式,仅是对客观事物外部特征的反映,但却为理性认识提供了丰富的直观感性材料,它是一切理性认识的源泉和基础。列宁曾指出:从生动的直观到抽象的思维,并从抽象的思维到实践,这就是认识真理、认识客观现实的辩证途径。在此,列宁充分肯定了感觉和知觉在人类认识世界和改造世界实践中的巨大作用。

感觉和知觉不仅是高级复杂心理活动的基础和认识过程的重要阶段,而且是调节和维持正常心理活动不可缺少的因素。"感觉剥夺"的实验证明,在近乎完全的感觉隔离情况下,人的注意、记忆、思维等心理功能都会受到不同程度的破坏,甚至产生幻觉和强迫观念等反常心理现象,失去对周围世界的平衡。所以,感觉和知觉对维护正常心理功能,保证人与环境的平衡也是极为重要的。

二、感觉和知觉的种类

（一）感觉的种类

人的感觉依据刺激的来源和反映事物个别属性的特点,可以分为两大类:外部感觉和内部感觉。外部感觉接受外部刺激,反映外界事物的属性,包括视觉、听觉、嗅觉、味觉、皮肤觉(触压觉、温度觉、痛觉等)。内部感觉接受机体内部的刺激并反映它们的状态,包括动觉、静觉和肌体觉。这类感觉的感受器位于内脏器官和身体组织内。

1. 视觉

视觉(visual sense),是可见光波刺激分析器而产生的。眼睛是我们的视觉器官,具有较完善的光学系统及各种使眼球转动并调节光学装置的肌肉组织,如图3-2所示。

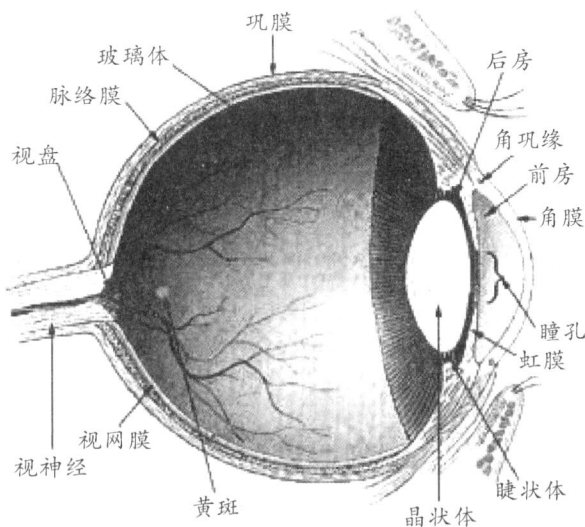

图3-2　眼睛的结构

视分析器的感受器是眼睛的视网膜。在视网膜上有两种感光细胞：视锥细胞和视杆细胞。视锥细胞分布在视网膜中央部分，是明视器官，它对色彩发生反应，能分辨物体的细节。视杆细胞分布在视网膜的边缘，是暗视器官，它对弱光很敏感，却不能分辨颜色和物体的细节。这样，我们的视觉可以分为色觉和非色觉。

视觉是我们认识外部世界的主导感觉，一个正常的人从外界接受的全部信息中，有80%—90%是通过视觉获得的。同时，视觉在参与知觉物体的大小、方位、形状和距离等过程中都起着巨大的作用。

专栏 3－2

"盲点"实验

一、实验目的：了解盲点。

二、实验材料：铅笔或钢笔两支。

三、实验程序：

1. 主试(老师)要被试(全班同学)每人左右手各拿一支铅笔，向胸前水平方向伸直，两支笔与地面垂直，笔尖朝上，两笔尖并列一起。

2. 闭上右眼，左眼注视右手中的笔尖，左手持笔向左边移动，移到两笔尖相距约9.5厘米时，左手中的笔尖不见了，这是因为左笔尖的网膜像正好投射在左眼视网膜的盲点处；当左手中的笔继续往左移动时，又能看见左笔尖，因为笔尖超出了盲点的范围。

3. 闭上左眼，右眼注意左手中的笔尖，右手持笔向右边移动，移至约9.5厘米处时，右手中的笔尖不见了，这是因为右笔尖的网膜像正好投射在右眼盲点处；当右手中的笔继续往右移动时，又能看见右笔尖，因为笔尖超出了盲点的范围。

4. 讨论：为什么看东西不受盲点的影响？

(资料来源：李幼穗. 心理学应用. 天津：南开大学出版社，1994)

2. 听觉

人类的听觉(auditory sense)器官是耳朵(见图3－3)，听觉是由振动频率为16—20 000赫兹的声波作用于内耳的柯蒂氏器官的毛细胞所引起的。

听觉可分为三种形式：言语听觉、乐音听觉和噪声听觉。在这些感觉中，我们能分辨出声音的四种属性：音调(高音—低音)、响度(强音—弱音)、音色(不同乐器或人所发声音的特色)和持续性(音响的时间)。对于连续的声音，我们还能分辨它们节奏旋律的变化。

通常人们认为，听觉的重要性仅次于视觉。在视觉和听觉并用以接收信息时，视觉显得尤为重要，这种看法自然是正确的，但如两者单独使用时，听觉的重要性并不亚于视觉。在亮度不足的情景下，视觉功能失效，而听觉则不受影响；在空间受限制时(如隔离视线)，视觉功能受阻，而听觉仍可发挥功效。尤其是人际间的社会关系，主要靠听觉作为沟通渠道。听觉障碍者社会关系孤立，在人际适应上较之视觉障碍者更为困难。

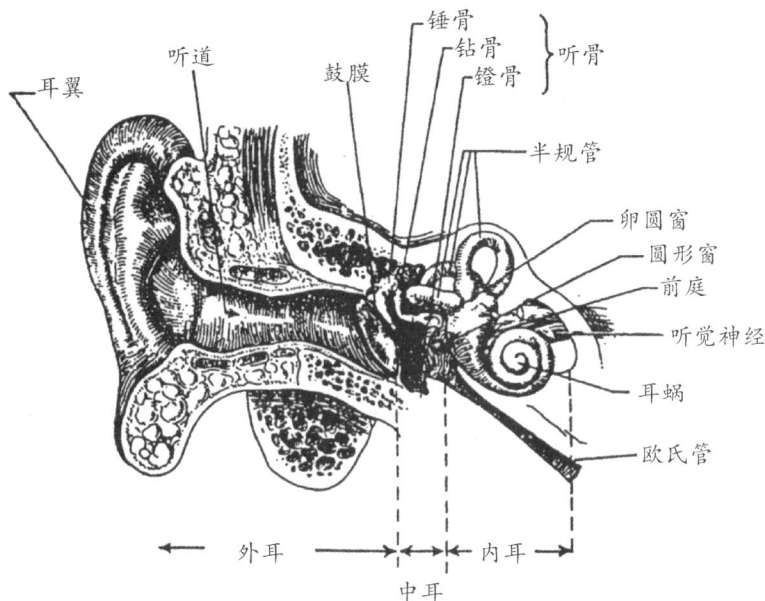

图 3-3　耳朵的结构

3. 味觉和嗅觉

这两种感觉时常联系在一起。味觉(taste)的适宜刺激是能溶于水的化学物质。它由作用于舌头和软腭上的味蕾所引起。一般认为,基本的味觉有酸、甜、苦、咸四种。其他味觉都是由这四种感觉再加上触觉、温度综合的结果。

嗅觉(smell)的适宜刺激是各种有气味的物质微粒。它由作用于鼻腔上部的嗅细胞所引起。目前对气味的分类尚未形成一致的看法,一般认为可将气味分为芳香味、果酸味和辛酸味。当几种不同的气味同时作用时,会产生嗅觉混合、交替、区分、掩蔽或抵消等现象。

4. 肤觉

肤觉(skin sense)是以皮肤表面为感受器接受外来刺激而产生的感觉。它包括触觉、压觉、温度觉和痛觉。这些感觉的感受器呈点状不均匀分布于全身。触点主要分布在手掌、指头和嘴唇上。感觉点分布越密,对相应刺激越敏感。痛点除皮表外,还分布在机体几乎所有的组织中,是机体对伤害性刺激的"报警系统",具有重要的生物学意义。

5. 动觉和平衡觉

动觉(kinesthesis)是因身体活动而产生的一种感觉,它反映身体各部分的运动和位置。这种感觉是由肌肉伸缩产生的刺激作用于肌肉、肌腱和关节中的感受器而引起的。动觉在认识活动中有重要的意义。人在感知外界事物的过程中几乎都有动觉的反馈信息参加。

平衡觉(equilibratory sense)是反映人体和头部位置的重力方向、运动速度变化引起的感觉。平衡觉的感受器分布在内耳的前庭器官中。人对头部和身体的移动、上下升降、翻身倒置、摇晃振动等运动的辨别都要依靠平衡觉。

什么信息引起饥饿

机体觉方面的研究较少。就连饥渴觉也还没完全弄清楚。饥觉从化学角度看,可以认为是由于养分缺少,使血液化学成分改变,刺激脑所引起的感觉。这种说法有一定的道理。但另有一点目前还不清楚,即当我们饥饿时,一吃食物马上就不饿了。而食物变成直接可以由小肠吸收的养分需要几个小时才能进入血液,刚吃的食物肯定做不到这点。那么,为什么一吃食物就不感到饿了呢?显然,上面的解释还不行。有人说饥饿是由于空胃的收缩引起的,但近年来医学上发现,给病人切除胃,或把通到胃的迷走神经切断,使来自胃的神经冲动不能上达中枢,这时病人仍有饥饿感觉。这就似乎又使饿的感觉完全来自胃的收缩的解释不能成立。看来血液成分的变化和胃的收缩对饥饿感的产生,可能都有影响。

(资料来源:阴国恩等.普通心理学.天津:南开大学出版社,1998)

(二) 知觉的种类

从不同的角度和标准出发,知觉也就有不同的种类:根据知觉过程中起主导作用的分析器的不同,可以把知觉分为视知觉、听知觉、嗅知觉、味知觉和肤知觉等;根据知觉对象的不同,可以把知觉区分为物体知觉和社会知觉;根据知觉映象是否符合客观实际和反映客观现实的精确性程度,可以把知觉分为精确知觉、模糊知觉、错觉和幻觉。

下面依据所知觉事物的特性,介绍几种主要的知觉。

1. 时间知觉

时间知觉(time perception)是反映客观事物的延续性和顺序性的知觉。通过时间知觉,我们可以认识对象或现象的各种时距:从极短的时距到几秒、几分钟甚至好几个世纪等。时间总是通过某种媒介来反映的。任何变化速度均匀的节律性活动,都可以成为衡量时间的媒介。自然界的周期现象,如日升日落、昼夜交替、月盈月亏和四季变迁,都可作为估计时间的参照物。有机体各种生理过程也具有节律的周期现象,如心跳、呼吸和饥饱等,也可以作为衡量时间的"标尺"。人和动物的节律性生理过程起了自动计时的作用,例如候鸟的南迁北移、鸡啼报晓很有规律,就是一种"生物钟"的现象。有人发现,人的注意力、记忆力、情绪变化等也存在着有节律的周期性变化。时间知觉除受上述客观参照物影响外,还受人的兴趣、态度、情绪和知识经验的影响。人在从事有兴趣、内容充实或情绪高昂的活动时,会觉得时间"飞驰而过";在做单调乏味、内容枯燥或情绪低落的活动时,则会产生时间"漫漫无尽期"之感。所谓"欢娱嫌夜短,寂寞恨更长"正是此理。同样,期待喜爱、愉快的事件时,会觉得希望的时间久久不能来临;反之,则感到来得很快。一般来说,人常过高估计短的时间,过低估计较长的时间。

人的时间知觉是在实践中通过多种分析器协调活动而发展的。幼儿缺乏经验,虽会说昨天、前天和去年等词语,但不会利用衡量时间的参照物,不能正确理解和运用时间概念。儿童进入学校后,有规律的学校生活,音乐和体育课有节奏的活动,以及自然常识和生理知识的掌握，都有助于时间知觉的发展。

2. 空间知觉

空间知觉（space perception）是反映物体的空间特性的知觉。在空间中我们对自己和周围事物关系的知觉以及对位置、方位、距离等各种构成空间关系要素的判断，都属于空间知觉。对常人而言，空间知觉主要为视空间知觉和听空间知觉两种。

（1）视空间知觉。视空间知觉指的是深度知觉，也就是平常所说的立体知觉或远近知觉。视空间知觉靠视觉器官收集视觉信息。外部世界在视网膜上的投影是二维的视像，但我们却可知觉为三维空间，并看出对象的距离远近。其原因为：人能根据一些信息来形成空间立体知觉。这些信息被称作"深度线索"（depth cue），包括生理线索、双眼线索和单眼线索。

生理线索指的是眼睛视轴的辐合运动信号。物体越近，为使视网膜获得清晰的视像，则水晶体越凸出，这种调节提供了物体远近的信号。当两眼视同一物体时，两眼的中央凹都会对准物体，从物体到中央凹形成两条视轴，物体越远，则两条视轴形成的角度越小，视轴运动的程度提供了物体远近的信息。若物体太远，双眼视轴接近平行，对距离估计就不起作用了。

单眼线索指的是刺激物本身具有的、那些使观察者即使只用一只眼睛去看照样可以获得足以判断远近的深度知觉的特征。单眼线索主要有直线透视、重叠、明暗、大小、结构级差等。这是人在后天生活中，知觉经验提供的线索。

双眼线索指的是视物时，由两只眼睛同时协调活动，从而对刺激物获得深度知觉的线索。人的两眼相距6—7厘米，因而同一物体在两眼视网膜上的投像稍有差异，左眼看物体左边多一些，右眼看物体右边多一些，这样差异叫双眼视差。双眼视差信息投射到大脑皮层的视觉区以判断距离，就是应用了人的双眼视差原理。

（2）听空间知觉。对生活在三维空间的个体而言，关于空间的感受，除了视觉之外还能从听觉中获得。耳朵不仅接受声音，而且还提供声音的方向和声源远近的线索。听觉线索主要由单耳线索和双耳线索构成。

若一只耳朵失聪，靠另一只耳朵还能感受到声音刺激。由单耳所获得的线索，不能有效地判断声源的方位，但能有效地判断声源的距离。平时我们以声音的强弱来判断声源的远近，强则近，弱则远，尤其是对熟悉的声音（如汽车、火车发出的声音）按其强弱来判断声源远近较为准确。

对声源远近和方向定位，靠双耳的协调工作才能获得准确的判断。从一侧来的声音，两耳感受到声音刺激有时间上的差异，这种时间差是声源方向定位的主要线索。声音的强弱随传播远近而改变，与声源同侧的耳朵获得声音较强，对侧耳朵由于声波受到头颅阻挡获得的声音较弱，这样，声源被定位于较强的一侧。声波对两耳鼓膜所形成的压力会有差别，声源近，压力大，声源远，压力小。如果声音来自侧方，因声波的压力之差，也可构成对声源判断的知觉线索。

除视觉和听觉外，嗅觉、触压觉和动觉也可以形成空间感受。

空间知觉一般是通过多种分析器协同活动获得的，是人在后天的实践中不断与事物接触的过程中形成的。学生的学习和实践活动，往往需要相当水平的空间知觉才能完成，教师应重视学生空间知觉的培养。

3. 运动知觉

运动知觉(motion perception)是指对物体的空间位移和移动速度的知觉。通过运动知觉，我们可以分辨物体的静止和运动以及运动速度快慢。物体的运动总是在一定的时间和空间内进行，所以，运动知觉与时间知觉、空间知觉有密切的关系，它依赖于对象运行的速度、对象距观察者的距离以及观察者本身所处的运动或静止状态。如对象距观察者的距离直接影响着运动速度的知觉。对象距离远，看起来速度慢，对象距离近，看起来速度快。近处的汽车好像从面前急驰而过，而远处的汽车好像不动或只慢慢地移动。在不同的条件下，运动知觉又可分为真动知觉、似动知觉、诱动知觉和自主运动等。

4. 社会知觉

社会知觉(social perception)是人对社会现象和社会关系的知觉。从心理学的角度来说，主要包括对他人的知觉、人际知觉、自我知觉。

（1）对他人的知觉。个体在社会交往中，通过与他人的接触，感知他人的外部特征，了解他人的内心世界，从而形成对他人的知觉。表情动作是对他人情绪、情感判断的重要线索。除面部表情外，手势、眼神、视线、语调等方面的细微变化，均能真切地反映一个人的内心世界，与其情绪、情感状态之间形成机能上的表里关系。但要形成对别人的需要、动机、兴趣、性格、信念、世界观的深入了解，只能在长期的交往实践中才能实现。

（2）人际知觉。人际知觉是指通过对自己与他人，或他人与他人的相互关系的感知，从而正确地观察出彼此的态度、看法和进行评价的知觉。影响人际知觉形成的因素非常复杂，认识方法上的主观片面性、个人的情绪情感色彩以及人际关系发生的当时情境等，均会影响到正确人际知觉的形成。

对人际关系的认知这个问题，学校教育工作者应该予以足够的重视。因为教师与学生的关系融洽与否，将直接影响到教师的影响力，进而影响到学校教育的效果。

（3）自我知觉。自我知觉是指对自己的言行、自己的身心状态、自己在社会中的地位和作用的审察，从而正确地估价和认识自己的知觉。一个人真正了解自己，正确评价自己也并不很容易。尤其是身心发展尚不成熟的青少年学生，往往会主观、片面地评价自己。有的学生自视过高，有的学生自卑感强，这都是常见的现象。教师有责任引导学生正确地认识自己，评价自己，从而扬长避短，补偏救弊，实现个体的健康发展。

5. 物体错觉和社会知觉误区

物体错觉(objects illusion)是对外界事物不正确的知觉。物体错觉现象相当普遍，在各种知觉中都可发生。社会知觉误区(misunderstanding social perception)是人际间的知觉错误，导致的结果是给社会认知带来偏差。

（1）物体错觉。人在感知客观事物时，在一定条件下会产生各种各样的错觉。例如，剪短了头发显得胖些；跟高个子在一起会显得矮些。产生错觉的原因是多种多样的：既有客观原因，也有主观原因；既有生理原因，也有心理原因。错觉中最常见的是视错觉，视错觉中又以图形错觉为多见，如图3-4所示。

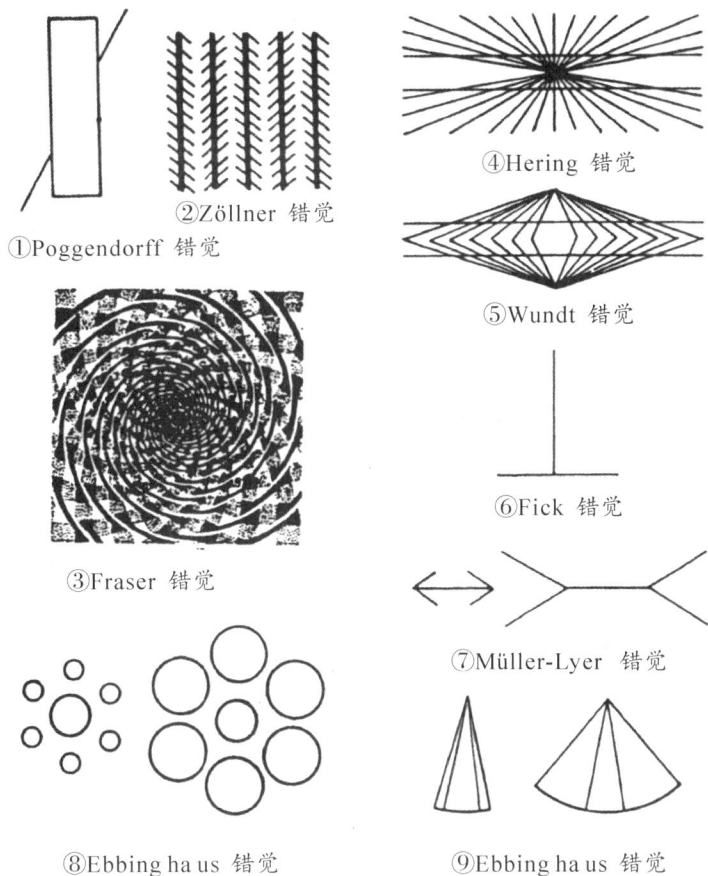

①Poggendorff 错觉　②Zöllner 错觉　④Hering 错觉　⑤Wundt 错觉　③Fraser 错觉　⑥Fick 错觉　⑦Müller-Lyer 错觉　⑧Ebbinghaus 错觉　⑨Ebbinghaus 错觉

图3-4　视图形错觉

除视错觉外,还有时间错觉、运动错觉、形重错觉、颜色错觉等。

(2) 社会知觉误区。在人际交往中,在一定条件下会产生对人的不正确的知觉,称之为社会知觉误区。社会知觉误区主要有以下几种:

① 首因效应。首应效应是指在对人的知觉中,最早获得的第一印象产生的影响最大。这种印象主要体现于对象的外部特征。例如,初次和一个面貌端正、衣着整洁的人见面,会对他留下良好、深刻的印象;反之,则会留下不良的印象,并影响对他以后的看法。这是客观存在的事实。因此,我们既要注意给人以良好的第一印象,又要避免由于第一印象所带来的对人错误的看法。

② 近因效应。对一个人近期的印象影响人们对他人长期形成的看法的现象叫近因效应。例如,人们因一个人近期有某一过错,而对他作出全盘否定,教师因学生一时的错误,从而怀疑该学生长期的良好表现,这就是近因效应的作用。了解对人的知觉中的近因效应,有助于人们自觉地克服偏见。

③ 光环效应。在人际知觉中,人们常以所具有的某个特性而泛化到其他有关的一系列的特性上,也就是以所知觉到的特征推及到未知觉到的特征,以局部信息形成完整印象。这种现

象称之为光环效应。中国的俗语"情人眼里出西施"说的就是一种光环效应。由于光环效应，一个人的优点或缺点一旦被泛化夸大,其缺点或优点也就隐退到"光环"的后面而被人视而不见了。

④ 期望效应。期望效应也称之为"皮格马利翁"效应。皮格马利翁是希腊神话中的塞浦路斯王,工于雕刻,由于他强烈地爱上了自己所雕刻的大理石少女雕像,爱神阿佛洛狄忒见他感情真挚,就赋予雕像以生命,两人最终结为夫妻。期望效应是指在生活中人们的真心期望常常会变成现实的现象。

⑤ 社会刻板印象。社会刻板印象是指社会上对某一类人所持的固定的、概括而笼统的看法。例如,山东人被认为是豪爽正直的,能吃苦耐劳;江浙一带人则被认为是聪明伶俐的,善于随机应变;教师被认为总是文质彬彬的;商人总是被认为是唯利是图的等。一般来说,社会刻板印象有利于知觉者对某一群体作出迅速的概括的了解,但有时又容易对个别成员造成误解。

虽然错觉是知觉人和物的常见的心理现象,但不能由此证明人不能正确反映客观事物。恰恰相反,人能发现错觉,找出产生错觉的原因和条件,正说明人具有反映客观事物的能动性。错觉对人的认识和实践虽有一些不利影响,但利用错觉规律却成为造型艺术、绘画、建筑设计、服装设计和军事伪装的重要手段。

第二节　感觉和知觉的规律

一、感受性和感觉阈限

感受性(sensibility)是有机体对刺激物的感觉能力,即各种分析器对适宜刺激的感觉能力。研究人的各种感觉能力有助于了解感觉能力如何随刺激强度的变化而变化,从而更好地根据实际需要,设法提高或降低个体的某种感觉能力。

感觉阈限(sensation threshold)是指能引起某种感觉的刺激量。

人的感觉能力高低不同,一个微弱的刺激,有人感觉到,有人却觉察不到。感受性表示主观感觉的能力,感受性是以感觉阈限的大小来度量的。人的每一种感觉都有两种感受性和感觉阈限,即绝对感受性和绝对感觉阈限,差别感受性和差别感觉阈限。

(一)绝对感受性和绝对感觉阈限

绝对感受性(absolute sensitivity)是指刚刚能觉察出最小刺激强度的能力。而刚刚能引起感觉的最小刺激量叫做绝对感觉阈限(absolute sensation threshold)。绝对感觉阈限是用来度量绝对感受性的指标。绝对感觉阈限的值越小,绝对感受性就越大;反之,绝对感受性就越小。它们之间在数量上成反比关系。人的各种感觉分析器的近似的绝对阈限值如表3-1所示。

不仅各种感觉的绝对阈限不同,而且同一感觉的绝对阈限也会因人而异。教师在教学中应注意这一现象,了解学生绝对感受性的个体差异,创设条件使那些视觉或听觉感受性差的学生都能清晰地感知到教学信息。

另外要注意,过强的刺激会引起感官的疼痛,严重的还会造成感官的损伤乃至感觉的丧失。

表 3-1　人类重要感觉的绝对阈限

感 觉 类 别	绝 对 阈 限
视觉	晴朗的黑夜中 30 英里外的烛光
听觉	静室内 20 英尺外表的滴答声
味觉	两加仑水中一匙糖的甜味
嗅觉	一滴香水弥散在三个房间的香味
触觉	一片蜜蜂翅膀从一厘米高处落在面颊上

（转引自张春兴. 现代心理学. 上海：上海人民出版社，1994）

（二）差别感受性和差别感觉阈限

能引起感觉的刺激，如果在强度上发生了变化，我们的感觉却不一定随之而起变化。例如，在 100 克的重量上如果只增加 1 克的重量，我们就觉察不出两者在感觉上的差异。只有当变化达到一定的程度时，才能够感觉出前后的刺激强度的差异。刚刚能够区别出同类刺激的最小差异量的能力，叫做差别感受性（difference sensitivity）。能够区别出的差异量越小，则差别感受性越大；反之，则差别感受性越小。刚刚能引起差别感觉所需的同类刺激的最小差别量叫差别感觉阈限（difference sensation threshold）。在 100 克的重量上增加 3 克或更多一些，我们就能觉察出重量感觉的差异。这里的 3 克就是感觉在原重量 100 克时的差别感觉阈限。差别感受性是用差别感觉阈限来度量的，两者之间也成反比关系。差别感觉阈限不是指同类刺激之间相差的绝对数值，而是指它们之间相差的量同原来的刺激量之间的比值。德国生理学家韦伯（E. H. Weber）在 1934 年的研究中指出，在中等刺激强度的范围内，每一种感觉的差别阈限都是一个相对的常数。如果以 I 表示原初刺激的强度，以 $I+\triangle I$ 表示刚刚觉察出较原初刺激强一些的刺激的强度，那么 $\triangle I/I=K$，K 为常数，也叫韦伯常数。部分差别感觉阈限的韦伯常数见表 3-2。

表 3-2　部分差别感觉阈限的韦伯常数

感 觉 系 统	韦 伯 常 数
视觉（亮度、白光）	1/60
动觉（提重）	1/50
痛觉（皮肤上灼热引起）	1/30
听觉（中等音高和响度）	1/10
压觉（皮肤压觉）	1/7
嗅觉（橡胶气味）	1/4

对感受性和感觉阈限的研究，在理论上和实践上都具有重要意义。在航海、航空、精密仪器、医疗器械、环境保护、教育卫生等行业中，感受性高的人比感受性低的人更能胜任工作。

二、感受性的变化规律

人的感受性不是一成不变的，而是会随着主客观条件的变化发生变化。不仅不同的人感受性的大小有差异，而且同一个人在不同条件下，其感受性的大小也可能是不同的。感受性的变化主要有以下几种情况：

（一）感觉适应

由于刺激物对感觉器官的持续作用而使感受性发生变化的现象，叫做感觉适应。适应可以引起感受性的提高，也可以引起感受性的降低。在生活中，感觉适应的现象很普遍，在各类感觉器官中都可以看到，但是，在各种感觉中适应的表现和速度是不同的。

视觉适应特别明显。它可以分为明适应和暗适应。明适应是指从暗处进入明处，最初的瞬间会觉得耀眼，什么都看不清，经过几秒钟后，由于视觉器官对强光感受性的降低，视觉恢复正常的现象。例如，从黑暗的电影院走到阳光下，便有这种明适应的过程。暗适应是指从亮处进入暗处，开始什么也看不见，经过相当的时间视觉恢复的现象。从明亮的阳光下进入已关灯的电影院时，开始什么也看不见，但若干时间后，我们就能分辨出物体的轮廓来，不再是一片漆黑，这是弱光持续刺激眼睛，提高了视觉感受性的缘故。

在日常生活中，我们较难感到听觉的适应现象，只有在强音或单调声音的作用下，听觉器官才会出现感受性暂时降低的现象。触压觉的适应很明显，我们安静地坐着时，几乎觉察不到衣服的接触和压力。实验证明，只要经过 3 秒钟左右，触压觉就下降到约为原始值的 25％。温度觉的适应也很明显。例如，我们游泳时，刚下水时觉得水很冷，经过三四分钟后，就不觉得像原来那么冷了。痛觉是很难于适应的，在引起痛觉的刺激持续作用下，疼痛并不减弱。痛觉难于适应的现象，具有生物学的意义。嗅觉的适应速度则以刺激的性质为转移。一般的气味只要经过 1—2 分钟就可以适应，如对樟脑气味的适应大约是 2 分钟。强烈的气味则要十多分钟才能适应。而对大蒜气味的适应则要 45 分钟左右。"入芝兰之室，久而不闻其香；入鲍鱼之肆，久而不闻其臭。"这句话说的就是嗅觉的适应。味觉适应也较明显，长时间食用某种食品，会觉得滋味越来越淡，这是味觉适应引起的。

适应能力是有机体在长期进化过程中形成的。它对于我们感知外界事物、调节自己的行动具有积极的意义。例如，在白天的阳光下和夜晚的星光下，亮度相差达百万倍，如果没有适应能力，人就不能在不断变化的环境中精细地感知外界事物，正确地调节自己的行动。研究适应现象对于创设良好的工作环境具有积极意义。

（二）感觉对比

同一感觉器官接受不同的刺激而使感受性发生变化的现象，就叫感觉对比。感觉对比可以分为同时对比和继时对比两种。当几个刺激物同时作用于同一感觉器官时，引起感受性变化的现象叫同时对比。例如，把一个灰色的小方块放在白色的背景上，看起来小方快就显得暗些，把相同的一个灰色小方快放在黑色的背景上，看起来就显得明亮些，这就是同时对比的结果。而当几个刺激物先后作用于同一感觉器官时，引起感受性变化的现象就叫继时对比。例如，吃了糖后接着吃梅，会觉得梅很酸，吃了苦药以后接着喝白开水，也觉得水有甜味，就属于继时对比。

研究对比现象具有实践意义。教师在教学中应充分利用感觉对比的规律，提高学生的感受性，以取得理想的教学效果。如用对比的原理突出板书、挂图和模型的重要部分；教学语言的轻重快慢、抑扬顿挫都能产生听觉对比效应。

(三) 不同感觉间的相互作用

对某种刺激物的感受性因其他感觉器官受到刺激而发生变化的现象,就叫不同感觉间的相互作用。例如,一个人害了牙痛病,最怕敲击声,因为强烈的声音可以使牙痛加重;用刀子划玻璃的吱吱声可使人身上起鸡皮疙瘩,引起皮肤发冷的感觉等。在不同的分析器中,由一种感觉同时引起或者加强另一种感觉的现象,心理学称之为联觉。如看到大理石会产生冷、硬、重的感觉;看到红色、橙色引起温暖的感觉,而蓝色、青色、绿色给人以清凉的感觉等。不同感觉间相互作用的一般规律是:微弱刺激的作用能提高另一种感觉的感受性,而强烈刺激的作用则降低另一种感觉的感受性。生活中,不同感觉之间相互作用的现象普遍存在,研究不同感觉之间的相互作用对人的学习、生活、劳动和艺术创作都有重要的意义。

(四) 不同感觉之间的补偿作用

某种感觉缺失之后,可以由其他感觉来相对弥补的现象就叫不同感觉之间的补偿作用。如盲人失去了视觉机能,可以通过听觉、触压觉来了解周围环境。聋哑人只要发音器官正常,可以"以目代耳"学会看话,甚至可以学会"讲话"。可见,某种感觉器官有缺陷的人,由于生活和劳动的要求,经过特殊的训练和锻炼,可以使其未被损伤的感觉器官的感受性得到极大的提高和惊人的发展,使感觉的缺陷获得补偿。伟大的音乐家贝多芬在丧失听觉以后,以顽强的毅力,利用振动觉来创作,谱写了大量世界名曲。

(五) 实践活动的锻炼与感觉能力的发展

感受性不仅能因适应一时的条件变化而提高或降低,而且能在长期的实践活动和锻炼中不断发展和完善。例如炼钢工人能十分精细地辨别浅蓝色火苗的微小差异;染织工人能区分出四十几种不同的黑色,而一般人只能区分四五种;磨工能看到 0.000 5 毫米的空隙,而一般的人只能达到 0.1 毫米。从这个意义上来说,感觉能力是人的一种潜在特征,这种潜在特征的实现,取决于实践活动和主观努力。

专栏 3-4

1 美元与 9999 美元

据有关记载,1923 年,美国福特汽车公司有一个火电机出了毛病,全公司的工程师们会诊了两三个月也无法解决,于是请来了一个从德国移民到美国的电气专家斯坦门次。这位大行家搭了个帐篷在电机旁过了两天两夜,仅凭电机运转的声音进行了一些测量和计算。然后要了个梯子爬上电机,用粉笔在某处作了个记号,说:"打开电机,把这里的线圈减少十六圈。"公司的工程师们将信将疑地照办了,电机果然运转正常,一时令人叹为观止。事后,斯坦门次向公司要一万美金的酬劳。公司很客气地请他开一张一万元的耗费明细表,他在回单上写道,用粉笔作一个记号,1 美元;知道为什么要在那里作记号,9999美元。斯坦门次之所以仅凭声音就知道要在哪里打上修整的记号,这和高明的中医切脉而诊百病一样,完全是因为长期的实践而提高了某种感受性的结果。

(资料来源:李之群.趣味心理学.武汉:华中理工大学出版社,1997)

根据上述情况,教师应认识到学生的感觉能力存在极大的发展潜力。通过有目的的系统培养,激发学生的主观能动性,才能使其感觉能力得到充分发展。语言、音乐、美术、体育和劳动等课程对发展学生的感觉能力具有特别重要的意义。感觉能力的发展对智力的发展亦具有决定性的影响。人的感觉能力存在着个体差异,教师要善于发现和培养有特殊天资的学生,发展他们的优势,给他们创造发展的条件和机会,以免其才能被埋没。

三、知觉的特征

我们对环境事物的知觉,并非只是单纯地对环境中客观事实的客观反映,而是带有相当成分的主观意识与主观解释。在知觉过程中这种所谓"客观的主观"特征,可归纳为以下几种:

(一)知觉的相对性

知觉是根据感觉所获得的信息作出的心理反应。我们在知觉事物时,总是有选择地将一些事物作为知觉的对象,将它们感知得特别清晰,而其他事物则作为知觉的背景,只能模糊地觉察到。这种在知觉过程中,根据客观事物间的相对关系来区分知觉对象的特征,就叫做知觉的相对性。如我们看黑板上老师的板书,黑板上的文字就是感知的对象,感知得特别清晰,黑板旁的挂图、黑板前的讲台都是背景,感知就比较模糊。

在知觉过程中,对象和背景的关系往往是相对的。在一定的条件下,对象可以变为背景,背景可以变为对象。如图3-5(A)可以知觉为黑色背景上的白色花瓶,又可以知觉为白色背景上的两个侧面人像。又如图3-5(B)可以知觉为一位少女,又可以知觉为一位老太婆。课堂上,当老师在讲解时,老师的语言是知觉对象,其他事物是背景。当老师在标志板书时,黑板上文字是知觉对象,其他成了背景。所以,从背景中突出对象的规律在教学实践中有重要作用。

（A）　　　　　　　（B）

图3-5　两歧图形

要使知觉的对象易于从背景中凸显出来,这取决于主客观两个方面的条件。属于客观方面的条件主要有以下三条:

1. 对象与背景的差别

对象与背景的差别越大,越容易从背景中把对象区分出来。教学中用抑扬顿挫的语调、轻重缓急的语气和必要的复述来突出教材中的重点;用不同的颜色标志板书、挂图和模型中的重要部分;保持教室安静,突出教师的讲授和学生的发言等等,都是为了扩大对象和背景的差别,使学生优先把对象从背景中区分出来,获得清晰的知觉。

2. 对象的活动性

在固定不变的背景上，活动的事物容易成为知觉的对象。黑夜中的流星、飞驰的火车等最易被人觉察到。教学活动中使用的教具、幻灯、录像、电影等，能取得更好的教学效果。

3. 对象各部分的组合

对象的组成部分在时间或空间上的组合，容易成为知觉的对象。在时间上的组合和接近，有利于区别知觉对象。教师的教学语言既要连贯也要注意停顿，注意语言时距上的组合，使学生易于掌握知觉到的内容。在空间上，距离接近或形态相似的部分容易组合成对象，所以教师板书要整齐清楚，在形式上要有合理的组合，在课前要认真做好板书设计。

影响知觉选择性的主观因素主要有人的兴趣、需要、目的、情绪等。知觉过程总是由具体的个人来实现的，知觉内容和倾向会受到个体主观因素的影响。不同的人在繁多的事物中会选择不同的事物作为知觉的对象。在教学中，教师要重视学生主观因素对知觉选择性的影响，应激发学生的学习动机，培养学生的学习兴趣。

（二）知觉的整体性

尽管知觉的对象具有不同的属性，由不同的部分组成，但是人并不是把知觉的对象知觉为彼此孤立的各个部分，而总是把它知觉为一个统一的整体。这种在知觉过程中，人们根据已有的知识经验，把由多种属性构成的事物知觉为一个整体的特性就叫知觉的整体性。

我们之所以能把不同属性、不同组成部分的知觉对象感知为一个统一的整体，是因为知觉对象的各种属性和部分有机地结合在一起，而成为一个复合刺激物。这个复合刺激物的各个组成部分，或同时作用于我们的感官，或相继地作用于我们的感官，或作用于同一分析器，或作用于不同分析器，知觉的整体性都同样存在。图3-6中的三个图形，从客观的物理现象看，没有一个是完整的，全是由一些不规则的线和面堆积而成的。可是，任何人都会看出，各图均明确显示其整体意义：上图是由两个三角形重叠，而后又覆盖在三个黑色方块上所形成的；中图是由白色方块与黑十字重叠，而后又覆盖在四个黑色圆上所形成的；下图是由白色圆形与黑十字重叠，而后又覆盖在一个双边方形上所形成的。相信读者都会发现，居于各图中间第一层的三角形、方形和圆形，虽然在实际上都没有边缘，没有轮廓，可是，在知觉经验上却都是边缘清楚、轮廓分明的图形。

在教学中要使学生获得整体性知觉，就要让学生用眼、耳、口、手等多种感官进行感知，从不同角度去认识。对事物的属性、各部分的感知越丰富、越细致，对事物的整体性知觉就越正确、越完整。

影响知觉整体性的因素主要有三个：

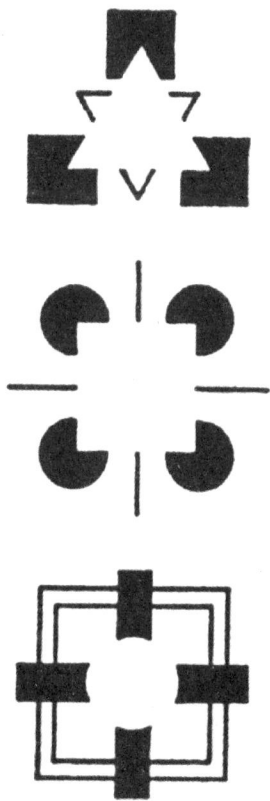

图3-6 不完整图形

1. 对象各组成部分的强度

一般来说,强的部分决定着知觉的整体性。教学中应突出强而关键的部分。但强的部分又常会掩蔽弱的部分。在观察事物时可能注意不到弱的组成部分之间的差异,如对"余"和"佘"、"匀"和"勾"等音、义完全不同的字,学生容易忽略它们微弱的差别。所以在教学中不要忽视次要成分,这对提高知觉的敏锐性和准确性是极为重要的。

2. 对象各组成部分的相互关系

如果相同的成分处于不同的结构关系之中,那么就可形成不同的知觉整体。如把相同的音符置于不同的排列顺序、不同的节拍和旋律之中,就构成不同的曲调。而同一首歌曲,不管用什么音调和音色来演奏,因为各组成部分的结构不变,就不会改变我们对这首歌曲感知的原有整体性。

3. 个体生活经验和知识储备

尽管眼前发生作用的只有过去知觉的事物的部分特性,我们也能把它知觉为一个完整的整体。如街头海报,由于风吹雨淋,字已不全,但我们仍能完整地认出其中的内容,这与知识经验是分不开的。

(三) 知觉的理解性

人在知觉客观事物时,总是根据自己已有的认知经验来解释它,赋予它一定的意义,并用词把它标志出来。知觉的这一特点就叫知觉的理解性。对知觉对象的理解有两种形式:一是概括化的认知,即把知觉对象归入某个较一般、较广泛的类别;二是分化认知,即把知觉对象归入一个较严格确定的类别。影响知觉理解性的因素主要有以下三种:

1. 个人的知识经验

由于知识经验的不同,对知觉对象的理解也不同。例如同样一棵树,植物学家和木匠观察到的特点就可能不同。知识经验对知觉的理解性产生的这种定势作用是已有的心理准备对当前活动的影响。构成这种知觉定势的心理因素有两类:一类是刚刚发生过的经验;另一类是知觉者的需要、价值观、情绪和习惯等。

2. 言语的指导作用

言语在知觉理解中也十分重要。在环境相当复杂,对象的外部标志不很明显的情况下,言语的指导,唤起了人们的过去经验,有助于对知觉对象的理解。如图3-7,初看时只是一些黑色的斑点,很难知觉出它是什么东西。但是只要说明"这是一条狗",词的命名唤起了我们的过去经验,过去经验补充了知觉的内容,我们便立即看出是狗的图形。

图3-7 隐匿图形

3. 实践活动的任务

实践活动是人的知觉的基础,知觉服从于当前的活动任务。人们的活动任务不同,对同一对象的理解可能不同,产生的知觉效果也可能不同。例如,在一个实验中,叫甲组学生用装配好的圆规画一个规定的几何图形,叫乙组学生把拆散了的圆规零件装配好后再画相同的几何图形。做完这些工作后,叫学生收起圆规,然后出其不意地叫这些学生尽量画出刚才用过的圆规。结果是甲组学生画得不准确,没有画出许多重要的零件,而乙组学生却把圆规画得相当正确。两组学生画同一对象准确性的不同,是由活动任务的不同决定的。

知觉的理解性使知觉更深刻、更精确,并提高了知觉的速度。学生的阅读速度在一定程度上取决于对词句的理解。俗话说"一目十行",就是建立在理解的基础上的。当然,有时理解也会产生消极作用,如认错字、认错人等。

(四)知觉的恒常性

在知觉过程中,当知觉对象的条件改变时,知觉映象仍然保持相对不变的特征,就叫知觉的恒常性。

知觉的恒常性在视知觉中特别明显,主要表现为当物体的大小、形状、亮度、颜色、角度等的映象与客观刺激物的关系并不完全服从物理学的规律时,我们的知觉仍然保持认识的原样。例如,同一个人站在离我们3米、5米、15米的不同距离处,他在我们视网膜上的映象因距离的不同而改变着,但是我们看到这个人的大小却是不变的,这是大小恒常性的表现。此外,还有形状恒常性、亮度恒常性、颜色恒常性等。

知觉的恒常性主要是由过去经验作用的结果。人总是在自己的知识经验的基础上知觉对象的。当外界条件发生一定变化时,变化了的客观刺激物的信息与经验所保持的印象结合起来,人便能在变化的条件下获得近似于实际的知觉映象。日常经验告诉我们,对知觉对象的经验越丰富,就越有助于感知对象的恒常性。

知觉的恒常性在人的生活实践中具有重大的意义。因为它使人能够在不同情况下,按照事物的实际面貌反映事物,从而根据对象的实际意义来改造客观世界。如果知觉不具有恒常性,人不仅不能按照事物的实际情况去改造客观世界,而且就连适应环境也不可能。因为外界环境瞬息万变,如果环境稍有变化,人的认识和活动就要随之变化,进行重新学习和适应,那么人就无法适应外界的环境。

第三节 感知规律在教学中的应用

感觉和知觉都有其产生和变化的规律,在教学上运用这些规律,提高学生对有关客观事物的感知效果是十分必要的。学生学习的是书本知识,这对学生来说是间接经验,要理解掌握这种知识,必须得到丰富的相关感性材料的支持。在教学中,学生的感性材料主要是在直观的教学形式下,通过感知、表象和再造想象等心理活动而获得的。教师根据教学的目的,运用言语的描绘、实物的操作、模型的演示、图表的展览等形式进行的教学就是直观教学。直观教学是给学生提供必要感性材料的一种有效途径。它主要有实物直观、模象直观和言语直观。这三种形式各具特点,教师要根据学科性质、教学内容和目的灵活运用,才能取得良好的效果。

一、根据感知规律制作和使用直观教具

实物、标本、模型、挂图以及电影、电视、录音、录像等是教学中经常用到的直观教具。目前

多媒体设备已被广泛运用到直观教学中来。使用直观教具不是教学的目的，而是教学的一种手段。直观教学能把抽象的事物具体化，从而有助于学生对教材的理解和记忆，引起他们学习的积极性和钻研热忱。但是，并不是任何一种直观教具都能达到这个目的。要使直观教具起到提高教学质量的作用，在制作教具时必须注意下列感知规律。

1. 感知对于刺激强度依存性的规律

这条规律表明，作用于感觉器官的刺激物必须达到一定的强度才能被人们清晰地感知到。因此，在制作演示教具时就应当考虑到演示对象的大小、颜色、声音等能否使全班学生都清楚地感知到。

2. 对比规律

这条规律表明，在性质和强度上形成对比的刺激物同时或相继作用于感觉器官时，往往能使一个人对它们的差异感知得特别清晰。因此，要想让学生掌握感知对象的区别，那么最好把教具涂成对比的颜色。如果要突出说明某个物体太小，那么，最好在它的旁边另用一个大的物体加以对比。

3. 对象和背景的差异规律

这条规律表明，在相对固定的背景上，活动的、变化的事物容易被感知。因此，教师在设计直观教具时，应尽量利用活动的教具，或者边讲边画示意图，边讲边演示实验、放映图片等，才能取得较好的感知效果。

要使直观教具起到提高教学质量的作用，在使用教具时，教师必须注意以下几点：

1. 应当根据教学的需要使用教具

使用教具的目的是借助于直观使学生理解概念或规律，因此，教师首先要对教学工作进行充分的准备。采用的教具应能激起学生的积极性，而不是与教学目的没有直接联系的。在演示时，要让学生充分地感知演示的对象，特别是让他们看清教具中的主要部分。如果教具是为在教学过程中阐述某个问题而使用的，则应当在使用的时候展示。过早地展示，会分散学生的注意，削弱新颖感。如果教具已使用完毕，教师应及时收起，以免影响学生对讲授的注意。笨重的教具一时收拾起来有困难，则可以例外。

2. 根据学生掌握知识的特点使用教具

不同年龄的学生掌握知识具有不同的特点，教师在使用直观教具时应当注意这一点。例如，小学低年级学生是用具体形象来思维的，给他们上课时则可较多地运用直观教具，使他们能在看得见、听得着、感受得到的过程中学会思维。随着教育和年龄的增长，学生的抽象思维逐渐发展起来，因此，教师在使用直观教具时就要考虑如何把学生的具体形象思维引向抽象概括，这样做将有助于学生智力的发展。

3. 调动多种分析器参加感知活动

通过多种分析器的协同活动，从不同角度来认识事物的不同特性，对事物的各部分特性及联系认识得越细致、越全面，对事物的感知就越完整、越正确。教师在直观教学中应尽量让学生有更多的感官参加活动，不仅看、听，也要读、写，还要动手完成作业、操作实验等，使眼、耳、口、手等多种感官参与学习过程。

4. 使用直观教具时要有正确的言语配合

言语提示能组织感知,有助于感知对象的选择和理解,提高感知的效果。第二信号系统在人的感知活动中起着重要作用。因此,教师要注意运用恰当的言语提示,引导学生感知教材。使用直观教具时,必须配合正确、生动的讲解和说明,用言语指导学生去感知,唤起学生已有的知识、经验来理解当前的感知对象。特别当有些感知对象不易觉察或难于看清时,教师的言语提示就更为必要了。言语和直观教具的结合可以有三种形式:言语在前的形式;同时或交替进行的形式;言语在后的形式。这些形式各有不同的作用,教师应根据教学的实际情况和需要,有针对性地加以运用或者把它们结合起来加以运用。

二、观察及观察力的培养

(一)观察和观察力

观察是知觉的特殊形式,它是有目的、有计划、比较持久的知觉。

观察比一般的知觉有更深的理解性,思维在其中起着重要的作用。在观察之前,观察者必须预先提出一定的目的、任务,拟定计划,然后再按照计划对一定的事物进行系统而持久的感知。在观察过程中,观察者要注视知觉对象,而且要提出问题,从中寻求某种答案,还要分析比较事物的每一个细节。就是说,观察过程包括了稳定的有意注意和积极的思维活动。观察结束后要进行总结,也要思考许多问题。可见,观察不是消极地注视,而是一种积极的思维过程,是一种"思维的知觉"。

观察在人类实践的各个领域中,具有极其重要的意义。科学研究、生产劳动、艺术创作、教育实践都需要对所从事的对象进行系统、周密、精确的观察,获得有价值的第一手材料,从中探寻出事物发展变化的规律。一切辉煌的科研和创作成果都是建立在精细观察的基础上的。

观察是学生认识世界的重要途径,是一切知识的门户。一个善于观察的学生,能从观察中发现问题,获得丰富的感性知识;而一个观察力差的学生往往表现为孤陋寡闻、熟视无睹或看漏认错,知识比较贫乏。一些学生作文时无从下笔,或者言之无物,其原因之一,就是不懂观察,不会观察。赞科夫经长期的研究指出,观察力差是"后进生"的共同特点。观察是学生认识世界的必要条件,观察力是智力结构的一个重要组成部分。所以,培养学生的观察能力对于学生的学习和智力发展都有重要意义。

观察力就是观察的能力,它是指有目的地、主动地去考察事物并善于全面正确地发现事物的各种典型特征的知觉能力。它是一种特殊的、发展水平较高的知觉能力。观察力最可贵的品质是从平常的现象中发现不平常的东西,从表面上貌似无关的东西中发现相似点或因果关系。

人的观察力在发展水平上有很大的个别差异。在事业上取得卓越成就的人,如科学家、发明家、作家和画家等,他们的观察力发展水平都比较高。人的观察力不仅在发展水平上有差异,而且在类型上也有差异。如有的人视觉观察敏锐,有的人听觉观察敏锐,有的人嗅觉观察敏锐,有的人味觉观察敏锐等。观察事物时,有些人是分析型的,有的人是综合型的,还有的人是分析—综合型的等。这些类型的差异,并不影响他们成为观察力高度发展的人。

正 午 牡 丹

观察力来自平时对事物的观察和经验的总结,只有对事物进行深入细致的观察和辩证的分析,才能培养和发展良好的观察力。沈括的《梦溪笔谈》中有这样一个故事:大文学家欧阳修得到一幅古画,画的是一丛牡丹,在牡丹花下还卧着一只猫,十分逼真。欧阳修看后不理解画中之意,就去问当朝宰相吴正肃。吴正肃看了一下画后就说:"这是'正午牡丹'。"欧阳修奇怪地问道:"何以见得是'正午牡丹'呢?"吴正肃回答说:"画上的牡丹花花瓣分披、色泽浓艳而干燥,正是中午牡丹花的样子;花下猫的眼睛眯成一条缝,正是中午猫眼的形象。如果是清晨的牡丹,花瓣应是收缩而湿润的,猫的眼睛应该是圆的。"欧阳修恍然大悟,对他独到细致的观察十分佩服。

(二) 观察力的培养

观察力不是天生的,而是通过培养和训练,在实践活动中逐渐形成和发展起来的。观察力对学生来说,是获得知识的必要条件;对教师来说,是提高教育、教学技巧和质量的重要手段。因此,无论是学生还是教师都要重视自身观察力的培养和训练。

培养学生的观察力要注意以下几个方面:

1. 要让学生明确观察的目的、任务

观察的目的、任务是否明确直接影响观察的效果。观察的目的、任务不明确,学生就会东看看、西望望,抓不住要领、没有收获。要使学生的观察取得成效,教师必须预先明确地向学生提出观察的目的、任务,告诉学生要注意的问题是什么。

给学生指明观察的目的、任务固然重要,但更重要的是培养他们独立地提出观察目的、任务的能力。如果学生时时处处依赖教师的指示,观察力是培养不起来的。要使学生独立地自己提出观察的任务,重要的是培养他们的观察兴趣。观察兴趣可通过郊游、参观、访问等多种途径来培养。

2. 观察前要做好有关知识的准备

没有足够的知识,不仅不能理解所观察的事物,而且对于事物的某些特征也难以觉察。观察前,有关知识的准备越充分,观察的效果就越好;相反,观察前毫无知识准备,观察时就会"视而不见",不知道问题所在,观察的效果就一定不会好。

3. 教会学生进行观察的程序和方法

学生在观察时往往把注意力集中在新奇的、有趣的事物上,而忽视事物的重要方面,这样就偏离了观察的目的、任务。根据这个特点,教师应告诉学生有关的观察程序和方法,制定好观察计划,按观察计划进行观察。教师要指导学生由整体到部分或由部分到整体地有计划、有次序的观察,注意全面又不忽略细节,观察中注意采用分析和比较的方法,这样才能对事物观察得深刻而细致。

4. 启发学生积极思维

在观察过程中,要鼓励学生对观察到的每一个细节都从不同的角度、不同的侧面加以分析,提出自己的见解,不要满足于现成的答案。

5. 指导学生整理和总结观察结果

观察告一段落后,要作好观察总结。总结时,学生可以检查观察的目的、任务是否完成。总结可以是书面的或口头的,也可以是图表、图解的。要提倡学生之间相互交流观察的心得,找出自己的不足之处,相互学习,也要鼓励学生就观察涉及的问题进行评价。通过总结,不仅可以提高观察能力,而且还可以提高语言表达能力。

6. 通过各种途径,采取不同的方法培养学生的观察能力

人的观察能力是在实践活动中发展起来的,良好的观察力是经常训练的结果。学校的各门课程都有培养观察力的任务。但是,进行观察力训练的最有价值的课程是生物、理化、音乐、美术、体育、书法、实验工艺等。第二课堂的采集动植物标本、实验演示、参观旅行、科学研究、社会活动、文体活动等也是培养观察力的重要途径。教师要根据学生的年龄特点和知识水平,根据不同的课程提出不同的观察要求,让学生进行观察训练,使他们养成良好的观察习惯。通过有目的、有计划的长期训练,学生就能形成勤于观察、善于观察的良好品质。

思考与练习

1. 感觉和知觉有何区别和联系?

2. 什么是感受性? 它与感觉阈限存在着什么关系?

3. 简述感觉与知觉的意义。

4. 你认为采用多媒体教学时应如何运用感知规律提高教学效果?

5. 教学中如何培养和提高学生的观察力?

第四章 记忆与教学

1. 有位心理学家说:一切智慧的根源就在于记忆。你赞同这一观点吗?
2. 是否有什么好办法,能帮助我们战胜遗忘呢?
3. 在学习过程中,你采用过一些什么方法去提高记忆的效率吗?
4. 人与人之间,记忆品质的优劣会有哪些不同呢?

学习指导

1. 概念识记:记忆,识记,保持,记忆表象,无意识记,有意识记,机械识记,意义识记,遗忘,前摄抑制,后摄抑制。
2. 分析理解:遗忘曲线的含义,记忆表象的特征,影响识记效果的因素,记忆的品质。
3. 实际运用:试分析一下自己记忆品质的优缺点,并想想看该采用些怎样的有针对性的方法提高自己的记忆力?

人们在学习、生活和工作中,对感知过的事物、思考过的问题、体验过的情绪以及练习过的动作等,总会或多或少地、不同程度地保留在头脑中,需要的时候还可以重新显现出来,或当它们再次出现时,能够辨认出来,这些都属于记忆现象。对记忆现象和规律的研究,有助于我们提高记忆效率,有效地避免和减少遗忘。

第一节 记忆的概述

一、什么是记忆

记忆(memory)是过去的经验在人脑中的反映。也就是说,记忆是人脑对曾经感知过、思考过、体验过或行动过的事物的反映。记忆与感知觉不同,感知觉是人脑对当前直接作用着的事物的反映,而记忆是人脑对过去经验过的事物的反映。

记忆是一种重要的心理过程。俄国心理学家谢切诺夫说过:一切智慧的根源就在于记忆,记忆是"整个心理生活的基本条件"。由于人有了记忆,才能保持过去的反映,让当前反映在以前反映的基础上进行，使反映更全面、更深入。有了记忆，人才能积累经验，扩大经验。记忆是心理活动在时间上的持续。没有记忆，谈不上学习和工作，就连最简单的行动和动作都是不可能实现的。因为，任何心理，即使是最简单的条件反射活动，都必须以在一定时间内保留它先前出现过的映象为前提。所以，没有记忆，就没有个体心理发展可言，就没有经验可言。

专栏 4-1

湖北男子失忆流落重庆　民警苦寻 2 年帮他找到家人

2005 年，年过五旬的苏武珍在赶场时，发现了一名流浪汉。"看外貌、身材，应该有 30 岁左右，可说话却像小孩子。"苏武珍立马反应过来，男子可能智力有问题。她试着询问该男子的姓名和住址，想将他送回家，却发现他除了记得自己姓"杨（音）"外，其余什么都记不清了，说话时很胆怯，还带着浓重的外地口音。苏武珍心生怜悯，将该男子带回了自己家中，叫他"小杨"。2013 年底，苏武珍一家要迁居广东，无法再继续收留小杨。此时，正在江津云游的天台寺住持释普觉获知此事，便将他接到了寺中。

2014 年 1 月，因为工作关系，北碚区公安分局民警冯华联系上了天台寺，释普觉就将小杨的事告诉了冯华，希望警方能帮小杨找到家人。冯华很快将情况反映到了区公安分局，并受领导指派，开始着手调查。因为小杨失忆，说不出任何信息，冯华便采集了他的血样，并提取了 DNA，试图在警方的数据库中发现他的身份线索。但经过比对，冯华没有找到有用的信息。此后，冯华并没放弃寻找，他多次到天台寺关心小杨，希望能引导他回想起往事。

由于这些年的平静生活，以及身边人的关心照顾，小杨渐渐开朗起来，说的话也越来越多，偶尔还能说出一些失忆前的经历。2016 年春节，冯华和分局领导来到天台寺看望小杨。在闲聊中，小杨突然回忆起了自己的家人，说自己叫杨友发（音），是湖北当铺村人。父母去世了，有个姐姐叫杨友芳（音），还有个兄弟叫杨友明（音）。除此之外，小杨还回忆起，村里的队长叫沈大平（音），会计叫沈大新（音）。

离开天台寺后，冯华提前结束了假期，立即开始调查。他先从当铺村这条线索开始寻找，但没有查到叫杨友发的人。冯华又试着查杨友芳、杨友明，也没有结果……后几经曲折，多方查找，终于成功联系上沈大平的女婿闵祖国，并经他找到了"小杨"的弟弟阳有明，将"小杨"带回了家中，结束了阳有发因为失忆所导致的多年离乡背井的生活。

（资料来源：中新网：http://www.chinanews.com/sh/2016/04-18/7838285.shtml）

记忆是一个复杂的心理过程，是从"记"到"忆"的过程。它包括识记、保持、再认和回忆三个基本环节。识记是识别和记住事物，从而积累知识经验的过程。从信息加工的观点看，识记就是信息的输入和编码的过程。保持是巩固已获得的知识经验的过程。从信息加工的观点来看，保持则是信息的储存和继续编码的过程。回忆和再认是在不同的情况下恢复过去经验的过程。经验过的事物不在眼前，能够把它重新回想起来，叫回忆；经验过的事物再度出现时，能认出来,叫再认。从信息加工的观点来看,再认和回忆是提取信息的过程。记忆过程的三个环节是相互联系、相互制约的。没有识记,就谈不上保持;没有保持,就不能再认和回忆。识记和保持是再认和回忆的前提,再认和回忆是识记和保持的结果和表现,同时进一步加强对客观事物的识记和保持。

二、记忆的种类和品质

(一) 记忆的种类

1. 根据记忆的内容不同,可将记忆分为形象记忆、语词—逻辑记忆、情感记忆和运动记忆。

(1) 形象记忆。形象记忆是以感知过的事物在脑中再现的具体形象为内容的记忆。例如,参观了一群建筑物之后对这群建筑物的形状的记忆就是形象记忆。形象记忆可以是视觉的,也可以是听觉的、嗅觉的、触觉的或味觉的。正常人的视觉记忆和听觉记忆发展得最好,在日常生活中起主导作用,其他形象记忆虽然一般正常人也有一定的发展,但在一定意义上来说可称为职业记忆。例如香水制造商的嗅觉记忆能力就较强。另外,有些记忆形式缺乏而需要补偿或替代的人,如聋人、盲人,嗅觉、触觉与味觉也可能得到惊人的高度发展。

(2) 语词—逻辑记忆。语词—逻辑记忆是以概念、判断、推理和逻辑思维过程等为内容的记忆。这种记忆保持的不是事物的具体形象,而是事物的性质、意义和相互联系等,并且通过语词表现出来。例如,我们对数学公式或定理的记忆,就是语词—逻辑记忆。在这种记忆中,第二信号系统起着主要的作用,所以,它是人类所特有的具有高度的理解性、逻辑性的记忆。

(3) 情感记忆。情感记忆是以曾体验过的某种情绪、情感为内容的记忆。例如,我们对接到大学录取通知书时激动心情的记忆,就是情感记忆。这种记忆的映象有时保持得非常持久,甚至终生难忘。

(4) 运动记忆。运动记忆是以曾做过的运动为内容的记忆。例如,舞蹈演员对舞蹈动作、体操运动员对体操动作的记忆,就属于运动记忆。这种记忆一旦形成,保持的时间也较长,它是形成各种熟练技巧的基础。

2. 根据记忆是否有预定目的,是否采用专门办法,是否需要意志努力划分,可将记忆分为无意记忆和有意记忆。

(1) 无意记忆。无意记忆是没有预定的目的,不用专门方法,也不需要意志努力的记忆。例如,人们对自己童年生活的记忆,就属于无意记忆。通过这种记忆,人们能轻松获取一定的知识经验。但通过这种记忆所获取的只是人们经验的基本部分,不能满足特定的任务要求。

(2) 有意记忆。有意记忆是有预定目的,采取相应的记忆方法,必要时需要经过意志努力的记忆。例如,期末迎考复习,就属于有意记忆。这种记忆是人们获得系统的科学知识、完成特定任务的主要记忆形式。但这种记忆常需要意志努力,时间一长或运用不当,容易产生疲倦乏味的感觉。

3. 根据记忆是否与特殊时空有关,可将记忆分为情节记忆和语词记忆。

(1) 情节记忆。情节记忆是接受和储存时间上可以确定的事件或情节,以及这些事件或情节之间的时空关系的记忆系统。它是个体对自己亲身经历的事情的记忆,是一种"自传性"记忆。例如,"我记得去年夏天我游览了西湖""我读过小说《围城》"等,都属于情节记忆。这种记忆受一定的时间与空间的限制,信息的储存容易受各种因素的干扰,因此,记忆不够稳定,也不够确切。

(2)语词记忆。语词记忆是必须利用语言的记忆,它是个体拥有的关于词和其他语言符号、它们的意义和指标、词或语言符号之间的关系,以及有关运用这些符号、概念、关系、原则、公式和算法的记忆系统。它可以为社会、为许多人所共有。例如:对"人总是要死的""地球围绕太阳转""$I=E/(R+r)$""鸭嘴兽是哺乳动物"等的记忆都是属于语词记忆。这种记忆主要受一般规则、知识概念与词的制约,而与时间、空间很少联系,不易受外界因素干扰,因此比较稳定。

4. 根据记忆在大脑中保持时间的长短,可将记忆分为瞬时记忆、短时记忆和长时记忆。

(1)瞬时记忆。进入到感觉器官的各种刺激停止后,感觉并不立即消失,而会在一个极短的时间内保存下来,这种保留瞬间的记忆就叫瞬时记忆,也叫感觉记忆。如视觉后象就属于瞬时记忆。

瞬时记忆的存在及特点是斯珀林(G. Sperling)于1960年的首创性实验证明的。他采用部分回忆法的实验设计,用连示器向被试呈现三行有规律排列的12个字母(见表4-1)。事先告诉被试,当刺激停止后,将给被试一个声音信号,有高、中、低三种音调。高音调代表第一行,中音调代表第二行,低音调代表第三行。结果发现,当刺激停止后,立即随机呈现任何一种声音,被试都能说出三个左右字母,占该行字母的75%,由此推算被试头脑中保持的总量应是$12 \times 75\% = 9$字母,这大大超过了以往采用全部回忆法所测得的保持量4—5个字母。随后,斯珀林延迟刺激停止与回忆之间的时间,发现延迟0.15秒时,被试的回忆量为60%;延迟0.3秒时,回忆量为55%;延时1秒时,回忆量为40%,相当于全部回忆法的水平。

表4-1　斯珀林部分报告法的实验安排

12个字母闪现50毫秒	每次呈现一种音调
SNTR	高音调
PKLA	中音调
DQJM	低音调

由此可知,瞬时记忆的特点是:有鲜明的形象性;保持量大,作用于感觉器官的所有信息均可进入瞬时记忆;保持时间很短,视觉范围不超过1秒钟,听觉范围0.25—2秒之间,超过这个时间,记忆就会消失,但如果受到注意,就会转入短时记忆。

(2)短时记忆。短时记忆的信息是瞬时记忆的信息受到注意而储存在大脑中的,所以短时记忆的保持时间比瞬时记忆稍长,但最多不超过1分钟。例如,打电话时,查到电话号码,立即就能根据记忆去拨号码,但打完电话,就不记得号码了,这就属于短时记忆。就其在信息加工过程中的地位来说,短时记忆是一种直接参与人们当前活动的、实际起作用的记忆,是操作性的,所以又称为操作记忆。

实验研究表明,短时记忆的容量大约 7±2 组块,即 5—9 组块。组块是指人们熟悉的记忆单位,可以是一个数字、一个字母、一个词组甚至一个句子。例如,IBMTVLASER 有 10 个字母。这串字母对某人来说,要算 10 个组块,超过了短时记忆的容量。而呈现给一个懂英文的人,则能轻易地全部记住。因为对他来说,只能算是 3 个组块(IBM,国际商用机器公司;TV,电视;LASER 激光),甚至 1 个组块,在短时记忆的容量范围内。所以扩大短时记忆的容量,最佳办法就是加大记忆单位。

短时记忆的信息是怎样进行编码的呢? 康德拉的实验证明,短时记忆主要是按声音特性进行编码的。他在实验中选用两组容易发生混淆的字母 BCPTV 和 FMNSX 为材料,发现短时记忆具有强烈的听觉编码性质。但是这种编码并非唯一的编码方式,因为其他实验表明,短时记忆除听觉编码外,还有视觉编码和语义编码。

短时记忆保持的时间一般在 0.5—18 秒。如果不被复述,大约 1 分钟就衰退或消失了。其原因,目前有两种假说:一种认为是由于神经生物学的痕迹的衰退;另一种认为是其他经验的干扰。

可见,短时记忆的特点是:信息保存的时间很短;容量有限。

短时记忆的内容未经复述就被遗忘。如果经过复述、运用或进一步加工,它就被输入长时记忆中去了。

(3) 长时记忆。长时记忆是指一分钟以上直到许多年甚至终身的记忆。长时记忆的容量是无限的,任何信息只要得到足够的复习,均可保持在长时记忆中。最近研究表明,长时记忆的信息是经过多种复杂的编码后以一定的组织状态被储存起来的。关于长时记忆中信息的编码,目前主要有两种学说:一种是主题编码说,认为信息以抽象主题的形式存储于长时记忆中;另一种是双重编码说,认为长时记忆中的信息是以视觉表象和言语再现的形式存储的。

总之,用信息加工的观点看,记忆过程可分为三种系统。图 4-1 是记忆信息加工系统的模式图。

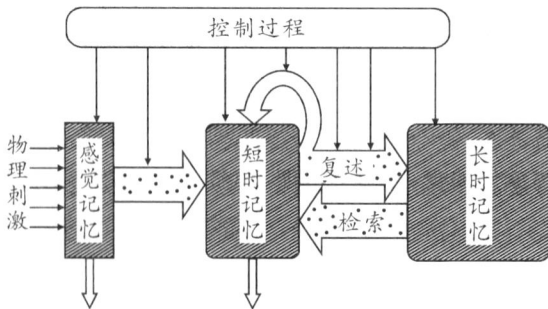

图 4-1 记忆过程模式图

外界刺激作用于感觉器官引起感觉,它保留下来的痕迹就是瞬时记忆。如果不加注意,痕迹便立即消失。如果加以注意,就转入短时记忆。短时记忆的信息,如不经复述,就会遗忘,如果经过复述,就进入长时记忆。信息在长时记忆中被编码、储存起来,在一定条件下,可以提取出来。这时,信息又从长时记忆中被激活提取到短时记忆中,这就是检索或提取。

(二) 记忆的品质

有人说自己记性好,有人说自己记性不好,评价记性好坏到底有什么标准呢? 记忆的品质是我们评价一个人记忆力好坏的主要依据,它包括以下四个方面:

1. 记忆的敏捷性

记忆的敏捷性是指记忆在速度方面的品质。对于同一材料,有的人很快就能记住,有的人则需要长得多的时间才能记住。有的人能"过目成诵",而有的人虽然经过长久刻苦的学习,记忆的效果却不佳。前者就表现出良好的记忆敏捷性,而后者记忆的敏捷性就较差了。

2. 记忆的持久性

记忆的持久性是指记忆在保持时间长短方面的品质。不同的人记忆的持久性也存在着明显的差异。有的人"过目不忘",而有的人识记过的事情转身就忘了。但一般来说,勤于思索、善于复习的人,记忆的持久性较好。

3. 记忆的正确性

记忆的正确性是指回忆原来识记的材料时正确与否方面的品质。这一品质是记忆品质中最核心、最关键的品质。如果一个人识记的内容不能正确地回忆,那么,其他的品质便失去了意义。这一品质,不同的人也存在着明显差异。有的人回忆曾识记过的内容时,没有任何遗漏歪曲,而有的人回忆曾识记过的内容时,模棱两可。

4. 记忆的准备性

记忆的准备性是指回忆储存在大脑中的所需要的知识时能否及时方面的品质。这是使知识运用于实际方面的品质,是机智的先决条件。不同的人记忆的准备性也各不相同。有的人能"出口成章""下笔成言",而有的人是"书到用时方恨少"。

三、记忆表象

(一) 什么是记忆表象

头脑里产生的过去感知过的事物的形象叫做记忆表象,又称为表象。比如,去年到过北京,如今对北京的形象还历历在目;又如,上周听了著名歌星的演唱,如今那美妙的歌声还时常在耳边回响。这些在头脑中保留着的形象,都是记忆表象。

记忆表象是凭借过去的感知获得的。它来源于感知,但又不同于感知。引起感觉和知觉,必须有客观刺激物作用于感觉器官,而表象的客观刺激物不在眼前,是由其他相关的刺激物(事物或词)引起的。

表象有不同种类,根据表象产生的感觉通道,可分为视觉表象、听觉表象、运动表象、味觉表象、嗅觉表象等。根据表象概括性程度,可分为:一般表象和个别表象。一般表象是关于一类事物的共同的、主要特征的形象,例如人们对"山"或"树"的表象就属于一般表象;个别表象是人们头脑中呈现出某一具体事物的形象,例如头脑中呈现出自己父亲的形象,就属于个别表象。

（二）记忆表象的特征

记忆表象具有两个重要特征。

1. 形象性

记忆表象是在感知基础上形成的,是保持在人脑中曾经历过的事物的形象,因而它和感知觉一样,具有直观形象性。但是,由于记忆表象反映的事物不在眼前,因而不如直接感知所反映的那样鲜明、清晰、完整和稳定,而是比较模糊、暗淡、零散和不稳定。

2. 概括性

记忆表象往往是综合了多次感知的结果,是同事物的多次感知印象的概括相联系的,所以具有概括性。在我们的生活中,多次感知同一事物或同类事物,往往由于光线、角度和距离的不同,在脑中形成的形象也有所不同,但是,我们回忆该事物的形象时,并不是回忆某一次感知到的事物的个别特点,而是回忆多次感知到的事物的一般特点。然而,记忆表象的概括和思维的概括不同:记忆表象是形象的概括,概括的既有本质属性也有非本质属性;而思维的概括是抽象的概括,概括的是本质属性。

（三）记忆表象的意义

记忆表象的直观形象性和概括性是密切联系在一起的。从其形象性来看,它和知觉相似;从其概括性看,它又和思维相似。因而,记忆表象是介乎知觉和思维的中间环节,是感性认识到理性认识的中间环节。正因为记忆表象的存在,人的认识才能摆脱知觉的局限性,通过概括,为思维、想象过程提供基础。没有记忆表象,思维和想象就难以进行。观察表明,表象贫乏的儿童,想象力、思维力的发展都要受到一定的影响。根据表象的这种中介作用,教师在教学过程中,必须注意发展学生鲜明、稳定、完整且丰富的记忆表象,促使学生更好地掌握知识,发展智力。

第二节　记忆过程的分析

一、识记

识记是记忆过程的首要环节,是保持、再认和回忆的前提。因此,要提高记忆效果,首先必须有良好的识记。

识记是指识别和记住事物,从而获得知识经验的过程。无论识记过程长短,识记都是一种反复认识某种现象并在头脑中留下映象的过程。即客观事物作用于人脑并在人脑中留下痕迹的过程。

（一）识记的种类

识记的形式是多种多样的,依据不同的标准可以划分为不同的种类:

1. 按有无明确目的和是否需要意志努力划分

根据识记有无明确目的和是否需要意志努力,可将识记分为无意识记和有意识记。

（1）无意识记。无意识记是一种事先没有预定目的,也无须经过意志努力的识记,又叫不随意识记或偶然识记。人们对自己童年的生活情景、琐事,当时并没有有目的地付出意志努力去识记,但许多生活内容却自然而然地被识记下来,人们到了中年甚至老年,一些童年往事都还历历在目,这就是无意识记。

从以上例证可以看出无意识记具有明显的选择性,所选择的这些内容具有很大的片面性和偶然性,并非所有接触过的东西、体验过的情绪都可以记住。凡是那些在生活中具有重要意义的、容易引起人们兴趣和注意的对象,常常容易记住,甚至经久不忘。从这一点看来,无意识记显然是一种消极的、被动的记忆。

然而,无意识记在人的生活、学习和工作中同样具有重要的意义。它可使人们在比较轻松自然的情况下获得一定的知识。所谓"潜移默化",就是指周围影响通过无意识记被人接受。年龄越小,潜移默化的影响越大。根据无意识记的这种特点,在教学过程中,教师应改进教学方法,恰当地运用无意识记让学生在比较轻松的状态下获得一些知识。这样既能减轻学生负担,又能提高教育质量。但无意识记因为无预定目的,具有极大的偶然性、片面性,因此单凭无意识记不能获得系统、完整的科学知识。

(2)有意识记。有意识记,也叫随意识记,是指有预定的目的,按照一定的方法和步骤,经过一定的意志努力所进行的识记。如背诵课文、考前复习等,都是有意识记。有意识记服从于一定的识记任务,伴随一定的思维活动,并要求具有高度的积极性和自觉性,所以有意识记能使我们在生活实践中获得大量的系统的科学知识和操作技能。在其他条件相同的情况下,有意识记的效果比无意识记的效果要好得多。人们掌握系统的科学知识,主要依靠有意识记。

2. 按识记材料的特点和是否以理解为基础划分

根据识记材料的特点和识记时是否以理解为基础,可以把识记分为机械识记和意义识记。

(1)机械识记。机械识记是根据材料的外在联系,采取简单重复的方式所进行的识记。如电话号码、外文生词、元素符号和历史年表的识记,一般均为机械识记。因为这些材料的内在关系很不明显,所以学习者只能依靠材料的表现形式,运用机械的、重复的方法来加强记忆。再者,由于学习者的理解能力不足,知识水平有限,对于有内在联系的客观现象,如科学定理、文学作品大意等,也常常借助于机械识记的办法来解决。但我们在日常生活中,要识记的东西很多,单凭机械识记是不行的。所以,要设法采用意义识记。

(2)意义识记。意义识记是凭借已有的知识经验,通过理解,掌握事物的特点,并将其基本内涵和内在逻辑关系纳入认识结构而采取的记忆。

美国心理学家布鲁纳认为,如果没有圆满的结构把获得的知识联系在一起,迟早会被遗忘。所以意义识记需要依靠有关的知识经验和必要的思维能力来完成。

(二)影响识记效果的因素

1. 目的和任务对识记效果的影响

给识记活动提出明确的目的和任务,对识记效果有极其重要的影响。有了明确的目的和任务,人们就能把全部精力集中到识记任务上去,并采用各种方法实现它。所以,在一般情况下,有意识记效果比无意识记效果好得多。例如,曾有人做过这样一个实验,要求两组被试分别在有目的和无目的的要求下学习 16 个单词。结果有目的的组当时记住 14 个单词,两天后记住 9 个单词;而无目的的组当时只记住 10 个单词,两天后只记住 6 个单词。前者明显优于后者。由此可见，识记的目的任务对识记效果的影响是极大的。

在识记中，不仅有一般性的目的和任务，还可以有不同的具体任务。比如，对于一件事物可以要求记住它的内容，也可以要求记住它发生的前后顺序；对于一篇课文，可要求记住它的基本内容、主要思想，也可要求逐字逐句地背诵。不同的识记任务，对于识记的效果可能有不同的影响。例如，在一个实验中，向两组被试呈现一系列图形，要求第一组识记图片出现的顺序，要求第二组识记图形。结果第一组有80％的被试能正确回忆图形的顺序，而第二组只有43％的被试能正确回忆图形的顺序。可见，在教学中，要获得好的识记效果，不仅要向学生提出一般性的目的任务，而且还要提出更具体的、局部的特殊任务。

识记任务在时间上的要求不同，识记的牢固程度也不同。对被试提出的是"长久记住"的任务还是"短期记住"的任务，两者的识记效果有明显的差异。在一个实验中，要求被试识记两段难易程度相似的材料。事先说明，第一段在次日检查，第二段在一周后检查，而实际上都是两周后检查。结果表明：第二段材料的识记效果比第一段好得多。日常的经验也表明，只是为了应付考试的识记，考完后很快就忘了；而为了长期掌握所学知识而进行的识记，则保持得长久些。因为后者提出了长久识记的任务，能引起更为复杂的智力活动和更高的积极性。

2. 材料的性质、数量对识记效果的影响

在其他条件相同的情况下，识记的效果因材料的性质、数量的不同而不同。

首先，材料的性质影响识记的效果。一般而言，直观形象材料的识记比抽象材料的识记效果要好，且视觉材料的识记效果要比听觉材料的识记效果要好。意义材料的识记效果比无意义材料的识记效果要好，且意义材料中，课文的识记比散句的识记效果要好，诗篇的识记效果比散文的识记效果要好。

其次，材料的数量也影响识记效果。一般来说，要达到同样的识记水平，材料越多，平均用的时间越多。对无意义音节识记的实验表明，在识记12个音节时，平均每个音节需要14秒钟，24个需要29秒钟，36个需要42秒钟。在识记有意义材料时，平均时间的增加不像无意义材料时那样显著，但趋势是相同的。在一个对课文识记的实验研究中，得到了类似的结果：当识记课文字数为200字时，平均每100字所需时间为12分钟；当识记文字数为1000字时，平均每100字所需时间为16.5分钟；当识记课文字数为10 000字时，平均100字所需时间为42分钟。

3. 识记方法对识记效果的影响

识记方法对识记效果影响很大，识记方法恰当，往往能产生事半功倍的效果。

第一，意义识记比机械识记效果好。因为，在意义识记时，学习者要运用已有的知识经验，积极地进行思维，弄清材料的意义及内在联系，有时还要找出识记材料和已有知识的联系，对识记材料进行重新加工组织，使之纳入学习者已有知识系统中，因此，意义识记的效果好，保持持久，且易于回忆。大量的日常经验和实验研究均证实了这一点。德国的心理学家艾宾浩斯最早进行了这方面的实验。他对学习无意义音节和有意义音节的结果进行了对比，结果表明，12个无意义音节需要识记12.6次才能成诵，36个无意义音节需要识记55次才能成诵，而480个音节的节律诗，只需8次就能背出了。我国心理学工作者所做的实验也得到类似的结果。例如，让学生识记"昨日入城市，归来泪满襟，遍身罗绮者，不是养蚕人"和"生当作人杰，死亦为鬼雄,至今思项羽,不肯过江东"这两首不同的诗,结果表明:第一首由于形象具体,易于理解,所以读6遍就能背诵;第二首则有儿童不懂的典故,不易理解,结果读了14遍才能勉强背诵出。这些都说明了意义识记的优越性。

不仅识记有意义材料时要进行意义识记,在识记无意义材料时,也要尽量进行意义识记,即尽可能地找出其间的联系,甚至利用人为的意义加以联系,这就是所谓的"记忆术"的问题。记忆术的基本点就是尽可能建立各种联系或线索,即把识记材料与已熟悉的事物联系起来,或把数字转换成文字,等等。例如,将圆周率 3.141 592 653 5……转换成一首诗"山巅一寺一壶酒,尔乐苦煞吾……"来识记,就容易记得多。又如,俄国十月革命、中国"五四"运动和中国共产党诞生年代,人们可以这样来理解:俄国十月革命发生于 1917 年,我国的"五四"运动是在它影响下晚两年发生的,即 1919 年,中国共产党又是在"五四"运动的影响下晚两年发生的,即 1921 年。通过这样理解,只要我们记住上面这三个年代中的任何一个,其他两个就自然而然地被记住了。再如富士山的高度为 12 365 英尺,只要想想它是由一年的月份和天数组成的,就记住了。但在现实生活中,机械识记也是不可缺少的。有些材料内容没有什么意义联系,只能靠机械识记。早期经验贫乏时,机械识记也是儿童认识世界、积累经验的重要形式,即使是意义材料,也离不开机械识记。而且儿童随着词的抽象识记能力和逻辑思维能力的迅速发展,意义识记将逐步取代机械识记而占有主导地位。实验表明,小学一年级儿童识记时只注意事物的外部联系,反复背诵的平均占 72%,利用意义联系来识记的仅占 28%;而中学生的机械识记比例则逐步缩小为 17%,意义识记的比例逐步上升为 83%。

总之,无论对于儿童还是成人,尽管两种识记占有比例差距很大,但是两者缺一不可。因为有意义的材料要达到熟记,在主要依靠意义识记的前提下,还必须有机械识记的参加。两者是不可分割、相辅相成的关系。因此,以意义识记为主,兼用机械识记的方法,才是良好的记忆。

第二,让识记材料成为活动直接对象,将有助于提高识记效果。这在一些实验性的学科尤为明显。例如,学习无线电时,自己动手安装收音机;学习生物课时,自己动手采集和制作标本;上化学课时,自己做实验,观察实验现象等。有人曾做过这样的实验,要求两组被试识记同段文章,第一组还要求编写提纲,第二组则无此要求,九天后检查。结果发现,编写提纲组只遗忘 24.8%。而不编写提纲组却遗忘了 43.2%。前苏联的陈干科和康采娃娅也曾做过这方面的实验:给被试 15 张角上标有二位数字的图片,要求甲组按图片上物体的内容进行分类,乙组按图片上数字从小到大排列图片。结果表明:甲组被试平均识记图片 13.2 张,回忆保持率为 88%,平均识记数字 0.7 个,保持率为 4.7%,乙组被试平均识记数字 10.2 个,保持率为 68%,平均识记图片 1.3 张,保持率仅为 8.7%。可见,让被试直接操作识记对象,如动手画、写、计算、分类等能提高识记效果。

二、保持与遗忘

(一) 保持

保持是识记过程的中心环节,不仅是巩固知识所必须的,而且是实现再认和回忆的重要保证。

记忆是经验的保持,但这种保持并不像保险柜那样,可以原封不动地保持不变,而是对一个识记材料进一步加工、储存的过程。所保持的材料,无论是在数量上还是在质量上都会发生某些变化。

首先,是保持的内容在数量上的变化。一般来说,随着时间的推移,保持量呈递减趋势。但也有例外情况,即记忆恢复现象。记忆恢复是英国心理学家巴拉德在 1913 年发现的。他发现,儿童在学习后的最完美的回忆成绩并不是识记后的当时,而是在识记后两三天的时候。他把这种现象称为记忆的恢复。后来许多人的研究都证实了这一现象。这种现象在儿童中较为常见,学习较难材料比学习容易材料易出现,学得不熟比学得纯熟容易发生。这种现象产生的原因,可能是由于持续学习产生了积累的抑制,也可能是识记初期学习者对学习材料还未形成一个整体,之后才把它构成一个整体的缘故。这些都是假设,有待进一步研究。

其次,是保持材料在质量上的变化。归纳起来主要有以下几种形式的变化。

(1) 简略化、概括化。所识记的材料细节趋于消失,只记得大致轮廓。

(2) 完整化、合理化。识记内容中不合理,不合逻辑的地方得到改正,缺漏部分得到补充。

(3) 细致化、具体化。增加了原材料所没有的细节,使得所记材料更详细、更接近具体事物。

(4) 夸张和突出。把某些特点夸大,使其更具特色。

英国心理学家巴特莱特的实验说明了这种变化。他给第一个被试呈现一幅图画,要求他根据自己的回忆画出来;然后将第一个被试所画的图片交给第二个被试看,并让第二个被试根据自己的记忆再画下来;如此依次下去,直到第十八个被试。结果表明,被试凭借自己的记忆所画出的图片与原图片相比发生了很大的变化(见图 4 - 2)。原图形越是复杂,间隔时间越久,发生的变化就越大。

图 4 - 2　记忆过程中图形的变化

(二) 遗忘

1. 遗忘的概念

遗忘是与保持相反的过程,它是指对曾经识记过的东西不能再认或重现,或者错误地再认或重现。

遗忘有不同的种类。按时间角度来分,有暂时性遗忘和永久性遗忘。暂时性遗忘是指对保持的内容一时不能想起,但过一段时间又能想起来。永久性遗忘是指识记材料不经重新学习,就永远不能再认或回忆。从内容角度来分,有部分遗忘或全部遗忘。部分遗忘是指对识记过的材料的某些部分不能再认或回忆。全部遗忘则是指对识记过的材料一点都不能再认和回忆。

2. 遗忘的规律

心理学的研究表明,遗忘是有规律的。

德国心理学家艾宾浩斯（H. Ebbinghaus）于 1878—1884 年首先对遗忘现象作了系统的研究，他以自己为被试，用无意义音节作为记忆材料，把识记材料学到恰能背诵的程度，经过一定时间间隔后再重新学习，以重学时节省的背诵时间或次数作为计算保持量的指标。实验结果如表 4-2 所示，用表内数字制成一条曲线，一般称为艾宾浩斯遗忘曲线（见图 4-4）。

艾宾浩斯遗忘曲线表明了遗忘发展的一条规律，即遗忘的进程是不均衡的，遗忘发展是"先快后慢"，随后便趋于平稳。继艾宾浩斯以后，许多人用无意义材料对遗忘现象进行了研究，得到了与之类似的结果，证实了艾宾浩斯遗忘曲线的普遍性。

图 4-3　艾宾浩斯（1850—1909）

表 4-2　不同时间间隔后的记忆成绩

时间间隔	重学时节省诵读时间的百分数（%）
20 分钟	58.2
1 小时	44.2
8—9 小时	35.8
1 天	33.7
2 天	28
6 天	25.4
31 天	21.1

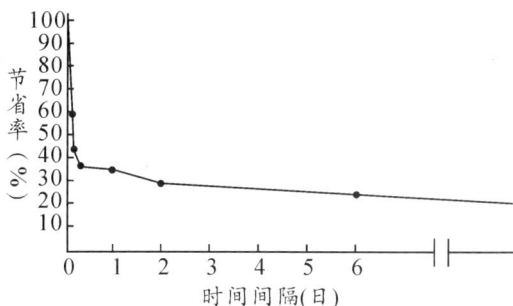

图 4-4　艾宾浩斯遗忘曲线

遗忘进程不仅受时间因素的影响，还受其他因素的影响：

（1）识记材料的意义和作用。识记材料的意义和作用对遗忘进程影响很大。研究表明，在人的生活和学习中不占主要地位的、不吸引人的、不符合一个人需要的东西，易被遗忘。

（2）识记材料的性质和数量。一般来说，抽象材料比形象材料遗忘快，无意义材料比有意义材料遗忘快。在学习程度相等的条件下，识记材料越多，遗忘越快；识记材料越少，遗忘越慢。因此，学习时不能一味地贪多贪快。

（3）学习程度。学习一种材料，达到完全正确背诵后仍继续学习，叫过度学习。例如，学习某种材料,四遍后就能正确背诵,为了巩固记忆,又多学了两遍,这两遍就是过度学习,其过度量为50%。研究表明,经过过度学习的材料比没有经过过度学习的材料遗忘得慢。但并不是过度学习的程度越深越好,一般过度学习量在50%左右效果最佳,超过这个量的过度学习,效果就会渐次降低。有实验证实,50%的过度学习在14天以后可以多产生20%的保持效果,而100%的过度学习在14天之后,只能多产生28%的保持效果。

（4）学习方法。学习方法对遗忘进程也有影响。用分散学习识记的材料比用集中学习识记的材料遗忘得慢;用试图回忆识记的材料比单纯反复阅读识记的材料遗忘得慢;用视觉识记的材料比用听觉识记的材料遗忘得慢。

（5）材料的序列位置。识记材料位置不同,遗忘的情况也不一样。一般来说,材料的首尾易记住,中间易遗忘。比如,初学英语者对26个英语字母的记忆,一般以前面的字母ABC和后面的字母XYZ记得较好,而中间的遗忘得快。

3. 遗忘产生的原因

对遗忘产生的原因,人们提出了一些不同的学说,归纳起来主要有以下三种:

（1）消退说。这种学说认为,遗忘是记忆痕迹得不到强化而逐渐减弱,以致最后消退的结果。消退即痕迹变弱,发生泛化,使回忆不确切或不完整。这种说法易为大多数人所接受。因为一些物理的或化学的痕迹也是随着时间的推移而消退的。但这一说法不易被实验证明。尽管如此,人们还是确信它是导致遗忘的一个重要原因。因为任何事物都有发生、发展乃至衰亡的过程。

（2）干扰说。这种学说假定,遗忘是因为在学习与回忆之间受到其他刺激的干扰所致。一旦干扰被排除,记忆就能恢复,而记忆痕迹自身并不会发生任何变化。这种学说获得了关于前摄抑制和倒摄抑制的实验的支持。

前摄抑制是指先学习的材料对识记和回忆后学习的材料的干扰作用。安德华德(Underhood)的实验证实了这种现象的存在。他要求两组被试学习字表。实验组被试在学习前进行了大量的类似的学习,而控制组则无。结果表明,控制组被试记住了所学字表的70%,而实验组则只记住了所学字表的25%。很明显,造成这种差异的原因在于实验组被试受到了前摄抑制的影响。

倒摄抑制是指学习的材料对保持和回忆先学习的材料的干扰作用。穆勒(Muler)和皮尔扎克(Pilzecker)首先进行了倒摄抑制方面的研究。结果发现,被试在识记无意义音节后,中间休息5分钟,可以回忆起56%的音节,但如果中间插入其他活动,则只能回忆起28%的音节。这表明,中间插入的其他活动对保持和回忆前面所学音节产生了干扰作用。

在日常学习中,前摄抑制和倒摄抑制的影响也很明显。如学习一篇课文,一般是开头和结尾易被记住,而中间易遗忘,就是因为中间部分受到前摄抑制和倒摄抑制的双重影响。人们都相信,清晨和睡前学习易记住。这种现象在心理学上被称为"系列位置效应"。由此可以看出,干扰是造成遗忘的一个重要原因。

（3）压抑说。奥地利心理学家弗洛伊德在给病人施行催眠术时发现,许多人能回忆起早年生活中的许多琐事,而这些事情平时是回忆不起来的。于是他认为,这些经验之所以不能回忆,是因为回忆它们将体验到痛苦、忧虑和不愉快,因而被无意识的动机所压抑。这种理论叫压抑理论或有动机的遗忘。尽管支持这种理论的材料主要来自临床实验,但它仍有一定的积极意义。因为干扰说和消退说都不考虑个体的需要、欲望、动机等在记忆中的作用,而需要、动机在记忆中的作用又是不可忽视的。正是在这一点上,压抑说也是有意义和值得重视的。

专栏 4-2

大脑的记忆高峰期

人的大脑每天有四个记忆高峰期。第一个是早晨起床后,大脑在睡眠过程中对头一天输入的信息进行整理编码,没有新的记忆干扰,认记印象清晰;第二个是上午 8 时到 10 时,这时精力上升到旺盛期,处理认记效率高、认记量大;第三个是下午 6 时到 8 时,这是一天中记忆最佳期;第四个是临睡前 1 小时左右,因为认记材料后就入睡,不存在倒摄抑制的影响。除了记忆能力外,研究还发现上午 8 时大脑具有严谨周密的思考能力,下午 2 时思考能力最敏捷,但推理能力则在白天 12 小时内减弱。根据这种测试,早晨最好做一些比较严谨周密的工作,晚上做些需要加深记忆的工作。

[资料来源:今日科技,2001(7)]

三、再认与回忆

(一)再认

再认是指过去经历过的事物再度呈现时能够识别出来的心理现象。例如,能认出多年不见的同学,能认出多年前学过的课文等等,都是再认的表现。考试时选择题、判断题一般是通过再认来回答的。再认是记忆的初级表现形式,一般来说,再认比回忆要容易、简单。

虽然再认比较简单,但迅速、确定的再认还依赖于以下条件:

1. 识记的精确性和牢固程度。对事物的识记越牢固、精确、熟练,再认就越快、越准确。反之,则再认得慢且不准确,只有熟悉之感。

2. 当前呈现的事物及其环境条件与以前经历过的事物及其环境条件的类似程度。经历过的事物重新出现时,若变化太大,就难以再认。若环境条件(如时间、地点)发生变化,即使事物本身变化不大,再认也会发生困难。例如,多年不见的童年时的伙伴突然在他乡相遇,就很难再认出来。

3. 主体的身心状态。主体的身体状态、情绪状态、期待、思维活动的积极性以及个性特征等均影响着再认的速度和准确性。人身体疲劳、情绪紧张时,再认会困难些;积极的思维活动有助于提高再认效果;独立性强的人比依赖性强的人再认成绩好;个体对事物的期待也影响再认的速度和准确性。

发生再认错误的原因一般认为有两个方面:一方面是由于联系的消失或受抑制而不能再认;一方面是由于联系的泛化而发生误差。严重的不能再认和认错在病理状况下经常发生。

比如麻痹性患者对与他紧密相关的某一类事物甚至一切事物完全失去再认能力，这种病症通称为不识症。病态的似曾相识症则是对他面前感到熟悉的人和事，无论其认识与否、经历与否，都确认是以前认识的或所经历过的，产生了认识和精神上的错乱。

再认对知识的迁移有积极和消极两种影响。当已经获得的知识、技能，甚至方法和态度对学习当前新知识、新技能有积极的效果时，称为正迁移，否则就是负迁移，起干扰作用。比如学习英文字母以前，由于掌握了汉语拼音，会对新知识产生熟悉的感觉。消除疑惧心理和紧张情绪，这是好的一面；但是初学英文字母，会在读、写过程中产生混淆行为，使一些似是而非的知识不能迅速固定下来，从而影响了新知识的掌握，这是坏的一面。随着新旧知识的对比和巩固，负迁移就会逐步削弱，再认能力也会随之提高。所以我们应该正确地认识在知识迁移过程中再认所产生的影响，使之更好地为教学服务。

由于再认有其方便性的优点和精确性不足的缺憾，所以在教学活动中，我们不能只依靠它来检查学生知识的巩固程度。

（二）回忆

1. 回忆的概念

回忆是指过去曾经经历而当前并未作用于我们的事物，在头脑中其映象自行呈现出来的记忆过程。也就是在某种有关信号的刺激下，引起头脑中形成的相关暂时神经联系的兴奋，从而表现为某种知识经验的恢复和提取的心理过程。例如，背诵以前所学的课文就是回忆。考试时填空、问答题都是通过回忆来完成的。回忆比再认更困难些。一般来说，能回忆的就能再认，能再认的不一定能回忆。当再认发生障碍时，马上就会转化为回忆；在头脑中追寻曾经的印象，这种现象被称为追忆，是有意回忆的一种特殊形式。所以再认和回忆是紧密相关的两个环节，两者的根本区别在于再认是针对感官之外的事物而言的，而回忆是针对头脑中所保留的事物的印象而言的。

回忆是识记和保持的结果，但回忆并不只是所保持材料的机械简单的重现，而是通过联想，在许多旧知识经验甚至全部知识经验中加以筛选并有思维参与的过程。保持和回忆虽有联系，但二者毕竟不是同一过程，回忆可以说明保持，而保持下来的内容并非能完全回忆出来。

2. 回忆的种类

根据回忆是否有目的和任务，可将其分为无意回忆和有意回忆。无意回忆是没有预定目的和任务，不自觉地想起某些旧经验。例如"触景生情"就属于无意回忆。有意回忆是有预定的目的和任务，自觉地去想起以往的某些经验。如考试时回忆曾学过的知识，就属于有意回忆。有意回忆有时比较容易，有时则较困难，需要较大的努力，费一番思索才能回忆起来，这种情况就是追忆。

根据回忆是否借助于一定的中介，可将回忆分为直接回忆和间接回忆。直接回忆是无须借助任何中介，由当前的事物直接唤起旧经验的回忆。间接回忆是需要借助一定的中介才能唤起旧经验的回忆。

回忆与联想。回忆过程特别是追忆，常常以联想为基础。联想是一种在头脑中由一个事物想到另一个事物的心理活动,它是客观事物之间的关系在头脑中的表现,联想在记忆全过程中都有重要作用。回忆过程中联想形式的出现有如下规律:

(1)接近律。在时间和空间上相接近的事物容易形成接近联想。例如,由冬天想到下雪,由天津想到北京。

(2)对照律。事物间相反的特性容易形成对照联想。例如,由冷想到热,由苦想到甜,由痛苦想到幸福。

(3)相似律。当事物之间具有类似的或共同的特性时,容易形成相似联想。例如,由秋天想到丰收,由李白想到杜甫。

(4)因果律。具有因果关系的事情容易形成因果联想。例如,由雪想到冷,由劳动想到成果等。因果联想表现出人更复杂的思维活动,是一种更复杂的联想。

综上所述,记忆即人们对经历过的事物经过识记,都可以作为经验在头脑中保持下来,并在一定条件下,实现再认和回忆。识记、保持、再认和回忆是记忆的基本过程。在整个记忆过程中,可以说回忆和识记是两个相反的过程,识记过程是将识记内容在有关经验中建立联系,而回忆过程是将所需要的内容从有关的经验中"筛选"和提取出来。实践证明,识记时联系越丰富、越系统化,回忆就越容易;反之则越困难。所以,我们在识记过程中要尽量多地形成联系并利用联想,使记忆力获得充分的发展。

四、记忆的心理卫生

记忆过程的关键环节是记忆的始端和终端两个过程,即识忆和回忆。为使两者顺利进行,我们应该注意以下几个方面:

1. 保持愉快而稳定的情绪

愉快而稳定的情绪可以保证我们在任何情况下对外界事物持积极接受的态度,使脑细胞处于均衡的兴奋状态,易于感知外部世界或接收所需的知识经验。不良的情绪,如忧虑、发怒、焦急、过度激动、苦闷等情绪状态都不利于记忆过程的展开。

2. 适当的睡眠和健康的身体

睡眠不足会使大脑细胞活力降低,产生疲劳、衰弱等症状,使兴奋和抑制过程的转化失调。而健康的身体则是保证大脑维持正常活动的必要条件,所以适当地参加体育锻炼不仅可以使大脑和全身的神经系统得到调整和休息,而且能增强其应变自然的活力。

3. 适当的营养和良好的环境

营养学认为,有计划地、适量地吃点蛋、鱼、肉对维护记忆功能很有必要。因为核糖核酸和蛋白质是记忆的重要信使。所以说,为使大脑健康发展,我们应保持大脑具有正常的营养水平。营养不良的情况下,强求其记忆成效,将有损于大脑的健康。当然营养并非提高记忆的主要因素,而是保证大脑维护正常工作的必要条件之一。另外,无论是识记、保持还是回忆都离不开一个良好的环境。新鲜的空气、安静祥和的气氛,再加上良好的心理状态,对学习和工作无疑是十分重要的。

第三节　记忆规律在教学中的运用

一、运用识记规律提高课堂教学的效果

（一）让学生明确识记的目的和任务

如前所述，识记的目的和任务是影响记忆效果的一个重要原因，识记目的任务越明确、具体，识记效果越好。因此，要求学生识记内容前，应向学生提出明确具体的识记任务，让学生知道应当识记什么、识记到何种程度等。否则，学生识记时必然漫不经心，不分主次，浪费精力，影响记忆效果。与此同时，还应培养学生主动地、自觉地提出学习、记忆的目的和任务。

（二）充分利用无意识记的规律组织教学

虽然在一般情况下有意识记比无意识记效果好些，但有意识记是一种要付出意志努力的识记，有意识记时间一长，将会使人疲倦，而无意识记是一种很轻松的识记。所以，在教学中，教师的讲课必须要生动形象，难度适中，教学形式要新颖、多样化，使学生能凭无意识记记住更多的知识。这一点正日益为人们所重视。

（三）使学生理解所识记的内容并把它系统化

要使学生获得巩固的知识，最重要的是要使学生理解所学的内容，并把它系统化。只有理解了的、有系统的知识，才能长久地保持在记忆中，并在需要的时候提取出来。因此，教师教学的主要任务就是通过自己的讲解使学生利用思维去理解所学的内容，使所教内容在学生头脑中建立起多方面的联系，而不是让学生死记硬背。能否在脑中建立各种联系与已有的知识经验有关，知识经验越丰富，各种联系就越易建立，新知识就越易识记。所以，教师在教学中，还应把讲授的内容归类，使之系统化。如果能把要识记的内容归结为公式、定理或归纳为几个方面，写成提纲，择要而记，就会提高识记的效果。

（四）充分利用生动、具体的形象和表象进行教学

一般来说，具体、形象的东西比抽象的、语言的东西更容易识记。表象是记忆编码的重要形式之一，在记忆中具有重要作用。就是在识记语言材料时也发现，那些具体的、容易引起表象的词比抽象的、不易引起表象的词更易记住。因此，在教学过程中，教师应尽量利用生动的形象和表象帮助学生记忆。

另外，在学习一些机械、无内在联系的史地知识及其他知识时，还可以引导学生用"记忆术"进行强记，提高学生的识记效果。

专栏4-3

记　忆　术

所谓记忆术，是指通过某种手段或办法，将没有明显意义的识记材料，或赋予人为的意义，或给以人为的组织等，使识记材料与自己的知识经验联系起来，纳入已有的知识结构，从而提高记忆效果的一种记忆手段。记忆术多种多样，常见常用的有以下几种：

1. 联想法。是通过人为的联想，把无意义的材料与头脑中一些鲜明有趣、生动奇特的事物或形象结合起来，人为地使其产生联系，从而帮助记忆和提高记忆效率的方法。如儿童记汉语拼音时将 m 想象成两个门洞，将 h 想象成一把小椅子等。

2. 口诀法。将识记材料编成朗朗上口，易于记忆的口诀，以帮助记忆的方法。如记忆我国历代的名称可编成这样的顺口溜：夏商周秦汉三国，西晋东晋十六国，南朝北朝连隋唐，五代十国北南宋，辽西夏并金，还有元明清。

3. 谐音法。把无意义的材料编成语音相近或相似的材料来进行记忆的方法。有时甚至可以利用一些方言的谐音来帮助记忆。如记"5201314"这么个电话号码，可编成"我爱你一生一世"，"8234946"可记成"八和尚吃酒吃肉"等。

4. 提纲法。把要识记的材料列成有序的提纲，再根据提纲进行联想和扩展，回忆其具体内容。如记一个历史事件，可将该事件发生的背景、经过、结果、评价等列出简要的、有联系和逻辑意义的提纲，以有助于记忆。

5. 特征法。利用材料的某些特征进行记忆的方法。如：普希金生于 1799 年，一琢磨，有特征，它比 19 世纪早一年；蒙古族灭金是 1234 年，特征明显，四个数字连续；玄武门之变 626 年，淝水之战 383 年，前后两数字都相同。

除上述的几种方法外，还有图表法、归类法、比较法、算术法、首尾法等等，此不一一细述。同学们可根据自己的记忆习惯和爱好，选择采用不同的方法，有效地提高记忆的效果。

二、根据遗忘规律有效地组织复习

要使学生获得巩固的知识，不能没有复习，复习效果的好坏并不机械地取决于复习的次数，而是取决于复习的正确组织。在教学过程中，为了有效地组织复习，必须注意以下几点：

（一）合理安排复习时间

1. 及时复习

遗忘的规律是先快后慢，因此，复习必须及时，要在遗忘尚未大规模开始前进行。及时复习可以阻止通常在学习后立即发生的急速遗忘。例如，在一个研究中，给两组被试学习一段课文，甲组初学之后不久作一次复习，而乙组未曾复习，两组在一天、一周之后各测查一次。结果，甲组一天后遗忘 2％，乙组遗忘 44％；甲组一周后遗忘 17％，乙组遗忘 67％。甲组保持量比乙组大得多。所以，教师教授新知识后要及时地进行课堂练习，进行复习性提问、布置家庭作业等，让学生所学知识得到及时复习。

2. 合理分配复习时间

根据复习在时间上分配的不同，可将复习分为两种：一种是集中复习，一种是分散复习。集中复习是集中在一段时间内，对所要识记的内容连续、反复地进行复习。分散复习是把要识记的内容分在几个相隔的时间内进行复习。研究表明，一般情况下，分散复习效果优于集中复习。例如，在一个实验中，要求被试熟记难易相同的两段文章，一段文章采用集中复习，另一段采用分散复习。结果,集中复习用大约 14 分钟才能记住的东西,分散复习只需要 8 分钟就够了。所以,在组织学生复习时,应尽量采用分散复习。分散复习时,每次复习之间的间隔时间不宜过短,过短则近似集中复习,但也不宜过长,否则,会在遗忘发生后才进行复习。间隔时间的长短应根据复习内容的性质、数量、识记已经达到的水平等因素而定。一般说来,分散复习的时间间隔应是先密后稀,每次复习的遍数应是先多后少,根据这一规律,在学校的教学中,应当把功课的复习合理地分配在整个学期中,而不应只集中在期末考试之前。考试前的复习,应是整个学期中复习的最后一环。

(二) 恰当安排复习内容

复习内容的恰当安排也是影响复习效果的重要因素。首先,复习内容要适量,过多地布置家庭作业或进行大量的课堂练习,盲目地增大复习量,往往得不偿失。因为,内容越多,造成遗忘的可能性越大,越难达到对内容的牢固保持,而且会影响身体健康。其次,要防止复习内容间的相互干扰。类似的内容不要安排在一起复习。如文科的语文、政治、历史的复习不要安排在一起,而应与理科内容交叉安排。对内容的中间部分应加强复习。复习中应注意安排适当的休息。

(三) 反复阅读与试图回忆相结合

复习时,可以通过一遍一遍的反复阅读来进行,也可以通过在阅读过程中结合试图回忆来进行。研究表明,反复阅读与试图回忆相结合,比单纯通过反复阅读来进行复习效果要好。例如,伊凡诺娃曾做过这样的实验,让学生复习课文内容,一组被试用连续阅读四次的方式进行,另一组被试用阅读两次和试图回忆两次的方式进行。结果,两组保持量的百分比分别为:一小时后,一组保持 50%,另一组保持 75%;一天之后,一组保持 30%,另一组为 73.5%;十天后,一组保持 25%,另一组 57.5%。很显然,采用反复阅读与试图回忆相结合,能提高学习者的积极性,看到成绩,增强信心,发现问题和错误,及时纠正,使其抓住重点、难点,使复习更具目的性。所以,在组织学生复习时,应指导学生多试图回忆,将反复阅读和试图回忆相结合。有的老师不懂得这个道理,当学生抄写时字抄错了,就罚他抄上二十遍、三十遍,数学题做错了,也罚他抄上十来遍。这是一种惩罚而不是复习,即使意在复习,也收效甚微。

(四) 复习方法多样化

复习并不等于单纯重复。复习方法的单调,容易使学生产生消极情绪和感到疲倦。而如果采用多样化的复习方法,让学生每次都能在新的联系中接触到有关的复习内容,学生就会感到新颖,有利于调动学生智力活动的积极性,并能让学生利用多种感觉器官参加复习活动,使学生对复习内容建立多种联系,从而更加巩固地掌握知识,提高复习效果。前苏联心理学家赞可夫曾对几百个学生做过有关实验,结果表明,采用多样化复习方法的三年级学生的学习成绩超过了采用单调复习方法的二年级学生的学习成绩。因此,在组织复习时,教师应尽量使复习方法多样化。例如,让学生扮演角色,有活动,有对话;或让学生自己动手做实验,分组比赛,发挥集体的智慧;或互问互答;或将所学知识用于解决实际问题;等等。使学生视听结合,手脑并用,图像与语言相结合,阅读与操作相结合,从而在大脑皮层上建立多通道联系,提高复习效率。

三、提高学生的回忆效率

回忆既是检验识记与保持效果的指标,也是识记与保持的目的。如果不能从记忆的仓库中回忆起有关的知识经验用来解决当前的问题,那么,任何识记与保持都失去了意义。所以,提高回忆效果,也是很重要的。

为了提高学生的回忆效率,主要应注意以下几点:

(一) 教会学生善于运用回忆的技能、技巧

善于运用回忆的技能、技巧,对于提高回忆的效率,具有工具性的作用。回忆的技能、技巧主要有以下方式:

1. 运用联想进行回忆

运用联想进行回忆就是运用事物的多方面的联系去寻找线索,进行回忆。客观事物不是孤立存在的,而是相互联系、相互制约的。因而,反映在我们头脑中的,由我们的头脑所识记和保持的知识经验也是有联系的。这样,在我们回忆的时候,尤其是回忆有困难的时候,就需要通过联想,通过与之有某种联系的事物而回忆起来。例如,要回忆课文中的某一段,就可以用接近联想,先想一想与之接近的上下文,从而把它回忆起来。历史年代也可以由相继发生的历史事件进行回忆。又例如,地理学习可以将自然条件不同、风土人情各异的国家和地区进行比较,回忆的时候,可以运用对比联想,利用它们之间的对比关系进行回忆。

2. 运用推理进行回忆

运用联想进行回忆的基础主要是事物之间的外在联系,而运用推理进行回忆的基础则是事物之间的本质联系和规律。

在学习中,大部分定理、定义、概念、定律、公式等用机械回忆的方法,效果不会太好。但是如果按其本质联系,运用推理,则可以回忆得既迅速又准确。例如,回忆物理学的欧姆公式:$I = V/R$,只要理解电流与电压成正比、与电阻成反比这些联系和规律,就能正确无误地进行回忆了。

3. 通过再认进行回忆

例如,忘掉了某个公式,可将有关章节的公式一个一个地读出,当读到某个公式而对它感到熟悉时,就能立刻把它识别出来。

(二) 培养学生的意志力,排除回忆过程中的干扰

在回忆过程中,常常会出现各种各样的干扰。干扰可能来自旧经验对心理状态的影响,也可能来自情绪的过分紧张,使一些自己明明知道的东西一时想不出来。遇到这种情况,最好的办法是教育学生用自己的意志力克服紧张情绪,转移注意,暂时中断回忆。过一段时间后,原来记住的东西就自然而然地被回忆起来了。

思考与练习

1. 记忆表象的特征及作用是什么?

2. 再认与回忆之间具有什么样的关系?

3. 影响遗忘的因素有哪些？

4. 怎样根据记忆的规律有效地组织复习？

5. 记忆的品质体现在哪些方面？教学中如何培养学生良好的记忆品质？

6. 试与同学分享有效的记忆方法。

第五章　思维、想象与教学

课前思考

1. 民间天气谚语中有"月晕而风""础润而雨"的说法,你知道这些谚语能够体现人类思维的什么特征吗?

2. 你知道为什么聋哑人在思考问题时能用仪器测得他们的手指会有明显的电位变化,而常人却不会有这种变化吗?

3. 为什么人们会说"心急吃不了热汤圆"?

学习指导

1. 概念识记:思维,创造性思维,思维定势,想象,无意想象,再造想象,幻想,创造想象。

2. 分析理解:思维的特征,思维种类,解决问题的思维过程,影响问题解决的心理因素,创造思维的阶段,想象的功能,想象与思维的关系。

3. 实际运用:思考并讨论教师在教育活动中应如何培养学生的创造性思维能力。

第一节　思维的概述

生命是如何产生的? 社会为什么能发展? 要解决这样一些问题,在感知觉的水平上是不能实现的,只有运用人们已有的知识经验进行推论,才能揭示这些事物的内部特征和规律。也就是说,必须运用更高级的心理活动——思维。

一、思维的概念与特征

思维是人脑借助于言语、表象和动作实现的,对客观事物的概括和间接的反映。它揭露事物的本质特征和内部联系,是认识的高级形式,它主要表现在人们解决问题的活动中。思维不同于感知觉,但又离不开感知觉所提供的感性材料。人们只有在获取了大量感性材料的基础上,才能进行种种推论,作出种种假设,并检验这些假设,进而揭露感知觉所不能揭示的事物的

71

本质特征和内部联系。同时,人们在思维过程中,经常伴有感性的直观形象,这些直观形象便是思维活动的感性支柱。

思维有两大特征:

(一)概括性

思维是在大量感性的材料的基础上,把一类事物的共同的本质特征和规律抽取出来,加以概括,这就是思维的概括性。它包含有两层意思:第一,能找出一类事物所特有的共性并把它们归结在一起,从而认识该类事物的性质及其与他类事物的关系。例如,人们把植物中具有繁殖功能的部位叫"种子",把两个氧和一个氢的化合物叫"水"。种子有不同的形态和颜色,水也有不同的形态,人的思维不是反映它们的具体形态,而是反映它们的共同特征。第二,能从部分事物相互联系的事实中找到普遍的或必然的联系,并将其推广到同类的现象中去。例如,船浮在水上,通过知觉,人只能反映船和水的空间关系,是一种自然现象,而船为什么能浮在水上,则借助于思维,才能获得反映,并且这种反映还能推广到类似的事物中去。概括在人们的思维活动中有非常重要的作用,使人们的认识活动摆脱了具体事物的局限性和对事物的直接依赖关系,这不仅扩大了人们的认识范围,也加深了人们对事物的了解。所以概括水平在一定程度上体现了思维的水平。

(二)间接性

思维活动不反映直接作用于感觉器官的事物,而是借助于一定的媒介和一定的知识经验对客观事物进行间接的反映,这是思维的间接性。世界上有许多的事物,如果单凭人的感官或仅仅停留在感知觉上,则是认识不到或无法认识的。主要有以下几种情况:第一,由于人类感官的结构与机能的限制。对于人的视觉器官来说,可见光谱只是波长为 400 毫微米至 760 毫微米之间的电磁波,低于或超过这一区间的光,如紫外线、X 射线、红外线等一般是看不见的。人的听觉为 16 赫兹至 20 000 赫兹的震动波,低于和超过的都不能听到。第二,由于时间、空间的限制。人们不能直接感知猿人的生活情景,但是考古学家通过化石可以思考古老的过去,复现出猿人的形象和当时的生活情景。第三,由于事物本身带有蕴含或内隐的特点。例如,根据地心引力和事物运动之间的关系,我们可以预测卫星的发射是否成功;根据社会发展规律,可以预见美好的社会前景;地震工作者可以根据动物的反常现象或其他仪表的数据来分析与预报震情;教师可以根据心理学的知识去推断学生的内心状态。所有这些都是间接的认识,是通过人脑"去粗取精,去伪存真,由此及彼,由表及里"的加工活动来实现的。

概括反映与间接反映是相互联系、相互促进的。人们首先在感知觉提供的感性材料的基础上,概括地反映出事物的本质特性和规律性联系;接着就可以依据它们,通过推断,对不在眼前的或感知觉无法直接把握的事物进行间接的、更为深入的认识。

二、思维的种类

思维可以从不同角度进行分类。

(一)直观动作思维、具体形象思维和语词逻辑思维

这种分类主要根据思维任务、性质、内容和解决问题的方式来进行的。

新编心理学(第三版)

1. 直观动作思维

思维的任务具有直观的形式,解决问题的方式依赖于实际动作。

3 岁前的儿童的思维常常是伴随着动作进行的,他们不能在动作之外默默思考,更不能计划自己的动作,预见动作的结果。例如儿童骑在椅子上时,会说"开汽车了!""骑马了!"等。当离开椅子时,"开汽车""骑马"的思维活动也就让位于其他的思维活动。

成人也有动作思维。例如电灯突然不亮了,首先是看看灯泡的钨丝是否断掉,保险丝是否烧掉,线路是否短路等,通过一系列的具体操作,最后找出停电的原因,这一系列的思维活动都是伴随着实际的感知动作来实现的,叫感知动作思维。但成人的动作思维与没有完全掌握语言之前的儿童的动作思维不同,不能混为一谈。

2. 具体形象思维

这是指人利用头脑中的具体的形象来解决问题。这种思维在幼儿期(3—7 岁)有明显的表现。这时期儿童的言语还没有得到充分的发展,他们主要用具体形象来思考,思维活动受具体知觉情景的影响。例如,当着他们的面把两瓶同体积的水,分别倒进一只试管和一个广口瓶,一般的孩子认为试管内的水多些。他们的判断直接受到水面高低的影响。

成人的思维,虽然主要借助于概念来进行,但也不可能完全脱离形象思维。当人们用已有的直观形象来解决问题时,形象思维就表现出来了,特别是在解决比较复杂的问题时,鲜明、生动的客观形象有助于思维的顺利进行。例如画家所创造的鲜明而富于表现力的图画形象和音乐家所创造的音乐形象,都是"物质化了"的概念,是概括的形象思维。因此,成人的形象思维并不低于科学中的抽象思维。而幼儿期所运用的表象,仅仅是在他们笼统地感知个别对象后留存的略图式、不充分的形象,是具体的形象思维。

3. 语词逻辑思维

这种思维是以概念、判断和推理的形式进行的。如数学定理的证明,科学假设的提出,文章中思想的概括,人物道德品质的分析等。

逻辑思维可分为形式逻辑和辩证逻辑思维两个不同的发展阶段。我国心理学工作者在全国二十三个省市四万多名中学生中随机抽样调查结果表明:中国在校初中一年级学生的形式逻辑思维,已经开始占优势,到高中二年级时已日臻完善;辩证逻辑思维在初一阶段已经出现,到高中二年级开始占优势。

总的来说,在思维发展过程中,人类经历了从感知动作思维到具体形象思维,再到抽象逻辑思维的三个发展阶段,其过程大致是:3 岁以前是感知动作思维时期;3—7 岁是具体形象思维时期;7 岁以后进入抽象逻辑思维时期。从这一意义上说,思维水平有高低之分,然而,后一种思维的出现并不意味着前一种思维的消失,在成年期这三种思维都可以发展到很高的水平。因此,在成年人身上体现出来的三种思维是相互联系、相互补充的,并无高下之分,只是根据不同的任务而采取相应的思维方式。

(二) 经验思维和理论思维

人凭借日常生活经验进行的思维活动叫经验思维。例如,学前儿童根据他们的经验,认为"鸟是会飞的动物""鱼生活在水里",这都属于经验思维。由于知识经验不足,这种思维易产生片面性,甚至得出错误或曲解的结论。理论思维则是依据科学的概念和推理,判断某一个事物,解决某个问题。例如,我们用辩证观点分析心理的实质,用"心理是客观现实在人脑中的主观映象"的论断,来分析、认识各种心理现象。这种思维活动往往能抓住事物的本质、关键,使问题得到正确的解决。

(三)直觉思维和分析思维

思维根据它得出结论是否经过明确的思考步骤和是否对过程有清晰的认识,可以分为直觉思维和分析思维。前者如医生听到病人的简要自述,迅速作出疾病的诊断,或人们对某些不解的现象突然出现一种未经证实的看法、猜想或假说等;后者如学生解几何题的多步推理与论证,或军事指挥员按一定程序分步剖析情势、敌我双方的力量对比、行动的条件与后果而作出决策的过程等。

(四)辐合思维和发散思维

辐合思维是指人们根据已知的信息,利用熟悉的规则解决问题。也就是从所给予的信息中,产生逻辑的结论,它是一种有方向、有范围、有条理的思维方式。例如甲>丙,甲<乙,乙>丙,乙<丁,其结果必然是丙<丁。发散思维是从给予的信息中,产生众多的信息,或者说人们沿着不同的方向思考,重新组织眼前的信息和记忆系统中存储的信息,产生出大量、独特的新思维。例如,刑侦人员在侦破复杂的案件过程中,往往根据案情分析,提出多种多样的假设。又如,学生在列举砖头用途、写出包含三角形的物品、完成"1＝?"的等式时,都需要朝着多个不同的方向去思考。

此外,还可以根据思维是否具有创新成分,把思维分为习惯性思维和创造性思维。

总之,思维的分类方法是多样的。对思维进行多角度分析,有助于我们深入地了解与研究人类的思维活动,更好地培养人的思维能力。

三、思维与语言

思维与语言既有密切的联系,又有区别。

(一)思维与语言的联系

语言是思维的工具。人的思维,尤其是抽象思维,总是借助于语言进行的。

1. 语言是思维的工具。为什么语言能成为思维的工具呢? 这是由语言本身的特点所决定的。语言是按照一定的语法结构而组成的符号系统,语言中的每一个词代表着一定的事物,概括着同类事物的本质特征。如果离开了语言,就不可能把事物的本质特征标志出来,那么人们就不可能离开具体事物而进行抽象思维。

当然,语言并不是思维的唯一工具,因为有的思维是借助于实际动作或表象进行的。如动物的思维和婴儿在掌握语言之前的思维。不过这种思维是比较低级的。

2. 语言的存在离不开思维。语言中的每一个成分都是由音形和意义两个方面结合而成的,只有音形而没有意义就不能成为语言。鹦鹉尽管把人的话模仿得维妙维肖,但因为它不懂其中的意义,故所发出的音不是语言。而语言的意义正是思维的内容。人们无论是说话,还是领会别人的话,都离不开思维。

（二）语言与思维的区别

1. 思维与客观事物的关系是反映与被反映的关系，二者之间有着必然的联系；而语言与客观事物的关系是标志和被标志的关系，二者之间并没有必然的联系。同一词可以代表不同的事物，也可用不同的词代表同一事物。

2. 语言是人们交流思想的工具，思维本身并不具有这一功能。

3. 语言的语法结构不同于思维的规律。不同民族的思维规律是相同的，而不同民族的语言的语法结构却不完全相同。

第二节　思维过程与思维形式

一、思维过程

思维过程是一个复杂的过程，它是由分析、综合、比较、抽象、概括、具体化和系统化等多个相互联系的环节来实现的。

（一）分析与综合是思维的基本过程

分析是指头脑中把事物整体分解为各个部分、各个方面或各个特征，如把一篇文章分解为段落、句子和词，把一棵树分解为根、茎、叶、花等。人们对事物的了解，往往是从事物的特征和属性开始的。综合是在头脑中把事物的各个部分、各个特征，各种属性综合起来，了解它们之间的联系和关系，形成一个整体。如我们把文章的各个段意综合起来，就能把握全文的思想；把一个人的各种性格特点结合起来，就能了解一个人的个性。分析与综合是相反而不紧密相连的同一思维过程中不可分割的两个方面。分析是把部分作为整体的部分，从它们的相互关系上来进行分析，只有这样，分析才有意义，才有方向。综合是通过各部分、各特征的分析来实现的，所以分析又是综合的基础。任何一种思维活动既需要分析，也需要综合。

分析一般有两种形式，过滤式分析和综合的有方向的分析。过滤式分析是对问题的条件与要求进行粗浅的分析和试探性解决，逐步排除各种无效的尝试。综合性分析是把问题的条件与要求综合起来进行深入的分析，揭露它们的内在联系，从而发现解决问题的方向。如让被试用六根火柴作出四个等边三角形，要求三角形的各边都由一根火柴构成。对于这样一个问题，许多被试开始时只在平面上进行尝试，但没有成功。以后他们将问题的条件与要求联系起来，分析它们之间的关系：三角形有三条边，四个三角形要有十二条边，但火柴只有六根，这就要求把每一根火柴变成两个三角形的公共边。经过这种分析，被试把从平面上考虑问题改为从立体方向上考虑问题，于是很快解决了问题。

综合也有两种形式，联想式综合和创造性综合。联想式综合是以联想为基础，把事物的特征、属性结合在一起。例如，手脏了用水洗，口渴了找水喝，肚子饿了找东西吃等。创造性综合是在事物的各种属性间建立起新的联系和关系。例如，用热水瓶煮稀饭，这就是一种创造性的综合。

（二）比较

比较是在思想上把对象和现象的个别部分、个别方面或个别特征加以比较，确定被比较对象的共同点和不同点及其关系。它的特点是总在某一事物某方面进行比较。为了确定几个对象的异同,人们在思想上把其中的每一个分解为部分,区分出某种特征,这就是进行分析;同时,在比较时,把它的相应的部分联系起来考虑,确定它们在哪些方面是相同的,在哪些方面是不相同的,这就是进行综合。因此,比较离不开分析和综合,分析和综合是比较的基本过程和组成部分。

比较在人认识世界时起着重要作用。有比较,才有鉴别。人认识一切客观事物,都是通过比较来实现的,没有比较就不能认识事物。教师在教学中广泛地运用比较,常常通过把这个对象和与它十分相似的各种对象进行比较,找出它们之间的不同点,又把这个对象和它差别很大的各种对象进行比较,找出它们之间的相同点,使学生较容易地明确这个对象的本质特征,来帮助学生突破学习上的难点。

在教学中,经常使用的比较形式有两种。一种是同类事物间的比较。如各个阶段的比较。人们正是通过这类比较,把对象的本质和非本质特征区分出来。另一种是不同类的但却是相似的、相近的或相关的事物间的比较。例如"虚词"和"实词"、"质量"与"重量"、"代数式"和"方程式"、"岛"与"半岛"、"友谊"与"江湖义气"的比较。通过这类比较,不仅能使相比的对象的本质特征更加清楚,而且能确切地认识它们之间的联系和区别,防止知识的混淆或割裂。

在运用第二种比较时,在教学上可采用两种不同的方法:一种是顺序比较法,即把要学习的材料和过去学习过的教材加以比较;另一种是交错对照比较法,就是同时交错地把两种学习的材料加以比较。研究表明,这两种比较方式的教学效果是不同的。在一般情况之下,交错对照比较法优于顺序对照比较法。但是,最好用熟悉的知识去和不熟悉的知识相比较。在两个相似的字词、概念、法则都还不熟悉的情况下,立即进行比较,有时反而产生混淆。

(三)抽象与概括

抽象是在思想上抽取各种对象和现象的共同的、本质的特征,舍弃其个别的、非本质的特征的过程。例如,人们从手表、怀表、电子钟、石英钟、闹钟、座钟、挂钟等对象中,在思想上抽出它们共同的、本质的特征即"能计时",舍弃它们的非本质特征,如大小、形状、构造等。再如,我们从各种各样的人中抽取出"能进行抽象思维""能制造工具和使用工具"等本质特征,而舍弃肤色、性别、长相、年龄等非本质特征,这就是抽象。

概括是人脑中把抽象出来的事物间共同的本质的特征综合起来,并推广到同类事物中去的过程。例如,把有生命的物质叫生物。即不论是单细胞还是多细胞,是植物还是动物,是低等动物还是高等的人类,只要它们具有生命这个特征就称之为生物。这个思维过程就是概括。概括是在抽象的基础上进行的,没有抽象就没有概括。概括有不同的等级,有初级概括与高级概括之分。一般认为,初级概括是在感知觉、表象水平上的概括。如幼儿把会飞的都称为鸟。高级概括是对事物的内部的、本质的特征进行概括。如一切定理、定义、概念等,都是高级概括的产物。概括是一种特殊形式的综合,是概念形式的重要基础。

(四)具体化和系统化

具体化是将抽象和概括出来的概念、原理、理论运用于实际。例如,在教学中,举例说明概念,运用一般原理解答习题,运用理论解释现象,等等,都是具体化的表现。

具体化是与抽象相反的过程。它能将一般的、抽象的东西转化为比较具体的、直观的、熟悉的东西。因此，具体化有助于人们对抽象事物的理解和掌握。

系统化是在分析综合的基础上，对事物进行分类与归纳，使之成为一个有层次的系统。例如，生物可分为植物与动物，动物又可分为无脊椎动物和脊椎动物，脊椎动物又可再分……反过来，又可以进行归纳，如把鸡、鸭、麻雀、八哥等归纳为鸟类，这就是系统化的过程。

系统化在掌握知识的过程中起着重要的作用，它有助于人们对知识的理解、记忆和运用。在教学中，教师可以利用列图表、编提纲等方法帮助学生把所学的知识系统化。

二、思维形式

思维过程总是以一定的形式表现出来。思维的基本形式是概念、判断、推理。

（一）概念

概念是人脑反映事物本质特征的思维形式。例如"人"这一概念，反映的是"能进行抽象思维，能制造和使用工具"等本质特征，而不是反映肤色、长相、性别、年龄等非本质特征。概念是在抽象概括基础上形成的，通过抽象，舍弃事物的非本质特征，把事物的本质特征抽取出来，通过概括，把事物的本质特征结合起来，从而形成该事物的概念。在人脑中任何概念都是用词来标志的，如果没有词，概念就不可能存在。

每一个概念都有它的外延和内涵。概念的内涵是指概念的含义，即概念所反映的事物的本质特征；概念的外延则是指概念的范围，即适合于这一概念的所有事物。例如"钟表"这个概念的内涵是"用以计量时间"，它的外延包括各种各样的钟表。概念的内涵决定着概念的外延，内涵越少，外延越大；内涵越多，外延越小。因此，概念的内涵和外延是成反比的。

在个体发展过程中，概念的掌握主要有两条途径：一是通过在日常生活中的直接观察、积累经验来掌握概念，称为日常概念或前科学概念。这种概念由于受个人经验的限制，往往带有片面性，甚至发生错误和曲解。例如，有些幼儿认为"鸟是会飞的动物"，因而把蝴蝶、蜜蜂看成是鸟，而不同意鸡、鸭也是鸟。二是通过在教学过程中的学习来掌握概念，这称为科学概念。科学概念能准确地反映事物的本质特征。日常概念对科学概念的掌握有较大的影响，这种影响可能是积极的，也可能是消极的，它取决于两者的含义是否一致。因而在教学中教师既要注意利用已有的日常概念来帮助学生掌握科学概念，同时又要注意引导学生对某些日常概念和科学概念进行区分，以避免日常概念对科学概念的掌握带来消极的影响。

（二）判断

判断是肯定或否定某事物具有某种属性的一种思维形式。例如，"这是一块钻石""今天下雨""这是一个好人"，这是肯定的判断。"此人不是一个好人""语言不是上层建筑"，这是否定的判断。任何判断都是我们对事物的认识，是对客观事物之间联系的反映，是判定事物情况的思想。我们头脑中的任何思想，任何词句，只要其中有某种内容，就一定包含着判断。思维的过程借助于判断去进行，思维的结果也是以判断的形式表现出来。

（三）推理

推理是由已知判断推出新判断的思维形式。一个推理由前提和结论两部分组成。前提是作为推理出发点的已知判断,结论是根据前提推出的新判断。

推理主要有两种形式:归纳推理和演绎推理。归纳推理是从特殊事例到一般原理的推理。例如,在平面几何中,根据"锐角三角形、直角三角形、钝角三角形内角之和都等于 180 度"可得出"任何三角形内角之和等于 180 度"的结论,属于归纳推理。演绎推理就是从一般原理到特殊事例的推理。例如根据"一切金属均能导电",得出"铁也能导电"的结论,这属于演绎推理。

推理的正确性除了受到推理前提和规则的制约外,还要受到以下几种因素的影响。

1. 推理的正确性依赖于材料的性质

心理学的一些研究表明,推理的正确性常常要受到材料性质的影响。推理材料越具体,推理越容易,对抽象的材料,推理比较困难。心理学家威特金(M. C. Witkin)的实验证实了这一点。他用 81 名大学生做被试,向他们提出了在逻辑上是等质的三段式,但采取了两种不同的方式进行陈述:一种是语词陈述,被试容易理解其内容;另一种是用符号陈述,比较抽象。要求被试根据前提进行推理,选出适当的结论。结果表明,两种方式陈述的材料,推理的正确率有显著的差异,该问题正确率平均为 89%,而符号题的正确率平均仅为 76%。

2. 推理的正确性受到前提所形成的气氛的影响

心理学家武德沃斯和赛尔斯(T. S. Woodwonth & S. B. Sells)发现,推理常常受到"气氛效应"的影响而导致错误。这主要是反映人在推理时由于前提所造成的气氛,形成了一种定势。在这种气氛或定势下,人们往往不顾逻辑步骤,而得出错误的结论。例如,"所有的鱼都生活在水里",而"鲸鱼也生活在水中",有些人就容易作出"鲸鱼也是鱼"的错误结论。有人把这样的题目让 134 名大学生去做,结果 78% 的人都得出上述的错误结论。赛尔斯根据实验结果还发现,只要前提中有一项是否定的,就会造成一种使人偏向引出否定结论的气氛。同样,只要有一个前提包含"有些"的字样,就会造成一种使人易于接受特称结论的气氛。

3. 推理的正确性受"情绪的偏见"影响

心理学研究发现,情绪的偏见在推理过程中有一定的影响。由于情绪的偏见,人们往往作出一些错误的推理,或者带有情绪偏见的错误结论容易被接受。希斯特斯怀特(D. Thistleth Wcinte)的实验说明了这个问题。他用推理能力测验对来自美国南部、北部和西部 7 个大学的 559 名大学生进行了实验。这个测验共有 72 个推理,其中 36 个推理带有对待黑人、犹太人的民族主义的情绪色彩,其余 36 个则毫无情绪色彩。实验要求被试指出每一个推理是否正确。结果表明,大学生们在鉴别情绪色彩的推论中错误较多,而且产生错误的内容与学生所在的地区有关。如北方大学生在鉴别有关黑人方面的推论所犯的错误比南方大学生少。这显然是和美国南北方对待黑人的传统态度有关。

第三节 解决问题的思维过程

一、解决问题的思维过程

所谓问题,指的是给定信息和要达到的目标之间有某些障碍需要克服的刺激情境。解决问题则是个人利用某些方法和策略,经过一系列的认知操作,从问题的起始状态达到目标状

新编心理学(第三版)

态的过程。解决问题是一种极其复杂的心理过程,它受到许多因素的影响,如问题的性质、个人的能力和已有经验等。教育心理学认为,学习的过程从本质上来说就是问题解决的过程,解决问题是学习的基本形式和途径。

从逻辑分析和实验研究两个方面进行分类,解决问题大体上可分为以下几个阶段:

(一)发现问题

发现问题是问题解决的开端,有时发现问题比寻找问题的答案更困难,因为生活中所遇到的各种问题并非都是显而易见的。这正如有的科学家说的:"提出正确的问题,往往等于解决了问题的一半。"影响发现问题的因素很多,主要有以下几方面:

1. 主体活动的积极性

人对活动的态度越积极,就越容易发现活动中的问题,并以之作为自己的需要来考虑。一个懒于思考、饱食终日的人,有问题也看不见;而一个勤于思考的人,善于思考的人,则往往会在别人习以为常的事物或现象中发现一些不同寻常的问题。例如,商品,这个生活中天天打交道的东西,大家司空见惯,不知道它同资本家的发家致富有什么必然的联系,只有马克思发现商品的剩余价值规律,从而揭开了资本家的剥削之谜。牛顿从苹果落地这一常人都知道的事实中发现了地球引力和万有引力定律。在阿基米德之前,大家都经历过进入澡盆,水就自然排出的情景,而阿基米德从这常人都经历过的事实中发现了浮力定律。

2. 主体的知识经验

一个人知识经验的多少直接制约着人发现问题的质量。常言道"内行看门道,外行看热闹",那些知识渊博、经验丰富的人,最容易发现前人没有发现的问题。在中世纪无数的人看见过教堂里的挂灯左右摆动,都不以为然,只有年轻的伽利略对它发生了兴趣。他通过默数自己的脉搏跳动的次数,来计算挂灯来回摆动一次的时间,发现了摆动的等时性,为后人制造摆钟计算时间,奠定了理论基础。

3. 主体的求知欲

求知欲是探索事物变化规律的内部原因,一个求知欲强的人,不满足于现成的答案和结论,喜欢打破砂锅问到底,往往能在已有公认的解释中发现问题。爱因斯坦曾说过:"推动我进行工作的是一种想了解自然奥秘的抑制不住的渴望,不是别的感受。"

(二)明确问题

如果说,发现问题是提出问题的过程,那么分析问题就是明确问题的过程。发现问题首先是把初期、一般的不明确问题,转变为具体的明确问题,也就是从知道有问题,到知道哪里有问题,到有什么问题的过程。明确问题的关键所在,也就是明确抓住问题的核心。所以,分析问题就是要把问题分解为局部的问题,暴露具体的问题,把问题归类,可以使思维活动更具有指向性。例如:1869 年以前,人们对各种化学元素的性质,只有一些孤立的认识,至于它们之间的联系则缺乏了解。俄国化学家门捷列夫根据自己丰富的化学知识,相信在一切化学元素之间存在着内部的联系。这种内部的联系是什么呢?他经历了长期、仔细和反复的思考,认为应该是各种化学元素的原子量。这就明确了问题的关键。他把各种化学元素按其原子量的大小排成次序,随即发现每经历一定的间隔就有化学性质相似的元素出现,这就是元素周期律的产生,为后来制定元素周期表奠定了基础。

明确问题在很大程度上取决于已有的知识经验。知识经验越丰富,就越容易抓住问题的关键和核心。例如,当一个学生成绩突然大幅度下降时,有经验的老师往往很快地找出这个学生成绩下降的原因。

(三)提出假设

在明确问题的基础上,人们将寻找解决问题的方法和方案,提出解决问题的策略。所谓假设,就是对解决问题的途径方法作出推测。在科学发展史上有很多科学理论,最初也就是以假设的形式提出来的。例如,门捷列夫的元素周期表、哥白尼的太阳中心说等。解决问题的思维策略有算法式策略与启发式策略两种。

算法式策略指把所有各种可能的答案列出,从中选出一个正确的答案。例如,在解字谜的游戏中,给出 NBA 三个字母,要求拼成一个字。按照算法式策略可以引出 ABN、ANB、BNA、BAN、NBA、NAB 六种组合,然后从中选出正确答案 BAN。运用这种方法一般可以保证成功,但太费时间,很少应用。

启发式策略是根据已有的知识经验信手拈来的方法。它可能很快使人得到答案,但也可能得不出正确的结论。例如,在解决上述字谜时,若能想出拼音元音字母总位于中间的规律,很快就能得出正确的答案 BAN。对于复杂的问题一般要经过手段—目的分析才能完成。例如,有一个"传教士和野人过河"的问题:

三个传教士和三个野人在河的左岸,但小船最多只能载两人。如果在任何一边的岸上,野人的数量超过传教士的数量,野人就会吃掉传教士。怎样才能使三个传教士和三个野人从河的左岸渡到河的右岸,同时不至于发生野人吃掉传教士的现象呢?

解决这个问题的方法可分以下几步(图 5-1):

两个野人先乘船过河。

一个野人划船返回左岸。

再由两个野人乘船到河的右岸。

一个野人又划船返回河的左岸。

两个传教士一起划船过河。

一个传教士和一个野人划船返回左

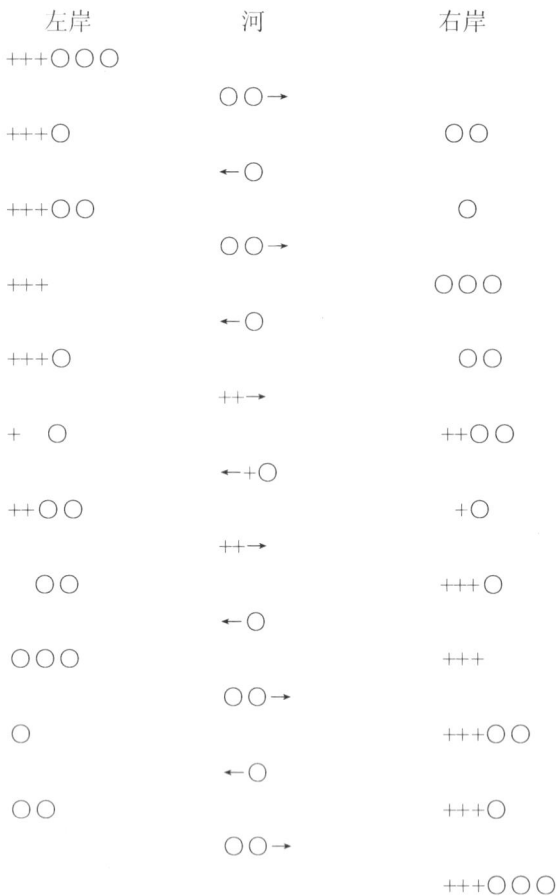

图 5-1 解决传教士和野人过河问题的步骤

("+"代表传教士,"○"代表野人,箭头表示船的走向,箭头后部的标记表示每次横渡的乘客。)

新编心理学(第三版)

岸。对于解决这个问题来说，这是关键的一步。设想到了这一步，以后几步就比较容易了。

（四）检验假设

当人们头脑中设想一个问题的解决方案之后，还需要对它的正确性进行评价，检验它是否与实际相符合，对于容易的问题，评价比较简单，对一些复杂的问题就需要间接的通过思维来进行。例如，医生看病开处方，军事指挥员提出各种作战方案，总是先在头脑中加以检验才付诸实施。

检验的方法视具体情况而定，一般有两种方法。一种是在实践中通过活动加以检验，即把提出的假设付诸实践去解决问题，如果问题解决了，证明假设是正确的；否则，假设就是错误的，对此，要么加以修改，要么把它推翻，重新提出假设。另一种是通过思维活动即推理加以检验。生活中许多事情若用实践结果来验证，则可能带来无法挽回的后果。同时也有不少事情是无法直接付诸实践的，因为人的感官是有限的，而宇宙却是无限的。为此，有些假设需要人们运用已有知识经验，通过合乎逻辑的推理加以检验。比如教育过程中是不能用学生来检验所教的知识的正确与否，也不允许用学生某一品德的形成来验证德育过程中所运用的方法恰当与否，否则将会误人子弟，给学生的成长带来极为不利的影响。

思维过程阶段划分不是绝对的，而是互相重叠，循环往复，但是，任何问题解决都离不开这些环节。

二、影响问题解决的心理因素

问题解决受到许多因素的影响，有社会、自然、物质和心理等因素。这里主要分析心理因素对问题解决的影响。

（一）问题情境

有两个或两个以上的可能性可供选择时即形成情境。如果情境与人们过去已经获得的经验不一致而发生冲突时就形成问题情境。问题的解决是在问题情境中开始的。问题情境中各素材元素的空间集合方式直接影响问题的解决。比如，有这样一个问题：已知圆的半径是 2 厘米，问圆的外切正方形的面积有多大？图 a、b（见图 5-2）以不同的方式标示出圆的半径，则引起问题解决的难易程度也不一样。在 b 图人们很容易看出圆的半径，问题很容易解决。在 a 图中则较难看出圆的半径，因而要解决问题就更难。由此可见，教师在教学中合理呈现问题情境非常重要。

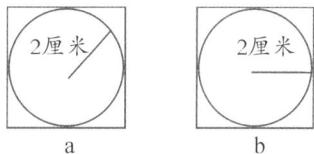

图 5-2

（二）动机强度

人们对解决问题的动机直接影响到问题解决的效果，动机强度不同，问题解决的效果也不同。心理学家的实验结果表明，在一定限度内动机强度和问题解决的效果成正比，即动机越强，效果越好，但超过一定限度则不利于问题的解决，因为动机过强容易导致人心情紧张，从而降低问题解决的效果。中等强度的动机对问题的解决具有促进作用。动机强度与问题解决的效率间的关系可用一个倒"U"的曲线来表示（见图 5-3）。曲线表明，动机过弱不能激起解决

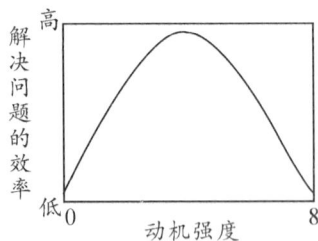

图 5-3 动机强度与解决问题效率

问题的积极性,随着动机强度的增加,解决问题的效率也增加,中等强度的动机是解决问题的最佳水平,超过这一动机强度,动机强度与解决问题的效果成反比,动机的最佳水平不是固定不变的。

(三)思维定势

思维定势是由先前的活动而造成的一种对后来活动的特殊的心理准备状态,它影响问题解决的倾向性。定势的效应具有辩证性。在情况不变时,有助于人们解决问题,例如数学教学中,学生在做了某一类型的题目后有助于再做同类型的题目。在情况发生变化时则会妨碍问题的解决。对此,心理学家陆钦斯做过下列实验:他要求被试用大小不同的容器去取一定量的水(见表 5-1)。实验组从第 1 题连续做到第 8 题,控制组只做第 6—8 题。结果,实验组多数人都沿用 1—5 题的 B-A-2C 的方法去解 6、7 两题目,在解第 8 题时遇到了很大困难,控制组在解决 6、7、8 三个问题时都采用 A-C 和 A+C 的方法,正确率达 100%(见表 5-2)。

表 5-1　定势对问题解决影响的实验材料

课题序列	容器的容量			要求量出的容量
	A	B	C	P
1	21	127	3	100
2	14	163	25	99
3	18	43	10	5
4	9	42	6	21
5	20	59	4	31
6	23	49	3	20
7	15	39	3	18
8	28	76	3	25

表 5-2　定势对问题解决影响的实验结果

组别	人数	采用间接法正确解答% $D=B-A-2C$	采用直接法正确解答% $D=A\pm C$	方法错误者%
实验组	79	81	17	2
控制组	57	0	100	0

之所以会出现这一现象是由于实验组在解决第 6、7、8 三个问题时受先前五个问题所产生的心理定势的消极影响,控制组没有这种定势影响而能采取简便方法,使问题得以顺利解决。

教学中时常会出现类似上述的情况,虽然有时定势的积极作用明显,但客观事物总是处在不断变化之中,若不考虑变化的客观条件就很可能受定势的消极影响,致使问题得不到解决。因此在教学中,教师应帮助学生尽量减小定势的消极作用,发挥其积极作用。

(四) 提示

提示是以某种可用于解决当前问题的原理、原则、方法给予启发与暗示。提示有偶然与有意之分，二者都有助于问题的解决。心理学家索斯泰特(P. Saugstad)等曾进行过一个解决问题的实验。实验者布置了一个情境：在离黑线六英尺远处右方放有一个带盘的茶杯，杯内盛有一些玻璃球，左方放一个罐头桶；黑线这边放有一堆旧报纸、一把钳子、一团线绳、一盒橡皮筋、一盒小铁钉共五样物品。实验者要求被试解决的问题是：站在黑线这边，不许超越黑线，但可利用旁边放置的五样材料或工具将茶杯内的玻璃球全部运输到罐头桶中去。实验之前，先将被试者分为 A、B、C 三组，并同他们广泛讨论了上述五样物品的一般用途。对 A 组特别提到(暗示)"报纸还可卷成筒"与"铁钉还可弯成钩子"两点；对 B 组提到上述两点暗示中的一点，对 C 组不提这两点。被试要解决这个问题，必须依据目的灵活运用工具(叫做功能变通)，即必须用钳子将铁钉变成钩形，绑在线绳上抛出去将茶盘拖近，把报纸卷成圆筒，用橡皮筋将它们固定并连接成为一个导管，然后将玻璃球逐一输送进罐头桶中去。结果三组的成绩如表 5-3 所示。

表 5-3　功能变通暗示对解决问题的影响

组别	功能变通暗示	人数	成功率%
A	钩子与卷筒	18	89
B	钩子或卷筒	40	42
C	无	37	19

研究表明有无提示对解决问题的成败有极显著的影响。但提示并不对所有的人都起作用。外部提示能否起作用，取决于受提示者整个内部条件系统的准备状态。一个人只有在自己已经提出问题，并认真考察解决问题的有关环节，而提示又是自然而然地将他的思路引入相应的联系和关系的系统中去的时候，提示才能对他发生作用，给予帮助。一个学生能够接受提示那就证明他的思路已达到较高的水平；反之，他不能接受提示，不善于利用提示，那就意味着他的思维处于较低的水平。因此能否接受提示便成为思维水平的客观指标。

(五) 情绪状态

情绪状态对问题解决有一定的影响。紧张、烦躁、悲伤等消极情绪会阻碍问题的解决，而乐观、平静的积极情绪则有助于问题的解决。比如考试时一个性格内向的学生，若发现监考老师站在自己旁边则会感到紧张以致中断思维，从而影响问题的解决。一个烦躁、悲伤的人在工作中总是出差错。怯场也是情绪影响问题解决的典型事例。凡此种种都说明情绪会影响问题的解决。因此每个人都应该努力使自己保持良好的情绪状态。这对于解决所面临的问题是有益的。

(六) 个性特征

心理学研究表明，一个人是否善于解决问题往往同他的个性特征密切相关。积极的个性品质如自信、有进取心、有毅力等有助于问题的解决；反之，消极的个性品质如自卑、自傲、缺乏恒心等则不利于问题的解决。作为教育者，不仅要注意发展学生的智力，还要培养学生积极的心理品质。

第四节　思维品质、创造性思维与培养

一、思维品质

思维的品质主要体现在以下几个方面：

（一）思维的广阔性与深刻性

思维的广阔性是指善于全面考察问题,从事物的多种多样的联系和关系中去认识事物,它与一个人丰富的知识经验紧密相关。思维的深刻性是指善于透过事物的表面现象发现事物的本质,把握事物的运动规律,预测事物发展的趋势与结果,具有这一品质的人一般不会被事物表面现象所迷惑。例如,具有这一良好品质的教师既能全面地了解学生,又能抓住学生的主要特征以进行因材施教。思维的广阔性与深刻性是相互联系的,深刻认识事物有利于依照各种事物的普遍联系和相互制约的特点全面考察事物,而对事物本质和规律的掌握有助于扩大思维的广度。缺乏思维的广阔性和深刻性则会导致思维的狭隘性与肤浅性。

（二）思维的独立性与批判性

思维的独立性是指善于独立地提出问题、分析问题或是找到独特的解决问题的办法。例如,德国数学家高斯在小学一年级就能采用不同一般的两端相对应数相加的办法解 $1 + 2 + 3 + 4 + 5 + 6 + 7 + 8 + 9 + 10 = ?$ 的算术题,这是具有思维独立性的具体表现。思维的批判性则是指思考问题时能有主见地、客观地评价事物,这种人不易受别人的暗示,不迷信权威,不满足于已有的答案或结论。缺乏这一品质的人将导致思维的依赖性与盲从性。"人云亦云""自以为是"是缺乏这一品质的具体表现。

（三）思维的灵活性与敏捷性

思维的灵活性是指能够根据客观条件的发展与变化,及时地改变先前拟定的计划、方案、方法,寻找新的解决问题的方法时准确而迅速,比如一个具有思维的灵活性和敏捷性的人,在讨论问题时往往能够针对别人辩解中的漏洞或从不同的角度提出新问题,同时对别人提出的问题也能及时找到论证的依据来阐述自己的观点。缺乏这一品质的人可能导致思维顽固性与迟钝性。

（四）思维的逻辑性与"非逻辑性"

思维的逻辑性是指在思维时能有根据地进行严密的逻辑推理。思维的逻辑性使人在谈话、写文章或是解决问题时显得有条不紊。思维的"非逻辑性"主要是指直觉思维。直觉思维不像逻辑思维那样具有明确的逻辑步骤。由于直觉思维是创造性思维活跃的一种表现,因此,教学中除了重视学生思维逻辑的训练,还要注意"非逻辑性的直觉思维"培养。

二、学生良好思维品质的培养

一个人思维品质的优劣除了受先天因素的影响外,还受后天因素的影响,后者起决定性的作用。由于每个人的经历、所处的环境以及个人的其他心理特征不尽相同,因而每个人的思维品质形成了明显的差异。教学要促使学生的思维品质向良好方向发展。

（一）正确组织教学过程

思维能力是在认识客观事物的实践活动中发展起来的。因此,我们要培养学生的思维能力,就必须按照认识过程的客观规律来正确组织教学过程。让学生在丰富的感性认识的基础上,进行分析、综合、比较、抽象和概括,把感性认识上升到理性认识,从而掌握系统的理论知识,再把所掌握的理论知识运用于实际,使理性知识具体化。这样,学生在掌握知识、技能的同时,思维能力也会受到锻炼,得到提高。

（二）采用启发式,废止注入式

培养学生的思维能力,必须改革教学方法,要采用启发式,废止注入式。启发式教学的实质,就在于激发起学生的学习需要和学习兴趣,调动学生学习的自觉性、积极性,让他们认真观察事物,独立思考问题,勤奋地投入到学习中去。因此,教学中要使学生明确学习目的,善于提出问题,同时善于组织讨论以开阔思路,活跃思维。

（三）培养学生分析问题和解决问题的能力

发展学生思维能力的一个重要方面,是要培养学生具有分析问题和解决问题的能力。传统教学的最大缺点,就在于把教学过程当作单纯传授知识的过程,忽视了对学生分析问题和解决问题能力的培养,使学生的思维能力得不到发展。因此,在教学中要给学生独立处理问题的机会,引导学生把已学得的知识、技能进行广泛的迁移,运用到了解新情况、解决新问题中去。

（四）有意识地帮助学生掌握各种思维方法和培养逻辑思维能力

思维方法和逻辑推理规律的掌握对人的思维能力的发展具有重要的意义。当然,思维方法、逻辑规律是比较抽象的,不是任何年龄阶段的人都能自觉、有意识地加以掌握的。起初,学生只能结合各种知识的教学,通过经常听取教师合乎逻辑的讲解,而在教师引导下一次次地运用某些思维方法去获得新知识,逐渐地熟悉这些思维方法和规律。在教师一遍遍有意识的指导下,学生就能熟悉各种思维方法并从不自觉地应用这些方法逐渐过渡到自觉地加以应用。教学中有意识地帮助学生掌握思维方法,培养逻辑思维能力是很重要的。

（五）培养良好的个性

一个具有创新、进取、自信等个性品质的人往往不迷信权威,敢于向传统观念甚至是被人普遍接受的观点挑战,在思维的过程中往往表现出思维的敏捷性和灵活性。所以培养学生良好的个性是形成良好思维品质的又一个重要方面。

三、创造性思维

创造性思维是创造活动中的一种思维,它是应用新的方案或程序,创造新的思维产品的思维活动。如新的机器的设计、文学艺术创作、建筑设计,等等。它是人类思维活动的高级过程,是一种复杂的心理活动,需要人们对已有的知识经验进行改组或重建,并在头脑中产生新的思想和形象。创造活动是创造性思维产生的基础。没有丰富的社会实践经验,创造性的思想或形象是不可能产生的。

关于创造性思维的成分,根据心理学的研究,目前认为主要有辐合思维和发散思维。创造性思维是这两种思维活动相结合的产物。没有发散思维,思维活动不可能有所创造。但仅有发散思维,又不可能选择出最合理的方案。所以在一项创造活动中,人们需要从发散思维到辐合思维,又从辐合思维到发散思维,经过多次循环往复才能形成新思想。例如,我国著名骨科专家陆中传,在进行带血管神经的移植手术时,想到利用人体各种肌肉的可能性,这就是发散思维。以后,他在杀鸡时受到启发,决定采用胸大肌,以减轻移植部位所受到的影响,这就是辐合思维。所以,发散思维和辐合思维在不同水平上的结合,构成了创造性思维。

四、创造思维的阶段

创造思维的过程是指在问题情景中,新的思想从萌发到形成的整个过程。关于这个过程的研究,主要来自对科学家、艺术家创造时思维活动过程的分析,以及对他们的日记、传记的研究。在这些研究中,英国心理学家华莱士(G. Wallas)的四阶段说是具有代表性的。他认为无论科学创造、艺术创造,大体都经历以下四个阶段。

(一)准备期

准备指创作活动前,积累有关知识经验,搜集有关资料,以及前人对同类问题的研究成果。研究前人的经验,不仅可以获得丰富的知识,而且能从中受到启发,从旧关系中发现新的关系、新的问题。例如,爱因斯坦的著作《相对论》,写作只花了五周时间,但是准备工作却花了七年之久。

(二)酝酿期

这是在积累一定的知识经验的基础上,人们对问题和资料进行深入探索和思考的时期。在酝酿过程中,如果思路受阻,可将问题暂时搁置,这时人的思路似乎中断,实际上仍在潜意识中断断续续地进行,因此,有可能在从事其他活动时受到启发,使问题获得创造性的解决。

(三)豁朗期

新思想、新观念、新形象产生的时期,这时期具有豁然开朗,突然出现的特点,所以又叫灵感期。这些思想有时产生在其他活动中,甚至产生在半睡眠的模糊状态下。例如橡胶硫化的方法是海华德(Mayard)在梦中想到的。法国著名数学家笛卡儿(R. Descartes)提出解析几何学也得自梦中的灵感。创造思维到了这个阶段,其思考过程已基本完成。

(四)验证期

对新思想或新观念进行验证补充和修正使其趋于完善的时期。可以采取逻辑推理的方式,也可以通过实践活动求得事实上的结果。在这个过程中,可对新产品、新思想反复修正、补充,使创造工作达到完善的境界。

五、学生创造性思维能力的培养

(一)保护好奇心,激发求知欲

好奇心、求知欲与创造力是紧密相连的。一个好奇心强、求知欲旺盛的人对于新奇事物总是主动进行探究,提出各种怪问题,寻找问题的答案,发现事物的内在规律。爱迪生小时不愿听枯燥无味的课,但却喜欢提出一些诸如"2加2为什么等于4"之类的问题,而教师认为不该问这样的问题,因而把他看成低能儿。他只念了三个月书被迫停学。好在爱迪生的母亲南希保护他的好奇心,循循善诱,最终他成为一个大发明家。德国心理学家戈特弗里德·海纳特指出,创造型学生在班级中通常不受欢迎,他们的形象是被否定的。这就要求家长和教师善于发现和培养创造型学生。

为了培养学生的好奇心、求知欲,可以不断地给学生创设有变化而能激起新异感的学习环境(如布置经常更新挂图、模型、标本的专业学习教室等);组织或引导学生去观察大自然或社会生活,珍视他们由于感到好奇而提出的种种问题,或给予解答,或启发他们自己去寻找答案,并对其努力与结果适时地加以勉励;经常结合教学向学生提出一些既使他们感到熟悉而又需要稍动脑筋才能解决的问题;适当地采用发现法进行教学。

(二) 提倡发散思维与辐合思维相结合

不少心理学家认为,发散思维与创造力直接联系,是创造思维的中心,是测定创造力的重要标志之一。美国心理学家吉尔福特(J. P. Guilford)认为:发散思维具有流畅、变通和独特三个特征。所谓流畅指智力活动灵敏迅速,畅通少阻,能在短时间内发表较多的概念,它是发散思维量的指标。变通指思考触类旁通,随机应变,不受定势的束缚,不局限于某一方面,因而能产生超常的构思,提出不同凡响的新观念。独特指以前所未有的新观念、新角度去反映事物,表明出对事物超乎寻常的见解,因而,它更多地代表发散思维的本质。例如:在教学中"$1 = ?$"的问题。"$1 = 0 + 1, 1 = 5 - 4, 1 = 1 \times 1, 1 = 5 + 3 - 7, 1 = 1/1, 1 = 8/5 - 3/5, 1 = 1^2, 1 = 1^3, 1 = 1^K, 1 = \sqrt{1} \cdots$" "$1 = n + 1 - n, 1 = 1^R$ 及 $1 = $ 两个连续数之差的绝对值"等不同答案是思维流畅性、变通性、独特性的不同体现。培养学生发散思维能力,从培养思维的流畅性、变通性和独特性入手,着重启发引导学生从不同方面对同一问题进行思考是很有必要的。所谓数学教学中的"一题多解"和作文教学中的"一事多写",就是培养这种能力的方式。

人的创造力固然要依靠发散思维,但是多数心理学家认为,在创造活动中发散思维和辐合思维是紧密地联系着的。创造活动的确需要进行发散思维,尽可能地多联想,提出多种假设或可能的解决办法;然而,创造过程并不到此为止,接着还要根据一定的标准,从中选择一种最合适的办法,或经过检验采纳某一种假设,这也就是辐合思维了。要培养辐合思维能力,就要学会分析与归纳的方法,并结合实际进行锻炼。教师在讲课时经常将分析过的内容要点写在黑板上,最后跟学生一起讨论,得出结论。这对于提高学生辐合思维的能力是一个值得提倡的方法。

(三) 发展学生的直觉思维

直觉是直接的了解与认识。直觉思维是指没有经过一步一步的分析,而迅速地对问题答案作出合理的选择、猜测和判断的思维。美国物理学家泰勒对物理现象有许多直觉的见解,恐怕有90％是错误的,但他认为这没有什么关系,只要10％是对的就好了。在创造活动中,由直觉思维所产生的想法尽管还只是一种猜想、假设,或者一时还得不到证明,甚至是错误的,但它往往推动人们去求证,成为创造和发明的先导。人们过分依赖直觉思维容易造成武断或带来冒失行为,但如果缺乏它也会使思维变得呆板而无创造性,因此必须发展这种思维并善于利用这种思维。有的学生在学习活动中也经常表现有这种思维,例如猜测题意,作应急性的回答,提出各种怪问题或不合常规的设想等;而更多的学生则由于担心出错或受到嘲笑指责,往往宁愿按照教材或教师的程式去思考或回答问题,因此,也就限制了直觉思维的发展与运用。为了改变这种状况,教师在教学中不应只讲定论,也应对某些尚无定论的难题提出假设,敢于猜想,作出示范,要允许并鼓励学生凭灵感或机智回答问题,即使这种答案是不完备的、不准确的。当然,也要引导他们去检验自己的设想,要告诉他们什么东西值得花力气去猜想和不怕失误。此外,还要帮助学生懂得展开和利用直觉思维的方法,如:更可靠的直觉思维来源于丰富的知识、实践经验和强烈的探索愿望;充分利用原型启发、类比和逆向思维等办法就有更多的机会获得新闪念;在解决难题时应记下一切闪念而任意中断原有的思路;问题百思不解遇到"卡壳"往往是由于过度紧张或疲劳造成的,而休息后可能会闪现出有启发的"灵感"。

(四) 使学生学会"怎样学习"

联合国教科文组织埃德尔·富尔指出,未来的文盲不再是不识字的人,而是没有学会怎样学习的人。长期以来,传统教育把人的大脑看成是"储存知识的仓库",这种观点已不能适应时代的要求了。将来考核一个人,不再是看他学到什么,主要是要求他学会"怎样学习"。

所有的教育工作者都懂得,在学生结束了课堂学习这种学习形式之后,他们的学习活动仍在继续进行,教师的作用是教育学生学会怎样学习,教师的作用是启发学习,而不是窒息学习。教师应鼓励他们充当确实可靠真理的卫士。美国教育学家施瓦布(J. Schwab)说:"课堂教学应该包括大量的怀疑成分……老实地承认无知,不确知,怀疑,而事实上这就是掌握知识的条件。"他提倡课堂教学应该向学生传授怎样学习,并促进这种学习。

(五) 善于发现和正确对待创造型的学生

人才可以分为偏于继承总结的继承型和偏于发现创新的创造型两大类。作为教师,当然希望自己的学生成为创造者、发明家,但又往往不喜欢创造型的学生。研究表明,创造力高的学生多数有以下三个特征:(1)淘气,顽皮,荒唐和放荡不羁;(2)所作所为时逾常规;(3)处世不固执,较幽默,但难免有嬉戏的态度。由于传统教学观念的影响,一般教师都喜欢学生循规蹈矩,课堂上鸦雀无声,讨厌质疑问难,因此,具有上述特征的创造力高的学生也总为教师所难以容忍。其实,在儿童顽皮、淘气甚至荒唐越规的行动中,往往包含有创造力的萌芽。教师应当善意引导,不要指责。德国心理学家海内尔特(G. heinelt)指出:"今天的学校忽视促进创造力,而且常常跟创造力作对。"因此,改变传统的教学思想,正确地对待创造型学生,是一件值得每个教师认真看待的事。

第五节　想象与想象力的培养

一、想象

(一) 想象的概念

人在认识客观世界的过程中,不仅能感知到直接作用于感觉器官的事物,或者回忆起曾经感知过的事物的表象,而且在思维的参与后还能在头脑中创造出某些没有经历过的、现实中尚未存在或根本不可能存在的事物的形象。例如,我们能够根据别人口头的或文字的描述,运用头脑中已有的表象进行加工改造,从而形成我们未曾到过的北极、大沙漠、月球等的形象;科技人员在设计新机器时,可以在头脑中创造出尚未存在的新产品的形象;作家可以创造出现实中不可能存在的神话故事;学生在学习以及阅读课外读物等活动中也经常在头脑中创造出许多新形象。由此可见,想象是在头脑中对已有表象进行加工、改造、重新组合形成新形象的心理过程。

想象的形象无论多么新奇,但构成新形象的材料总是来源于客观现实。我们是对头脑中已有的大雪、冰冻等表象进行加工改造后才形成了北极的形象。同样,神话故事中的情节,也不外是人们根据客观现实中人和物的形象在头脑中所构成的形象。一切看来似乎是超现实的科学幻想故事或电影也都不可能脱离现实的基础。因此,想象同其他心理过程一样,也是对客观现实的反映,它是在过去感知材料的基础上形成的,没有相应的感知材料,就不能产生想象。因此,感知材料越丰富,想象也就越丰富;反之,想象也就越贫乏,有时甚至还可能发生错误。

(二)想象与实践活动的关系

想象是在实践活动中产生的。想象需要有丰富的表象作基础,而丰富的表象只有在实践活动中大量接触并观察客观事物才能形成。例如鲁班发明木匠使用的锯是经过原型启发,并且在实践活动中反复试验而完成的。这说明想象是在人的实践活动中,凭借获得的事物表象而产生的。人的实践活动领域越宽广越深入,头脑中储备的表象越多而正确,想象也就越丰富,越容易符合实际。

想象的源泉是客观现实,想象的内容是客观现实的反映。因此,要看一个人的想象是否具有现实性和真实性,只能通过实践来检验。在这种反复检验过程中,人的想象的内容和想象力得到了发展。

想象又是人类实践活动的必要条件。如人们在劳动之前,必须预先想象出劳动的结果,否则就不能自觉地改造客观世界。

人在各个实践领域里都离不开想象。农民的科学种田,工人的技术革新,文学艺术家的创作,科学家的假设,都需要丰富的想象活动参与。伟大的科学家爱因斯坦认为,"想象力比知识更重要,因为知识是有限的,而想象力概括着世界上的一切,推动着进步,并且是知识进化的源泉。严格地说,想象力是科学研究中的实在因素。"

在教育领域中,想象也有重要意义。教师的教学和教育艺术中充满着想象。例如,如何根据学生的心理特点组织好教学内容,创造何种直观教具以提高教学效果,怎样激发学生的学习积极性,使他们的思维活跃、情绪饱满、全神贯注地领会所讲的内容,思考这些问题,都需要在头脑中想象出一幅生动的图景,使教学顺利进行,取得预期效果。一个教师肯动脑筋,善于想象,才能不断改进教学和教育方法,使工作卓有成效。

(三)想象与思维

想象与思维关系密切,二者有许多相似之处,具体表现在以下几方面。首先,从产生的原因来说,二者都是在一定的问题情景中产生的,人们在遇到问题时,既可以通过思维去解决,也可以通过想象去解决;其次,从产生的方式来说,二者都依赖于对经验的改组,通过改组使人们有可能认识事物的新的联系和新的方面;再次,从认识的深度来说,二者都具有间接性和概括性,使人们有可能认识没有直接感知过的事物或根本不可能感知的事物,因而它们同属认识的高级阶段。

但是,想象与思维又有明显的区别。首先,从活动的方式来看,想象活动的基本方式是对客观事物的形象进行加工改造,主要处理形象的信息;而思维活动的基本方式是对客观事物的概念进行加工改造,主要处理言语的信息。其次,从所处的问题情况来看,当问题情境不甚明确,解决问题的条件不充分时,人们多用想象来解决问题。例如在古代,人类还不曾有现代的登月火箭,人们登月的愿望,只能通过想象来满足。这时想象便帮助人们越过思维的某些阶段,并得出当时依赖思维还不能得出的某些最终的结论。当问题情境比较明确,解决问题的条件较成熟时,人们多用思维进行逻辑推理来解决问题。如学生在做几何习题时,利用已知条件,凭借有关定理,最后解决未知问题,此过程学生便是用思维活动来解决问题的。

(四) 想象的功能

想象过程在人类社会实践中具有多种功能,而主要有以下三种:

1. 预见功能。人类实践活动的一个重要特点是具有预见性。想象过程能使人对现实进行超前反映,在实践活动开始前,通过想象在头脑中拟定活动蓝图,构成可能达到的预期结果。一个人的想象越丰富,越强烈,越主动,它对实践活动的预见功能就发挥得越充分。爱因斯坦在十六岁时就产生了美好的想象:如果我骑在一束光上,去追越另一束光,将产生什么现象?他的创造性想象使他在长期的探索中,终于独具慧眼地创立了相对论。由此可见,想象的预见性对人类实践活动具有巨大的作用。

2. 替代功能。人类对客观世界的认识,总会受到一定的时间的限制。例如,空间上遥远和时间上久远的事物,人们是无法直接感知的。没有去过南极的人,通过介绍,可以在头脑中形成南极的有关形象。当人们的某种需要得不到满足或某种活动不能直接参加时,想象则能帮助人们得以满足和实现需要。人们在生活中常有"想入非非""异想天开""梦中情"等情形,这些心理状态就是想象替代功能的具体表现。

3. 激励功能。人类在认识和改造世界活动中,决不会一帆风顺,总会遇到各种各样的困难。一个人必须克服各种困难,才有可能获得成功。激励人克服困难的一个重要心理因素就是想象。借助想象可以预测到采取何种措施,从而收到良好的效果,借助想象还可以联想到活动成功的意义。正如贝弗里奇所说:"想象力之所以重要,不仅在于引导我们发现新的事实,而且激发我们做出新的努力,因为这使我们看到可能产生的结果。"

(五) 想象的种类

根据想象时有无预定目的,可以把想象分为无意想象和有意想象。

1. 无意想象

无意想象是一种没有预定目的、不自觉的想象。它是当人们的意识减弱时,在某种刺激的作用下,不由自主地想象某种事物的过程。例如人们看见天上云的浮动,想象出各种动物的形象,以及人们在睡眠时做的梦、精神病患者在头脑中产生的幻觉等,都是无意想象。

2. 有意想象

有预定目的，在意识控制调节下产生的想象叫有意想象。在有意想象中，由于想象的新颖程度、创造水平和形成的方式的不同，又可分为再造想象、创造想象和幻想等几种形式。

（1）再造想象

再造想象是根据语词的描述或图像的示意，在头脑中形成的相应事物形象的心理过程。例如，建筑工人根据图纸想象出建筑物的形象；学生读了鲁迅的小说《孔乙己》后，在头脑中形成了孔乙己的鲜明形象；机器制造工人根据图纸想象出机器的主体结构。再造想象有一定程度的创造性，但其创造性水平较低。

再造想象的顺利进行，依赖于以下两个条件。一是正确理解与掌握语言与实物标志的意义，否则必然造成错误的再造想象。二是要有足够的表象储备。表象储备越多，再造想象的内容愈丰富；表象储备质量愈高，再造想象的内容愈正确。

再造想象在学校的教育、教学工作中具有重要的意义。在思想教育中，当学生通过有关材料的介绍，在头脑中出现英雄人物的光辉形象及其高尚行为的具体情景时，这些形象和情景就会鼓舞和指导学生的行动，成为学生效仿的榜样。在教学过程中，学生可借助于自己的再造想象去理解教师所讲的内容，去接受自己不曾或无法直接感知、直接把握的知识。

（2）创造想象

创造想象是根据一定的目的，独立地在头脑中形成新事物形象的心理过程。例如飞机设计师在头脑中构成了一架新式飞机形象，作家在头脑中形成了新的人物形象。这些都属创造想象。

创造想象比再造想象更复杂，更困难，更高级。它是一种独立的过程，具有创造性、独立性和新颖性的特点。

创造想象的进行有赖于以下条件：

首先，实践的要求和个人创造的需要。社会实践不断地向人们提出创造新事物的要求，当这种要求反映到人脑中与人的需要、兴趣、理想相结合时，人便产生了创造新事物的动机，并在其推动下进行创造性活动。

其次，表象的积累和储备。创造想象是对已有的表象加工改造，表象是创造想象的原始材料。因此，要保证创造想象的顺利进行，就必须积累大量的表象。正如高尔基所说，一个作家要成功地塑造文学中的典型人物形象，就必须积累印象，观察社会生活，洞察人的内心世界。

再次，思维的积极活动。表象是创造想象不可缺少的材料，然而，它只为创造想象的进行提供了一个"物质"前提。而这一前提又要借助于分析、综合、夸张、典型化等手法进行加工改造，才能创造出新的形象来。可见，没有思维的积极参与，任何创造想象都是无法实现的。换言之，任何一种新形象的创造，都是复杂的积极思维活动的结果。

最后，原型启发。创造想象在最初开始时，总是要受到一种类似事物的启发，并在这一基础上想象出新的形象来，这是原型启发。原型启发的事例在人类创造发明史中是屡见不鲜的。如教堂屋顶下摆动着的吊灯成了意大利科学家伽利略发明脉搏计的原型。原型之所以具有启发作用，是因为原型与所要创造事物具有某些共同点或相似之处，从而可以成为创造新事物的起点。

（3）幻想

幻想是一种与人生活愿望相联系并指向未来的想象。幻想是创造想象的特殊形式。

幻想有两个特点：一是与个人的愿望相联系，在头脑中出现的形象正是个人希望所寄托的东西；二是指向未来，即幻想不是立即体现在个人的实际活动中的，而是带有向往的性质。

幻想可以分为积极有益的幻想和消极无益的幻想两类。积极的幻想对于人的工作和活动是一种强大的推动力。积极的、健康的、有社会意义的幻想也可能超越事物发展的自然进程，但是这并没有什么害处。正因为人能够在他将要开始或刚刚开始从事某种工作的时候，就能在想象中看到自己成就的图景，所以，他才有足够的力量和信心去进行各种艰苦劳动并坚持到底。科学幻想常常是发明创造的先行者。例如，一百多年前法国科幻小说家儒勒·凡尔纳在他的书中写过电视、潜水艇、飞机、导弹、坦克等东西，后来都一一实现了。另一类是消极、无益的幻想。有些人的幻想违背了社会要求，指向错误方向。例如，有的人想不劳而获，想通过不正当手段去满足个人欲望，这是危险的幻想。还有些人沉溺于幻想，以幻想代替实际行动，实际上是在幻想中躲避困难的问题或艰苦的劳动，这种幻想对人也是无益的。此外，宗教迷信的神奇幻想也是脱离现实的，带给人有害的影响。

幻想是和人的理想、世界观、人生观紧密相联系的。为了发展积极有益的幻想，消除消极无益的幻想，必须培养崇高的理想、正确的世界观和人生观。

二、想象的品质及其培养

（一）想象的品质

想象的品质是衡量想象发展水平优劣的标准。想象具有以下五个基本的品质：

1. 想象的现实性

想象的现实性是指想象与客观现实的关系程度。想象是否正确，能否实现，都要从想象的现实性标准来加以评价。有的想象脱离实际，根本无实现的可能性，这种想象就缺乏了现实性。有的想象从客观规律出发，以实践来调整想象的方向和修正其内容，最后使想象变成了现实，这就具有现实性。想象的这一品质以科学知识为基础，科学知识掌握得愈多，经验愈丰富，想象就愈具有现实性。

2. 想象的主动性

想象的主动性是指想象指向目的程度。有的想象具有一定的目的、任务，其指向性明确，在实践活动中能充分发挥其指引作用，这就是具有主动性的想象。有的想象方向偏离了一定的目的、任务，漫无边际，结果导致一事无成，这就是缺乏主动性的想象。由此可见，一定的目的、任务是制约想象主动性的根本原因。

3. 想象的丰富性

想象的丰富性是指想象内容的充实程度。想象的内容健康充实，说明想象具有丰富性；想象的内容庸俗贫乏，则想象缺乏丰富性。思维的广度和灵活性对想象的丰富性有很大影响，思维广度愈宽，思路愈灵活，则想象愈具有丰富性。表象的储备对想象的丰富性也有相当大的影响,故感知的事物越多,经验越丰富,表象储备就越多,想象的内容也就越丰富。

4. 想象的生动性

想象的生动性是指想象表现的清晰程度。想象的表现清晰,形象鲜明,其生动性好;想象的表现模糊,映象浅薄,其生动性差。想象的生动性与表象的形象性关系密切。一个人想象生动,通过视觉表象,可以"如见其人";通过听觉表象,可以"如闻其声";通过触觉表象,可以"如芒在背";通过嗅觉表象,可以"如入芝兰之室"。一个具有表象形象性的人,其想象的生动性也好。

5. 想象的独创性

想象的创造性是指想象的内容与众不同,达到标新立异的程度。一个具有想象独创性的人,就可能有所发现,有所发明。思维的独立性指引着想象的独立性,独立思考能力强的人,其想象的独创性的水平就高。

以上五种品质既相对独立,又相互联系,相互制约,共同构成想象品质的统一整体。

(二) 学生想象力的培养

1. 培养和保护学生的好奇心

好奇心是发展想象力的起点,能够推动人们去想象、去探索、去创造。许多伟大的科学家、发明家都具有强烈的好奇心。但是,人们的好奇心往往容易被挫伤。例如,儿童对于周围的一切事物都感到新奇,并为这些新奇的事物吸引着。所以,他们总是这也问,那也问,这是探求知识的具体表现。可是有些父母和教师对此采取漠不关心或敷衍了事的态度,甚至呵斥、嘲笑、指责他们太啰唆了。这样,就很容易挫伤儿童的好奇心。我们应该看到,创造想象和创造活动的特点就在于探新,而驱使人们探新的力量源泉之一,就是好奇心。所以在教学中,我们要很好地培养和保护学生的好奇心,鼓励他们每事问一个"为什么"。对于他们所提出的问题,不要每问必答,更不要一问就答,而应当引导他们自己去想象和思考一下,提出具有独到见解的答案。

2. 丰富学生的表象储备

想象的基本材料是表象。表象储备得愈多,想象就愈广阔而深刻,构成的形象就愈逼真。反之,表象储备得愈少,想象就愈狭窄而肤浅,构成的形象就会失真。例如,一些小学生,如果没有参观过历史博物馆,也没有观察过有关历史图片,在学习中国古代史的时候,就不能正确地想象出中国古代封建贵族的衣服和装饰。

丰富学生表象储备的有效方法,就是组织他们进行观察。所以,在教学中,为了培养学生的想象力,组织学生观察实物、标本、模型、图片,参观自然博物馆和历史博物馆,看有价值的电视和电影,都是十分必要的。

3. 挖掘和发挥学生的想象潜力

人的大脑有四个功能部位:感受器、储存区、判断区和想象区。一般情况下,人们动用前三个部位较多,运用想象区较少。据研究,一般人只用了想象力的15%,可见想象力大有潜力可挖。为此,教师在教学中,一要引导学生多想,多问,使想象区经常处于积极兴奋状态。二要允许学生想象失误,错误的想象正是达到正确想象的先导。教师发现学生想象有错误,应启发诱导他们去找原因,让他们的想象符合客观实际的规律。三要培养学生的意志力。教师应使学生认识到,所有的成功,都得付出艰苦的劳动。只有这样,学生才能有所发现,有所创新,使想象升华到更高的境界。

4. 加强学生的联想训练

联想在人们的心理活动中占有重要的地位,没有联想,就很难展开想象。在教学中,教师要着重培养学生的概括联想的能力。教学实践证明,在学生掌握知识结构的基础上,通过对具体典型范例的逐步研究,抽象出规律、概念或法则,揭示具体问题与抽象法则之间的内在联系,对培养学生的概括联想能力有较明显的效果。同时,注意知识的综合应用,进行具体—抽象—具体多层次的训练,能培养学生概括联想的能力。如学了圆的相交弦定理、割线定理和切割线定理后,可让学生通过分析它们的共同特征,概括出过一点引两条与圆相交线段定理。

5. 提高学生对于语言文字的理解能力

想象活动是在语言的调节下进行的,是根据文字的说明而展开的。因此,如果对于语言和文字的理解能力不高,产生了错误,在想象过程中也就会产生错误的形象。所以,我们必须提高学生对于语言和文字的理解能力,充分运用语言和文字来组织和调节自己的想象,把想象从直观水平提高到抽象语词的水平上来,使想象具有更大的概括性、深刻性和逻辑性。

6. 培养学生欣赏文学和艺术的兴趣

文学和艺术的欣赏离不开想象。我们在欣赏文学和艺术作品的过程中,必须积极地开展想象活动,使自己能够深刻体验到文学和艺术作品中所描绘的一切。这样,也就同时发展了自己的想象力。有人说文学和艺术是发展想象力最好的"学校",是很有道理的。因此,我们应重视培养学生欣赏文学和艺术的兴趣,指导他们多阅读文学作品,多观察艺术作品,不断提高他们的想象力。

> ### 思考与练习
>
> 1. 举例说明思维的基本特征。
> 2. 试分析思维与语言的联系与区别。
> 3. 简述思维的种类和过程。
> 4. 影响问题解决的心理因素有哪些?
> 5. 思维的品质主要体现在哪些方面? 教学中如何才能培养学生良好的思维品质?
> 6. 什么是创造性思维? 教师应如何培养和提高学生的创造性思维能力?

第六章　注　意　与　教　学

课前思考

1. 你能够一边口诵一首熟悉的诗,一边手写另一首熟悉的诗吗?

2. 为什么我们有时会出现"视而不见,听而不闻"的情况呢?

3. 假如你是一位老师,你能发现那些上课走神,思想"开小差"的学生吗?

学习指导

1. 概念识记:注意,无意注意,有意注意,有意后注意,注意的广度,注意的稳定性,注意的分配,注意的转移。

2. 分析理解:注意的功能,无意注意和有意注意的关系,注意的品质,影响注意转移的因素。

3. 实际运用:讨论在课堂中教师如何利用注意的规律组织教学活动,提高教学效果。

注意(attention)是心理过程中的一种积极状态,总是和相关的各种心理活动紧密联系在一起,人的感觉、知觉、观察、想象和思维等心理活动均离不开注意的参与。教师在教育工作中,了解和研究学生的注意现象,学习和掌握注意的规律,对于优化教育质量,提升教育效率,具有非常重要的积极意义。

第一节　注　意　的　概　述

一、注意的概念

人们在复杂多变的环境中生活,作用于人的客观事物是多种多样的。但在每一时刻,人只能从许多事物中区分出某些事物并加以清晰的反映,对另外一些事物则反映得模糊不清,甚至根本没有反映,这就是心理活动对一定事物的选择性。由于这种选择性,人的心理活动每一时刻只能指向集中于某些事物,同时又离开其余事物。注意就是心理活动对一定对象的选择性的高度表现。例如,学生在教室里聚精会神地听课,对于无关的刺激未加理会,就是把心理活动指向和集中到老师的讲述上了。

注意的本质特征就在于其对信息的选择性。这也是注意的基本作用之所在。周围环境向人们提供了无穷无尽的信息,但每个人接受信息的能力是有一定的限度的。所以,对外来的繁杂信息需要进行选择。否则,即使这些信息都受到检测,大脑也无法将其全部加工。人是一个容量有限的信息加工系统,如果加工的信息量在其容量范围之内,它就会发挥良好的作用,反之,就会失败。例如,在射击的时候,我们只能同时注意与射击目标有关的动作,而不能注意其他一切动作。

注意的对象既可以是外部世界的对象和现象,也可以是我们自己的身体、行为和观念。例如,我们可以全神贯注地看小说,也可以陶醉在自己精神世界的沉思中。

注意是一种意识状态,是在一定水平的警觉状态下被唤起的。因此,一般的觉醒状态并不等于注意。例如,我们在校园里漫无目的地散步时,尽管头脑是清醒的,但我们的意识并不指向特定的对象。在这种情况下,我们处在觉醒而没有注意的状态中。因此,和觉醒状态相比,注意是一种更高水平的意识状态。

二、注意的特点

注意具有以下几个特点:

(一) 注意是心理活动的指向性

注意选择和确定了我们心理活动的特定对象和范围,即离开其他的对象和范围。当你在认真观看电视节目时,对环境中的其他事物,便不会加以格外的关注。从信息论的观点来说,在信息加工过程中,注意就是对信息加以选择和过滤,对一些信息允许其进入高级分析阶段。而其余的信息则被过滤或衰减掉了。

(二) 注意是心理活动的集中性

注意使意识离开一切与特定对象和范围无关的事物,而对特定对象和范围保持一定的意识强度或紧张度。集中注意的对象就是注意的中心,其余的对象有的处于"注意的边缘",多数处于注意范围之外,得到的只能是一种"视而不见,听而不闻"的结果或者模糊的反映。

注意的指向性和集中性是相互联系而又相互区别的两个特点,离开指向性谈不上集中性,离开集中性,指向性也失去了意义。

(三) 注意是一切心理活动的共同特征

注意并不是一种独立的心理活动过程。它只是伴随着其他心理过程而存在的一种意识倾向性特征,并使心理活动更富有组织性、积极性、清晰性和深刻性。注意总是和其他心理过程相联系着,如"注意看""注意听""注意观察"等。可见,注意本身并没有自己特定的反映内容,人们也不可能有专门"从事注意"的意向发生。注意总是伴随着心理活动过程并贯穿始终,脱离心理活动的注意不能独立存在,离开注意,心理过程也无法活动。

注意在人的心理活动中起着积极的维持和组织作用,对于提高心理活动的效率具有重要的意义。在人的社会生活实践中,只有保持高度的注意,才能保证清晰、准确、及时、完善地反映客观事物,顺利地完成活动。

心理学家难住心算家

　　阿伯特卡米洛先生是一位著名的心算家,不管你给他出多么复杂的难题,他都能立即得出正确的答案。在他的心算历史上,还从来没有被人难倒过。

　　这天,一位年轻的心理学家从远方慕名而来,他要亲自考一考这位著名的心算家。许多人知道了都前来观看。年轻的心理学家微笑着和心算家打过招呼后,心算家很客气地请他随便出题。"一辆载着285名旅客的火车驶进车站,这时下去35人,又上来85人",心理学家不紧不慢地开始出题了。心算家听后微微一笑。"在下一站上来101人,下去69人;再下一站下去17人,上来15人;再下一站下去40人,只上来8人;再下一站又下去99人,上来54人。"这时主考人已说得喘不过气来。"还有吗?"心算家非常同情地问主考人。"还有",主考人透了口气说,"请您接着算。"他又加快速度说:"火车继续往前开,到了下一站……再下一站……"他突然叫道:"完了,卡米洛先生!"

　　心算家轻蔑地笑着说:"您马上要知道结果吗?""那当然",心理学家点点头,同样微笑着说,"不过,我现在并不想知道车上还有多少乘客,我想知道的是这趟车究竟停靠了多少站。"

　　这时著名的心算家一下子呆住了。心算家为什么答不出呢?这位心理学家又是怎样把心算家难住的呢?原来心理学家巧妙地利用了注意的特点,钻了心算家的空子。

　　注意是有指向性和集中性的。当人们注意某项活动时,心理活动就指向、集中于这一活动,并抑制与这一活动无关的事物。心理学家早已料到,根据心算家已形成的心算动力定势,通常只会去注意计算车厢内的乘客数的多少,也就是说他只会对车厢乘客人数的增减感兴趣,而对列车所停靠的车站数却忽视了。于是,他故意以越来越快的速度出题,以更好地引起心算家对车厢乘客数的注意,使他无暇注意到还会有另外一个答案。心算家果然上当,被心理学家难住了。

(资料来源:张道祥.当代普通心理学.长春:吉林大学出版社,2006)

三、注意的功能

注意作为心理过程中的一种积极状态,主要具有以下三种功能:

(一)选择功能

注意使心理活动选择有意义的、符合自己需要的、与当前的活动任务相一致的事物,避开或者抑制、排除那些无意义的、附加的、干扰当前活动的各种刺激,即把有关的信息检索出来,使心理活动具有一定的指向性。人们如果没有选择信息的能力,那就不可避免地要在纷繁复杂的刺激面前感到无所适从,甚至不能忍受由于信息超载而带来的过重的心理负荷。

(二)保持功能

注意使人的心理反映对象的映象或内容维持在意识之中,得到清晰、准确的反映,直到达到目的为止。认知心理学认为,这是注意存储信息的功能,凡是主体加以注意的信息都可以在人脑中进一步加工而存储,使变为某种更加持久的形式,不加注意的信息则很快就会消退。

(三) 对活动的调节和监督功能

注意使得人的一切心理活动或行为能够准确和精确地进行,对人的错误活动及时地进行调节和矫正,控制心理活动向着一定的方向和目标进行,以保证人能及时反映周围世界的变化,从而更好地适应环境,进而改造环境。

四、注意的外部表现

人在集中注意于某些对象时,常常伴随着特定的生理变化和外部表现。我们可以依据这些外部表现来判定一个人是否注意。了解注意的外部表现,对于教育工作者来说,自然具有特殊的意义。

注意的最明显和较普遍的外部表现主要有三种。

(一) 适应性运动

人在注意时,有关感官通常会自然地朝向刺激物,并做出相应的动作来。当注意一个声音时,把耳朵朝着声源的方向,所谓侧耳倾听;当注视一个物体时,把视线集中在该物体上,目不转睛地看,所谓举目凝视;当沉浸于思考某个问题或想象某件事物的时候有时会摸着头、托着腮,有时两眼向着远处作出神的凝视,有时低头沉思,有时来回走动。这些现象都是注意的适应性运动。

(二) 无关运动停止

人在高度集中注意时,无关动作会暂时停止,多余的动作暂时被抑制。例如,学生在课堂上注意听课,看黑板,相应地,其他与课堂内容无关的行为随之就会停止。而学生上课"做小动作"时,则该生的注意力没有集中在课堂学习上。

(三) 呼吸变得轻微而缓慢

人在集中注意时呼吸变得轻微而缓慢,呼与吸的时间比例也会发生变化。一般是呼变长而吸变短,这个时间比会随着注意程度和紧张程度的增加而增大。到最紧张时,甚至会出现呼吸暂时停止,即所谓"屏息"现象。

此外,在紧张状态时,还会出现心跳加速、牙关紧闭、握紧拳头等。

根据上述外部表现可以判断一个人是否在集中注意,但有时其外部表现与内部活动也可能不相吻合,即有假象存在。例如,貌似注意一件事物而实际的心理活动却指向集中于另一事物的"开小差"现象、似不注意而内心却极关注等。所以,判断一个人是否注意集中不能完全靠外在表现,而要根据其活动情况综合分析。

专栏 6 - 2

学生听课时的外部表现

课堂上,学生听课时注意的外部表现是多种多样的。它们既是学生的精神状态和听

课兴趣的反映,也是教师了解自己的教学效果的一面镜子。学生听课时注意的外部表现大致可分为以下六种:

1. 集中状:鸦雀无声,眼光有神,全神贯注,听得入迷。
2. 活跃状:发言积极,思维活跃,气氛欢快,议论纷纷。
3. 疑惑状:情绪紧张,眉头紧锁,疑惑重重,焦虑不安。
4. 顿悟状:群情振奋,豁然开朗,眉飞色舞,喜笑颜开。
5. 厌倦状:心烦意乱,死气沉沉,东倒西歪,昏昏欲睡。
6. 松散状:漫不经心,松松垮垮,东张西望,交头接耳。

上述六种状态中,集中状、活跃状、顿悟状都是积极的状态。厌倦状和松散状显然是消极的。疑惑状具有两重性:可能是领悟状的准备阶段,如果发生的时间短暂(1—2分钟)是有积极意义的;但倘若长时间发生疑惑,则会引起消极的分散。为此,教师在讲授的同时应留心观察学生的注意状态,从学生的眼神、情绪和行为上获取反馈信息,灵活地组织讲授内容。

(资料来源:傅道春.情境心理学.长春:东北师范大学出版社,1997)

第二节 注意的种类与规律

根据产生和保持注意时有无目的性和意志努力程度的不同,可以把注意分为无意注意和有意注意。此外还可有一种注意的特殊形式即有意后注意。

一、无意注意

无意注意,也称不随意注意,是没有预定目的、无需意志努力地、不由自主地对一定事物所发生的注意。例如,学生正在上课,忽然有人推门进来,引起大家的注意。在安静的阅览室,突然传来一声巨响,大家都不由自主地转向发出声音的地方。这些都属于无意注意。无意注意是人和动物都具有的初级注意。

在无意注意中,心理活动对一定事物的选择是被动的,是由某些客观条件引起的。所以有的心理学家也称无意注意为消极被动的注意。这种注意一般是在周围环境发生变化时产生的,它表现为在某些刺激物的直接影响下,人就不自由主地立刻把感官朝向这些刺激物并试图去认识它,是一种定向探究反射,能导致探索行为的出现,有利于人们正确地认识和改造世界,但也容易使人分心。

引起无意注意的原因,可概括为来自客观刺激物的特点和人的主观状态这两个方面。

(一) 客观刺激物的特点

1. 心理物理的刺激特征

刺激物强度、大小、颜色、声音等方面的变化,都是引起无意注意的特征。例如,巨大的声响、强烈的光线、浓郁的气味、大街上闪烁的霓虹灯、夜空中划过的流星等,很容易引起人们的注意。教师讲课时,提高或降低声音可唤起学生的注意,教科书的字体变化也会产生同样的效果。研究发现,教师的姿势、动作、手势等动态特征与学生的学习质量相关。而教师单调而音小、毫无表情的讲述则很难从外部吸引和维持学生的注意。

2. 情绪刺激的特征

情绪会影响人们注意的选择方向。唤起人们理智的、美学的、道德的和情感的刺激对产生无意注意有更大的意义。引起惊讶、赞扬和喜悦的客体可长时间地吸引人的无意注意。这些刺激能唤起人的情绪反应,使人加快心跳,凝神屏息,提高活动水平。例如,儿童在看动画片或激动人心的战斗片时,无意注意易被吸引。研究表明,有些包含诸如杀人、黄金或起火之类唤起情绪的词,学起来更快,也许这些材料伴随有丰富意象,使人更容易注意和阅读。

过去经验也会对人的情绪体验产生影响。人们看报时所注意的消息和内容往往不同,主要是由于各人的知识经验不同之故。

3. 起指示作用的刺激的特征

在课堂教学中,教师常会使用诸如"请看黑板""请注意听""这条原则很重要""请注意这个""看着那个"等指令性词语。这些都可以指引学生注意的方向。

(二)人的主观状态

无意注意虽然能由刺激物的特点所引起,但人本身的主观状态也是引起无意注意的重要原因。同样的事物,可能引起一些人的注意,但不一定能引起另外一些人的注意。人的主观状态对无意注意的影响因素主要体现在两个方面。

1. 人对客观刺激物的需要和兴趣

凡是能够满足人的需要和符合人的兴趣的事物会使人产生期待的心情和积极的态度,从而引起人的无意注意。如一个希望参加电脑培训班学习的人,总是注意有关的情况;食物易引起饥饿者的注意;大学生到书店会注意专业书籍;体育爱好者会注意比赛信息等。特别是当时的直接兴趣,即对事物本身感到需要而产生的兴趣,是引起无意注意的重要原因。

2. 人当时的情绪和精神状态

人的心境在很大程度上影响着无意注意。心境开阔、心情愉快时,平时不大容易注意的事物,这时也容易引起注意;心情抑郁、闷闷不乐时,平时容易引起注意的事物,这时也顾不上去理会了。同时,当一个人无精打采、过度疲劳时,常常不能觉察到那些在精神饱满时容易引起注意的事物。人在精神饱满时,最容易对新鲜事物发生注意,同时,注意也容易集中和持久。

二、有意注意

有意注意也称随意注意,指预先有自觉的目的,必要时需要经过意志努力,主动对一定事物发生的注意。如我们在学习上遇到困难或环境中出现种种干扰学习的因素时,我们通过意志的努力,使注意力保持在要学习的东西上,这种注意便是有意注意。

有意注意显示了人的心理活动的主动性、积极性,所以,有的心理学家称它为积极的注意。有意注意是人向自己提出一定的任务,自觉地把某些刺激物区分出来作为注意的对象。正因为有这种自觉的目的性,才能产生排除一切干扰,使注意得以维持的意志力量。所以,有意注意是受意识的调节和支配的。这种注意不仅指向个人乐意要做的事情,而且指向他应当做的事情。有意注意的集中和保持,不仅在没有干扰、没有任何无关的事物妨碍正在进行的活动的时候是可能的,而且在有干扰的情况下也是可能的。

有意注意是一种人类特有的高级形式的注意。它是第二信号系统支配,在人的实践活动中发展起来的。在有意注意中言语(外部言语和内部言语)起着重要的作用,也就是人能够通过词来按照一定的任务确定自己的活动。它是人们对活动结局有深刻的认识之后才可能具有的注意形式。

有意注意是实践活动的必要条件。学习和劳动等实践活动本身总有一些使人不感兴趣而又非完成不可的任务,必然有困难和单调的因素,这就需要有意注意来进行监督和调节。学习和长期的劳动实践过程也发展了人的有意注意。

引起和保持有意注意的条件可概括为四个方面:

(一)对活动目的任务的重要性和必要性的理解

对任务的目的性和完成任务的意义理解越深刻,完成任务的愿望越强烈,与任务有关的事物就越能引起有意注意。例如,当学生明确了学习目的,树立了要掌握本领,为祖国的现代化建设作贡献的远大志向时,就能努力克服学习中遇到的困难和抵挡其他不利于学习的活动的引诱,专心致志地从事学习。

(二)间接兴趣

前面所说的无意注意主要依赖于人的直接兴趣,而有意注意却主要依赖于人的间接兴趣。间接兴趣是对活动结果的兴趣。许多活动本身是枯燥单调、不吸引人的,活动时间过长时容易使人产生疲劳以至分心。对活动结果的兴趣可以激发起人对该活动的积极性,通过意志的努力而把注意集中于工作上,为了完成活动任务,活动本身仍成为有意注意的对象。例如,学生学习外语本身虽乏味,但由于学生对学习结果感兴趣,所以能集中注意,长期坚持学习。

间接兴趣与直接兴趣的划分不是绝对的。间接兴趣有时也可以转变为直接兴趣。如学生在开始学习某门课程时,只有间接兴趣,但在学习过程中由于老师生动的讲授和对该门课程的深入了解,也会产生对该门学科本身的兴趣。这样,就使有意注意与无意注意结合了起来。

(三)合理地组织活动

是否正确合理地组织活动,也关系到有意注意的引起和维持,如果学生能在严格确定的时间,在固定的、习惯的地点准备功课,如果他的工作地点和学习用具都是井井有条的,而工作过程本身也组织得很好,那么就已经创设了引起有意注意的良好情境。如果学生同时能按照任务要求,经常提醒自己去注意正在进行的活动,根据任务需要,经常提出进一步完成任务的具体要求,就更能加深有意注意。另外,把智力活动与外部操作活动结合起来,如,背英语单词时,一边读,一边在纸上写这个单词;看书时,一面看,一面记下一些要点,也有助于维持我们的有意注意。

(四)排除内外干扰

我们为了达到某种目的而进行一定的活动,在活动过程中往往有许多无关刺激干扰我们的活动。这种干扰可能是来自外部世界的各种无关刺激物,也可以是人体内部的不良的生理、心理状态。为了达到预期的目的,就要付出意志努力去排除这些干扰。一方面要尽量消除外界的干扰,另一方面必须保持健康的身体和良好的心境。

三、无意注意和有意注意的关系

无意注意和有意注意虽然有区别,但在人的活动中往往很难截然分开。因为任何一种具体工作都需要有这两种注意的参与。在工作或学习中,如果只凭无意注意去完成,就会显得杂乱无章,一遇到困难或干扰,注意就会分散,使工作不能顺利进行下去;相反,如果只凭有意注意去完成,也会感到难以持久,因为长时间的紧张的意志努力,会使人感到疲劳,影响工作效率。

无意注意和有意注意可以相互交替或转化。例如,一个最初只凭兴趣学习弹奏乐器的学生,后来认识到弹奏乐器对身心健康,对增长知识都有很大益处,于是认真地钻研,克服指法、乐理、简谱不精通的困难,从而有目的地保持对这项活动的注意。这是无意注意转化为有意注意的情况。又如,有的学生在初学古诗时,遇到了古文字、古诗韵、古语法等难关,因而学习没有兴趣,这时他就要以一定的意志努力来支持,才能把注意维持在这项活动上。如果随着学习的进步,扫清了上述种种学习障碍,就变得能够轻松地阅读,不需要作意志的努力也能把注意维持在这项活动上了,这就是有意注意转化为无意注意的情况。

两种注意的相互交替或转化,有的是自然而然地完成的,有的则需要外力的帮助。无意注意如果不能根据需要及时地转化为有意注意,就会导致分心;而有意注意如果不能适时地转化为无意注意,则会引起疲劳,人在疲劳时也容易分心,所以两种结果是一样的。

有意注意经过一定的学习和训练可以转化为一种既有目的性,又不需作较大努力的注意,人们通常把它叫做"有意后注意"。有意后注意是有效的创造性智力活动的必要条件。

四、有意后注意

有意后注意,亦称继有意注意,是指事先有预定目的,自然而然而不需要特别的意志努力的注意。它是注意的一种特殊形式。这种注意是和自觉的目的任务联系在一起,也就是说这种注意是由预定的意图而引起来的。因此,它具有有意注意的特征。同时它又有与无意注意相一致的一面,因为在这里为了保持注意并不需要意志努力,至少并不要求有明显的意志努力。例如,人们在熟练地阅读课文,熟练地骑车,熟练地打毛衣等活动时的注意都是有意后注意。

有意后注意是在有意注意的基础上产生的。是由有意注意升华而来的更高级的注意。在有意注意条件下,人对客体的注意要服从于主体自觉确定的目的。主体要维持这种注意也需要作出一定的意志努力,并且受间接兴趣的制约。但随着活动的深化,在工作逐渐熟悉后,人们不仅对活动结果感兴趣,而且对活动本身也产生了兴趣,活动中的困难或被克服,或由于直接兴趣的产生,主体对困难的承受程度也随之提高,因而就不再感到困难了,在维持这种注意时也不再需要特别的意志努力了。这就使有意注意转化为有意后注意。

有意后注意是人类所独有的一种高级类型的注意,是人类从事创造性活动的必要条件。

第三节　注意的规律在教学中的应用

注意是顺利地进行教学工作的必要前提。在教学过程中,令中小学教师最感头痛的问题之一,就是学生的学习注意力经常分散。帮助学生集中注意力,这是教师的一门教学艺术,同时也是提高教学质量的重要保证。

根据注意的规律,组织好学生的注意,一般应注意以下几个方面。

一、无意注意的规律在教学中的应用

无意注意是由刺激物本身的特点和人的主体状态引起的。而人的主体状态又主要体现在直接兴趣和情绪态度方面。在教学活动中,学生的无意注意既有积极作用,又有消极作用。教师在教学过程应当尽量避免那些分散学生注意的消极因素,充分利用那些有助于集中学生注意力的积极因素。

(一)防止内外干扰,保持注意的稳定

控制与排除引起注意分散的因素,避免强烈的、新异的、变化运动的刺激物的消极影响,这是保持学生注意稳定的必要条件。因此,就教学环境来说,教室周围要保持安静,远离车站、码头及闹市区;音乐教室和操场要与普通教室有一定距离;教室内的张贴要简洁,富有教育意义;教师上课服饰要自然大方,不要穿易分散学生注意力的服装;教师的语言要简练、逻辑性强,动作要得体,表情要自然,直观教具的使用要适当;保持教室内部空气清新,光线充足;尽量避免学生迟到、早退、随意出入教室等情况,努力防止对学生注意产生干扰的其他情况。

(二)讲究教学艺术,提高教学感染力

教师上课要力求教学内容生动活泼,前后联系紧密,做到具有科学性、系统性、新颖性、生动性。讲得太深,学生无法理解,自然难以保持注意。相反,内容太浅,学生一听就懂,也容易分心。教师要力求做到由浅入深,深入浅出,循序渐进。

教学方法要讲究灵活性、多样性和启发性,尽量防止单调呆板,以激发学生对教学过程本身的兴趣。心理学研究证明,长时间地用同一种方法进行单调的活动,会引起人的大脑皮层的疲劳而使神经活动的兴奋性降低。教师的语言应生动形象、简洁流畅、抑扬顿挫、快慢适中、风趣幽默、能引人入胜,并辅以适度的表情和手势,以增强讲授内容的情绪感染色彩。教师要善于运用故意停顿、善意提醒、课堂提问等手段组织教学,以引起学生积极的无意注意。

(三)利用学生的情绪情感,启发学生积极思维

从教学内容来说,只有带有健康积极的情感色彩,才能激起学生良好的情绪体验,启发学生的求知欲,陶冶他们的美感、道德感和理智感。要使教学内容切实地引起学生情感上的共鸣,还要依靠教师用有感情的言语和表情来讲解,才能引起学生对这些内容的无意注意。但教师的表情要避免夸张,否则会分散学生对教学内容本身的注意。教师在讲解时要善于适时提出一些能启发学生积极思维的问题。要求学生进行力所能及的但又需要作出某些努力的思考有利于使他们保持注意。又由于问题的存在,学生产生对问题解决的期待,因此,在对问题

的讨论和教师的总结过程中也均能保持注意。

二、有意注意的规律在教学中的应用

无意注意一般是由外部因素引起的,这些因素一旦消失,就无法保证注意一直保持下去。而且依靠无意注意获得的知识是偶然的、片断的。学习作为一种长期而艰苦的智力活动,仅仅重视运用无意注意的规律还远远不够。为了深入、持久地使学生掌握系统的科学文化知识和形成相应的技能技巧,还必须重视培养学生的有意注意,特别是要使学生的注意具有一定的稳定性,即能持续地集中注意而不为外来非必要刺激所左右。而且在必要时,还能把注意合理地分配到几个不同的学习对象上去,当活动对象改变时,又能迅速地把自己的注意作相应的转移。具体来说,有意注意在教学中的应用可从下述方面入手。

(一) 帮助学生树立明确的学习目的,增强学习自觉性

注意的规律表明,注意的目的任务越明确,就越能引起有意注意。在教学过程中,教师应让学生明确知识的价值意义和学习的目的要求,增强学生学习的责任心,提高学生学习的积极性。教师不仅应使学生明确宏观学习目的,还应使学生了解某门学科的学习总目的及任务,明确每一章节乃至每一节课的具体目标任务,以免学生目标不清,注意对象不明。

(二) 培养学生的自制力和意志力

有意注意经常会受到各种外来干扰,从而影响学生的学习。教师应注意引导学生加强自身心理素质的训练。要求学生对干扰他们的刺激保持镇静的态度。学会把握自己的情感并克服消极的心境。在注意受到干扰时,特别需要把注意的指向和目的性以内部言语方式来提醒自己,以便有效地使注意的目的性和指向性在维持有意注意中起积极的作用。

加强学生的组织纪律性,正确组织教学,对学生的要求严格适当,不断加强教学常规训练,纠正学生完全从兴趣出发,不注意听讲及作业马虎潦草的不良习惯,培养他们的集中注意、准确迅速反应的习惯,这样,有利于意志薄弱的学生借助外因的影响,集中有意注意。

(三) 调动学生的多种感官分析器参与学习活动

在教学过程中,教师引导学生手脑并用,尽量调动多种分析器参加活动,有助于克服注意的分散,当有外来干扰时尤其需要应用这一规律。它一方面有利于对干扰的对抗,例如,用朗读来代替默读,自己朗读的声音刺激就可以成为对抗旁人嘈杂的因素,另一方面由于多种分析器的活动,亦可以从各方面不断揭示事物的新内容,因而有助于稳定有意注意。

此外,引导学生积极地思考、增强学生的学习信心等,也是保持学生有意注意的有效途径。

三、注意交替规律在教学中的应用

在我们的工作和学习中,无意注意和有意注意是经常转换交替的。例如在森林中突然发现令人惊异的植物,这本来是无意注意,但如果我们因此去研究它,这就成为有意注意了。这两种注意的相互交替,使注意能长时间地保持集中。

在教学工作中,单纯依靠无意注意组织教学,会使教学活动缺乏目的性和计划性,不能发挥学生学习的首创性,学生容易对学习浅尝辄止,同时,遇到困难也容易半途而废。反之,过分

强调依靠有意注意来学习,学生容易疲劳,造成注意的分散。所以教学过程中应注意让学生交替使用几种注意来调节,在无意注意之后,还可再度引起有意注意。当学生完成各种较复杂的智力活动或动作技能时,要设法增进其对这种活动本身的了解,培养其兴趣,并且,使其自然而然地沉浸到该活动中去。这样,把有意注意发展为有意后注意,使活动取得更大成效。上课之初,学生的注意往往还停留在上一节课、课间活动的有趣对象或其他操心的问题上,因此,需要通过组织教学去引起他们对新课的有意注意;接着,就要让学生对新课题或新内容发生兴趣,产生无意注意,认真思考与理解;在紧张而努力的有意注意之后通过教学方法的改变,如适当运用直观材料或趣味性的谈话等使之转入无意注意;下课前,学生的注意最易涣散,所以布置作业时要求学生有一定的有意注意,必要时可以采取事先向学生提出复述作业的要求。总之,几种注意相互交替或巧妙结合,使学生的注意有松有紧,有张有弛,就能使其精神饱满地保持良好的注意状态。

第四节　注意的品质及培养

衡量一个人的注意品质的因素主要有注意的广度、注意的稳定性、注意的分配和注意的转移等。在教育活动中,通过有意识的培养,学生注意的品质可得到提高和优化。

一、注意的广度

注意的广度也称注意的范围。是指在同一时间内意识所能清楚把握对象的数量。人们注意的广度是有限的,并且是可以测量的。注意范围的大小可以用速视器来研究。实验证明:在 1/10 秒内,成人通常能注意到 3—6 个彼此孤立的对象,小学生通常能看清楚 3—4 个对象。无论成人还是儿童,他们的注意范围都有明显的个体差异。

影响注意广度的因素主要有以下两个方面:

(一) 被注意对象的特征

被注意的对象越集中,排列得越有规律,越能成为互相联系的整体,人们注意的范围就越大;反之,注意的范围就越小。例如,对颜色相同的字母比颜色不同的字母的注意范围要大些;对排列成一行的字母比分散的字母的注意数目要多些;对大小相同的字母感知的数量,要比对大小不同的字母感知的数量要大得多;对组织成词的字母要比孤立的字母注意的范围大。上课的时候,如果教师的板书零乱,讲话颠三倒四,语句之间没有适当的停顿,就会影响学生注意的范围。

(二) 活动任务和个体的知识经验

同样的知觉对象,如果个体活动的任务或经验不同,其注意的范围也会发生变化。如果知觉活动的任务多,注意范围就变小;知觉活动的任务少,注意范围就变大。例如,呈现一定数量的字母,要求被试指出字母拼写上的错误,这时他能注意到的字母的数量就少;而单纯要求他说出字母的数量时,其注意到的字母数量就多。因为说出字母拼写上的错误,要仔细地辨别每个字母的细节,其任务多而难。一个人知识经验愈丰富,就愈善于组织所注意的对象,把它们联系成一个整体来注意,注意的范围就愈广;知识经验愈贫乏,注意的范围就愈小。譬如,"心理学"这个词对我们来说,只是一个对象;对于初学中文的人来说是三个对象;而对于不懂中文的外国人来说不仅只是三个对象,它的每一笔划都可能成为一个对象。初上学的幼儿读书,是一个一个字念的,而我们则是一句一句阅读的。

注意广度的扩大,对于提高学习效率和质量均有积极意义。教师除了要合理组织注意的对象外,还要帮助学生明确具体的学习目的和任务,扩大学生的知识面,丰富他们的经验,并在学生活动中,使他们保持良好的情绪和兴奋状态。

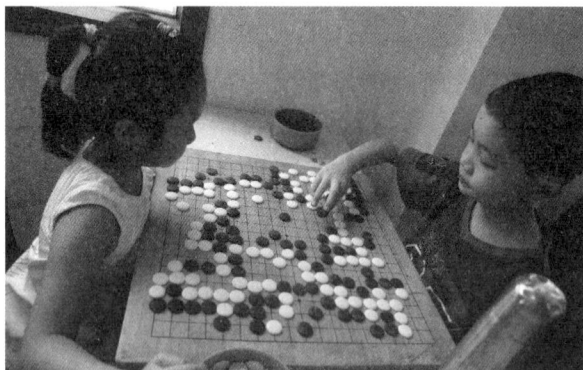

图6-1　学围棋能拓宽幼儿注意的广度

二、注意的稳定性

注意的稳定性也叫注意的持久性。是指注意保持在某种事物或某种活动上的时间长短。其标志是在某一段时间内注意的高度集中。例如学生在45分钟的上课时间内使自己的注意保持在教学活动有关的对象上,外科医生在连续几小时的手术中聚精会神地工作,教师在讲课过程中思想的高度集中等,这些都是注意稳定性的表现。

注意的稳定性有狭义和广义之分。狭义的注意稳定性是指注意维持在同一对象上的时间。例如学生可以长时间仔细注视一张图画的细节。广义的注意稳定性是指随着活动内容的变化,注意指向相应内容上的时间。例如,在课堂教学中,从教师的讲课、演示、板书到学生记笔记,学生自始自终将自己的注意指向这些与教学有关的活动。

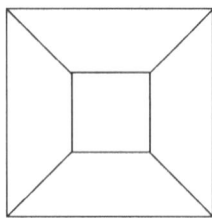

图6-2　注意的起伏

实际上,人在注意事物或活动时,注意很难保持固定不变,只能在有限时间内集中。据国内调查表明:7—10岁儿童一般可以集中注意25分钟左右,少年有意注意的稳定性一般可保持40分钟左右。当人长时间注意某一对象时,人的注意不能长时间地保持固定的状态,而是在间歇地加强或减弱。注意的这种周期性的变化称之为注意的起伏。有时也称之为注意的动摇。这种注意的起伏现象可以在知觉的双关图中加以验证。例如,请你注视图6-2,你会发现图中的小方形时而凹进,时而凸起,在不长的时间里两个方形跳跃式地前后变更着。听觉方面,将一只表放在离你刚刚能听到嘀嗒声的地方,你即使十分专心地听也会感到时而听到表的声音,时而听不到表的声音。这种注意的起伏现象,有人认为其产生原因在于人的感觉器官的局部适应,使人对物体的感受性交替而短暂地下降;也有人认为,注意的起伏是由有机体的呼吸、血压及神经元的活动的节律性造成的。每个人都毫无例外地具有注意的起伏,只是注意起伏的周期,个别差异较大。一般来说,只要我们的注意不离开当前活动的总任务,这种注意的起伏就没有消极的作用,甚至还具有防止疲劳、提高注意稳定性的作用。

与稳定性相反的特点是分散性,即平常所说的"分心"。注意的分散性指注意离开当前应当完成的活动任务而被无关刺激物所吸引,如有的学生在课堂上"左顾右盼",或张望窗外,或与邻座交谈,对教师的讲授内容全然不知或只知道一鳞半爪。还有的学生表面端坐在位置上眼睛直视,但内心思考其他的事情,对教师的讲授虽然也能听到只言片语,但若提问他时,却茫然不知。这都是注意分散性的表现。

影响注意的稳定性的因素主要有以下方面:

(一) 被注意对象的特点

一般来说,内容丰富的对象比单调的对象更能维持注意的稳定性;活动的对象比静止的对象更能维持注意的稳定性。但也并不是说事物越复杂,刺激越丰富,注意力就越稳定,因为过于复杂、变幻莫测的对象反而容易使人产生疲劳,导致注意的分散。另外,注意对象的持续时间对注意的稳定性也有显著的影响。

(二) 主体的身心状态

当一个人身体健康、精力充沛、心情愉快时,注意就容易保持稳定。相反,当一个人处于睡眠不足、疲劳、疾病状态,或者情绪受挫的情况下,注意就难以保持稳定,活动效率也会大大降低。

(三) 对活动的态度与意志力水平

如果一个人对所从事活动的意义理解深刻,态度积极,并对活动有浓厚的兴趣,在活动中就容易保持注意稳定。保持注意的稳定有时还需要有效地抗拒各种干扰。只有当主体具备坚强的意志力,才能够克服各种内、外干扰因素,保证活动的进行和提高活动的效率。

教师在教学活动中提高学生注意的稳定性应注意以下方面。

首先,要提高学生对教学活动的目的、任务的理解水平,并保持对该活动的一定的动机强度和思维的积极程度。

其次,要使教学活动多样化。长时间地进行单调的刺激是不容易维持稳定的注意的,如果能使不同形式的教学活动交替地进行,并且不断地变化活动内容,就可以更有效地保持学生稳定的注意。同时,还要帮助学生掌握科学的学习方法,有机地组合和变换学习内容及方式。

再次,应要求学生注意劳逸结合,不打"疲劳战",平时加强体育锻炼,提高健康水平,保持良好的身心状态。

三、注意的分配

注意的分配又称注意的时间分配,是指在同一时间内把注意分配到两种或两种以上不同对象上去的能力。实践和实验表明：人是可以"一心二用"或"一心多用"的。例如,教师可以一边授课,一边观察学生听讲的情况,学生也可以一边听讲,一边记笔记。

注意的分配不是平均地使用力量,而是善于在几种不同的活动上分配适当的注意,把大部分注意分配到主要对象上,把小部分注意分配到其余的对象上。

注意的分配既有可能,但又是有条件的。实现注意分配的条件主要有下述几个方面：

(一) 对活动的熟练程度

人们在同时进行几种活动时,其中只能有一种活动是生疏的,而其他活动必须是熟悉的甚至达到可以暂时不受意识的控制,即可以不费思索地稍加留心就能完成的"自动化"程度。相反,如果人们对要分配注意的几种活动和任务都不熟悉,或者这些活动和任务都较复杂,那么分配注意就比较困难了。以教师讲课而言,刚参加工作的教师,由于对教学内容和教学方法尚不熟悉,因而在课堂上常常顾此失彼,以后随着教学经验的增长和积累,注意分配也就变得愈来愈好。又以学生记笔记而言,只有当记笔记的技能已经熟练到了自然而然的地步,才能顺利地完成听课和记笔记这两种活动。如果某学生记笔记本身还有困难,他就往往忙于写,忙于想,根本没有时间去听讲了。

(二) 同时进行的几种活动之间的关系

如果同时进行的几种活动联系紧密,那么注意的分配就比较容易；如果同时进行的几种活动之间彼此不相联系,甚至互相排斥,那么注意的分配就比较困难。但如果同时进行的几种活动之间彼此联系并不紧密,而经过训练,在它们之间已经形成了某种反应系统,同时进行这些活动也会比较容易。例如,自己弹琴自己唱歌——自弹自唱,自己唱歌自己伴舞——边歌边舞,如果经过训练,在弹琴和唱歌,唱歌和跳舞之间形成了反应系统,就有利于注意的分配,顺利完成需要的活动。

(三) 有效的培养和训练

实验证明,11—14岁的学生经过几次训练就能把注意力分配到不同形式的活动中去。因此,后天的教育和训练对注意分配能力的形成有重要影响。对教师而言,一个教师在上课时,一方面要把大部分注意分配在讲授内容的正确表达上,同时还应把部分注意分配到其他对象上,如注意学生的表情、时间的掌握等,但这一切都不应妨碍对教材内容的讲授。所以,教师必须有意识地培养和提高注意分配能力的职业技能。

专栏 6-3

双耳分听实验

在一项实验中,彻里(Cherry)给被试的两耳同时呈现两种材料,让被试大声追随从一个耳朵听到的材料,并检查被试从另一耳所获得的信息。前者称为追随耳,后者称为非追随耳。结果发现,被试从非追随耳得到的信息很少,当原来使用的英文材料改用法文或德文呈现时,或者将课文颠倒时,被试也很少能够发现。这个实验说明,从追随耳进入的信息,由于受到注意,因而得到进一步加工、处理,而从非追随耳进入的信息,由于没有受到注意,

新编心理学(第三版)

因此,没有被人们所接受。1960年,格雷(Gray)等人在一项实验中,通过耳机给被试两耳依次分别呈现一些字母音节和数字,左耳:ob-2-tive;右耳:6-jec-9。要求被试追随一个耳朵听到的声音,并在刺激呈现之后进行报告。结果发现,被试的报告既不是ob-2-tive和6-jec-9,也不是ob-6,2-jec,tive-9,而是objective。格雷的实验证明,来自非追随耳的部分信息仍然受到了加工。

(资料来源:彭聃龄.普通心理学.北京:北京师范大学出版社,2004)

四、注意的转移

注意的转移是根据新的任务,有意识地、主动地把注意从一个对象或一种活动转移到另一个对象或另一种活动上的特征。

注意的转移可以发生在同一活动的不同对象间。例如教师一会儿讲课,一会儿板书,一会儿看书,活动的任务相同,而注意从一个对象转移到另一个对象上。注意的转移也可发生在不同的活动间,例如,学生上完一节数学课,下一节又上语文课,任务变化,学生的注意也随着转移。

注意转移的快慢和难易主要受以下因素的制约。

(一) 活动的性质

注意的转移效果首先取决于前后两种活动的性质。一般而言,主体的注意能迅速而容易地从对其比较次要的事物转移到有意义的事物上去。由容易的活动转移到困难的活动一般较慢,反之则较快。新的事物或活动越符合于人的需要和兴趣,注意的转移就越迅速;新的事物或活动不符合人的需要和兴趣,注意的转移就困难。

(二) 主体的神经活动类型

注意的转移也与不同个体的神经活动类型有关。神经活动类型较为灵活的人比神经活动类型较为迟缓的人注意转移的速度要快,因而注意的转移存在着一定的个体差异。

(三) 个体形成的已有习惯

注意的转移还与人已经形成的习惯有关。一个在学习或工作中形成了长时间不集中注意习惯的人,他们注意很难有目的地、及时地从一个对象转移到另一个对象上。

注意转移在教学过程中有着巨大的意义。学生注意的合理转移对完成各项学习任务,保证用脑卫生等均是十分重要的。锻炼学生的意志,训练反应的灵活性,要求其严格遵守生活、学习制度,养成其能随时控制和调节自己行为的习惯和技能等,都有助于培养学生良好的注意转移能力。

思考与练习

1. 注意的特点有哪些? 它具有什么功能?

2. 实现注意分配的条件是什么?

3. 通过本章的学习,请谈谈你对注意在日常生活、工作和学习中的重要性的理解。

4. 教师应如何利用注意的规律更好地组织教学?

第七章　情绪、情感与教育

1. "忧者见之则忧,喜者见之则喜",你理解这句话的含义并能解释这种现象产生的原因吗?

2. "一个小丑进城,胜过一打医生",难道小丑真的会治病?

3. 遭受挫折后,你通常是怎么应对的呢?

学习指导

1. 概念识记:情绪,情感,心境,激情,应激,道德感,美感,理智感,挫折。

2. 分析理解:情绪、情感与需要的关系,情绪、情感与认识过程的关系,情绪、情感的功能,情绪对活动的影响。

3. 实际运用:举例分析知、情、意三者之间的关系;回想自己遭遇过的一次挫折的境况,并自我评析一下当时应对方式的优劣。

人非草木,孰能无情?纷繁复杂的情绪(emotion)与情感(affect)增添了人们生活的色彩,也丰富了人类的内心世界。情绪和情感有其独特的表现形式,是人类重要的心理过程之一。教师在教育活动中要以自己的情绪和情感力量教育和感染学生,同时也要培养学生良好的情绪与情感。

第一节　情绪和情感的概述

一、情绪和情感的概念

情绪和情感是人对客观世界是否符合自己需要的态度体验。而对外部世界的各种现象和事物,人们总会产生诸如喜爱、愉快、愤怒、恐惧等的心理反应,并表现相应的不同态度。

在许多西方心理学著作中情绪和情感常常被概称为 affection,其内涵包括情绪和情感。事实上,要将它们作严格的区分是困难的。在日常生活中人们常常也不会对此作出严格的区分。

客观事物是情绪和情感产生的源泉。与人们对客观事物的认识过程一样，情绪和情感同样属于对客观世界的一种反映。离开了具体的客观事物，人的情绪和情感就无从产生。这正是：世界上绝没有无缘无故的爱，也没有无缘无故的恨。哪怕有些情绪与情感并不是由现时的客观事物的刺激所激起，但往往也是由过去客观事物的作用而触发主体内部某种因素而引起的。比如，人们在谈论偷窃现象时所表现出的憎恨态度，就是由过去的客观刺激形成了类似的体验，从而借助于联想、共鸣或移情等因素的作用而产生的。

情绪和情感是人对客观现实的一种特殊反映形式。尽管情绪和情感与认识过程同属于人对客观世界的反映，但认识过程反映的是客观世界本身，也就是客观事物的自身结构或特性，而情绪与情感反映的是客观事物与人的需要之间的关系。确切地说，情绪与情感的反映是一种"全身心的体验"。当情绪与情感产生的时候，其感受不仅反映在人脑中，而且在身体的其他部位都可能有所反映。如人们所说的"手舞足蹈""怒伤肝"等，都说明了这种现象。情绪与情感产生的性质、程度和力量，只有通过个体全身心的体验才能感受出来。

需要是情绪和情感产生的基础。人的情绪和情感的性质，是以需要是否得到满足为前提的。当客观事物能满足人的需要的时候，人们一般产生积极的体验。如可口的食物、美丽的景色、高尚的行为等对象或现象，一般都符合和满足人的需要，从而使人产生满意、愉快、赞叹的情绪和情感。当客观事物不能满足人的需要时，人们一般产生消极的体验。如学习落后、环境肮脏、行为卑鄙等现象或对象，一般都不符合也不能满足人们的需要，从而使人们产生烦恼、厌恶、憎恨等情绪和情感。但是，由于客观事物的复杂性和人的需要的多样性，人的情绪和情感有时也表现得极为复杂。如人们所说的"百感交集""哭笑不得"，正是对这种复杂情绪和情感状态的生动写照。

主体的态度也会对情绪和情感产生重要影响。即使是同一事物，由于主体所持的态度不同，也会导致人们产生不同的情绪和情感。符合自己态度的客观事物，容易使人产生积极的体验；而那些不符合自己态度的客观事物，则容易产生消极的体验。当然，需要和态度在情绪和情感产生的过程中是相互联系、相互制约的。虽然需要是态度形成的基础，但态度的理智成分常常指导个体的需要状态，用其行为成分控制需要的满足。当需要与态度相抵触时，态度则是主体产生情绪与情感的一种修正因素。

在我国，心理学界常将情绪与情感予以一定程度的区别。一般认为，情绪是指那些与某种机体需要是否得到满足相联系的体验；而情感是指人类发展进程中产生的与社会性需要相联系的体验。情绪是较低级的、简单的，是人与高等动物所共有的；情感则是高级的、复杂的，为人类所独有。当然，尽管情绪为人和高级动物所共有，但人的情绪与高级动物的情绪仍有本质的区别。

情绪较之情感具有明显的情境性和肤浅性。由于情绪是与感知相联系的内心体验，因此容易随情境改变而迅速减弱或消逝。而情感是与社会认知、理性观念相联系的内心体验，更多地表现出情境性与稳定性、深刻性相结合的特点。例如，幼儿常可因某种简单需要未得到满足而啼哭，而这种需要得到满足时则容易迅速破涕为笑。孩子的某次极端行为可以引起父母的一时愤怒，但这种愤怒决不至于改变自己对孩子的稳定的热爱情感。

情感较之情绪具有较强的内隐性和深沉性。情绪一旦发生,常常容易为人们所察觉,具有更多的冲动性,如怒发冲冠、暴跳如雷、咬牙切齿、悲恸欲绝等。而情感则显得更为深沉隐蔽,一般不以强烈、明显的方式流露出来。当然,在现实生活中,情绪与情感在强度上的区别具有一定的相对性。

二、情绪和情感的机体变化

人的情绪、情感活动,总会引起机体内部及外部一系列可测量或可观察的变化。心理学界关于这方面的研究甚为活跃,也取得了不少成果。现将其主要的几项内容分述如下:

(一) 机体的内部变化

血液循环系统:情绪发生时,会引起血液循环系统的活动变化。一般表现为血压、心率和血管容积的改变。如惊恐或暴怒时,心跳加快、血压升高、血液中血糖和含氧量有所增加等。这种现象,往往女性比男性更为明显。

呼吸系统:呼吸的频率和深度与人的基本需要有着直接和密切的关系。在情绪发生时,呼吸系统的变化一般表现为加速或减慢,加深或变浅。人在平静时,每分钟呼吸一般为 20 次左右,而愤怒的时候可达 40—50 次。突然惊惧时,人的呼吸会一时中断;狂喜或悲痛时,会有呼吸痉挛现象发生等。

消化系统:积极的情绪体验通常促使胃液、唾液、胆汁等消化液的分泌;消极的情绪体验常常抑制消化腺的活动,从而使食欲减退,导致消化功能失调甚至消化器官的溃疡等。

皮肤电反应:任何外来的或新鲜的刺激都能引起皮肤的电阻变化。这种变化是由情绪状态中皮肤血管收缩的变化和汗腺分泌的变化引起的。如过度的疲劳使皮肤电阻增大,而在等待一些重大活动时,皮肤的电阻会降低。皮肤电的波动直接反映了人的情绪变化。

内、外分泌腺:情绪状态中,肾上腺素、胰岛素、肾上腺皮质激素、抗利尿激素等的分泌都会有所增加或减少。如在紧张、激烈的情绪状态下,肾上腺素会大量分泌,使机体处于一种应激状态。在焦虑不安的情绪状态下,抗利尿激素分泌抑制,使人的尿感频繁。外分泌腺在情绪状态下,也会出现明显的变化。如大喜大悲时,泪腺分泌大量增加;极度恐惧时,会出一身"冷汗"等。

(二) 机体的外部变化

情绪状态下人的机体外部变化主要体现在表情动作方面。西方心理学称之为情绪表达(emotional expression)。作为交际工具的表情动作包括面部表情、身段表情和言语表情。

面部表情:面部表情是人类表达情绪的最主要的一种表情。它是情绪在面部的表现。例如受惊时,双眉舒展,两眼睁大,口张开,所谓"目瞪口呆";忧愁时,眉头紧锁,两眼无神,嘴角下挂,所谓"愁容满面",等等。

过去人们普遍认为面部表情是出生以后才学会的,属于不同文化的人有着不同的感情表现方式。但近些年来,美国加利福尼亚大学心理学家埃克曼(P. Ekman)等人的研究对这一观点提出了挑战。他们通过跨地域的文化研究发现,悲哀、恐惧、愤怒、厌恶等感情的面部表现在全世界各地都是可辨认的、相似的。

身段表情：身段表情是情绪在身体的姿态和动作方面的表现。例如欢乐时，手舞足蹈；悔恨时，顿足捶胸；骄傲时，挺胸阔步；等等。头部、手和脚是表达情绪的主要身体动作部位。

言语表情：言语表情是指情绪发生时在言语的声调、节奏和速度等方面的表现。人的言语不仅是交流思想的工具，而且也是表达情绪的手段。例如激动时语调高昂，语速较快；悲哀时，语调低沉，语速缓慢、间断；愤怒时，语音高尖，甚至出现颤抖音；等等。

三、情绪和情感的基本功能

情绪和情感是人的心理活动的重要组成部分，对个体的身心状态和社会生活具有重要影响。一般认为，情绪和情感的功能主要体现在以下几个方面：

（一）信号功能

情绪和情感是人的思想意识的自然流露。任何一种形式的情绪与情感，总是表达着一定的主观内容，具有一定的信号意义。甚至在彼此言语不通的情况下，也可以通过情绪和情感输出的信息，达到一定程度的相互了解和交往的目的。比如，婴儿在学会说话之前，就是通过笑和哭等表情所具有的信号意义对成人施加影响，满足其个体需要的。情绪与情感的信号功能，可以使人对事物的认识和态度更加鲜明有力，因而，更易于为他人感知和理解。情绪和情感的信号功能还表现在，能将以往经历作为记忆映象储存起来，并构成情绪与情感经验，如"一朝被蛇咬，十年怕井绳"。

（二）感染功能

人类的情绪和情感可以互相传递和感受，具有感染性。人们之间的感情沟通正是通过情绪和情感的易感性功能才得以实现的。这种易感性，具体体现为"共鸣"和"移情"作用。共鸣是指某人已经发生的情绪与情感引起他人相同或相似的情绪与情感，是指情绪与情感的互通互生现象，如所谓"掬一把同情泪"。移情则是个人将自己的内心感受赋予他人或物，如"爱屋及乌"。个体对各种信息意义的鉴别与认定，通常通过共鸣和移情来进行。

艺术作品的教育价值，正是通过情绪和情感的感染功能来实现的。情节生动、内容感人的作品，其教育价值大。在教师的思想品德教育和教学工作中，也要注意运用情绪和情感的感染功能去帮助和教育学生。

（三）调节功能

情绪和情感在人们的行为活动中，起着巨大的调节作用。这种作用体现在两个方面：一是对主体行为或活动的调节；二是人的情绪与情感内部的自我调节。

情绪和情感在一定程度上决定着人们的行为活动，对行为活动具有支配、指引、维持方向的作用。积极的情绪与情感体验，能对行为和活动起到维持、增强的效能；而消极的情绪和情感体验，则对行为和活动具有阻止或削弱的作用。另外，情绪和情感对人的机体活动也具有调节作用。健康、良好的情绪与情感状态，可以改善机体的活动机能，有助于人们适应环境，有效地从事正常的工作和生活。

情绪与情感内部的自我调节功能，指的是情绪与情感内部具有相互影响的现象。微弱、短暂的情绪与情感常可被强烈、持久的情绪与情感感染、掩盖、改造或支配。强烈或持久的积极的情绪与情感,可以改变主体当时其他的内心体验,改变主体的情绪与情感状态。如"人逢喜事精神爽",对一些平时会引起不快的事也会表现得宽容大度了。情绪与情感内部的自我调节,是我们日常生活中经常发生的事。这种自我调节现象,有时需要认识过程的参与,有时可由内部自发产生。

第二节　情绪和情感的种类

人类的情绪和情感极为丰富和复杂,时至今日,心理学界对其类型的划分尚未形成统一的看法。远在中国古代,人们把情绪和情感分为喜、怒、哀、惧、爱、恶、欲七种类型,谓之"七情"。春秋时期的思想家荀子则倡导"六情说",他把情绪和情感分为好、恶、喜、怒、哀、乐六大类。近现代世界上不少著名心理学家和学者,如法国哲学家笛卡儿、德国心理学家冯特、美国心理学家伍德沃斯、施洛斯贝格、克雷奇等,各自从不同角度对情绪和情感的类别研究进行了深入的探讨,提出了不同的分类方法。

目前,我国心理学界大多倾向于前苏联心理学界提出的分类模式。经过近些年来的深入探讨和研究,在前苏联心理学界的基本观点上有所充实和发展。

一、情绪的种类

情绪可划分为四种基本类型:心境、激情、热情和应激。

(一)心境

心境是一种持久的、微弱的、影响人的整个精神活动的情绪状态。中国古语中所讲的"忧者见之则忧,喜者见之则喜"说的就是心境。心境影响一个人的日常行为和活动可达几小时、几天甚至数周以上。从其影响范围来说,具有非定向的弥散性。例如,一个人处在愉快的心境之中时,往往看见什么都高兴,似乎路上的行人也都充满了善意;一个人处于忧伤之中时,可表现为"见花流泪""对月感怀";一个人遇上懊恼心境时,往往觉得一切都不顺心如意。"迁怒"现象正是由于心境所致。

心境产生的原因是多方面的。诸如人际关系的处理、重大事件的发生、工作的顺利与挫折、身体状况、环境变化,乃至人们所处的经济地位和社会地位等,都会引起心境的产生和变化。但引起心境的原因,人并不是都能意识到的。所谓"莫名的烦恼"就是这种现象。当然,一个人的心境并不是由环境及生理条件机械地决定的,而是与一个人的个性、世界观和人生观具有密切的关系。一个具有远大理想和抱负,具有良好修养的人,哪怕处在困难或逆境之中,也仍然能够保持积极乐观的良好心境。由于个人经历、世界观和人生观,以及个性心理特征的不同,不同的个体往往具有不同的、独特的、比较稳定的心境状态。观察我们周围的人,往往可以发现有的人经常处于积极乐观的心境之中,而有的人则经常处于忧郁愁闷的心境之中。

心境在人的现实生活中具有重要的意义。积极的、良好的心境能使人精神振奋、乐观地对待工作和生活,勇于克服困难和挫折;消极的不良的心境使人精神萎顿、意志消沉。有学者认为:合理运用锻炼、颜色、音乐、饮食、光照、睡眠和乐观思考,有助于抵御消极心境。要经常保持良好的心境,注意培养自己正确的世界观和人生观,加强自身个性和品德的修养,是非常必要的。

(二)激情

激情是一种爆发式的、猛烈而时间短暂的情绪状态。如暴怒、恐惧、狂喜、绝望等都属于这种情绪体验。

激情往往伴随明显的外部表现。如恐怖时,目瞪口呆、面如土色;绝望时,精神萎靡、头脑昏乱;暴怒时,暴跳如雷、捶台拍案;狂喜时,手舞足蹈、高声谈笑等。激情状态时,机体内部如心跳、血压、呼吸、肾上腺素、消化液的分泌等的变化也很迅速。这是由于大脑皮层相应部位引起强烈的兴奋,降低了皮层对相应部位的抑制作用。

激动性、冲动性和短时性是激情的显著特点。在出现激情时,人们往往暂时减弱或失去控制自己行为的意志力,可能出现轻率的举动。

引起激情的原因很多。对立意向的冲突和过度的抑制、具有特殊意义的事件的发生、激烈的言语或极端的行为等,都能诱发激情的发生。当然,同一或类似的客观刺激对具有不同个性心理品质的人,会产生不同性质和不同程度的激情。

激情有积极和消极之分。积极的激情,常常能调动人的身心的巨大潜能,激励人们奋不顾身地去克服艰难险阻,朝着正确的目标奋进,如战前动员、见义勇为等。而消极的激情,则常常使人惊慌失措或盲目行动,如打人、摔东西乃至严重的破坏性行为等。对于积极的激情,我们应持鼓励、赞扬的态度;而对消极的激情,则要用理智和意志加以控制和调节,以达到合理释放与转移的目的。控制激情的方法有数数、散步、深呼吸、欣赏音乐、找人谈心和在临近爆发时"舌头在嘴里转三圈"等。但最根本的方法是加强个人的思想修养,提高知识水平,树立正确的世界观、人生观和锻造坚强的意志。

(三)热情

热情是一种强有力的、稳定而深厚的情绪状态。例如,人们对祖国的热爱之情,人民教师对教育事业的热爱,在各行各业不同岗位上辛勤劳动的人们对本职工作的热忱等,都属于热情。与心境相比,热情虽不像心境那样广泛地影响着情绪体验,但较心境强烈、深刻而稳定。与激情相比,虽不如激情强烈,但较激情深厚而持久。

热情对我们的生活、学习和工作具有重要的意义。热情涉及人的整个身心活动,决定一个人思想和行为的基本方向,对人的思想和行为有着巨大的推动作用。对某一工作或某一活动的热情一旦形成,就会促使人们的思想和行为倾向于该工作或该活动,并在行动前期和行动过程中,给人以极大的鼓舞,帮助人们攻破险阻,战胜困难。以从事教育工作为例,如果缺乏对教育事业的满腔热情和坚守教育岗位的献身精神,是不可能做好培养人的工作的。

热情也有积极和消极之分。区分的标准在于热情的社会价值。而热情的社会价值又取决于它所指向的对象和目标的社会意义。为祖国的兴旺发达而学习和工作的热情,可以造福于社会和人民,为大家所赞扬,是积极的热情。损人利己、损公肥私、追求个人或小团体利益的热情则是消极的热情。在学校教育工作中,我们要培养学生积极高尚的热情,摒弃消极自私的热情。而对学生进行正确的世界观和人生观教育,又是培养健康有益的热情的前提,这是我们教育工作者应当充分重视的。

（四）应激

应激是出乎意料的紧迫情况所引起的急速而高度紧张的情绪状态。在应激状态下，人的整个机体受惊动，并很快地改变有机体的激活水平，使心率、血压、肌肉紧张度等发生显著变化，引起体内多种激素分泌的增加，情绪进入高度应激化状态。此时，机体动员自身的生理和心理储备资源，以应付强烈的或超强的外界影响，这是机体的防御性反应。

人们在应激状态下的表现是不同的。面对突发的紧急情况，有的人从容自若，急中生智，头脑清醒，能采取平时所不可能采取的大胆而勇敢的行动，及时摆脱困境；有的人则是惊慌失措，手忙脚乱，不知所措；有的人甚至在急情面前不堪一击，眼前一黑，当场晕过去，不省人事。

为什么人们在应激状态下会有不同的表现呢？最新的研究认为：这主要与人们的心理储备有关。一个人心理储备充足与否，直接影响到他在关键时刻的态度与行为。这种心理储备主要表现在以下几个方面：第一，知识面宽广的程度。一个博学多才，掌握多种基本知识、技能的人在急情面前会及时动员自己的智力储备资源以应激。第二，生活经验积累的多少。生活中发生的应激事件是很多的，如果我们善于吸取经验，那么，在应激时就不至于手忙脚乱。第三，个性心理特征与意志品质。一般来说，性格坚强、意志顽强的人，心理承受能力也比较强，所以在应激时刻往往表现得从容镇静、机敏勇敢。第四，思维的灵活性和行动的准确性。遇到应激事件时，时间紧迫，情况危急，只有具有高度灵活与准确的思维和行动，才能做到随机应变，化险为夷。

二、情感的种类

人类高级的社会性情感大体上可分为道德感、美感和理智感。

（一）道德感

道德感是由人的道德需要和道德观点是否得到满足或实现所产生的内心体验。当自己或他人的思想或行为符合个体已有道德行为准则时，就会产生积极、肯定的情感体验，如愉快感、荣誉感、正义感、热爱感、责任感等；否则，就会产生消极、否定的情感体验，如厌恶感、憎恨感、负罪感、孤独感、悲哀感等。每个人都以自己具有的社会道德准则去感知、分析、评价自己及别人的道德行为，并形成一定的道德认识和道德观念。

道德感受社会历史条件的制约。不同的社会制度、不同的文化背景，由于社会道德标准不同，人们对相同事物所产生的道德感会有不同。即使在同一社会制度下，由于个体所处的阶级地位不同，也会形成不同的道德需要和道德标准，从而产生不同的道德感。

道德感对个体的道德行为具有巨大的调节和动力作用。它可以规范人们自己的言行，也可以使人按照道德准则去衡量和影响别人的言行。当然，人的道德感也不是一成不变的，随着个体认识的深化或观念的更新，会形成新的行为标准，获得新的道德观念，那么他的道德感也会随之发生改变。

（二）美感

美感是由人的审美需要是否得到满足所产生的内心体验。如桃红柳绿的春天景色、雄伟壮观的祖国山河、艺术作品、绘画雕刻等,都可以使人体验到美的感受。

客观和主观的诸多因素都能影响美感的产生。某些事物本身的美的形式可引发人们共同的美感,如艳丽的花朵、秀丽的风景、优美的音乐等。但这只能说是极其简单的美感。人类比较高级复杂的美感不仅取决于对事物形式美的感受,人的思想意识、想象和思维等,都能对美的感受起直接的作用。同样,个人的心理状态有时还会使人对审美情趣产生泛化效果和晕轮效应。而不良的心理状态则会抑制美感的产生。必要的知识经验和一定的鉴赏技能也是美感形成的必要条件。一个人如果缺乏对美的鉴赏力和相应的知识,即使面对再美的事物也难以感受其美的存在。在社会活动中,美感与道德感也是相互联系的,有时甚至是一致的。凡符合人们的道德需要和道德观念,能产生积极的道德感的事物,才能引起人们内心的美感体验。此外,美感的产生还受到个体的不同审美需要的制约。现实生活中我们常可发现,对同一对象,不同的人会产生不同的美感。在观察客观事物时,人们总是以自身所建立的美的标准去审视和评价观察的对象。如果客观事物的美的特质符合主体主观映象中的美的标准,满足了主体的审美需要,那么就会产生积极的美感体验。反之,就会产生消极的美感体验。

美感在人们的社会生活中具有重要的意义。丰富而健康的美感,能使人精神振奋、情绪乐观,增添生活的情趣和工作的干劲。教育工作者应重视青少年学生美感的培养和发展。

(三)理智感

理智感是人在智力活动过程中,认识和追求真理的需要是否得到满足所产生的内心体验。如求知感、怀疑感、坚信感、满意感等都是理智感的具体表现。理智感与人的好奇心、求知欲、探索真理等社会性需要相联系。

理智感是随着人们的认识和实践活动的逐步深入而发展起来的。认识活动是理智感得以产生的重要基础,而理智感的发展又推动认识过程的进一步深入。理智感是人们认识世界和改造世界的一种动力。以科学研究为例,热爱真理,敢于怀疑,摒弃偏见,是科学研究取得成功的重要条件。

理智感对人们学习知识、认识事物发展规律和探求真理的活动都有积极的推动作用。强烈而健康的理智感是人们顺利完成学习和工作任务的重要条件。

第三节　情绪和情感在教育中的作用

一、教师的感染力及其作用

教师的感染力就是教师在教育活动中,以自己的个性去影响、教育学生所表现出的情绪和情感力量。

在构成教育活动的基本要素中,教育者,即教师,是最重要的因素之一,发挥着主导性作用。教师的知识结构、教育技能固然对学生的发展具有重要的作用,但教师自身的感染力对学生的影响也是十分明显的。具有良好、健康的情绪和情感的教师,不仅能有效地提高教育和教学工作的效率,而且能对学生情绪的表达方式及情感的发展倾向产生积极的影响。

教师的感染力及其作用通常表现在以下几个方面:

（一）教师的感染力是吸引学生主动接受教育的重要条件

教师的劳动不同于工人、农民的生产，其重要特点之一是它是一种情感的交流过程。教师积极的情绪，诸如愉快、自信、稳定等，能有助于学生增添积极向上的力量，活跃思维，提高脑力劳动的效率。相反，教师消极的情绪，诸如厌烦、不快、失望等，必然会使学生失去学习的信心，降低学习的效率。

情绪感染是打开学生心灵大门的钥匙。在德育工作中，教师如能充分认识和运用情感的迁移性和渲染性，"以情感人"，学生就会向教师敞开心扉，吐露真情，主动接受教师的教育。有人认为，具有情感感染力的教师，能够使学生产生情感认同，从而自觉主动地接受、配合教育者的教育。

（二）教师良好的心境对教育工作的影响

由于教育工作的特殊性，要求教师经常保持平和、愉快的心境。这不仅可以帮助教师克服自身的心理障碍，最大限度地发挥工作潜能，而且因心境的弥散性特点，其在教育中可以使学生产生一种愉悦、和谐的情绪体验，激荡学生的心智，使学生在一种心情平静、愉快而活泼的气氛中学习，这种气氛使学生的大脑皮层处于兴奋状态，容易接受新知识，开展联想、分析、综合、判断、推理等一系列逻辑思维活动。如果师生关系不协调，感情不融洽，学生的心情处于抑制或半抑制状态，则不利于学生接受新知识，更不利于学生进行创造性的学习。

有一项调查表明：在教学过程中，学生可通过教师的心境来间接地了解教师对他们的态度，并进而影响到师生间的情感关系。喜爱学生的教师，才能得到学生的喜爱。调查显示：喜欢教师和对教师所教学科有兴趣成正相关，而不喜欢教师也与对其所教学科无兴趣成正相关。可见，教师愉快的心境对建立良好的师生关系，并因此而对教学产生的影响是十分明显的。教师应满腔热情地对待每一名学生，以自己愉快、乐观的情绪去感染学生。

（三）教师稳定的情绪对教育工作的影响

善于控制自己的情绪，保持情绪稳定，以积极的情绪体验激发和感染学生，往往是教育成功的重要条件。作为教师，在处理学生问题时，如果感情冲动，甚至鲁莽从事，其结果不仅伤害学生的身心，影响师生关系，扩大师生间的感情距离，而且也有损于教师的形象和身心健康。而教师友善、亲切、平衡的情绪，往往能缓和活动中的紧张局面，从而使学生在愉快、平静的心绪中接受教育。

教师善于控制自己的情绪，抑制无益的激情，这既是职业修养不可缺少的心理要求，也是教育技巧高低的尺度。

二、培养学生自我调节情绪的措施

学生生活在复杂多变的社会环境之中，来自多方面的不良因素都会对学生的情绪产生各种影响。学生消极情绪的产生，不仅会直接降低学习的效率，而且会对其身心的健康发展造成极为不利的影响。一般来说，情绪积极健康的学生，在学习和日常生活中具有较强的自信心，充满克服干扰和困难的勇气，社会适应能力也较好。而具有情绪障碍的学生，往往遇到困难畏缩不前，智力效能降低，社会适应能力不强。因此，教育工作者不仅要注意学校、社会、家庭等外界客观因素对学生情绪的影响,同时还要注意培养学生自我调节情绪的能力,以抵制来自各方面的不良因素对身心发展的危害。

学生调节和控制情绪与情感的能力,与学生的思想认识水平、学生情感的稳定性和深刻性分不开。教育工作者除了要从上述方面注意学生的教育与培养外,还要注意学生良好的意志品质的培养。因为,意志可以调节和控制情绪与情感,使有害情绪和情感的强度减弱,甚至可以控制某些情绪、情感发生。

如何培养学生自我调节情绪的能力呢?教育工作者可以从以下几个方面入手:

(一)教育学生以理智的判断来支配自己的行动

以合乎原则、逻辑的思维去调节情绪和情感,化消极因素为积极因素。当消极情绪和情感出现时,如过度的脑力劳动引起的情绪紧张、同学间关系处理不当引起的不愉快等,要善于改变活动方式,或用理智的眼光去分析、对待客观现象,并以理智的判断来支配自己的行动,从而控制不良情绪与情感的产生和影响。

(二)帮助学生学会用转移调节的方法缓解不良情绪

当消极情绪发生时,如何尽快地从心理困境中解脱出来,心理学界有过不少探索,并提出了许多有益的建议。应指导学生逐步掌握根据自我要求,有意识地把自己已有的情绪和情感转移到另一个方向上,泛化大脑皮层中出现的强烈的兴奋点,改变"意识狭窄"现象,从而使不良情绪与情感得以缓解的方法。例如,帮助学生选择欣赏音乐、观看影视、找人谈心、参加活动等适合个体情况的途径,及时调节情绪状态。

(三)指导学生采用自我激励的方法,调节自己的情绪与情感

自我激励在人的生活中起着重要的作用。并非所有的压力都是消极的。借助自我暗示、动机强化、兴趣回涨、改善需要等精神勉励方法,可以增强良好情绪和情感形成的内部动力,实现内部动力的自我疏导和聚合,增加调节、控制情绪和情感的动力源,增强自我激励的效果。

自我激励的另一个途径,是将情绪激起的能量引导到对社会或个体发展有利的方面去。例如,歌德年轻时,将失恋而引发的绝望情绪,升华为艺术创作的动力,写出了世界名著《少年维特之烦恼》。在遇到失败与挫折时,教师要引导学生立志、争气,将失利变为动力,做生活的强者。

(四)授以学生自我安慰的方法,缓解消极情绪的不利影响

当碰到某种不顺心的事情时,为了减少内心的失望与痛苦,人们常找某种"理由"来安慰自己。主要的安慰法有:"酸葡萄心理"和"甜柠檬心理"。这是用某种理由来冲淡内心不安与痛苦的方法。鲁迅先生笔下就创造了阿Q的"精神胜利法"。偶尔使用这种自我安慰的方法,具有缓解消极情绪的作用。当然,若经常采用,则可能成为某种病态。

除上述几个方面外,教师还可指导学生掌握其他一些自我调节情绪的方法。如认清压力的先兆、积极参加锻炼和保持良好的膳食习惯、寻找产生压力的根源、丰富日常生活、寻找有益的伙伴、休息放松等。

专栏 7 - 1

心病还要心药医

据说三国时,睢宁有个叫张全的穷书生,他在曹操部下当将军的舅舅回家探亲时,送给他 7 间房子,50 亩好地。张全一高兴,便狂笑不止,成天大喊:"我有房子有地啦! 哈哈哈!"此病久治不愈,只好求治于名医华佗。华佗听张父介绍了病情,又给张全把过脉,便摇摇头叹道:"你已病入膏肓,只能活十天,我无能为力了。"父子二人大惊失色,跪地求救。华佗说:"我徒弟吴普在徐州,他有治这病的秘方,我替你们写封信去找他,也许有救。"随即写好信,并要他们千万不可在途中拆看。父子二人水陆兼程,只用 8 天时间就赶到徐州,把信交给吴普。吴普看信后哈哈大笑,并让父子二人看信,只见上面写着:"来人因乐极而狂笑不止,药物难以奏效。我故意言他病危,使其焦虑。当他二人到达徐州时,病即愈矣。"这时张家父子恍然大悟,狂笑症已经治好。张老汉十分感激地对吴普说:"你的师父真是名不虚传的神医啊!"

第四节　挫折及其应对

在现实生活中,人们总会碰到矛盾、困难和各种各样的压力。这些矛盾、困难和压力有的能被成功地解决或克服,而有的则一时难以获得满意的结果。"万事如意"是人们彼此间美好的祝愿,而不如意的事情便有可能导致心理挫折。尤其是在现代社会,大众传播媒介高度发达,国际文化交流日益广泛,社会人际关系变得复杂,社会生活节奏加快,竞争意识强烈,角色冲突增多,社会变迁所产生的文化震荡和来自各方面的众多压力使人们遭受挫折的机会明显增多。

挫折不仅降低人们的工作或学习效率,而且也有碍于人们的身心健康。教育工作者学习挫折理论,了解挫折及其产生的原因,掌握应对挫折的策略,对于帮助学生提高心理适应与防卫能力,保证身心健康发展,具有十分重要的意义。

一、挫折的概念

挫折(frustration)是指个人在某种动机推动下,所要达到的目标行为受到阻碍或中断时所感受到的情绪体验。

我们知道,人们的行动总是指向目标以满足需要的。然而这一过程不可能总是十分顺利地进行,通常会遇见这样几种情况:能轻而易举地实现目标,满足需要,无须做很大努力;遇到外部的障碍,通过努力最终达到目标;在实现目标过程中,有另一种更迫切的需要产生,从而导致个体放弃原有目标而追求另一新的目标;遭到种种干扰与障碍,致使个体无法实现目标而产生消极的情绪反应。最后一种情况就是挫折。

无论在怎样的社会环境中生活,无论是在学习还是工作中,个体遭到挫折总是难免的,如学习困难、考试失利、参考书难觅、朋友失和等。挫折会使人在心理和生理上产生种种反应，出现各种各样的行为表现，比如出现不同程度的身心紧张、焦虑，有时甚至是严重的反常现象。遭受严重挫折后，个体在情绪上表现为抑郁、消极、失眠等。

二、挫折产生的原因

引起挫折的原因是多种多样的，概括起来，主要有外部原因和内部原因，也可称之为客观原因和主观原因。

(一) 引起挫折的外部原因

由外部原因引起的挫折称为环境起因的挫折。这是那些因外界事物或情况阻碍个体达到目标而产生的挫折。这种外部原因又可分成自然条件的原因和社会条件的原因两种。

自然条件原因是指，由于许多自然环境因素的制约，使个人的行为受阻，无法达到目标或满足需要。例如，恶劣的气候使人们无法进行正常的耕作，导致歉收或灾荒；地震或洪水毁坏公路、桥梁、通讯设施，使人们旅途受阻，无法沟通信息；噪声干扰使人们无法静心学习和思考等。

社会条件原因是指，个人在社会生活中受到政治、经济、法律、婚姻、人际关系以及风俗、习惯、偏见等因素的限制，阻碍了人们需要的满足和目标的实现。如师生关系紧张，影响到学生的知识学习；人才受到压制，不能施展才能；家庭经济困难，不得已而辍学等。

(二) 引起挫折的内部原因

内部原因也就是个体主观上的原因。由个体主观原因引起的挫折称为个体起因的挫折。这种内部原因又可分为个体生理与心理两方面的原因。

个体生理原因引起的挫折，是指个体由于某些生理条件的限制，如外貌、体力、某些生理缺陷等，使个人目标无法实现或个体活动失败。例如智力平平者不可能夺取智力竞赛的桂冠，体质甚弱者影响体育成绩等。

个体心理原因引起的挫折，是指个体自我意识到因自身心理发展水平所限，无法与他人协调一致，或难胜任工作而产生的挫折。如具有情绪淡漠、内倾、不合群、自卑、能力差等自我认知与自我体验的个体，会因感到自己无法实现预期的目标以满足需要而产生挫折反应。

一般来说，引起挫折反应的原因往往不是单一的。通常为外部原因和自身内部的因素共同作用导致挫折反应。尤其是对于长期、严重的挫折更应从多方面进行综合的分析和探查，才能发现其产生的原因所在。

三、挫折后的表现形式

不同个体遭受挫折后有不同的表现形式。心理学认为，挫折后的表现属于一种自我意识的防卫，目的在于解脱对自己带来的心理烦恼，减少内心的冲突与不安。

挫折后的表现形式主要有积极的、消极的和妥协的三种。

(一) 挫折后积极的表现形式

挫折后积极的表现形式是对挫折的理智性对抗行为，它是在理智的指导下采取的形式。

具体有以下几种:

1. 升华

升华指个体对那些不为社会所接受的行为与本能的冲动,加以改变、净化、提高,成为符合社会标准的、高尚的追求;或者说个体将敌对、愤懑等消极情绪转化为奋发图强、争取上进等积极情绪。如某同学内心嫉妒另一成绩比他好的同学,但道德上又不允许他有什么不良的行为举动,于是他以加倍的努力刻苦学习,以求赶上和超过该同学。平时讲的"化悲痛为力量"等,都属于心理上的升华作用。升华能使原来的动机冲突得到宣泄,消除焦虑情绪,保持内心的平衡与安静,还能满足个人的进步与成就的需要。

2. 补偿

因主、客观原因目标不能达到时,以其他成功的活动来加以补偿。所谓"堤外损失堤内补"、"失之东隅,收之桑榆"便是这种现象。如有的学生体育成绩落后,难以提高,便力图在其他课程的学习上出类拔萃。补偿可以消除个人的不适或自卑感,获得心理上的满足和解除某些挫折感。

3. 改变策略

由于自身条件或社会因素的限制,遭受挫折或无法达到预定目标时,总结经验,调整目标、策略或行为方式,以减少心理冲突,增强前进的勇气和信心,最终实现可能达到的目标。

遭受挫折后积极自我防卫的形式,有助于调整自己的社会行为,缓和挫折所引起的内心冲突。

(二)挫折后消极的表现形式

挫折后消极的表现形式是非理智的对抗行为。通常有以下几种形式:

1. 攻击行为

个体受到挫折后,引起内心的愤怒,从而表现出种种攻击行为。攻击行为有直接攻击和转向攻击两类。

直接攻击行为的表现有动手打人、破口大骂、讽刺打击他人等。转向攻击有迁怒、无名火或自责,甚至自残等。一般而言,个人修养水平低、极端自信与专权者容易采取直接攻击行为,而悲观者或个性内向者较多出现转向攻击行为。

2. 固执行为

固执行为指个体遭受挫折后,不是冷静地分析失败的原因,总结经验教训,而是以刻板的方式重复无效的行为。这种固执不同于坚定,而是一种极不明智的对抗形式。缺乏机敏品质和随机应变能力的人遭受挫折后容易出现固执行为。教师严厉的批评或长期的惩罚也易导致有的学生产生固执行为。但应注意的是"固执"与"逆反"有本质的不同。

3. 逆反行为

个体遭受挫折后,由于不能理智地对待和思考失败的原因,而是根据自己的情绪,对正确的方面盲目或故意地持反抗、抵制与排斥态度,或者错误地理解和对待善意的劝告,一意孤行,"变本加厉"。这是一种极为有害的对待挫折的消极反应形式。在师生关系紧张时,容易出现这种行为。

4. 退化行为

退化行为指个体遭受挫折时，表现出一种与自己年龄、身份很不相称的幼稚行为。通常儿童会任意发泄情绪，但随着年龄的增长，文化、修养水平的提高，就会逐渐学会控制自己的情绪。若一个人遭受挫折后，便随意地大发脾气，无理取闹，或盲目地轻信、听从他人等，便属于退化行为了。退化行为对个人心理上或有一时的缓冲平衡作用，但于事无补，有时甚至还会出现不利的后果。

5. 幻想

幻想是挫折后的一种退缩反应形式。这种幻想有别于符合事物发展规律的对未来的远景的想象，而是个体遭到挫折后，陷入一种不切实际的想象境界中，以求脱离现实，在由自己的想象而构成的似梦非梦的情境中获得满足。幻想虽可在个人情绪遭到挫折后获得缓冲，但若一味幻想，想入非非，则不仅无助于问题的解决，甚至严重者还会影响身心健康，导致心理失常。

（三）挫折后妥协的表现形式

挫折后妥协的表现形式是指遭受挫折者采取一种折衷的办法来对待其所遇到的挫折，以消除心理上的不平衡。具体有以下几种形式：

1. 自我安慰

遭受挫折后，找出种种理由为自己辩护，以达到维护个人自尊心或获得一定心理平衡的目的。所谓"酸葡萄心理"和与之相反的"甜柠檬心理"，就是自我解嘲或自我安慰的突出表现。

2. 自我整饰

遭受挫折后，尽管心中充满了烦恼、忧愁，但极力在表面上不动声色，把真实的心理感受埋藏在内心深处。这种掩盖自己的真实情绪，显示"我无所谓"的做法，目的在于减轻心理压力，维护自尊心。

3. 责任推诿

个体在遭受挫折后，不是积极地、实事求是地寻找自身的错误与过失，而是把责任推给他人，或归咎于自身以外的原因，以减轻自己的内疚或焦虑。这是一种文过饰非的行为。比如，教师教学水平低，学生考试成绩差，却一味强调学生的学习基础不好；生产任务没有完成，却说是机器问题等。但严重的责任推诿，则不是一种挫折后的消极性表现形式了。

四、处理挫折的策略

在社会活动和日常生活中，每个人都会时常遇到挫折，但是不同的个体对待挫折的态度和耐受力具有明显的差异性。能忍受挫折的打击而保持自身心理平衡与人格完整，这是一个人适应力强和心理健康的标志。一个人的认识水平、抱负水平、思想意识和挫折容忍力对减少挫折和进行挫折的心理矫正均有重要影响。

挫折对个体心理有很大影响，但也并非所有的挫折都只有消极的影响。为了更好地掌握处理挫折的策略，我们有必要先了解有关挫折对个体心理的有益作用。

挫折对个体心理的有益作用表现在两个方面：其一，挫折能增强个体情绪反应的力量。

挫折是一种内驱力,它能推动个体为实现目标而做出更大的努力,花费更多的精力。有的人屡遭挫折,却百折不挠,奋勇前进。社会生活中有许多身处逆境,但通过努力实现自己夙愿的佼佼者,他们的成功就是挫折这种内驱力驱动的结果。其二,挫折能增强个体的容忍力。如果一个人在人生经历中过于顺利,很少遇到失败与不幸,或一遇挫折就逃避,则其容忍力极小,这种人往往难以取得成就。例如,现在有的青少年从小就受到过分的溺爱和保护,在生活中很少受到挫折,如果家长和教师不能有意识地提供适度的挫折情境锻炼,再加上青少年自身认识、修养的缺陷和法制观念的淡薄等,那么一遇到挫折就容易出问题,甚至犯罪。

从上述方面来说,在处理挫折的过程中,我们应注意发挥挫折的有益作用,让个体在经受挫折的过程中,"吃一堑,长一智",总结经验,吸取教训,提高个体的挫折容忍力。

一般来说,挫折对个体身心影响的消极成分远远大于积极成分。挫折的消极作用通常表现在以下几个方面:第一,影响个体实现目标的积极性。挫折的体验,容易使个体怀疑或过于低估自己的能力,过高估计各种困难,从而降低个体的抱负水平,影响积极性,以至于产生怕犯错误、失败、出洋相、亏本等想法。挫折成为个体向更高目标前进的羁绊,最终个体变得胸无大志,无所作为。第二,降低个体的创造性思维的水平。由挫折而引起的情绪紧张、苦恼、失望等消极反应,使大脑功能处于失调、紊乱状态,从而影响个体对问题的分析和解决,影响思维的敏捷性。第三,有损于身心健康。严重的挫折可使个体进入应激状态,因挫折而导致的应激状态对个体有威胁性的影响。平常人们所说的,因受刺激而得神经病,便是指的这种情况。在现实生活中,人们因挫折而导致长期心境不良,郁郁寡欢,并进而患神经衰弱、神经官能症的情况屡见不鲜。

对于如何减弱人们受挫后的消极反应的强度,心理学界进行了不断的探索,提出了一些行之有效的措施。

(一) 情境迁移

受挫者的消极情绪反应总是在一定的社会环境中产生的,因此,设法使受挫者离开或创造条件改变引起挫折的情境,是处置挫折的一种行之有效的方法。例如,朝夕相处的亲人突遭不幸,为减轻悲痛,避免睹物生情,如能暂时让他换个生活环境,或改变旧居室的摆设等,则能使情绪逐渐平复。又如,安排高考落榜学生出去旅行散心,也可转移注意力,开阔心胸,从而减轻消极情绪的影响。

(二) 精神宣泄

精神宣泄指的是受挫者采取不危害他人及社会的方式将内心的困扰发泄出来,而不过分地压抑自己。精神宣泄作为一种心理治疗方法,对于受挫者减轻紧张、焦虑的情绪,维持心理平衡具有明显的作用。日本三菱电气公司设有所谓"情绪发泄控制室",室内摆置公司总裁及各层次管理人员的模拟橡皮人,旁边的架子上还放着各种棍子。受挫员工可随时进入室内,用棍子或拳头痛打室内任一橡皮模拟人,以发泄内心的气愤或不满。据报道,这一举措对于减轻员工的消极挫折反应,提高生产效率具有明显的作用。

(三) 代偿转移

通过另一种活动来弥补未能达到的愿望以减轻挫折感,称为代偿转移。如通过有对比性的活动求得心理平衡,使挫折感淡化,如忧郁时去参加舞会,痛苦时去参加欢乐的活动;通过追求另一种目标求得需要的满足,如"商海"受挫,回到"学海"中来,身患残疾,致力文学创作等。在新的追求中得到成功者不乏其例。

(四) 心理咨询

这是一种通过请教心理医师或心理咨询员,达到诊断自己的心理问题,解决或减轻心理压力的方法。如新生入校适应不良、考试受挫、智力障碍、情绪失常等,都可通过心理咨询获得有益的帮助。目前,我国心理咨询工作已蓬勃开展,颇受欢迎。

(五) 宽容受挫者

对受挫者,周围的人们应采取宽容的态度。宽容决不是怂恿,也不是软弱,更不是害怕,而是对受挫者的同情和理解,这是一种有修养的表现。当然,宽容指的不仅是不对受挫者采取讽刺、嘲笑、漠不关心的态度,而且是指应关心他并给予力所能及的帮助。但对受挫者危害他人或社会的行为则不能无原则地迁就。

当然,上述各项处理挫折的策略都能收到一定的效果,然而却不能说是对付挫折的最根本办法。只有创设健康、良好的社会心理氛围,提高个体的心理调适力,才能有望消除产生挫折的主客观因素。

思考与练习

1. 什么是情绪与情感?两者有何联系与区别?

2. 情绪、情感与需要之间的关系是怎样的?

3. 简述情绪与情感的种类。

4. 情绪、情感与认识过程有何关系?

5. 情绪、情感可否致病?能否治病?试分析之。

6. 遭遇挫折后,应如何积极应对?

第八章　意志与教育

课前思考

1. 你知道"轮椅上的天才"斯蒂芬·霍金的故事吗？身患残疾的霍金为什么能在科学上取得巨大的成就呢？

2. "不撞南墙不回头"是意志坚强的表现吗？

3. 你对自己的意志品质感到满意吗？为什么？

学习指导

1. 概念识记：意志，意志行动，冲突，接近—接近型冲突，回避—回避型冲突，接近—回避型冲突，多重接近—回避型冲突。

2. 分析理解：意志的特征，意志过程与认知过程的关系，意志过程与情感过程的关系，冲突的基本类型，意志品质的特点，意志过程的基本阶段。

3. 实际运用：举例说明如何解决动机冲突，联系实际谈谈学生意志品质的培养。

意志（will）是个体意识能动性的集中表现，具有支配和调节行动的功能。良好的意志品质对于学习的进步和事业的成功具有十分重要的意义，一个人成就的大小在很大程度上是由意志决定的。只有不畏艰难、勇于进取、坚忍不拔的人，才能取得事业的最后成功。培养青少年学生的优良意志品质，是教育工作的重要任务之一。

第一节　意志的概述

一、意志的概念

意志是人自觉地确定目的，并根据目的支配调节行为，克服困难，以实现目的的心理过程。意志是意识的能动性与积极性的集中体现。人的一切认识和改造客观现实的活动都是有意识、有目的、有计划的。在活动之前，活动的结果已作为行动的目的而存在于人的头脑中，人以这一目的来调节和支配自己的行动。意志对行动的调节作用主要表现在发动与制止这两方面：发动就是推动人去从事达到预定目的所必需的行动；制止就是抑制不符合预定目的的行动。所谓"有所为，有所不为"，正是通过意志对行动的发动和抑制这两种作用，实现对人的活动的支配和调节，保证活动目的的顺利实现。意志不仅能调节和支配行动，还可以调节人的心理状态，如调节人的注意、思维、情绪等，以服从当前行为。

专栏 8-1

成才与意志

一个人要成为有用之才，必须有坚强的意志，因而苏东坡说："古之立大事者，不惟有超世之才，亦有坚忍不拔之志。"这是古今中外的通理。甚至智力并不绝对超人，只要有坚强的意志，同样可以取得伟大的成就。如英国剑桥大学的桑格博士，是世界上唯一两次荣获诺贝尔化学奖的人。他 1980 年第二次获奖时，已是 62 岁的老人了。他说"两度获得诺贝尔奖金是我做梦也没想到的，这和智商毫不相干"，还说"我用三年的时间才得到一般人只需两年的硕士学位，我揣摩着，我是后来发展的那种人"。因此，他以坚强的意志努力向学，以"人一知之，我十知之，我百知之"的精神攀上了科学创造的高峰。所谓"宝剑锋从磨砺出，梅花香自苦寒来"，凡有成就的人，一般都有其艰苦的奋斗经历，即有艰难的意志磨炼过程。俄国物理学家列别捷夫说得好："平静的湖面，练不出精悍的水手；安逸的环境，造不出时代的伟人。"贝多芬的经验是："卓越的人一大优点，是在不利与艰难的遭遇里百折不挠。"别林斯基断言："不幸是一所最好的大学。"费里契则说："不幸福更是位好老师。"可以说，正是有了坚强的意志，人们才能勇敢地面对逆境和厄运；正是艰苦与不幸，才磨炼了人们的意志，成就了人们的伟业。

（资料来源：李之群.趣味心理学.武汉：华中理工大学出版社,1997）

二、意志行动

意志和行动密不可分，意志支配调节着行动，并在行动中表现出来。我们把受意志支配和调节的行动叫意志行动。意志行动有以下特征：

（一）自觉的目的性

自觉的目的性是意志行动的主要特征。意志行动和自觉的目的性是分不开的，离开了自觉的目的性，就没有意志可言，这也是人的意志行动和动物活动的根本区别。自觉的目的性首先表现在人们活动之前能够自觉地意识到行动的目的。其次，表现在能够自觉地按照这个目的，以坚强的毅力去支配和调节行动。这种先形成观念而后又把观念付诸行动，使内部意识向外部动作转化的过程，是有意识地进行的。人类活动的这种自觉的目的性，在认识自然，尤其是在利用和改造自然过程中普遍存在着。

（二）与克服困难相联系

意志行动是具有自觉的目的性行动，在目的确立与实现的过程中，往往会遇到种种困难，因此，意志行动是与克服困难相联系的行动，意志的强弱是以克服困难的数量和大小来衡量的。那些没有困难轻而易举就能实现的行动是非意志行动。克服困难是意志行动的核心特征。困难包括内部困难与外部困难。内部困难是指来自主体自身内在条件的干扰,包括生理与心理两方面,如经验不足、能力缺乏、信念动摇、情绪低落、身体欠佳等都属于内部困难。外部困难是指来自客观外在条件的干扰,如自然环境恶劣、生活工作条件简陋、遭他人讽刺打击等都属于外部困难。外部困难和内部困难相互影响。一般说来,外部困难是通过内部困难起作用的。

（三）以随意动作为基础

人的行动是由一系列的动作组成的。动作可分为不随意动作和随意动作两种。不随意动作是指不受意识支配的不由自主的动作,如无条件反射动作、某些习惯性动作等。随意动作是由意识支配,具有一定的目的性、方向性的动作。随意动作是意志行动的重要组成部分,也是意志行动的必要条件。有了随意动作,人就可以根据目的去组织、支配、调节一系列的动作来组成复杂的行动,从而实现预定目的。

专栏 8-2

意志的生理机制

意志过程与认识过程、情感过程一样,也是脑的机能。巴甫洛夫在他研究的基础上认为,意志行动是通过一系列随意活动实现的,并认为大脑皮层的运动分析器感受和分析来自运动器官(肌肉、肌腱、关节)的神经冲动,并调节运动器官的活动,这对于随意运动具有特别重要的意义。但随意运动中每一个动作的完成,在很大程度上还有赖于来自效应器官的返回传入。大脑皮层通过运动感受器接受返回传入以实现对运动过程的调节。

巴甫洛夫指出,词语是全部高级神经活动的随意运动的调节者,在人们的意志行动中起主导作用。所以,一个人在长跑途中,别人对他喊"加油",或者自己的内部言语激励自己"坚持到底",都能帮助他很好地完成意志行动。

西方心理学家通过对"裂脑人"的研究发现,大脑两半球被切开的人,对自己身体左侧失去意志的联系和控制,从而出现了奇特的情况:当把一幅图样呈现在大脑左半球时,右手就会像一位受理性支配的艺术家那样勾画草图;当将图样呈现在大脑右半球时,左手则会像一台自动打字机一样临摹图样,但被试意识不到他在做什么。可见,大脑左半球言语中枢是意志控制的场所。

有关研究还表明,大脑额叶是形成人的意志行动的目的,并保证贯彻执行的部位。额叶区严重损伤的人,会丧失形成自我行动的愿望,不能独立制定行动计划,也意识不到行动中的偏差和错误,无法有效调控自己的行动。如果要求额叶损伤的病人依次画圆圈、十字、三角形、正方形等,他画了一个圆圈后仍继续画圈。另外,如果要求病人对一个声音用右手反应,对两个声音用左手反应,并形成右—左—右—左的刻板运动,以后突然改变序列,变成右—左—右—左—左,病人无法接受新的命令提示,只会继续做先前的反应。人们还发现,儿童的额叶比其他各叶发育成熟的时间晚,其言语系统的机能较弱,自觉性较差,意志力也较差。

三、意志与认识的关系

意志的产生是以认识过程为基础的。首先,意志行动的目的本身就是人认识活动的结果,人只有认识了客观规律,才能提出切合实际的目的;其次,在实现意志行动时所需要的行动方法策略也是在认识活动的基础上产生;再次,意志行动与克服困难相联系,而任何困难的克服都离不开知识经验的指导作用。只有把意志行动建立在深思熟虑的认识基础上,才能有效地克服各种困难,实现预定目的。因此离开了认识过程,意志就无从产生。

意志对认识过程也有很大的影响。首先,人在进行各种认识活动时,总会遇到一定的困难,克服困难,就需要作出意志努力;其次,人对客观世界的认识,是在改造客观世界的过程中完成的,而一切改造客观世界的实践活动都是意志行动,都必须受意志的支配与调节。因此离开了意志行动,认识过程就不能深入下去。

四、意志和情感的关系

情感可以成为意志行动的动力,也可以成为意志行动的阻力。积极的情感可以鼓舞人的意志,对人的行动起推动作用;消极的情感削弱人的意志,阻碍人去实现预定目标,使意志行动半途而废。

意志可以调节、控制人的情感。意志坚强的人可以克服和消除各种消极情感的干扰,使情感服从于理智,把意志行动贯彻到底;意志薄弱的人则可能被消极的情感所压倒,使理智成为情感的俘虏。

第二节　意志行动过程

一、意志行动过程的基本阶段

(一) 准备阶段

准备阶段是意志行动过程的开始阶段,它决定着意志行动的动因和方向,这一阶段是一种内部决策过程,主要包括在思想上权衡行动的动机、确定行动的目标、选择行动的方向和作出行动的决定。

1. 动机冲突

人的意志行动总是由一定的动机引起的,动机是指激励人去行动的原因。在动机的驱使下,人会产生行动的目的。单纯的动机使得行动目的单一而明确,意志行动可以顺利实现,如为了升入大学而努力读书,为了获得提升而勤奋工作等。但现实生活中确定活动目的并非总是这样简单而直接,复杂的生活环境常常造成利益冲突,使得人们同时产生几个不同的目标或多种愿望,在确定目的时也就产生了各种动机冲突,只有妥善解决动机冲突后,才能确定目的,作出决定。关于动机冲突,稍后再作论述。

2. 目的确立

在动机冲突获得解决之后,或明确了行动的主导动机之后,行动的方向和目的就容易确定。作为意志行动都要有预先确定的行动目的,这是意志行动产生的重要环节。对于目的的确定,关键在于确定目的的标准问题。确定目的的标准一般有价值性标准、可能性标准和丰富性标准。价值性标准是个体研究目的的首要标准,人在确立目的时,总要比较和权衡自己所确立的目的对社会、对他人和对自己价值的大小,那些能满足主体最迫切、最强烈的需要,且有价值的目的,容易被确立。可能性标准也是个体确立目的的重要标准之一。一般来说,人们总愿意确立有重要价值、实现可能性大的目的。当然,对那些社会价值高、实现时难度大的目标,只有具有顽强意志的人才会确立为自己行动的目的。丰富性标准指所确立的目的能同时给人以多种心理满足,如工作上成就需要的满足,产生成功感;人际关系上相互尊重需要的满足,产生友谊感和自尊感。这样的目的既容易确立,又能为之在行动中付出极大的意志努力。

3. 方法选择

在确立行动目的之后,就需要选择适宜的行动方式、方法。有时行动方法同行动的目的有直接联系,无需选择。例如要想升入大学就只有努力学习,要想自如地同外国朋友交流就只能努力学好外语。但在许多情况下,达到同一个行动目的的方式和方法可能不止一种,有的是有效的,有的是无效的,有的是正确的,有的是错误的,这就需要进行选择。例如,为了取得好的学习成绩是死记硬背还是理解记忆,为了完成作业是抄袭别人的还是自己去努力找答案都需要作出选择。

通常,在选择行动方法时,可按照以下原则进行:第一,围绕目标系列,制定出实现目标系列的配套部署;第二,在实现行动目的的时间上,要有先有后,在力量上,应有轻重缓急;第三,选准意志行动的突破口;第四,考虑最优化原则,即用最简捷的方法取得最好的行动效果;第五,考虑留有余地,方法选择不必面面俱到,过分强调细节,这样可能会束缚自己的手脚;第六,考虑道德原则,再好的方法,若是违背社会道德准则,也是不可取的。

4. 计划制定

有时选择的方法是简单易行的,不必再制定行动计划,但有时由于情况复杂,方法的实施并不那么简单易行,这时就需要制定一个具体的详细的实施计划。如,打一场战争或做一次大手术,都需要精心准备,做好计划。计划是方法的具体化,它保证行动切实可行。

计划的制定要果断灵活,要在调查研究的基础上,要综合考虑主客观因素,实事求是,反对主观猜测;要确定有一定的高度和难度的指标,不怕困难,也不轻率冒进,违反客观规律。制定一个周密、严谨、切实、合理的计划,可以为执行阶段打好基础。

(二)执行阶段

执行阶段是意志行动的完成阶段,是头脑里的目的、计划和措施付诸实施、支配和调节行动,以达到目的的过程。执行阶段是意志行动的关键,是意志行动的中心环节。因为,即使动机再高尚,行动目的再明确,方法再完善,计划再周密,如果不去采取实际行动,这一切也只是空中楼阁,毫无意义。

在执行阶段需要注意以下三个问题:

1. 坚持预定的目标和计划,制止不利于目标实现的行动

在执行决定的过程中,意志的强弱,既可表现为能否采取积极行动来达到目的,也表现为

能否抑制那些不利于达到目的的行动。例如,在复习功课时,一方面专心阅读,积极思考,另一方面要制止不利于专心复习的小动作、左顾右盼和与复习无关的胡思乱想等等。

2. **不断克服困难,果断调整目标和计划**

在执行阶段常常会遭受难以预料的困难。在这样的情况下,必须有面对困难的勇气和机智的反应,迅速地分析判断困难的性质,确定克服困难的方法。如果是暂时性困难,则要果断采取决策,迅速而有效地排除困难;如果是长期性的较大困难,就应该分解困难,采取针对性措施,相继地排除困难。克服困难,可以直接针对困难,暂缓目标行动,集中力量克服障碍;也可以进一步推进目标行动,在坚持完成目标行动中克服困难。这样,就能做到面对困难,决断对策,实现行动目标。

在执行阶段,由于主客观条件的影响,有可能暴露出原有的目标和计划的不合理性。在这种情况下,原有目标和计划毫无改变是不可能的,部分地改变目标和计划是常有的事。这就要求人们在执行决定过程中,不断地进行目标定向,修订原有目标,使其进一步完善,果断地调整总目标下的子目标,进一步分析实施目标的策略手段,放弃那些不符合新情况的策略部署,确立一些新的有效的步骤,不失时机地推进目标行动,完成意志行动。

3. **理性分析,积极应对挫折**

在执行决定的过程中,由于内外条件的多方面限制,出现一些挫折是难以避免的,例如,自己得不到提拔重用,才能得不到发挥;由于个人缺乏应有的知识经验,能力水平较低而造成工作上的失误、技术上的偏差。各种原因造成的挫折会对人的心理和行为发生影响,使人产生不同程度的紧张、焦躁不安,进而导致行为的反应和变化。这需要对挫折加以理性分析,积极应对。关于挫折的应对,稍后再作论述。

二、意志行动中的冲突

(一) 冲突的含义

人的行动常常会具有两个以上的目标,而这些目标通常不能同时实现,因此就会形成目标冲突,也就是动机冲突的出现。冲突是个体在有目的的行为活动中,存在着两个或两个以上相反或相互排斥的动机时所产生的一种矛盾的心理状态。例如,大四学生在面临毕业去向选择时,是选择考研还是找工作,两者难以兼顾,冲突就可能会出现。冲突的产生可能会由于理智的原因引起,也可能是由于情绪的原因引起。但是,冲突一旦产生都会伴随着某种情绪状态,如紧张、焦躁、烦恼、忧郁、心神不定等。当问题特别重要,可供选择的各种方案又都具有充分的理由时,这种特殊的内心斗争状态就会更激烈和持久。

(二) 冲突的类型及其解决

人的意志行动通常表现为接近或回避某一目标。根据意志行动的这一特点可以把冲突分为四种类型。

1. **接近—接近型冲突**

接近—接近型冲突是指两种或两种以上目标同时吸引着个体,但个体只能选择其中一种目标时所产生的内心冲突。也就是一种"鱼我所欲也,熊掌亦我所欲也"的内心状态。在这种类型的动机冲突情况下,个体面临着必须在两个具有吸引力的可行性方案中进行选择,吸引力越均等,则冲突越激烈。例如,一个学生最近兼职赚了一笔钱,他既想用这笔钱为自己买一个手机,又想为辛苦的妈妈买台洗衣机,这两样都是他渴望已久的,而这笔钱又只够他买其中一件商品,这时他所面临的就是接近—接近型冲突。面临这种情况个体往往难以取舍。

在实际生活中,两种目标的吸引力不可能完全相同。在面对接近—接近型冲突时,个体如果想要解决,就只能权衡轻重,趋向于认为有重要价值的目标。例如,一个面临大学毕业的学生既想参加工作,又想考研究生,为此犹豫不定。如果他认为考研后继续深造虽然意味着新的学业压力和经济负担,但从长远来看,参加研究生学习更符合社会发展的要求,自己也会有更大的收益,那他可能会放弃眼前的工作机会去选择考研。但当两种目标的吸引力比较接近时,解决冲突则会比较困难。

2. 回避—回避型冲突

回避—回避型冲突是指当两种或两种以上目标都是个体想要回避的,而人们只能回避其中一种目标时所产生的内心冲突。也就是一种"左右为难,进退维谷"的心理状态。在这种类型的动机冲突情况下,个体面临着必须在两个都想设法回避的目标中进行选择,想回避的欲望越强,则冲突越激烈。例如,一个学生犯了严重的错误,想认错又怕挨批评,丢面子,不认错又担心被人揭发后受更大的处分。

回避—回避型冲突的解决常常是以个体接受了其中的一种目标而得到解决。如上面的这个学生,在他权衡轻重之后,如果他认识到悬崖勒马,立即承认错误,争取取得老师和同学的谅解和帮助,可以弥补自己的过错,使自己能获得内心的安宁,那么他就会勇敢地去承认错误,也使动机冲突得以解决。

3. 接近—回避型冲突

接近—回避型冲突是指个体一方面要接近一个目标,同时又想回避这个目标时所产生的内心冲突。也就是一种面对鸡肋"食之无味,弃之可惜"的内心矛盾状态。这种冲突是在同一个物体或目标对个体既有吸引力,又具有排斥力的情况下产生的。如在学生想向家长要一台属于自己的电脑来上网时,家长既想给孩子买,让孩子能熟练使用电脑,视野变得更宽广,学习到更多更有用的知识,又担心孩子迷恋上网或打游戏,误入歧途,耽误了前程。

接近—回避型冲突的解决常常以个体权衡利弊后,接受或放弃这个目标而得以解决的。如上面这个学生的家长在仔细思考后,认为自己的孩子已经长大,具有一定的自我行为监控能力,只要和孩子约定好,监督到位,孩子会有效利用电脑,而不受其负面因素的影响,那么,家长内心的冲突就会得以解决。

4. 多重接近—回避型冲突

多重接近—回避型冲突是指两种或两种以上接近—回避型冲突所混合成的一种复杂冲突模式。也就是说,个体在面对两种或两种以上目标时,每种目标都具有吸引和排斥的作用,而个体又不能简单地选择一种目标而回避另一种目标,必须进行多重选择才能解决内心的冲突。例如,一名公司员工,通过自己的刻苦努力考上了硕士研究生,可这时公司给他加了薪,又要提拔他做部门主管。如果他去读研,可以使自己在专业领域有所深造,对于自己未来职业的发展会很有利,但是读研就意味着他失去高薪高职位的工作,而且目前人才环境竞争不断加剧,自己硕士毕业后未必能找到现在这么好的工作;可如果选择留在公司工作,可以拥有高薪高职位,会有比较好的发展前景,但也意味着必须放弃自己得来不易的深造机会,以后也很难有这样的机会了。

当面对多重接近—回避型冲突时,解决起来就非常困难,需要个体对各种可能性作出深入的思考,全面的分析,有时也可能需要别人的帮助,因而需要花费的时间比较多。尤其是当几个目标的吸引力和排斥力差异比较接近的情况下,就需要较长时间权衡利弊,考虑得失。只有在几个目标的吸引力和排斥力差异比较大的情况下,解决起来才比较容易。

第三节　学生意志品质的培养

一、意志品质

意志品质是构成意志力的稳定因素,也是衡量一个人意志发展水平的重要尺度。意志品质主要包括自觉性、果断性、坚持性和自制性四个方面。

(一) 自觉性

意志的自觉性是指一个人能明确行动的目的,充分认识到行动目的的正确性和重要性,并有效地支配自己行动使之符合该目的的意志品质。这种品质反映着一个人的坚定立场和信仰,它贯穿于意志行动的始终,是意志产生的源泉。意志具有自觉性的人,能够按照自然界和社会发展规律提出自己行动的目的,并能独立地根据既定目的支配自己的行动,不轻易受外界影响而改变原来决定,同时能够广泛地听取及接受别人的意见和建议,有自知之明,及时主动对行动过程及结果进行反思和评价。

与自觉性相反的意志品质是盲从和独断。盲从就是盲目地受他人的暗示或影响。盲从的人不了解自己行为的意义,缺乏主见,极易轻信他人。独断就是非理智地拒绝他人的合理意见或建议,一意孤行,固执己见。盲从与独断是缺乏意志自觉性的两种极端表现。

专栏8-3

三 人 成 虎

《战国策》中有一个"三人成虎"的故事,是说魏国的庞葱陪太子到赵国的京城邯郸去作人质,他对魏王说:"如果现在有一个人说街上有老虎,大王信不信呢?"魏王说:"不信。"庞葱又说:"如果有两个人说街上有老虎,大王信不信呢?"魏王说:"我还是怀疑。"庞葱再说:"如果有三个人说街上有老虎,大王信不信呢?"魏王说:"这我就相信了。"魏王就是脑子不稳,缺乏主见。果然庞葱一走,魏王就听信了人们毁谤庞葱的谗言,后来太子解除人质回国了,而魏王却再也没有召见过庞葱。

(二) 果断性

意志的果断性是指一个人在行动中善于明辨是非,及时合理而坚决地作出决定和执行决定的品质。果断性是以周密考虑和勇气为前提。意志具有果断性的人,对自己的行动目的、行动方法和后果等,都有深刻的认识和清醒的估计,在需要立即行动时,能当机立断,当行则行;而当情况发生变化时,又能随机应变,及时调整目的,修改行动方案,以更有效地完成意志行动。

与果断性相反的意志品质是优柔寡断和草率决定。优柔寡断是由于无休止的动机冲突而导致在采取决定时迟疑不决。具有这种品质的人遇事时患得患失,顾虑重重。优柔寡断是缺乏勇气、缺乏主见、意志薄弱的表现。草率决定是在没有明辨是非之前,凭一时冲动,不负责任地作出决定。具有这种品质的人遇事时不会对主客观情况作具体分析,不考虑行动的后果,鲁莽行事,结果往往是欲速而不达。

专栏 8-4

推开一扇门本不难

从前,有一位国王,决定出一道题考一考他的大臣,以便从中选拔出智慧勇敢的人担任国中要职。他把臣子们领到一扇奇大无比的门前说:"这是我们国中最大的门,也是最重的门。请问,你们当中谁能把它打开?"

大臣们都知道,这扇门过去从没打开过,所以,他们认为这门肯定是打不开的。于是,一些大臣望着门不住地摇头;另一些人则装腔作势地走上前看一阵,但并不动手,因为他们不想当众出丑。还有人甚至猜想,国王或许另有用意,所以,静观其变才是最稳妥的态度。

这时,有一位年轻的大臣向大门走了过去,只见他双手猛力向大门推去,门被豁然打开了。原来,这扇门本来就是虚掩的,没有锁也没有插栓,任何人都能轻易地推开它。

这个大臣最终得到了国王的奖赏,并获得了重要的职位。

歌德曾说过:"你若失去了财产,你只失去了一点儿;你若失去了荣誉,你就失去了许多;你若失去了勇敢,你就失去了全部。"看看我们周围,那些成功的人们并不比我们更有知识、更加聪明,他们和我们最大的不同是:比我们更有冒险的勇气!做一个勇敢的人、一个勇于挑战自我的人,勇敢面对生命的每一个问题,是人生取得成功的关键,而敢于迈出第一步,你的人生就成功了一半。

(资料来源:威廉·贝纳德.哈佛家训:一位哈佛博士的孩子课本.张玉译.北京:中国妇女出版社,2005)

(三) 自制性

意志的自制性是指一个人善于控制自己的情绪,约束自己言行的意志品质。在意志行动中,与目标不相一致的欲望的诱惑、消极的情绪等都会干扰着人作出决定和执行决定。意志具有自制性的人,能够驾驭自我,排除外界诱惑的干扰和控制不良情绪,忍受各种痛苦和灾难,迫使自己执行已经采取的具有充分根据的决定,在必要的时候还能视死如归。

与自制性相反的意志品质是任性和怯懦。任性的人难以控制自己的情感,不能约束自己的言行,言行常常被情绪所控制。怯懦的人胆小怕事,遇到困难或情况发生变化就惊惶失措,畏缩不前。任性与怯懦的共同特点是不能有效地调节控制自己,自我约束力差。

(四)坚持性

意志的坚持性是指一个人在行动中以充沛的精力和坚韧的毅力,不断克服困难以完成意志行动的意志品质。意志具有坚持性的人一方面在行动中能根据既定的目的和计划,长期保持充沛的精力和顽强的毅力,做到有始有终;另一方面,在行动遇到困难时,能不断激励自己满怀信心地克服,坚持不懈地完成意志行动。

与坚持性相反的意志品质是顽固执拗和动摇性。顽固执拗的人,只承认自己的意见,对自己的行动不作理性评价,执迷不悟;动摇性的人则表现为遇到困难便望而却步,见异思迁,结果往往是半途而废,一事无成。

二、学生意志的培养

良好的意志品质不是天生的,而是在生活和实践活动过程中形成和发展起来的,是人有意识培养和锻炼的结果。因此教师应根据学生意志发展特点,培养学生良好的意志品质。

(一)加强目的性教育,培养科学的观念

人的意志是在他的一系列有目的的活动中形成和发展起来的,并在一系列有目的的活动中表现出来。人为了实现自己已确立的目的,会去克服活动中所遇到的一切困难和干扰,从而锻炼和发展自己的意志。所以,一个人如果善于在生活道路的每一个阶段上根据自己实际情况,提出明确而适当的目的,不断地激励自己为实现目的而与困难作斗争,必将发展自己优良的意志品质;反之,如果一个人在生活道路上没有明确的目的,由于无所追求,整天浑浑噩噩,就不可能成为意志坚强的人。因此,教师要培养学生的意志,首先应加强目的性教育。而人在活动中,应确立什么样的目的,为什么要确立这样的目的,往往要以正确的信念、理想和科学的世界观、人生观作指导。学生阶段正是世界观、人生观等逐步形成的时期,因此,对学生进行目的性教育的同时,应加强对学生的理想、信念、世界观和人生观的教育。这是培养学生意志品质的思想基础。

(二)组织实践活动,磨炼学生意志

坚强的意志是在克服困难的实践活动中形成和发展起来的。因此,教师除了结合教学内容,通过各种方式向学生讲述意志锻炼的意义、锻炼的方法外,更重要的是通过组织各种实践活动磨炼学生意志。学生的实践活动包括学习、劳动、科技活动、文体活动、社会公益活动及生活事务等。教师在组织学生开展这些活动时,首先,应切合学生的实际来向他们提出各种活动任务,并督促他们努力去完成,特别是一些对学生来说困难较大、兴趣较小、但意义深远的实践活动,更应及时鼓励和指导学生认真完成而非越俎代庖,从而使学生意志品质得到锻炼;其次,为了增强学生克服困难的信心和继续锻炼意志的决心,教师对学生的要求必须遵循循序渐进的原则;再次,每次活动结束后,教师应对学生行为及结果及时予以积极评价,针对其缺点提出今后活动的要求,以增强学生的自觉性与积极性。

(三)充分发挥班集体和榜样的教育作用

班集体具有巨大的教育力量,学生对班集体也有强烈的归属需求。在具有良好班风的集体里,每个人都珍惜自己所属的集体,尊重集体的意见,服从集体意志,执行集体委派的任务,严格遵守班规班纪,以集体主义思想约束自己,逐步形成自制、刚毅、坚决、勇敢等意志品质。所以教师应努力使自己的班级形成良好的班风,充分发挥班集体的作用,帮助学生养成良好的意志品质。

榜样的力量是无穷的,特别对青少年学生来说,他们更喜欢模仿心目中的榜样,榜样对他们可以产生巨大的推动力。所以,教师可以用一些伟大人物、劳动模范、革命先烈以及文艺作品中优秀人物的事迹来陶冶学生的情操,还可以从学生周围的生活中,特别是同龄人中选取典型,为他们树立坚强意志的榜样。此外,教师要以身作则,以自己良好的意志品质来感化学生,充分发挥榜样的激励作用。

(四)督促学生加强自我锻炼

一个人优良意志品质的形成,不仅是在他人的严格教育和监督下养成的,更重要的是通过自身在日常平凡的事件中,不断严格要求自己,进行自我锻炼,自我教育的结果。因此,教师应积极启发和帮助学生掌握自我锻炼的方法,教育学生采取决定要充分估计主客观条件,做到合理可行,执行决定要意志坚决,有始有终,持之以恒。要求学生养成自定目标、自定计划、自我检查、自我监督和自我鼓励的习惯。这对学生坚强意志的形成具有重要作用。

(五)针对学生意志品质的个别差异,因材施教

人与人之间的意志品质存在很大的差异,因此,教师根据每个学生意志发展特点,进行因材施教是十分重要的。要因材施教,首先应认真观察学生,分析每个学生的意志品质的消极方面与积极方面。其次,根据分析结果,采取不同的措施进行培养。如对于盲从、独断专行的学生,应加强意志自觉性的培养;对于优柔寡断、草率从事的学生,应加强意志果断性的培养;对于怯懦或任性的学生,应加强意志自制性的培养;对于顽固执拗、做事虎头蛇尾的学生,应加强意志坚持性的培养。

专栏 8-5

不相信自己的意志,永远也做不成将军

春秋战国时代,一位父亲和他的儿子出征作战。父亲已做了将军,儿子还只是马前卒。又一阵号角吹响,战鼓雷鸣了,父亲庄严地托起一个箭囊,其中插着一只箭。父亲郑重地对儿子说:"这是家袭宝箭,配带身边,力量无穷,但千万不可抽出来。"

那是一个极其精美的箭囊,厚牛皮打制,镶着幽幽泛光的铜边儿,再看露出的箭尾,一眼便能认定是用上等的孔雀羽毛制作。儿子喜上眉梢,贪婪地推想箭杆、箭头的模样,耳旁仿佛嗖嗖地箭声掠过,敌方的主帅应声落马而毙。

果然,配带宝箭的儿子英勇非凡,所向披靡。当鸣金收兵的号角吹响时,儿子再也禁不住得胜的豪气,完全背弃了父亲的叮嘱,强烈的欲望驱赶着他呼一声就拔出宝箭,试图

看个究竟。骤然间他惊呆了。一只断箭,箭囊里装着一只折断的箭。我一直带着只断箭打仗呢! 儿子吓出了一身冷汗,仿佛顷刻间失去支柱的房子,战胜敌人的意志轰然坍塌了。结果不言自明,儿子惨死于乱军之中。

拂开蒙蒙的硝烟,父亲拣起那柄断箭,沉重地叹道:"不相信自己的意志,永远也做不成将军。"

思考与练习

1. 意志的作用是什么?
2. 什么是意志行动? 意志行动的特征有哪些?
3. 意志过程与认知过程、情感过程的关系如何?
4. 请简要分析冲突的基本类型。
5. 在意志行动中,个体应如何解决自己的动机冲突问题?
6. 联系当今的教育实际,谈谈该如何培养青少年学生的意志品质。

第九章 个性心理与教育(一)

课前思考

1.《三国演义》中的诸葛亮情急之下也用过空城计,但为什么我们认为他是个谨慎、不爱冒险的人呢?

2. 说谎是生活中较常见的现象,有的是有意欺骗,有的是善意的,有的是权宜之计,你知道说谎的心理根源是什么吗?

3. "打锣卖糖,各爱其行""萝卜白菜,各有所爱",人与人之间为什么会有这些不同呢?

学习指导

1. 概念识记:个性,个性倾向性,个性心理特征,需要,动机,兴趣。

2. 分析理解:个性的基本特征,影响人的个性形成和发展的因素,需要的作用,动机与需要的关系,兴趣与需要的关系,需要、动机与活动之间的关系。

3. 实际运用:试分析孔子"知之者不如好之者,好之者不如乐之者"这一名句的心理含义。

个性(personality)是心理学研究的一个重要领域。教育工作者学习个性理论,掌握学生的个性心理特点,有助于因材施教,培养学生健全的个性,使学生的个性获得充分的发展。在教育活动中,教师应根据学生不同的个性特点,采取不同的教育方法。在教学工作中,针对学生个性特点进行教学,能有效提高教学的效果和质量。

从本章开始,我们将用三章篇幅,全面介绍个性心理的基本理论及其在青少年学生教育工作中的应用。

第一节 个性的概述

一、个性的概念

个性是指在一定的社会条件下,个人所具有的意识倾向性以及较稳定的各种心理特征的总和。

在心理学中,个性有时和人格同义。《中国大百科全书》心理学卷和教育学卷都指出,人格也称个性。《简明不列颠百科全书》写道:"人格一词含义很多,没有一个公认的定义,但有一个共同的核心意义,即指个体独具的各种特质或特点的总和。"[①]具体来说,个性是由个性倾向性和个性心理特征两部分构成的。个性倾向性是指每个人特有的需要、动机、兴趣、信念、理想、世界观、人生观等。个性心理特征主要表现在气质、性格与能力等方面。个性倾向性是个性中最活跃的因素,在人的心理活动中,具有方向性和制动性的作用。个性心理特征则是指个体比较稳定的心理成分。主要包括能力、气质、性格等。个性倾向性直接决定着一个人心理活动的内容,而个性心理特征则较多地影响着这个人的心理活动的形式。但是,个性的这两个方面并不是孤立的,而是错综复杂地交织在具体的某个人身上。

关于个性的研究,我国是世界上最早的国家之一。古代思想家、教育家孔子就很重视研究他的学生的个性。例如,他指出:子路有治兵之方,冉求有做邑宰之才,公西华有外交之才。他还概括地指出学生的个性,如说"柴也愚,参也鲁,师也辟"(高柴愚笨,曾参迟钝,颛孙师偏激)等。他了解、研究学生个性的方法基本上是"听其言,而观其行",目的是为了更好地根据学生的个性进行因材施教。

二、个性的基本特征

个性具有整体性、稳定性、独特性和社会性四个基本特征。分析这些特征,有助于对个性概念的理解。

(一)个性的整体性

个性涵盖了一个人的整体心理面貌,在任何人身上,个性倾向性和个性心理特征均有机地结合在一起,组成一个完整的、统一的整体结构。同时,某种个性心理特征也只有在个性的整体中才具有其确定的意义。例如,坚持性,在一个人身上可以表现为坚忍不拔、顽强勇敢,在另一个人身上可能表现为墨守成规、顽固偏执,在第三个人身上可能表现为忍辱负重、埋头苦干。在国外,某些心理学家在个性的研究中引进了结构的概念和系统的观点,形成了个性的系统—结构观。把个性看作是由各个密切联系的成分所构成的多层次、多水平的统一整体,并认为在这个整体中,各个成分相互作用、相互影响、相互依存。如果其中一部分发生变化,则其他部分也将发生变化。

(二)个性的稳定性

个性是指一个人比较稳定的心理倾向和心理特征的总和。个人在行为中偶然表现出来的心理倾向和心理特征是不能说明他的个性的,只有比较稳定的、在行为中经常表现出来的心理倾向和心理特征才能表征他的个性。例如,一个人偶然听一两次音乐,说明不了他的倾向性,只有经常对音乐感兴趣才表明他的倾向性;同理,一时的粗心、偶尔发脾气,说明不了他的性格特征,只有经常在各种情景下都表现出粗心大意和暴躁,才表明他有粗心和暴躁的性格

---

① 简明不列颠百科全书(第6卷).北京:中国大百科全书出版社,1986

特征。正因为个性具有稳定性,才能够把一个人与另一个人的心理面貌区分开来,才能够了解人和使用人,才能够预测个体在特定情境中的行为。古人所说的"江山易改,本性难移",形象地说明了个性的稳定性。

但个性的稳定性也是相对的,不是固定不变的。一个人随着年龄的增长、社会实践活动的改变、教育的影响以及自己的主观努力,个性倾向性和个性心理特征在不同程度上是可以改变的。因此,个性具有一定的可塑性。正因为个性具有可塑性,才能培养和发展良好的个性。

(三) 个性的独特性

个性的独特性是指个人具有的独特的个性倾向和个性心理特征。没有独特性,也就没有了个性。世界上绝没有两个个性完全相同的人。即使是同卵双生子,也会在一定的社会生活中显示其不同的个性。因为,个性是在许多因素影响下发展起来的,影响个性发展的因素和这些因素之间的相互关系都不可能是完全相同的。

当然,个性的独特性并不是说人与人之间的个性毫无相同之处。个性是指一个人的整体心理面貌,它既包含人与人之间在心理面貌上相同的方面(共同性),也包括人与人之间在心理面貌上不同的方面(差异性)。个性中包含有人类共同的心理特点、民族共同的心理特点、阶级和集团共同心理特点;个性中还包含每个人与其他人不同的心理特点。个性是共同性和差异性的统一。

(四) 个性的社会性

人的本质,是一切社会关系的总和。社会性是个性的最本质的特点。哲学家和心理学家历来对个性的社会性给予了极大的关注。人们认为,婴儿生下来只是一个生物实体,还谈不上社会性,社会性是在生物实体上形成和发展起来的,也就是说,社会性是"依附"在一定的生物实体上的。但是,生物性和社会性并不是处于对等的关系。一个人如果离开了人类,离开了社会,人的正常心理就无法形成,更谈不上个性的发展。生物因素给人的个性发展提供了可能,社会因素则使这种可能转化为现实。而个性作为一个整体,作为一个系统,最终是由社会生活的各因素交互作用形成的。

三、个性的形成与发展

影响人的个性形成和发展的因素很多,但从先天与后天、主观与客观诸方面分析,不外乎遗传素质、社会生活环境、教育和个体的主观能动性四个方面。

(一) 遗传素质为个性的形成与发展提供了生理前提

遗传是指从上代继承下来的生理解剖上的特点,如机体的结构、形态、感官和神经系统的特点等。这些遗传的生理特点,也叫遗传素质。遗传为人的心理发展,包括个性发展提供了物质和生理的前提条件。人在体态、感觉器官、神经活动类型等方面的遗传素质是有差异的,这些差异对人的个性发展会有一定的影响。但是,那种认为人的个性是由遗传基因所决定的观点则是错误的。

(二) 社会生活环境是个性形成与发展的必要条件

社会生活环境是围绕在个体周围的并对个体发生影响的外部世界。它包括个体所接触的物质文明、精神文明,他因参与其中而接触到的社会经济生活、政治生活、文化生活以及家庭生活等。人出生后就受到环境的影响,一个人个性发展的方向和水平,与他的社会生活环境分不开。脱离了人类社会生活环境,一个人的个性是不可能正常形成和健康发展的。环境对人有一种"习染"的作用,但人也并不完全是消极、被动地接受社会生活环境对其个性形成和发展的影响。

(三)教育在人的个性形成和发展中起主导作用

教育是有目的、有计划地影响人的一种活动。人们历来重视它在人的发展中的作用。教育,特别是学校教育,能对人的个性的发展给予全面、系统和深刻的影响。尤其是教育能排除和控制环境中一些不良因素的影响,给人以更多的正面的引导,从而使人的个性朝着健康的方向发展。

(四)个体的主观能动性在个性形成和发展中发挥积极作用

环境和教育的影响只是学生个性形成和发展的外因,这种影响只有通过"内因",即学生个体的主观能动性才能起作用。应当说,学生个体的主观能动性是其个性形成和发展的动力。随着个体自我意识的提高和知识经验的丰富,其主观能动性也将逐渐增强从而积极地推动其个性的形成和发展。当然,在学校教育中,这种主观能动性还需要教师给予积极的引导。

当然,影响人个性形成和发展的各种因素是相互作用、相互影响的,它们是一个统一的系统,教师的作用,还在于更好地协调、引导、促进和规范各因素对学生个性形成和发展的影响。

第二节　需要与教育

一、需要的概念

需要(need)是生理和社会的要求在人脑中的反映。人作为一个生物实体和社会成员,必然离不开对许多事物的要求,如食物、衣服、睡眠、学习、娱乐、工作、交往等等。这些要求反映到个体头脑中,就形成了他的需要。需要是个体在生活中感到有某种缺乏而力求满足的一种内心状态。它常常在主观上以一种不满足之感被人感受到、体验到。

马克思主义认为,个体的需要是个体行为积极性的源泉。人的活动的积极性,根源在于他的需要。需要和人的活动紧密联系着,它是人活动的动力。正是个体的这种或那种需要,推动着人们在某个方面进行积极的活动,使人朝着一定的方向,追求一定的目标,以求得需要的满足。没有需要,也就没有人的一切活动。需要越强烈,由它所引起的动力也就越大。同时,人的需要也是在活动中不断产生和发展的。当人通过活动使原有的需要得到满足时,人和周围现实的关系就发生了变化,又会产生新的需要。这样,需要推动着人去从事某种活动,在活动中需要不断地得到满足又不断产生新的需要,从而使人的活动不断向前发展,需要永远带有动力性。

需要对人的情绪影响很大,需要得到满足与否,就会使人体验到愉快或不愉快,紧张或松弛。可见,情绪就是人对客观事物与人的需要之间的反映。需要还能促进人的意志的发展:人为了满足需要,从事一定的活动,在克服困难的过程中,锻炼了意志。

需要又是个性倾向性的基础,是个体活动的基本动力。它的表现形式是多种多样的,通常以动机、兴趣等形式表现出来。

二、需要的作用

需要作为个体心理活动与行为的基本动力,在人的生活、学习、工作中具有重要的作用。

首先,需要是保证人的正常生存和发展的基础。离开了一定的、合理而基本的需要,如衣、食、住、行等日常的需要和学习、交往的需要,人也就如同"植物人"而无法正常生活和活动。

其次,需要永远带有动力性,从而使人不会因暂时的满足而终止活动。人们在某些需要得到满足后,又会产生新的需要,新的需要又推动人们去从事新的活动。在活动中需要不断地满足,又不断地产生新的需要,使活动不断地向前发展。例如,学习科学文化的需要,欣赏艺术的需要,通常每一次需要的满足都会产生新的、更高的需要。

再次,需要促进人类科学文化和社会生产力的发展,推动社会不断前进。人类的探索行为和好奇心与人的需要是分不开的。对未知领域、自然规律的了解和揭示是人们认识自然、改造自然,从而提高生活质量、改善生活环境的需要。这些不断产生的新的需要,激励人们去探索研究新的领域,从而促进科学技术的发展,推动社会生产力的发展和社会的进步。

当然,在教育活动中,需要对教育工作者和学生来说,均能从多方面发挥重要的作用。

三、需要的种类和需要层次理论

(一) 需要的种类

需要是多种多样的,因此,需要的种类也相当复杂,可以从不同角度进行分类。

1. 按需要的起源划分

根据需要的起源,可以把人的需要分为生理性需要和社会性需要。

(1) 生理性需要。生理性需要(physiological need)是人脑对生理要求的反映。这种需要是与个体维持正常生命活动和延续种族有关。例如,饮食、睡眠、休息、运动、排泄、防寒避暑和配偶等。生理性需要是人最原始和最基本的需要,是人和动物所共有的。但是,人的生理性需要与动物的有本质的不同。人的生理性需要受社会生活条件和社会道德规范的制约,具有社会性。人和动物的生理性需要的对象和满足需要的方式都有根本的区别。动物只依靠周围环境中的自然物体作为满足需要的对象,而人主要通过社会生产劳动生产出自己所需要的对象,并且随着生产的发展,不断提高自己的生理性需要。此外,人的生理性需要还受社会文化的制约。

(2) 社会性需要。社会性需要(social need)是人脑对社会需求的反映。如对劳动、交往、求知和娱乐的需要等。社会性需要是社会存在和发展的必要条件。这些需要并不是生来俱有的,而是在生理性需要的基础上,在社会实践和教育的影响下形成和发展起来的。社会性需要由于社会历史发展的不同、经济和社会制度不同、民族的风俗习惯和行为方式的不同、阶级的不同而不同,总之,由于社会生活条件的不同而有所不同。社会性需要通常是由社会要求转化而来的,当个人认识到社会要求的必要性时,社会要求就转化为个人的社会需要。如果一个人的社会需要得不到满足,虽然不会威胁到机体的生存,但人因此会感到难受,产生痛苦和忧虑的情绪。

2. 按需要的对象划分

根据需要的对象,可以把需要分为物质需要和精神需要。

(1) 物质需要(material need)是指对衣、食、往、行等有关对象的需要,对学习、工作等有关用品的需要等。在人的物质需要中,既包括生理性需要,也包括社会性需要。因此,人的物质需要会随着社会生产的发展和社会的进步而不断发展。

(2) 精神需要(psychic need)是指人对社会精神生活及其产品的需要,如认识的需要、交往的需要、道德的需要、美的需要等。在社会实践活动中所形成的交往需要是个体心理正常发展的必要条件,在精神需要中占有特殊重要的地位。它促进个性的正常发展,长期缺乏社会交往会导致个性变态。

以上需要的分类具有相对的意义,不同类型的需要往往难以截然分开,而是相互交叉的。例如对食物的需要,就其起源来说是一种生理性的需要,就其对象来说是物质的需要。同样,物质需要和精神需要也不能截然分开。为了满足精神需要就要求有一定的物质条件。例如,学习需要的满足需有书籍、文具等,娱乐需要的满足需有设施、场地等。因此,从这一意义上来说,物质文明和精神文明的建设是相辅相成的。

(二) 需要层次理论

人类的需要除有类别之分外还有层次之分。许多心理学家对需要的层次问题进行了研究。德国格式塔学派心理学家勒温(K. Lewin)认为,需要的强度在不同人身上是不同的,需要可分为准需要和需要两种。美国心理学家默里(H. A. Murray)认为,每一个人都有一个需要层次,各种需要在重要性上是不同的。基本需要(身体能量需要)为最重要,因为它直接与生存有关,其他需要则根据个体对它的要求程度依次排序。我国学者陈沛霖认为,人的需要可分为生存需要、享受需要、发展需要、自主与尊重的需要、贡献需要五个层次,它们之间相互联系、相互制约,形成一个动态的结构。但目前影响较大的还是美国心理学家马斯洛(A. H. Maslow)的需要层次理论(need hierarchy theory)。

马斯洛认为,人类的需要是相互联系、相互依赖和彼此重叠的。它们排列成一个由低到高逐级上升的层次。其中,最低层次的需要是生理需要,接着是安全的需要、归属和爱的需要、尊重的需要,处在最高层次的是自我实现的需要。他认为,只有低级需要基本满足后,才会出现高一级需要,只有所有的需要相继得到满足才会出现自我实现的需要。马斯洛还认为,最占优势的需要支配一个人的意识,并组织有机体的各种能量;不占优势的需要则被减弱。层次较高的需要发展后,层次较低的需要依然存在,但对行为的影响则减弱了。

马斯洛晚年又把需要概括为三个大层次:基本需要、心理需要和自我实现的需要。他认为个人需要结构的发展过程更多像波浪式的演进,各种不同需要的优势由一级演进到另一级。例如,婴儿主要是生理需要,后来才产生安全需要、归属和爱的需要,青少年时才产生尊重需要,等等。

马斯洛的需要层次理论,在教育领域中具有一定的应用价值。它启示我们在开展教育工作时,要注意了解学生的需要,并从研究学生的需要来分析学生的行为。教师要重视培养和激发学生的高层次需要,并创设教育条件和氛围,逐步使之得到满足,从而调动学生的学习积极性,建设团结和谐、奋发向上的班集体。而针对不同情况的学生,要考虑他们不同的需要,这样才能有助于开展学生的思想教育工作,促进他们的发展与进步。不了解或不考虑学生的需要,有可能影响师生关系,损害教育效果。

马斯洛的需要层次理论是有局限性的。首先,他在强调需要在人的个性中的作用时,把需要绝对化为一种本能,一种天赋趋势,这种看法是不对的,否定了人的基本需要的社会性;其次,他过于强调个人的内在价值,过分强调个人意识自由,脱离社会现实去追求自我实现,这是不可取的;再次,这一理论尽管在观察和推理的基础上反映了一定的客观事实,但缺乏实验依据和客观测量指标,带有假设的性质,需要进一步地研究和充实。

专栏 9 - 1

需要层次理论在我国古代已具雏形

美国人本主义心理学家马斯洛于 1943 年在《人类动机理论》一文中首次提出了需要层次理论。我国古代的一首古老的民谣也体现出了中国式的"需要层次理论"。民谣是我国文化宝库中一颗璀璨的明珠和瑰宝。在中国五千年的历史文化中,民谣的内容有政治的、经济的、文化的、民风民俗的等等,几乎包罗万象。这首民谣为:"忙碌为充肚子饥,刚得饭饱又思衣。恰得衣食两分足,家中缺少美貌妻。家娶三妻和两妾,出门走路少马骑。骡马成群任驱使,身无官职任人欺。七品、六品官太小,四品、三品官亦低。朝中一品当宰相,又想面南做皇帝。"

笔者无法考证民谣问世的具体年代,但从内容上看,肯定是中国封建社会的产物。若如此,笔者认为需要层次理论的雏形在中国封建社会早已形成,只是没有人明确提出来加以研究、总结、宣传罢了。

(资料来源:姚本先. 心理学. 北京:高等教育出版社,2005)

四、青少年学生的需要与教育

青少年学生需要的内容和层次与成年人的有所不同,与之相适应的教育措施与方法也有其不同特点。

辽宁师范大学杨丽珠等人在研究中小学生的需要过程中,编制了三种形式的测试问卷,被试 1 080 人(男女各半,包括小学生、普通中学生和城市重点高中学生)。这一研究表明,我国中小学生需要结构的发展是多维度、多层次的统一体,包括 24 种需要,可以归纳为 6 类,每类又有 4 个层次。

该项研究还表明,中小学生的需要随社会变迁而不断发展,并且具有优势需要。如重点学校高二年级学生强度最大的前五项需要是:①追求丰富知识、多方面能力、优秀品质的需要;②结交诚实正直的朋友的需要;③升入理想学校或有个好工作的需要;④尊重与自信心的需

新编心理学(第三版)

要；⑤信任和理解的需要。中小学生的需要存在着个体差异。

在有关青少年需要的分类研究中，有学者认为，我国青少年的需要比较广泛而全面。从需要的层次来看，可以说，人类需要的各个层次，青少年都有。但它们不是机械堆积的塔楼，而是辩证统一的结构。

在将需要理论应用于教育的过程中，应注意到，青少年学生的需要是分层次的，因此对青少年学生的教育也应该有层次。要因人制宜、精雕细刻，而不可急于求成、拔苗助长。在当前的社会生活条件下，应注意将部分学生过高的物质要求引导到学习上来。要善于将学生低层次的需要发展到高层次的需要，重视培养学生的道德感、美感和理智感等。

如何帮助青少年学生抉择主导需要，也是我们教育工作者要下工夫研究的重要问题。所谓主导需要，就是在具有多层次需要的行为中，占支配地位的需要。孟子说："鱼，我所欲也，熊掌亦我所欲也，二者不可得兼，舍鱼而取熊掌者也。"这里讲的是两个需要之间的抉择。这两者处于同一层次，都是对物质的需求。"生亦我所欲也，义亦我所欲也；二者不可得兼，舍生而取义者也。"这里讲得则是两个处于不同层次需要的抉择。生，为人最基本的需要；义，为较高层次的道德感需要。宁为玉碎，不为瓦全，舍生而取义，只有将较高层次需要变为主导需要的人，才会作出这样的抉择。就青少年学生而言，由于思想认识水平的不同，其主导需要的层次存在差异。引导学生选择较高层次的主导需要，使他们将个人需要和社会需要结合起来，从而增强为祖国建设而努力学习的动力，这是当今我们教育工作者的重要责任。

综上所述，在教育工作中，我们要看到青少年学生行为背后隐藏着的需要，且其需要是分层次的。我们要根据其需要有层次地进行教育，引导其需要向较高层次健康发展，帮助学生选择满足需要的正当方式，正确抉择主导需要，把个人和祖国自觉地联系在一起。

第三节　学习动机

人的一切活动都是由一定的动机(motivation)所激发，并指向一定的目的的。参与不同活动的动机即以该活动的名称来命名，如平时所说的工作动机、娱乐动机、说谎动机等，而参与学习的则称为学习动机。各种不同的活动动机具有共同性的一面，也各有特殊的一面。学习动机在学生的学习活动中具有重要意义。在这一节中，我们既要学习一般动机理论，也要探讨学生的学习动机问题。

一、动机与学习动机

(一) 动机的概念

动机是直接推动人去活动的内在动因或动力。人从事任何活动都有一定的原因，这个原因就是人的行为动机。动机与需要有密切的联系。需要是产生动机的重要因素，动机是在需要的基础上产生的，而且人的绝大部分动机都是需要的具体表现，所以人们常常把动机说成是需要的动机。但是需要和动机并不完全等同。虽然动机是在需要的基础上产生的，是由需要推动的，但需要在强度上必须达到一定水平，并指引行为朝着一定的方向才有可能成为动机。

（二）动机的功能

动机对人的活动具有引发、指引和激励的功能。

首先，动机对活动具有引发功能。人们的各种各样的活动总是由一定的动机所引起的，没有动机就没有活动。动机是引起活动的原动力，它对活动起着始动作用。动机的性质和强度不同，引起作用的大小也不同。

其次，动机对活动具有指引功能。动机指引个体活动朝着预定的方向前进。动机不同，个体活动的方向和追求的目标也不同。

再次，动机对活动具有激励功能。动机对活动起着维持和加强的作用，以强化活动达到目的。不同性质和强度的动机，对行动的激励作用是不同的。高尚的动机比低级的动机更具有激励作用。

人的动机好像汽车的发动机和方向盘，是个体活动的动力和方向，既给人的活动以动力又对人的活动的方向进行控制。动机具有活动性和选择性。

（三）动机的种类

人的动机是多种多样的。目前心理学界对动机的分类尚无定论。现从各个不同角度，根据不同标准对人的动机进行分类。

1. 根据动机的起源，可以把动机分为生理性动机和社会性动机

生理性动机是以有机体的生理性需要为基础的。如因饥、渴、性、睡眠等生理性需要而产生的动机。生理性动机推动人进行活动以满足某种生理性需要。

社会性动机起源于社会性需要，它是和人的社会性需要相联系的。社会性动机具有持久的特征。因为它是后天习得的，所以，人与人之间存在着很大的个别差异。成就动机、交往动机、认识动机和劳动动机等，都属于社会性动机。

2. 根据动机的性质和社会价值，可以把动机分为高尚动机和低级动机

高尚动机是符合社会发展规律和人民利益的动机，它能持久地调动人的积极性，促使人为社会发展作出贡献。例如，助人为乐、克己奉公、为政清廉等都是由高尚动机所驱动的。

低级动机是违背社会发展规律与人民利益的，它不利于社会向前发展。例如，假公济私、损人利己、贪污受贿等都是由低级动机所驱使的。

3. 根据动机持续作用的时间来分，可以把动机分为长远的间接动机和短暂的直接动机

长远的间接动机持续作用的时间长，比较稳定，影响的范围大。这种动机一般来自对活动意义的深刻认识。例如，一位师范学生决心投身于教育事业，争取成为一名优秀教师，这成为他努力学习、刻苦锻炼的动机，是长远的间接动机。

短暂的直接动机只对个别具体行动起作用，并且作用的时间短，不够稳定，往往受个人情绪的影响。这种动机常常是由对活动本身的直接兴趣所引起的。如一名大学生仅仅是为了考试得高分而努力学习，这就是一种短暂的直接动机。

4. 根据动机在活动中作用的大小，可以把动机分为主导动机和辅助动机

在人的活动中往往具有多种动机，各自起着不同的作用。有的动机在活动中起主要的支

配作用,这种动机被称为主导动机。有的动机只起着次要的、辅助的作用,这种动机被称为辅助动机。主导动机通常对行为具有决定作用,辅助动机则往往强化主导动机,坚定主导动机所指引的方向。主导动机不是固定不变。随着人的成长,主导动机也是不断变化和发展的。例如,刚入学的学生,其主导动机可能是向往学生的身份("我是学生"),而后其主导动机可能是在班集体中取得一定的地位("成为三好学生")。

(四) 学习动机

学习动机(learning motivation)是激发并维持个体进行学习活动的一种内部心理状态。

学习动机与学习活动可以相互激发、相互加强。有时候,当学生缺乏学习动机时,可以通过开展学习活动逐步地引发和形成其学习动机。学习动机一旦形成,它就会自始至终贯穿于某一学习活动的全过程。因此,学习动机可以加强并促进学习活动。同样,学习活动又可以激发、增强甚至巩固学习动机。

学习动机与学习目的、学习效果均有密切的关系。

1. 学习动机与学习目的的关系

学习动机和学习目的对于学生的学习来说,都能起到鼓励、引导、推动和促进的作用。但是两者又是有区别的。一般来说,学习动机指原因,而学习目的指结果。学习动机多指当前所要采取的行为;学习目的多指将来要达到的目标。同一个学习目的,可以有不同的学习动机;同一个学习动机,也可以指向不同的学习目的。例如,学生为了达到"成为国家有用之材"这同一目的,就可能存在各种动机:有的是为了中华民族要立于世界先进国家之林;有的是为了共产主义的远大理想和人类的共同进步;有的是为了个人的出人头地等等。同样,从想考个好分数这一动机出发,可以指向不同的目的:可能是为了考一所好大学;可能是为了当"三好"学生;可能是为了入团、入党;可能是为了求得全面发展等等。另外,目的和动机也是可以相互转化的,就像原因和结果能够相互转化一样。

专栏 9-2

目标对动机的影响

美国心理学家耐特和瑞莫斯(Knight & Remmers)通过实验发现,如果被试认清学习的目标,那么就会产生强烈的学习动机。选择 10 名大学一年级学生组成实验组,并告诉他们如果要成为大学同学会会员,必须经过磨炼和测验,命令他们:5 天之内,不能沐浴理发;强迫吃生猪肝;每天只能睡两小时,其间要做苦工或徒步旅行;给予各种侮辱及困扰。第 5 天的深夜,告诉他们每人要接受 7 次计算测验,每次 5 分钟,测验的成绩将决定同学会的资格。另外,选取 50 名大学三年级学生组成对照组,进行同样次数和时间的计算测验,但不告诉测验的目的,并且测验前未受任何屈辱或困扰。结果发现,实验组的成绩几乎三倍于对照组。很显然,前者认清了学习目标,而后者只是盲目工作而已。

(资料来源:卢家楣. 心理学. 上海:上海人民出版社,2004)

2. 学习动机同学习效果的关系

从理论上说,学习动机和学习效果应当是一致的。但是事实上并非都是这样,原因在于学习动机与学习效果并不是直接的,它们之间往往以学习行为为中介,而学习行为又不单纯只受学习动机的影响,它还要受一系列主、客观因素(如学习基础、教师的讲解、智力水平、方法的运用和有关条件的创设等)的制约。但从全过程、整体上来看,学习动机同学习效果是存在着正相关的;而且,学习动机同学习效果并不只是"单向"的影响,还存在着"互惠"的关系。学习动机端正了,坚持刻苦认真学习以后,便能取得良好的学习效果;而良好的学习效果,又鼓舞了更大的学习积极性,从而也加强了学习动机。良性循环,相辅相成,相互促进,相得益彰,这也正是我们所期待的结果。

学习动机的强度,对学习效果也有影响。在学习活动中,学习动机过强或过弱,对学习效果都不利。只有当学习动机的强度处于最佳水平时,才会使学习活动产生最佳效果。据研究,学习动机强度的最佳水平不是固定不变的,它往往会因内容性质的不同而不同。耶尔克斯(R. Yerkes)与道德逊(J. Dodson)的研究认为,动机水平、学习任务的难易同学习效率之间存在着这样三种情况:一是在学习比较容易的内容时,学习效率会随着学习动机的增强而提高;二是在学习比较困难的内容时,学习效率反而会由于学习动机强度的增强而下降;三是在一定范围内,学习动机强度的增强有利于学习效率的提高,特别是在学习力所能及的内容时,其效率的提高更为明显。

二、青少年学生的学习动机

有关青少年学习动机的研究表明,从学习动机表现的特点来看,青少年学生的学习动机可以分为四类。

第一类:学习动机不太明确。例如,学习是为了应付家长、老师的"差使",学习是为了"混日子",学习是为了"混到毕业找工作",等等。

第二类:学习只是为了履行社会义务。例如,学习是为了班集体的荣誉,学习是为了不受别人指责、批评,等等。

第三类:学习是为了有个人前途。例如,学习是为了考大学,学习是为了成名成家,等等。

第四类:学习是为了国家和民族的利益。例如,学习是为了更好地掌握知识,为现代化建设多作贡献,学习是为了提高整个中华民族的文化水平,等等。

在上述四类学习动机中,第四类的人次占总人次的 44.3%,它在四类中所占的比例最高。各类学校、各年级、男女生的学习动机发展的总趋势是基本一致的。

三、学习动机的激发、转化与维持

学习动机是推动学习的一种重要力量,这种力量发挥得好,学习质量就会大大提高。教师培养学生的学习动机可采取以下三种措施。

(一) 创设外部客观条件,激发学习动机

在学习活动中,常常会有许多外部客观条件吸引、激励、诱导学生形成相应的学习动机。

这些能激发学习动机的外部客观条件,既可以是物质的,如物品、金钱等,也可以是精神的,如名誉、竞赛、评优等。在学习活动中,父母的奖励、老师的表扬、适当的竞赛、获得优秀成绩、评定优秀学生、颁发奖学金等,都可以成为激发学生学习动机的外部条件。这种因外部条件激发而产生的学习动机,可称为外部学习动机。它对学习活动的影响较小,维持的时间也比较短。

在教学过程中,有目的、有计划地创造某些外部客观条件以激发学生的外部学习动机是十分必要的。

(二) 培养内部心理品质,转化学习动机

学习动机的产生与存在,不仅需要外部客观条件的激发,还需要内部心理因素的转化,离开这两个方面也就无所谓学习动机了。在学习活动中,内部心理因素如信念、理想、自尊心、自信心、好胜心、责任感、义务感、荣誉感等,都可以直接转化为学习动机。这种由内部心理因素转化而来的学习动机,可称为内部学习动机。它对学习活动的影响较大,维持的时间也比较长久。如一名学生对某门学科有浓厚的兴趣,他就会乐此不疲地学习这门学科,甚至终身不变。

教师在教学过程中想有效地培养学生的内部学习动机,实质上就是要培养那些直接能转化为内部学习动机的有关心理因素,如培养学习需要、学习兴趣、学习热情、学习的责任感和好胜心等。

(三) 强化各种内外因素,维持学习动机

学生学习活动的维持,有时是外部学习动机起作用,有时是内部学习动机起作用,二者轮流交替,相互转化,相互促进,贯穿于学习活动的全过程,直至达到既定的学习目标或目的。通常的情况是,当一名学生在获得某种奖励或其他诱因的推动下进行学习时,渐渐地对学习产生了兴趣、热情或责任感,于是更加积极、主动地进行学习。这样外部学习动机便转化为内部学习动机。当一个学生在学习兴趣、学习热情或学习责任感的推动下进行学习,取得优异成绩而获得奖励时,这种奖励又使他进一步增强了学习的劲头。这样,内部学习动机又引发外部学习动机。

在教学过程中,教师可以通过以下方法强化和维持学生的学习动机:

(1) 在学生缺乏学习动机时,应当创设外部条件,以激发学生的学习动机。

(2) 当学生产生了一定的外部学习动机之后,还应当有目的地培养其学习需要、学习兴趣、学习热情以及信念、理想、世界观和人生观,并引导这些内部心理因素转化为内部学习动机。

(3) 当学生有了强烈而持久的内部学习动机之后,仍然要利用外部条件去激发外部学习动机。

(4) 以强化和维持学生的内部学习动机为主,适当利用外部学习动机,充分利用各种因素,使学生从事高质量的学习活动。

第四节　学习兴趣

一、兴趣的概念与分类

(一) 兴趣的概念

兴趣(interest)是人积极探究某种事物的认识倾向。这种认识倾向使人对某种事物给予

优先注意,积极探索,并带情绪色彩和向往的心情。例如,对音乐感兴趣的人,总是首先注意有关音乐的书籍和乐器,他的认识活动优先指向与音乐有关的事物上,并以向往的心情力求研究它、领会它、掌握它。古代教育家朱熹以他的名作《四时读书乐》来抒发他对读书的兴趣以及对读书的积极肯定的情绪。他赞美春季"读书之乐何如,绿满窗前草不除",夏季"读书之乐乐无穷,拨琴一奏来熏风",秋季"读书之乐乐陶陶,起弄明月霜天高",冬季"读书之乐何处寻?数点梅花天地心"。

兴趣是建立在需要的基础上的,需要的对象也就是兴趣的对象。当一个人有某种需要时,他必然会对有关的事物优先地给予注意,并且对它有向往的心情,即对有关的事物发生兴趣。同时,已经形成的深刻而稳定的兴趣,不仅反映着已有的需要,而且又可滋生出新的需要。瑞士心理学家皮亚杰曾指出:"兴趣,实际上就是需要的延伸,它表现出对象与需要之间的关系,因我们之所以对于一个对象发生兴趣,是由于它能满足我们的需要。"可见,兴趣和需要有着密切的联系。

兴趣又和认识、情绪、意志有着密切的联系。兴趣是一种特殊的认识倾向,它表现在人对感兴趣的对象的感知、记忆、想象和思维上,并表现在人对有关事物的优先注意和集中注意上。对某种事物感兴趣往往都带有积极的感情色彩。对某种事物的兴趣愈浓厚,人对它的情感也愈浓厚。稳定的兴趣对于克服学习中的困难,顺利完成学业大有裨益。

兴趣是爱好的前提。当兴趣进一步发展成为从事某种活动的倾向时,就发展为爱好。爱好不仅是对事物优先注意和向往的心情,而且有从事实际活动的倾向。例如,对音乐有爱好的人,就不只是对音乐有兴趣,他还有从事音乐活动的倾向。他或者经常参加演奏,或者经常练音唱歌。所以,兴趣与爱好是有区别的,兴趣是对某种事物的认识倾向,而爱好是从事某种活动的倾向,爱好是和某种活动紧密联系在一起的。

人的兴趣不仅在活动中发生和发展,而且是认识和从事活动的巨大动力。它是推动人们去寻求知识和从事活动的心理因素。兴趣发展成爱好后,就成为人从事活动的强大动力。凡是符合自己兴趣的活动,容易提高积极性,并且会愉快地去从事这种活动。兴趣对未来活动起准备作用,对进行中的活动起推动作用,对活动的创造性态度起促进作用。

兴趣是受社会历史条件所制约的。各人所处的社会历史条件不同,阶级地位不同,他们的兴趣也就有不同的特点。例如,古代人不可能有对现代生活用品的兴趣。有些兴趣还具有鲜明的阶段性,并受个人的世界观所调节。例如,一个具有共产主义世界观的人,对无产阶级革命事业,对社会主义建设事业必然产生极大的兴趣。

专栏 9-3

好奇心与兴趣

在现实生活中有这样一种现象,即人们往往认为"禁摘的果子是甜的"。也就是越禁止越神秘,越能引起人们的好奇心,越能激发人们的兴趣。相传马铃薯在法国长期被视为"不祥之物",牧师称它为"魔鬼的苹果",医生说它有害身体,农学家说它会枯竭土壤,因而一直推广不开。法国农学家巴蒙蒂埃,在德国当俘虏时曾吃过马铃薯,释放后把它带回国内,为了说服人们种植它,他想了一个办法,要求国王派遣全副武装的士兵为他守卫马铃薯地,白天守卫,晚上撤回。禁止的结果,激起了人们的好奇心,人们纷纷偷挖并移植到自己的菜园里。这样马铃薯就在法国传播开了。

(资料来源:李之群. 趣味心理学. 武汉:华中理工大学出版社,1997)

(二) 兴趣的分类

人类的兴趣是多种多样的,可以根据不同的标准对它们进行分类。

1. 根据兴趣的倾向性,可分为直接兴趣和间接兴趣

直接兴趣是由事物或活动本身所引起的兴趣,如新奇的东西、看电视或小说等。

间接兴趣是指对活动的目的和结果的兴趣。如开始学习外语时,人们可能对学习外语本身没有兴趣,但是学好外语能阅读外文资料,了解最新科技成果,这是人们深感需要而有兴趣的。

无论是直接兴趣,还是间接兴趣,对于学习都是必要的。没有直接兴趣,学习将变得枯燥无味;没有间接兴趣,学习便不可能长久坚持下去。只有直接兴趣和间接兴趣有机结合,学习活动才能积极主动地坚持下去。

2. 根据兴趣的内容,可分为物质兴趣和精神兴趣

物质兴趣表现为对食物、衣服等物质生活条件的兴趣。对个人的物质兴趣必须加以正确指导和适当控制,否则会发展成畸形的贪婪形式,使人走上邪路。

精神兴趣主要是指认识的兴趣,表现为对客观事物的认识,积极主动地学习,不满足于已经掌握的知识,不满足于已有的成绩,开动脑筋去钻研,进行创造性的学习等。精神兴趣能表明一个人的精神境界,是个性发展高水平的表现。

二、兴趣在学习中的作用

个体一旦对某种活动产生了兴趣,就能提高这种活动的效率,对学习活动亦是如此。因此,学习兴趣问题,受到众多教育家的重视。兴趣在学习中的作用主要体现在两个方面:

1. 兴趣是引起和保持注意的重要因素

对感兴趣的事物,人们总是愉快主动地去探究它。研究表明,无论是有意注意还是无意注意都和兴趣有关。兴趣使人集中注意,产生愉快紧张的心理状态,对认识过程产生积极的影响。孔子说:“知之者不如好知者,好知者不如乐知者。”意思是说,对于学识,懂得它的人赶不上喜欢它的人,喜欢它的人又赶不上醉心于它、以它为乐的人。人民教育家陶行知先生从自己丰富的教育经验出发,认为:“学生有了兴趣,就肯用全副精神去做事,学与乐不可分。”浓厚的兴趣会使个体产生积极的学习态度,推动他兴致勃勃地去进行学习。

2. 兴趣对智力发展起着促进作用

皮亚杰指出:“所有智力方面的工作都要依赖于兴趣。”美国的拉扎勒斯(A. L. Lazarus)等人的研究表明,兴趣比智力更能促进学生努力学习。他将高中学生按照智力和兴趣分为智

力组和兴趣组。智力组学生的平均智商为120,但对语文阅读和写作不感兴趣;兴趣组学生平均智商为107,但对语文阅读和写作很有兴趣。在学期结束时,兴趣组的成绩远远超过智力组。

三、青少年学生兴趣发展的基本趋势

青少年学生的兴趣是广泛多样的,调查表明:中小学生的兴趣可多达70多种,上至天文气象,下至风土人情,几乎涉及人类生活的所有领域。男女学生和不同年级学生的兴趣发展既有共同的方面,又有不同之处,这其中也是有一定的规律可循的。认识并掌握这些规律,了解青少年学生兴趣发展的基本趋势,对于更好地培养学生学习兴趣,提高学习效率是有重要意义的。

青少年学生兴趣发展的基本趋势主要体现在以下方面:

(一)兴趣发展逐步深化

人的兴趣发展,一般要经过有趣——乐趣——志趣三个阶段。有趣是兴趣发展的低级水平,它往往是由某些外在的新异现象所吸引而产生的直接兴趣。其特点是:随生随灭,为时短暂。乐趣是兴趣发展的中级水平,它是在有趣的基础上逐步定向而形成的。其特点是:基本定向,持续时间较长。志趣则是兴趣发展的高级水平,它与崇高的理想和远大的奋斗目标相结合,是在乐趣的基础上发展起来的。其特点是:积极自觉,持续时间长,甚至终身不变。小学儿童的兴趣一般还处在有趣阶段,进入中学后,在各方面教育环境和条件的影响下,可逐步向乐趣乃至志趣深化。而兴趣只有上升到了志趣阶段,才会使学生全身心地投入到学习活动中去。在青少年学生的教育工作中,教师应努力促成学生兴趣的升华。

(二)好奇心、求知欲、兴趣密切联系,逐步发展

好奇心、求知欲、兴趣是互相促进、彼此强化的。同时,三者又是沿着好奇心—求知欲—兴趣的方向发展的。

好奇心是人们对新奇事物积极探求的一种心理倾向,它可以说是一种本能。好奇心在儿童期最为强烈,主要表现在好问、好动方面。求知欲是人们积极探求新知识的一种欲望,它带有一定的情感色彩。青少年时期是求知欲最旺盛的时期。某一方面的求知欲如果反复地表现出来,就形成了一个人对某一事物或活动的兴趣。教师应当促使青少年学生的好奇心尽快地向求知欲发展,最终培养浓厚的学习兴趣。在具体的教学活动中,要注意珍惜好奇心,增强求知欲,提高兴趣水平。

(三)学科兴趣开始分化,中心兴趣逐渐形成

由小学进入初中学习的学生,随着学科(课程)门类的增多,对各科学习的兴趣也随之产生分化。他们更喜欢那些教材内容丰富、教师讲授生动、自己学有所获并能取得好成绩的学科。到高中阶段后,这种现象会更加明显。

中心兴趣是指对某一方面的事物或活动有着极浓厚而又稳定的兴趣。儿童缺乏中心兴趣,而青少年则逐渐形成了中心兴趣。学生的中心兴趣常常同他们渴求学习的专业或追求的理想职业相联系。

新编心理学(第三版)

在现代科技发展使各科之间既分化又融合,交叉学科、边缘学科不断出现的情况下,教师应首先要求学生具有广阔的兴趣,多方面地去摄取知识,打下扎实的知识基础,然后再要求他们在某一方面进行更加深入的钻研,培养起中心兴趣,最后达到博与专的完美结合。

四、兴趣的品质及其培养

(一) 兴趣的品质

人的兴趣在广度、深度、稳定性和效能等方面所表现出的不同的特点,叫做兴趣的品质。

1. 兴趣的倾向性

兴趣的倾向性是指个体对什么发生兴趣。人们的兴趣指向会有很大不同。有人喜欢文学,有人喜欢数学,有人喜欢体育,有人喜欢文艺,等等。兴趣的倾向性是人的生活实践和教育所造成的,并受一定的社会历史条件所制约。但个体在多种兴趣中必然有一种中心兴趣,表现出对某一事物更大更浓厚的倾向性,有这样的兴趣才可能做出成绩,才能影响个性特点。

2. 兴趣的广泛性

兴趣的广泛性指个体兴趣的范围。人们的兴趣范围也不大一样。有人兴趣广泛,有人兴趣狭窄。一般地说,兴趣广泛有利于人们获得渊博的知识,人的心理也能得到充分发展,兴趣广泛是人的个性全面发展的表现形式。而兴趣狭窄在一定程度上会限制个性的发展。当然广泛的兴趣应该在正确的倾向性指导下,和中心兴趣结合起来,否则样样都喜欢,样样都不专,结果一无所长。只有在广泛兴趣的基础上,有一个中心兴趣,使兴趣既博且专,才有可能取得成就。

3. 兴趣的稳定性

兴趣的稳定性是指对某种对象或活动,能够持久地保持浓厚兴趣的一种品质。人们有了稳定的兴趣,才能经过长期的钻研,获得系统而深刻的认识。人们有了稳定的兴趣,才能坚持工作,锲而不舍,取得创造性的成就。可见,稳定而持久的兴趣对人的学习和工作有重要的意义。

4. 兴趣的效能性

兴趣的效能性是指兴趣在人的活动中所产生的推动作用的大小。能推动人的活动的兴趣,才是效能较高的兴趣。有些人的兴趣只是停留在期待的状态中,不能促使自己积极主动地从事活动,这样的兴趣缺少推动的力量,没有实际的效能。因此,培养人的高效能的兴趣,对掌握知识、形成技能、促进个性的发展都具有重要意义。

(二) 兴趣的培养

1. 扩大、加深学生的认知,奠定兴趣的知识基础

兴趣能推动人们去获得有关知识,但兴趣的产生又是以对事物具有一定知识为基础的。知识越多,兴趣也会越浓。所以要扩大学生的知识面才能培养广泛的兴趣,要加深认识,才能培养浓厚的兴趣,兴趣与知识相辅相成。

2. 提高认识,激发兴趣的产生

提高认识是指提高对学习目的、意义的认识,这是培养间接兴趣的必由之路。这种间接兴

趣在促使学生学习、获得一定知识的同时,往往也随之激发对学习的直接兴趣。

3. 在实践活动中培养兴趣

许多兴趣是在实践活动中,努力做了之后才产生的。一方面,人是有兴趣才做的;另一方面,也是由于付出了努力才有兴趣的。所以,要指导学生在实践活动中培养兴趣。学生的实践主要是学校的一切活动,要使学生在掌握知识、形成技能的过程中产生兴趣,尤其是在课外活动小组或校外科技活动中,培养学生广泛和稳定的兴趣最有效。

4. 根据学生的不同兴趣特点进行培养

学生的兴趣存在着很大差异,首先是兴趣内容的倾向性不同,即使兴趣内容相近的学生,其兴趣的广泛性和稳定性也各不相同,那些兴趣内容完全不同的学生,更是千差万别。因此,应根据学生不同的兴趣因材施教。

思考与练习

1. 请分析需要与动机、需要与兴趣的关系。

2. 为什么说个性的稳定性和独特性是相对的?

3. 试述个性形成的影响因素。

4. 为什么说需要是人类活动的动力源泉?

5. 教师在教育活动中应如何培养和激发学生的学习兴趣?

第十章 个性心理与教育（二）

课前思考

1. 能力是什么？人的能力能够测出来吗？

2. 你相信有"天才"吗？如果有，"天才"又是怎样形成的呢？

3. 王安石的《伤仲永》里的方仲永为什么会由"十岁神童"到"十五才子"，最后又成了"二十凡人"？

学习指导

1. 概念识记：能力，一般能力，特殊能力，智商。

2. 分析理解：能力的分类，能力的个别差异，能力的发展与社会实践。

3. 实际运用：请结合实际，分析影响能力形成和发展的因素。

第一节 能力的概述

一、能力的概念

能力（ability）是直接影响活动效率，保证活动顺利完成的个性心理特征。

能力一词有两种含义：其一是指已经发展成为或表现出来的实际能力（actual ability）；其二是指潜在能力（potential ability）。"心理学上所指的能力，含有两种意义：其一是指个人将来'所能为者'；其二是指个人将来'可能为者'。'所能'与'可能'固然都指的是能力，但此处所指的能力，不包括一般常识中所说的体能或社会能力，而是专指心理能力而言。"[①]"所能"就是实际能力，"可能"是指潜在能力，实际能力和潜在能力密切地联系着。潜在能力是实际能力形成的基础和条件，实际能力是潜在能力的展现。

现实生活中，不同个体的能力是不相同的。如有的人敏于算术，思路灵活，运算能力强；有的人过目成诵，不易忘记，有惊人的记忆力；有的人富于幻想和想象，有很高的创造能力；有的

---

① 张春兴. 现代心理学. 上海：上海人民出版社，1994

人擅长组织管理,具有较强的组织能力;有人擅长音乐和绘画,有较高的艺术才能等等。凡此种种能直接影响人的活动效率,使活动顺利完成的个性心理特征就是能力。

能力与活动联系在一起。一方面,个人的能力总是和人的某种活动相联系,并在活动中形成、发展和表现出来。只有通过活动才能表现出人的能力和发展人的能力。例如,在教学活动中,教学组织能力强的教师往往能使课堂秩序井然、生动活泼,在一定的时间内较好地完成教学任务。另一方面,从事某种活动又必须有一定的能力作为条件和保证。如学习活动就需要感知能力、认识能力、学习能力、记忆能力、解题能力、阅读能力、语言表达能力等;文艺创作活动需要观察、思维、表象、创造想象和写作能力等。人若离开活动,其能力不仅无法形成而且也失去其存在的意义。

能力是完成活动的必要心理条件,是顺利完成活动的直接有效的心理特征。但是,在活动中表现出来的心理特征并不都是能力。比如,有的人在活动中表现出情绪稳定,富有耐心,而有的人表现出性格急躁,快言快语,这些心理特征都有可能影响人顺利地完成某种活动,但不一定是完成活动所必需的。而在绘画活动中,色彩鉴别、形象记忆、空间比例估计等,则是顺利进行绘画所必需的心理特征,缺乏这些心理特征,有关的活动便无法顺利完成。

能力是保证活动取得成功的基本条件,但不是唯一的条件。活动能否顺利进行往往还与人的动机、情绪、意志、外部条件、健康状况等因素有关。在其他条件相同的情况下,能力强者较能力弱者更容易使活动顺利进行并取得成功。

顺利完成某种活动,很多时候不是单一能力所能胜任的,而是需要多种能力的结合。如学生的学习活动,既需要有观察力、注意力、记忆力,也需要有分析、思维和想象能力;既要有对书本知识的理解能力,也需要有解决实际问题的技能等。在完成某项活动时,各种能力的完备结合被称为才能。如果一个人的各种能力在活动中达到了最完备的发展和结合,能创造性地完成某一领域的活动任务,通常被称为天才。天才不是天生的,而是人在一定的先天获得的生理条件基础上,在后天环境和教育的影响下,加上主体在实践活动中的主观努力而逐渐发展起来的超常能力品质。

二、能力的分类

从不同的角度,可对能力进行不同的分类。

(一) 按能力的倾向性,可分为一般能力和特殊能力

一般能力是指人们从事一切活动所必须具备的一些基本能力,如观察力、记忆力、注意力、想象力和思维力等。这些在认识活动中所表现出来的一般能力通常也叫智力(intelligence)。

特殊能力是指完成专业活动所特需的能力,是在某些专业和特殊职业活动中表现出来的一般能力的某些特殊方面的独特发展。如音乐能力、绘画能力、创作能力、飞行能力、表演能力等。

一般能力和特殊能力有机地联系在一起,一般能力的发展为特殊能力的发展创造了有利条件,而在活动中发展特殊能力的同时也促进了一般能力的发展。许多研究表明,每种特殊才能都是由特定的活动所要求的多种基本能力的有机结合构成的,而这些基本能力,也就是一

般能力在具体活动中的特殊化或具体化。在教学活动中,我们既要努力发展学生的一般能力,也要注意培养不同学生的特殊能力,在使学生的能力得到全面的发展的同时,关注学生能力的个性化发展。

(二)按能力的创造性,可分为模仿能力和创造能力

模仿能力(imitative ability)也称再造能力,是指效仿他人的言行举止而引起的与之相类似的行为活动的能力。学习绘画时的临摹,学习写字时从字帖上仿效名家的书法,儿童仿效父母和教师的说话、表情等都是模仿。古希腊哲学家亚里士多德、达尔文、美国心理学家詹姆斯(W. James)等人都认为模仿是一种本能。与这种观点相对立的是社会学习观点,如美国耶鲁大学心理学家多拉德(J. Dollard)等人认为,人类模仿行为是通过强化而习得的。班杜拉(A. Bandura)等人对人类模仿行为进行了系统的试验研究。班杜拉认为,模仿不是先天的本能,而是在后天的社会化过程中,通过人与人之间相互影响而逐渐习得的。他还认为,模仿有三种作用:使原有的行为巩固或改变;使原来潜伏而没有表现的行为得到表现;习得新的行为动作。

创造能力(creative ability)是指产生新思想,发现和创造新事物的能力。它是成功地完成某种创造性活动所必需的条件。心理学家研究了具有创造能力者的个性特征。卡特尔(R. B. Cattell)等人研究表明,创造能力强的人具有缄默孤独、聪慧富有才识、好强固执、严肃审慎、冒险敢为、敏感、感情用事、幻想、坦白直率、自由、批评、当机立断、自立等个性特征。吉尔福特用因素分析法,得出具有创造能力的人的六个主要特征:①对问题的敏感性;②思维的流畅性;③思维的变通性;④独创性;⑤重组能力;⑥概念结构的复合性。其中又以思维的流畅性、思维的变通性和独创性最为重要。

模仿能力和创造能力紧密联系着。创造能力是在效仿能力的基础上发展起来的。人们的活动一般总是先模仿,后创造,从模仿到创造。模仿是创造的前提和基础,创造又是模仿的发展。效仿能力和创造能力又是相互渗透的,把能力划分为效仿能力和创造能力也是相对的。效仿能力中包含有创造能力,创造能力中也包含着效仿能力。

(三)按能力的功能,可分为认知能力、操作能力和社交能力

认知能力(cognitive ability)就是接收、加工、储存和应用信息的能力。一般认为,感知、记忆、注意、思维和想象的能力都属于认知能力。美国教育心理学家加涅(R. M. Gagne)在其学习结果分类中则提出三种认知能力:即言语信息(回答世界是什么的问题的能力);智慧技能(回答为什么和怎么办的问题的能力);认知策略(有意识地调节与监控自己的认知加工过程的能力)。

操作能力(operation ability)就是操纵、制作和运动的能力。它是在操作技能的基础上发展起来的,同时又成为顺利地掌握操作技能的重要条件。劳动能力、体育运动能力、艺术表现能力、实验操作能力等等均被认为是操作能力。

社交能力(social ability)是在人们的社会交往活动中所表现出来的能力,如处理人际关系的能力、组织管理能力等。这是人们参加集体生活、与周围人保持良好的人际关系所不可缺少的能力。美国心理学家桑代克(E. L. Thorndike)早已提出,人类有三种智力:抽象智力、具体智力和社会智力,他认为社会智力就是处理人与人之间相互交往的能力。当代心理学家认为,人们在社会交往活动过程中所表现出来的社交能力其实也包含有认知能力和操作能力。

第二节　能　力　的　测　量

人的心理现象同自然界许多其他现象一样,是能够测量的。尽管目前关于能力测定方法的问题尚未很好地解决,但能力测量在因材施教、人才选拔、心智缺陷的早期诊断等方面已发挥了一定作用并显示了广阔的应用前景。

能力测量的思想在我国有着悠久的历史。孔子指出:中人以上,可以语上也;中人以下也,不可以语上也(《论语·雍也》)。《孟子·梁惠王》中指出:"权,然后知轻重;度,然后知长短。物皆然,心为甚。"孟子认为心与物皆具有一种可测量的特性。三国时代刘劭在《人物志》一书中提出:"观其感变以审长度",意指根据一个人的行为变化便可推测他的一般心理特点。这本书 1937 年由美国心理学家施赖奥克译成英文,取名为《人类能力的研究》(*The Study of Human Ability*)。我国著名的七巧板和九连环(图 10-1),是一个多世纪前便在我国民间流传的智力测验工具。七巧板被外国人称为"中国式的迷津"。用七巧板可以组成近百种生物和实物图样。而西方直到 1914 年才由普肯佛设计出较七巧板简单、由五块小板组成一个长方形的五巧板。

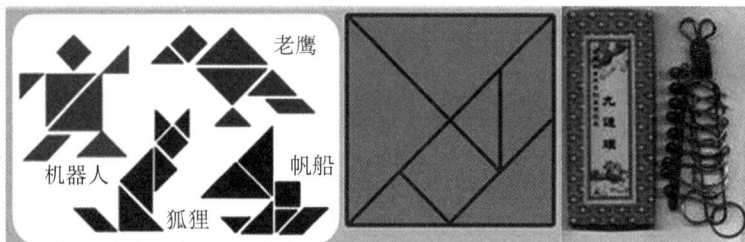

图 10-1　七巧板和九连环

目前,能力测量在国际上已越来越受到人们的重视并得到广泛的运用。在军事方面,能力测量被应用于各兵种的征兵和军事训练中;在企业管理方面,各种能力测量在招工和职业训练中发挥了很大作用。经验证明,能力测量对于因材施教、人才选拔、心智诊断、评定教育质量等均能发挥独特、有效的作用。

一、一般智力测验

(一) 智力的理解

智力又称智能或智慧,通常指的是一般能力,而非特殊能力。智力是人们时常运用,也是心理学界普遍关注的概念。我国古代和古希腊不少哲人的著作中已涉及智力问题。例如,《论语》中有"智者不惑""智者不失人,亦不失言"。我国古代史书《国语》则认为"言智必及事",韦昭注:"能处事物为智"。所谓"能处事物"大体上相当于现代心理学教科书中所讲的"能顺利地完成活动任务"。

目前心理学界对"智力"一词的界定还是众说纷纭,莫衷一是。但各家对智力的定义大多采自两种取向:一是概念性定义(conceptual definition),只对智力一词作抽象的或概括性的描述。比如以下说法:智力是个体抽象思维的能力;智力是个体学习的能力;智力是个体适应环境的能力等。二是操作性定义(operational definition),指采用具体的操作性方法或程序来界定智力。比如"智力是根据智力测验所测定的能力"这一说法。

根据我国较多心理学家的观点,我们认为智力是个体认知方面的各种能力的综合。个体认知过程中的各种能力(如感知能力、观察能力、记忆力、想象力、思维能力等)均包括在智力的范围,其中抽象逻辑思维能力是智力的核心成分。创造性地解决新问题的能力是智力的高级表现形式。

(二)一般智力测验

在西方,最早、最著名的智力测验是法国心理学家比奈(A. Binet)和西蒙(T. Simon)为了鉴定低能儿童于 1905 年编制的一套智力测验量表,称为比奈-西蒙量表(Binet-Simon Scale)。1916 年美国斯坦福大学心理学家推蒙(L. M. Terman)对这一量表进行了第一次修订,称为斯坦福-比奈量表(Stanford-Binet Scale)。这个智力测验量表曾于 1937 年、1960 年先后作过三次修订。

一般智力测验通常用的有斯坦福-比奈智力量表和韦克斯勒智力量表(Wechsler Intelligence Scale)。目前国内也发展了一些经修订的新的测验量表。这种测验属于个别测验(individual intelligence test)。

1. 斯坦福-比奈量表及测定

该量表用来估量儿童智力发展水平。量表共设 142 个项目,分成 20 个发展水平,依发展顺序排列,每一发展水平各有 6 个测验,发展顺序从两岁直到成人。

以该量表 1960 年修订本为例,测验项目有以下内容:

5 岁组:

(1)人像画上补笔。

(2)折叠三角。模仿将一张六寸见方的纸对角折叠两次。

(3)为皮球、帽子、火炉下定义。

(4)临摹方形。

(5)判断图形的异同。

(6)把两个三角形拼成一个长方形。

备用项目:用鞋带在铅笔上打个结。

7 岁组:

(1)指出图形的谬误。

(2)指出两物的相同点:(木和炭、苹果和汽车、铁和银)。

(3)临摹梭形。

(4)理解问题。例如"如果你在马路上遇到一个找不到父母的三岁小孩,你应该怎么办?"等。

（5）完成相应的类比：雪是白，炭是(?)；狗有毛，鸟有(?)等。

（6）倒背五位数。

备用项目：倒背三位数。

智力测验的结果，通过用智力年龄（也称心理年龄，英文为 mental age，简称 MA，智龄）和智力商数（intelligence quotient，简称 IQ，智商）来表示。

智力年龄是比奈于 1908 年正式提出的，它以被试者能通过哪一年龄组的测验项目来计算。如一个 10 岁的儿童通过 10 岁组的全部条目，那么他的智龄就是 10 岁。如果他还通过 11 岁组的两个条目（代表 4 个月）和 12 岁组的一个条目（代表 2 个月），他的智龄就是 10 岁 6 个月。

智商是一个相对数，它表示儿童智力年龄与实足年龄之间的关系。智商就是智龄和实足年龄（chronological age，简称 CA）之比，为了避免计算结果中的小数，将商数乘以 100，其公式：

$$IQ = \frac{MA}{CA} \times 100$$

智商大于 100，表示此儿童智力高于同年龄的一般儿童；如果智商小于 100，则表示此儿童智力低于同年龄的一般儿童。

2. 韦克斯勒智力量表及测定

用 IQ 来衡量人的智力发展水平，建立在假定智力年龄随实际年龄一起增长的基础上。但事实上，少年儿童在 15 岁左右将开始出现智力年龄不再随着实际年龄的增长而增长的现象。因此，IQ 的测量方法并不适合于测量较大年龄的青少年和成人的智力水平。

20 世纪中叶，美国心理学家韦克斯勒为克服 IQ 测量方法的局限性，编制了新的智力量表。

常用的韦克斯勒量表分为三种：韦氏成人智力量表（WAIS-R），评定 16 岁以上成人的智力；韦氏儿童智力量表（WIS-C-R），测定 6—16 岁少年儿童的智力发展水平；韦氏学前儿童智力量表（WPPSI），评定 4—6.5 岁儿童的智力。这三种量表项目类别大同小异，差别仅在于内容的难度。

韦克斯勒智力量表的特点是，废弃了智力年龄的概念，保留了智商的概念，但韦氏量表的智商已不是传统的比率智商（ratio IQ），而是离差智商（deviation IQ），离差智商是以每一年龄组的原始平均分数为 100，标准差为 15，求平均数以上和以下的相应智商（IQ），它的计算公式为：

$$IQ = 100 + \frac{15(X - \overline{X})}{SD}$$

X 为某一年龄组被试者实得的测试原始分数，$\overline{X}$ 是该年龄组总体的平均分数，SD 表示标准差，$(X - \overline{X})/SD$ 是标准分数，它是一种以标准差为单位的相对量数。

韦氏量表的另一特点是，不仅能算出一个人全量表的离差智商，还能算出言语测验、作业测验及各种分测验的离差智商。这就有可能对一个人的智力结构的各种因素进行分析比较。

情 绪 智 力

情绪智力（emotional intelligence）又称为情感智力,情感智慧或情绪智能。

情绪智力的概念是由美国的萨洛维（Salove）和新罕布什尔大学的玛依尔（Mayer）提出的,是指"个体监控自己及他人的情绪和情感,并识别、利用这些信息指导自己的思想和行为的能力"。

换句话说,情绪智力也就是识别和理解自己和他人的情绪状态,并利用这些信息来解决问题和调节行为的能力。在某种意义上,情绪智力是与理解、控制和利用情绪的能力相关的。

美国心理学家格勒曼（Goleman）在其著作《情绪智力》一书中明确提出:"真正决定一个人成功与否的关键是情商而非智商"。尽管到目前为止,人们对"情商"的提法存在着一定的分歧和争议,情商能否同智商一样加以定量测定也还有待进一步研究,但是有关情绪智力是决定人们成功的重要因素的思想正逐渐被人们所接受。

二、特殊能力测验

一般智力测验所测得的智力包括着多种能力的因素,是一种能力的集群。实践中发现,智力与各种特殊能力之间的相关并不大。因此,为了测定从事某种专业活动的能力,特殊能力的测验便应运而生了。

特殊能力测验中的差别能力倾向测验（DAT）,是一套评定七种能力的综合测验。这七种能力包括:言语推测能力、数学能力、抽象推理能力、空间关系能力、机械推理能力、抄写速度和精确性、语言运用能力。通过这种测验,可测得被试者的各种特殊能力。

特殊的实际能力倾向测验,可预测一个人将来从事某种专业活动的发展可能。这种测验包括对艺术能力和机械能力等的测验。如梅尔美术判断测验,就是根据被试者选择的所谓"正确的图画"的正误得分,推断其绘画艺术能力倾向的。

三、创造力测验

本世纪中叶以来,心理学家在研究创造力和富有创造力的人所具有的特质的基础上,发展了专门用来测定人的创造力的测验。这些测验中,著名的有以吉尔福特为代表的美国南加利福尼亚大学测验、明尼苏达大学托兰斯的创造思维测验、芝加哥大学盖茨尔斯和杰克逊的创造力测验等。

以托兰斯的创造思维测验为例,该测验适用于幼儿园儿童到研究生,已成为广泛地用作创造力测量的工具。测验的具体内容有问与猜测验、产品改进测验、非常用途测验、合理设想测验、图画测验、不完全数字测验以及平行线测验。其评分标准有四项:流畅性、变通性、独创性和精密性。所有的作业都要求提供发散解答、多种可能性解答,在理论和行为上则要求有所创造。

创造能力的测验,是智力测验适应时代需要而发展起来的。不过真正测定一个人的创造力是很困难的,目前尚处于探索、尝试阶段。但可以预料,随着时代的发展和人类智力开发的需要,创造力测验将展示出越来越广阔的发展和应用前景。

四、能力测验的局限性

当前所用的各种能力测验方法还不完善,具有一定的局限性。这是因为,能力的成分十分复杂,它是综合性的个性特征,在评定测验的效度上往往看法不一致,同时测验结果也往往受多种因素的影响,尤其是动机和人格因素的影响。这些因素有些能控制,有些则难以控制。以智力测验为例,智商的测定难免要受被测者生活环境、知识背景、受教育水平等多种因素影响。甚至被测者当时的心境、参与态度等均可影响最终的测验结果,从而降低了测验效度和信度。近些年来,尽管有些心理学家尝试编制"免文化影响测验"(culture-free test),用以解决上述问题,但效果也还难以肯定。另外,测验往往仅反映现实能力,不能反映能力的发展速度和发展水平。由于能力测验的局限性,所以在运用测验法的同时,还应结合其他的方法,如观察法、实验法、个案法、追踪法等,将得出的结论互相验证,这样才能对一个人的能力作出符合实际的估计和预测。

第三节　能力与教育

一、能力的发展与培养

(一) 影响能力发展的因素

影响能力发展的因素是很多的,其中以遗传素质和营养状况、早期经验、知识和技能、学校教育、社会实践、非智力因素等对能力发展的影响最为显著。

1. 遗传素质与营养状况

遗传素质是有机体生来就有的某些解剖和生理的特点,主要是神经系统、脑的解剖生理特点,以及感觉和运动器官的特性。先天素质是能力发展的自然前提。色盲的人难以发展色彩辨别能力;生来或早期聋哑的人难以发展音乐能力;严重的脑损伤或脑发育不全者智力的发展必然受到影响。

虽然天赋素质对个人能力发展具有相当重要的意义,但素质并不等于能力。同样的素质基础可以形成各种不同的能力,同一种能力也可以在不同的素质基础上形成。初生婴儿没有能力,但他生来具有一定的解剖生理特点,因而他具有能力发展的一般可能性。只有在以后的生活实践中,解剖生理素质在活动中显露并发展起来,才逐渐形成各种能力。

另外,营养状况影响智力的发展已被许多生理学家及心理学家的研究所证实。研究发现,营养缺乏的妈妈,其婴儿胎盘上的 DNA 含量远远低于一般人的平均值。而发育期间 DNA 增加的速度,往往直接关系到细胞数目的增加。儿童在胚胎期和出生后,身体和脑都处在迅速发育时期。脑的机能活动则依靠由血液输送的养料维持,母亲的乳汁和蛋白质含量高的食物能提高神经细胞的化学成分,从而保证脑细胞的化学成分的满足及其机能活动的需要,这些都将影响儿童智力的发展。

2. 早期经验

人的智力发展的速度是不均衡的,在早期阶段所获得的经验,促使能力发展得最快,不少人把学龄前称为智力发展的一个关键时期。布鲁姆(B. S. Bloom)在总结前人及自己研究成果的基础上,在 1964 年出版的《人类特征的稳定与变化》一书中,提出了一个重要的观点,认为 5 岁前是人类智力发展最迅速的时期。如果把 17 岁的智力水平视为 100%,那么从出生到 4 岁就获得 50% 的智力,其余 30% 是 4—8 岁获得的,另外 20% 是 8—17 岁获得的。前苏联的教育家马卡连柯也曾指出:"教育的基础主要是在 5 岁以前奠定的,它占整个教育的 90%。在这以后,教育还要继续进行,人进一步成长、开花、结果,而您精心培植的花朵在 5 岁以前就已绽蕾。"

另外,许多人的研究也证实,婴幼儿的早期经验,对儿童心理的发展有很大的影响。一般来说,生动的和社会性的刺激有益于儿童感知能力的发展,与成人交往机会频繁则有利于儿童言语的发展;相反机会太少则言语发展就缓慢。如果完全隔离失去交往机会则心理发展会受到严重障碍,"狼孩"以及被遗弃的"野童"就是典型事例。

儿童心理学的研究表明,婴幼儿对周围世界是积极的探索者,有相当惊人的反应和学习能力。出生两三天的婴儿能在 30 分钟内学会对声音辨别的条件反射。有的学者对 4000 名幼儿进行 20 分钟的识字、阅读教学研究,结果证实大量正常的普通幼儿都能成功地识字和阅读,而且对视力和其他身心方面没有不良影响。早期教育和神经系统的成熟与发展有密切关系。儿童出生后神经细胞急剧地在适应环境过程中生出分支(树状突起);140 亿—160 亿个神经细胞中的 70%—80% 在 3 岁前形成;5 岁前大脑神经细胞绝大部分已经形成,大脑的语言、音感和记忆细胞及各种主要机能特征已趋于完善。因此,儿童的智力有很大的潜力,具有接受早期教育的可能。而且,学习并不需要完全成熟的神经细胞和大脑,相反神经系统和大脑正是在活动和学习过程中逐渐发展和成熟起来的。

3. 知识和技能

知识是人类社会历史经验的积累,从心理学的观点来说,是头脑中的经验系统,它以思想内容的形式为人所掌握。技能是操作技术,是对具体动作的掌握,它以行动方式的形成为人所掌握。知识是能力形成的理论基础;技能是能力形成的实践基础。能力和知识技能之间既相互联系,又相互制约,这种关系主要体现在:掌握知识技能以一定的能力为前提;能力制约着掌握知识技能的快慢、深浅、难易和巩固程度;而知识技能的掌握又会导致能力的提高。当然,知识技能的发展与能力的发展不是完全一致的。不同的人身上可能具有相等水平的知识技能,但他们的能力却不一定是相同水平的;而具有相同能力水平的人也不一定能获得同等水平的知识和技能。

4. 学校教育

能力不是天生的,不是自然恩赐的。它是社会实践培育的结果,学校教育在人的身心发展中起主导作用,学校教育对能力的发展也同样起着主导作用。学校教育不但使学生掌握知识和技能,而且通过知识技能的传授,还能促进学生能力的发展及其心理品质的养成。如有两名35岁的同卵孪生姐妹,妹妹大专毕业,而姐姐只读了两年书,通过智力测验发现妹妹的智商比姐姐高24分。我国吴福元教授等人对大学生智力发展的追踪研究发现,经两年大学教育后的大学生智商有明显的提高。

表 10 - 1　经两年大学教育后智商提高情况

IQ 提高程度(分)	人数	占百分比(%)
1—5	15	22.5
6—10	15	37.5
11—15	10	25.0
16—20	3	7.5
21—25	2	5.0
合计	39	97.5

　　"小时了了,大未必佳"。宋朝的方仲永就是一例。王安石在《伤仲永》一文中,记述金溪方仲永幼年"指物作诗立就,其文理皆有可观者。邑人奇之,稍稍宾客其父,或以钱币乞之。父利其然也,日扳仲永环乞邑人,不使学",至十二三岁,就退步了,"令作诗,不能称前时之文",至二十岁左右,已然"泯然众人矣"。可见良好的学习和教育对一个人的能力的形成与发展是至关重要的。

　　因此,在教育工作中,教师既要传授知识和技能,又要注意发展学生的能力。

　　5. 社会实践

　　人的能力最终是在人们改造客观世界的实践活动中形成和发展起来的。随着生产力的发展、科学技术的进步和社会生活领域的扩大,人也不断地产生新的需要,形成和发展起多种多样的能力。学生在学校里所形成的能力还不一定能完全适应社会的要求。社会上各行各业都有特殊的能力要求,这些能力要求在学校里常常接触不到,需要参加某一具体行业的实践活动才能形成。学生如果不亲自参加社会实践活动,就不能具备某领域实践活动所要求的那种能力。可以说,不同的实践任务对各种特殊能力的发展起着重要的作用。如有经验的油漆工人就能识别四、五百种漆色。所以,应该提倡学生利用业余时间多参加一些社会实践活动,而不只是闭门读书。

　　6. 非智力因素

　　非智力因素(nonitellective factors)是能力发展的重要心理因素。远大的理想、强烈的动机、浓厚的兴趣、顽强的意志、坚强的性格等,都能大大促进能力的发展。古人说"勤奋出天才",能力是否能获得较快和较大的增长,与个体发挥主观能动性的大小是分不开的。世界上许多伟大的科学家、发明家,无论他们从事的领域有多么大的不同,他们获得成功的途径却是相同的,都经过了长期的刻苦努力,顽强地与困难作斗争的过程。没有个体的主观努力,能力的发展也无从谈起。

创新人才培养　缺少天才谁之责

成年人的所言所行,都可能与创新人才的培养息息相关。一味归罪于制度和环境,无异于推卸责任。

这是一个地球人都知道答案的"脑筋急转弯":一棵树上有三只鸟,有人用枪打死了一只,还剩下几只?成年人皆以为然的标准答案就是:没有了,因为另外的两只也被枪声吓飞了。然而,一个 5 岁的孩子却做出了令人称奇的回答:还有两只。他的理由有 N 多个:如果这棵树很大很大,鸟儿可能从树的这一侧飞到那一侧去了;如果用的是消音手枪的话,那两只鸟就听不到枪声;现在城市里的鸟儿平时听到的噪音太多,对枪声也许不那么敏感……

故事讲完,同事忍不住一声长叹:现在孩子上中学了,每天都要做无数的练习题,给出无数的"标准答案",再也不会有这样丰富的想象力,再也做不出这样有意思的回答了!

类似的经验,想必许多成年人都曾有过。可悲可叹的是,我们的孩子们正在应试教育的训练中,重复着父辈们的经历:棱角被磨平,求知欲被抑制,想象力萎缩,好奇心锐减……

由此想到与"钱学森之问"异曲同工的"乔布斯之问":中国为什么产生不了乔布斯这样的创新天才、商业奇才?比较一致的共识是:因为中国还没有美国那样的教育环境和市场环境——鼓励个性,倡导质疑,宽容失败,鼓励创新,保护发明。对天才的期盼,早已有之。半个多世纪以前,鲁迅先生就写过一篇杂文《未有天才之前》。对于"中国为什么缺少天才",他认为问题的症结在于"民众":"天才并不是自生自长在深林荒野里的怪物,是由可以使天才生长的民众产生、长育出来的,所以没有这种民众,就没有天才……在要求天才的产生之前,应该先要求可以使天才生长的民众——譬如想有乔木,想看好花,一定要有好土;没有土,便没有花木了。"

鲁迅先生的这篇杂文,在今天仍具现实意义:在批评环境、指责制度的同时,我们是否也应该反躬自问:自己的所言所行,是否有利于天才的成长、创新的产生?这样的发问并非矫情——如果您是孩子的家长,您是希望他把时间都花在学习上、门门考 100 分,还是给他更多时间发展自己的兴趣爱好?如果您是一名教师,您是鼓励学生"听话"、考高分,还是引导他们独立思考、勇于质疑……

从中不难看出,成年人的所言所行,都可能与创新人才的培养息息相关;成年人的所作所为,要么是鼓励创新的助推器,要么是阻碍创新的绊脚石。让我们从自身做起,甘当培育天才、鼓励创新的"泥土"吧。诚如鲁迅先生所言:做土的功效,比要求天才还切近;否则,纵有成千成百的天才,也因为没有泥土,不能发达,要像一碟子绿豆芽。

[资料来源:柏木钉. 创新人才培养　缺少天才谁之责. 成才之路,2011,(36)]

(二) 青少年学生的能力培养

能力是影响一个人的成就、影响一个人的学习效果的重要因素。发展和培养学生的能力是教育工作者的重要任务。对于各种具体能力,如记忆能力、思维能力、感知能力等的培养,在有关章节中会有详细的论述,在此仅就青少年学生的能力培养,提出几条具有普遍的指导意义的原则和途径。

1. 根据能力发展的阶段性特点,把握时机,循序渐进地培养学生的不同能力

人类的不同年龄时期,不同能力的发展水平是不同的(见表 10 - 2)。

表 10 - 2 不同能力的平均发展水平

项目 \ 年龄	10—17	18—29	30—49	50—69	70—89
知觉	100	96	93	76	46
记忆	95	100	92	83	55
比较和判断	72	100	100	87	69
动作和反应速度	88	100	97	92	71

(资料来源:全国十二所重点师范大学联合编写.心理学基础.北京:教育科学出版社,2008)

不同年级青少年学生的空间想象能力发展水平也不同(见表 10 - 3)。

表 10 - 3 不同年级青少年学生空间想象能力发展水平比较

年级(年龄) \ 水平	Ⅰ	Ⅱ	Ⅲ	Ⅳ
初一(12—13)	90	42	0	0
初二(13—14)	96	82	18	8
初三(14—15)	96	86	48	38
高一(15—16)	100	90	52	42
高二(16—17.8)	98	90	56	48

(资料来源:林崇德.智力发展与数学学习.北京:科学出版社,1982)

从上述研究资料可以发现,人的不同能力发展存在着年龄特征,也存在着关键年龄阶段。教师应当了解学生不同年龄阶段能力发展的规律和特点,把握时机,循序渐进地培养学生的不同能力。

2. 在培养智力因素的同时强化学生的非智力因素

智力主要是由注意力、观察力、记忆力、想象力和思维力五个因素有机地组合而成的。教师应注意在教学过程中有意识地发展学生的智力因素。但同时也应充分认识到情感、意志和个性方面的非智力因素是智力因素的强大的推动力。我们常常可以看到,由于非智力因素不同,具有同等智力水平的人,有的人能成才,有的人不能成才;由于非智力因素发展不够,有的具有较高智力水平的人却不能成才,由于非智力因素发展较好,有些具有一般智力水平的人反获成功。因此,教师在培养学生智力因素的同时,还应当强化学生的非智力因素。

3. 创设能力发展的环境，组织学生参加实践活动

为了实现培养学生能力的目的，教育者必须创设能力发展的环境。包括良好的课堂教学环境以及课外能力活动环境。组织学生参加科技活动、课外兴趣小组、开展有关竞赛、参加劳动等，让他们走出课堂，用他们自己的双手去从事实践作业，能发展学生的能力。手的灵巧程度往往可反映一个人的聪明水平，俗话说"心灵手巧"。动手动脑，手脑并用，既应用了已掌握的知识，又促进了思维力、想象力、理解力、创造力等能力的发展。所以知识与能力的综合训练是发展智力的重要条件。环境的熏陶，活动的开展，让学生能在知识和能力的海洋中游泳，是促进他们智力发展的重要途径。

4. 重视和抓紧能力的早期培养

人脑的发展是不等速的，一般5—6岁和13—14岁是两个加速时期。如果在少年儿童大脑发展的早期不能够给予适当的外界刺激（外界刺激包括自然环境和社会环境，而起主导作用的应是教育。教育环境包括在社会环境之中），其能力的发展就会受到压抑。我国历史上和现代都有许多早慧的人才，从小就表现出某些方面杰出的才能，这与他们得到良好的早期教育是分不开的。

二、能力的差异与教育

（一）能力的个别差异

各人的能力是有差异的，认识和了解不同的人表现在能力方面的差异，对于开发人力资源，合理利用人力资本，是极为重要的。教育工作者也只有了解各个学生能力的特点及其发展水平之间的差异，才能做好教育工作，实现因材施教。

能力的个别差异表现在质和量两个方面。质的差异主要表现为能力类型和特殊能力的差异；量的差异表现在能力发展的水平、速度和年龄差异上。

1. 能力的类型差异

人在知觉、表象、记忆、言语和思维方面都表现出类型差异。

知觉方面：有些人的知觉属于综合型，即知觉具有概括性和整体性，但是分析方面较弱；有些人的知觉属于分析型。其特点是具有较强的分析力，对细节感知清晰，但对整体的感知较差；而较多的人属于分析—综合型，知觉具有上述两种类型的特点。

表象方面：有些人视觉表象占优势，有些人听觉表象占优势，还有些人运动表象占优势，也有些人几乎在同等程度上运用各种表象。因而，表象的类型常常分为视觉型、听觉型、动觉型和混合型四种。

记忆方面：从不同的人识记不同材料的效果和方法来分，可分为直观形象的记忆类型，这种人善于识记图形、色彩、声音等；词的抽象记忆类型，这种人善于识忆语词材料、抽象概念和数字等；中间记忆类型，介乎上述两种类型之间。

言语和思维方面：有些人的思维和言语中具有丰富的形象和情绪因素，属于生动言语类型或形象思维类型；有些人的思维和言语是概括的、逻辑的联系占优势，属于逻辑联系的言语类型或叫抽象思维型；大多数人兼有上述两种类型的特点，称为中间型。

此外,能力类型的差异还可表现在:不同的人为完成同一种活动,各人可由不同的能力组合来保证。例如,同是音乐能力很好的人,有的有强烈的曲调感和听觉表象,然而节奏感较弱;有的有强烈的曲调感和音乐节奏感,但听觉表象又较弱等,能力中的这些差异,决定了每个人的音乐能力的特点。

2. 特殊能力的差异

在认识和活动的特殊能力上,人们也是有差异的。具有文学方面能力的学生,往往具有敏锐的观察力、创造性想象力、情感的体验力,以及高度发展的语词表达能力等。具有技术和操作方面的能力的学生,在研究、设计和制作活动中,表现出细致的观察力、清晰的技术想象力和思维力,以及空间构造的技术表象的高度发展等。

现代社会中,为了选择专业人员或某种工作的需要,发展了特殊能力测验。为了选拔合格的飞机驾驶员,我国空军第四研究所曾制定了《学习飞行能力预测方法》,测量注意广度、视觉鉴别力、运算能力、地标识别能力、图形记忆五方面。在某些专业(如美术、音乐、体育等)的高校招生中,择取专业所需要特殊能力测验得分高者,有利于学生入学后顺利学习和专业人才的培养。

3. 能力发展水平的差异

能力发展水平的差异表现在智力的超常和低常方面。

在整个人类,智力分布基本上呈常态分配:两头小,中间大。国内外的众多报道表明,超常儿童和低常儿童均占百分之二稍强(图 10 - 2)。

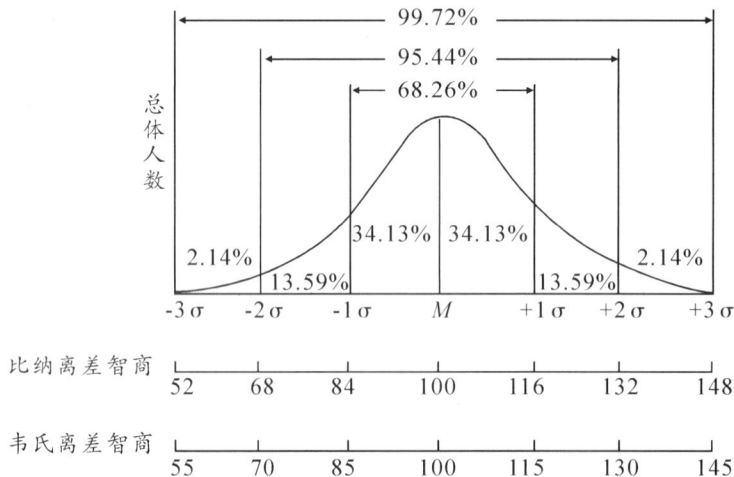

图 10 - 2　人类智商分布图

推孟和梅里尔对 2904 名 2—18 岁的少年儿童进行测验,根据所测得的智商分布情况,列出了一张智力分级表(表 10 - 4)。

超常儿童的智力发展水平大大超过同年龄的儿童群体。超常儿童往往具有以下心理特点:观察力敏锐、全面、细致而准确;注意易于集中、稳定而且善于分配;记得快、多、准确,而且保持时间长;想象力丰富,具有创造性;言语能力发展早;思维具有广阔性、深刻性和灵活性;善

表 10 - 4　智力分级表

IQ	智力等级	%
139 以上	超常	1
120—139	优秀	11
110—119	中上	18
90—109	中智	46
80—89	中下	15
70—79	偏低	6
70 以下	低常	3

于分析问题、概括事物和解决问题。

　　超常儿童几乎都有很强的求知欲，富有自信心，意志坚强，学习积极主动，这些非凡的发展与他们较好的先天素质和优越的早期教育条件分不开。

　　低常儿童在智力发展上明显地落后于同龄儿童的水平，一般属于病理范围。这些儿童知觉速度缓慢，范围狭窄，内容笼统而不精确；对词和直观的识别都很差，再现中会发生大量的歪曲和错误，一般总是缺乏逻辑的、意义的联系；记忆保持很差，视觉表象贫乏、缺乏分化和不稳定；言语出现迟且发展缓慢，意义含糊、缺乏概括力，不能完整地认知客体，正确地概括材料特别困难。低常儿童往往表现出沮丧、情绪紧张、压抑、缺乏自信心等病态心理。

　　造成儿童智力低常的原因主要是脑发育不全。有的是由于染色体的畸变引起的，有的是由于遗传因素造成的，也有极少数是由环境因素而致的。

　　4. 不同能力发展速度的差异

　　不同能力在发展速度上也是有差异的。有些能力发展成熟较早，另一些能力发展成熟较晚。而且不同的能力，衰退的速度也不一样。根据迈尔斯等人的研究，在一般能力中，知觉方面的能力，在 80 岁后才开始剧烈下降。

　　在不同学科或专业，如物理、声乐、文学、艺术等，所需的特殊（或专业）能力的发展速度水平也存在着一定的差异。莱曼（H. C. Lehman, 1953）从 20 世纪 30 年代开始从事人的创造力发展的研究，他研究了几千名科学家、艺术家、天文学家、哲学家等，对从事不同学科的人的最佳创造年龄，得出了以下结论（见表 10 - 5）。

表 10 - 5　不同学科的最佳创造的平均年龄

学　科	年　龄	学　科	年　龄
化学	26—36	心理学	30—39
数学	30—34	运动健将	25—30
物理学	30—34	诗歌	25—29
医学	30—39	小说	30—34
技术发明	25—29	哲学	35—39
植物学	30—34	油画	32—36
生理学	35—39	军事家	50—70

（资料来源：俞国良. 创造力心理学. 浙江：浙江人民出版社，1997）

5. 能力表现早晚的差异

我国古代就有"甘罗早,子牙迟"的典故。宋代"三苏"(苏轼、苏洵、苏辙)同时中进士,也说明人的能力表现具有早晚的差异。有的人"早慧",有的人"大器晚成"。

"早慧"者往往在童年时期就表现出了某种方面的超常才能。如麦克斯韦14岁发表数学论文;王勃10岁能赋,少年时就写出了著名的《滕王阁序》;杜甫"七龄思即壮,开口咏《凤凰》"等,均是人所共知的典型例子。优越的天赋素质是"早慧"者心理发展的物质基础,但主要还是环境的影响、良好的教育和个人活动的结果。早期的智力开发,对于多出人才、快出人才具有积极的意义。

"大器晚成"者的才能往往一直要到很晚才表现出来。如我国著名画家齐白石,40岁才表现出他的绘画才能;达尔文50多岁才开始有研究成果,写出《物种起源》一书;摩尔根发表基因遗传理论时已经是60多岁了。

"晚成"的原因是多方面的。有的可能是先期不努力,后来特别勤奋,并能持之以恒的结果;有的可能因为所攻学术领域具有某种长期性过程的特征;有的可能早期智力被压抑,后来条件有所变化,压抑被解除等。

不论是"早慧"还是"晚成",都需具有刻苦好学、坚忍不拔的精神。在教育工作中,教师应当对具有不同智力表现的学生一视同仁,严格要求,尤其要培养他们勤奋好学、勇于探索的精神。只有这样,才能使聪明者更聪明,愚钝者变聪明,少小有成就,老来成大器。

关于针对学生能力差异的因材施教问题,我们将在下面的内容中详细讨论。

(二) 能力差异的因材施教

如何使教学适应学生的个别差异,这是各国教育界共同关心的问题,也是一个不容易解决的问题。下面就适应青少年学生能力差异的教学改革措施和方法作简要的介绍和探讨。

1. 适应能力差异的教学组织形式

适应学生能力差异的教学组织方面的改革包括分班、班内分组、升留级、跳级等。

按能力或成绩高低分班可以缩小学生之间的差异。心理学家作过许多研究,发现这样的分班有利有弊。有利的一面是可以适当提高学生的成绩,但不利的一面是易使分到高能力或高成绩班的学生骄傲自满,使分到低能力或低成绩班的学生感到受挫或羞辱。尤其是,如果把这种分班形式不是真正作为因材施教的需要,而是为了追求升学率而设的重点班和非重点班,那对大面积提高教育质量是极为不利的。

通过留级和跳级也是缩小班内学生能力差距的方法。留级的目的,是让学习成绩差的学生有第二次学习的机会,去掌握以前尚未掌握的知识。但是,实际情况表明,留级的效果往往不够理想,只有少数学生通过重读成绩有显著进步,多数学生留级后成绩仍无多大进步,有的甚至比原来更差。究其原因,除了教师教学方面因素外,主要是由于留级有损于学生的自尊心。留级生往往会遭到家长、教师和同学的蔑视,他们因此而自暴自弃。为了达到留级的教育效果,教师除做好留级学生的思想工作外,还须做好家长和同学的思想工作,让留级学生得到更多的温暖和关怀,树立自信心,减少挫折感。让能力强、成绩好、学有余力的学生跳级,不仅能缩小班内学生的差距,也有利于跳级学生的身心发展。从办学目的、经济效益和实际效果看,我们应该尽量鼓励有能力的学生跳级,适当控制留级学生的比例。

2. 适应能力差异的教学方式

在传统的课堂教学中,教师往往只是以中等程度、中等发展水平的学生为教学依据。其结果,一方面智力水平高,成绩优秀的学生由于不能以更高的速度前进,求知欲得不到满足,对课堂教学内容失去学习兴趣;另一方面,智力水平低、成绩差的学生往往因跟不上进度,达不到教学要求,且屡遭失败而失去学习的信心。为了解决上述矛盾,教育学家和心理学家设计了许多新的适应学生智力差异的教学方式。如掌握学习、个别指导教学法和个人化教学系统就是其中的三种教学方式。

针对不同能力特点的班级或学生,教师应注意采用不同的教学方法和辅导方法。有的教师教学效果不太好,并不是因为他没有水平,而是由于教学不得法,特别是在部分教师思想中,还存在着重教学内容、轻教学方法的倾向。在教学进程中,应注意兼顾不同能力水平学生的学习,以求大面积提高学生的学习质量。

3. 适应个体差异的教学手段

随着现代科学技术的发展和教育改革的要求,各种先进的科学技术设备不断运用到教学进程之中,为教学更好的适应个体差异提供了新的手段。当前直接应用于教学的现代技术设备主要有电视及录像设备、电声设备、光学投影设备、教学机器等。这些现代技术设备应用于教学,促进教学组织形式、教材形式、教学方式和师生关系等发生重大变化,尤其为解决多年来一直无法解决的因材施教问题提供了新的可能。利用多媒体手段,学生可以很容易地重现教学内容。学习跟不上进度的学生可以借助这些手段,反复播放教材中的重点和难点,及时补上知识缺陷,赶上全班学习进度。学有余力的学生也可以借助这些手段更有效地进行超前学习或选修其他课程。

在诸多的现代教学手段中,计算机辅助教学(computer assisted instruction,简称CAI)在功能上具有一般教学机器无法媲美的优点,更有巨大的发展潜力。其突出优点是:学生能根据自己已有的知识基础、接受能力、学习进度和学习方式选择指令程序,因人而异地自定目标进行学习。能力强的学生可提前跨入下一个程序,进行超前学习。能力较差的学生,则可以放慢速度。CAI系统因能满足不同的学生的特殊需要,有助于提高教学质量和教学效率。尤其是随着"信息高速公路"(information superhighway)的快速发展,大型的CAI系统可连接全球各地的学习终端,同时开设几百门甚或更多的课程,同时指导大量学生。这些优点为将来CAI的应用和普及展现了诱人的前景。

思考与练习

1. 什么是能力? 简述能力与活动的关系。

2. 能力的种类有哪些? 试说明一般能力与特殊能力的联系与区别。

3. 能力是如何形成的? 影响能力形成和发展的因素主要有哪些?

4. 试就你熟知的同学,说明他们能力的个别差异表现在哪些方面。

5. 分析自己的能力特点,你认为今后应如何更好地发展自己的能力?

第十一章 个性心理与教育（三）

课前思考

1. 你知道《水浒传》里的黑旋风李逵和《红楼梦》里的林黛玉各属于哪种气质类型吗？

2. 有人说："性格决定命运"，你同意这句话吗？对这句话你又是怎样理解的呢？

3. 气质并无好坏之分，但性格却有优劣之别。你知道气质与性格之间存在着哪些联系吗？

学习指导

1. 概念识记：气质，气质类型，性格，性格类型。

2. 分析理解：气质的天赋性和稳定性，气质的掩蔽性和可塑性，性格与气质的关系，影响性格形成的因素。

3. 实际运用：试分析学校教育对学生性格形成的影响。

第一节 气质的概述

一、气质的概念

气质（temperament）是个人心理活动的稳定的动力特征。这一概念同我们平时所说的"禀性""脾气"相近似。

所谓心理活动的动力特征是指心理活动的速度、稳定性、心理过程的强度以及心理活动的指向性特点等。不同的个体在他们所进行的各种心理活动的速度、强度、稳定性、灵活性等方面往往表现出很大的差异。例如，某个学生上课经常抢先回答教师的提问，考试前总是激动不安，参加比赛时总是沉不住气，我们说他具有情绪容易激动的气质特征；而另一个学生在各种活动中总是表现得慢条斯理、沉着缓慢，我们说他具有安静迟缓的气质特征。个人的气质特点不依活动的内容和场地而转移，它表现出一个人与生俱来的自然特性。现代心理学认为，气质具有以下一些一般特征：

（一）气质具有天赋性和稳定性

在人的个性特点中，气质与遗传的关系最为密切，具有天赋性。人的气质特点，几乎在出生后不久就能看到,如有的婴儿好哭、好动,有的婴儿安静、很少哭闹,就是同为哭叫,在声音大小、急缓和持续时间上也各有不同。研究发现,人的年龄越小,气质的表现越明显,气质的特征也越清楚;儿童的遗传素质越接近,气质的表现也越接近。由于气质较多地依赖于先天素质,因此,气质在个性中具有较大的稳定性。气质的这种稳定性,一方面表现在气质较多地受到个体先天高级神经活动类型的制约,另一方面表现在气质特点较少因活动的内容、目的和动机而发生变化,即在不同的活动中,同一个个体将会表现出相同性质的气质特点。

在后天的生活环境和教育的影响下,人的气质在某种程度上会产生一些改变,但这种改变是极为缓慢、艰难的。俗话说"江山易改,秉性难移",这指的就是人的气质具有稳定不易改变的特点。

(二) 气质具有掩蔽性和可塑性

气质的掩蔽性是指在某种情况下,个体的外部行为表现与其内在的气质并不完全一致。目前心理学界认为,气质的掩蔽性或许是个体有意识的主观努力结果,也许是长期的客观外界刺激,导致暂时神经联系发挥其机能作用,影响到神经类型的变化所致,或者二者兼而有之。这一问题,还有待于进一步的研究探讨。

气质是比较稳定的个性心理特征,但也并非就是一成不变,不可更易的。由于社会生活环境对人的潜移默化或教育对人的塑造改造作用,人的气质也会产生一些缓慢的变化,这种变化我们称之为气质的可塑性。比如,长期生活在集体中,可以使一些情绪容易激动的人变得比较能够克制自己;紧张严格的部队生活,可使一些缓慢迟钝的人变得敏捷迅速。一般认为,青少年学生在实现个体社会化的过程中,气质具有相对较强的可塑性。

人的气质不仅可以随环境、教育、职业、主观努力的变化而变化,而且还会随着年龄的增长而变化。一般来说,少年时期兴奋性较强,抑制性较弱,表现为好动、敏捷、热情、积极、急躁轻浮;壮年期兴奋与抑制平衡,表现为坚毅、深沉;老年期兴奋性弱,抑制性强,表现为沉着、冷静、动作缓慢、不灵活。

二、气质的学说

人的气质为什么会有差异?引起人的气质差异的原因是什么?人类历史上许多学者从生理学、医学、哲学等角度进行了探讨和研究,提出了不同的学说,试图解释这些现象和问题。现将其中有代表性的几种学说和近些年来的研究情况简介如下:

(一) 气质的体液说

古希腊医生希波克拉底(Hippocrates)提出的体液说是古代最著名的气质学说。他认为,人体内有四种液体:血液、粘液、黄胆汁和黑胆汁,并根据哪一种体液在人体内占优势,把人分为四种类型:多血质、粘液质、胆汁质和抑郁质。在体液的混合比例中血液占优势的人属多血质,粘液占优势的人属粘液质,黄胆汁占优势的人属胆汁质,黑胆汁占优势的人属抑郁质。当这四种体液调合适当时,人就健康,否则,就会出现不同的体征。

尽管希波克拉底的解释缺乏科学的根据,但他认识到人的气质的不同,并对人的不同气质作出了比较符合客观实际的划分,从而对后世关于气质问题的研究,产生了深远的影响,这是值得充分肯定的。

（二）气质的体型说

这一学说的提出者,德国心理学家克瑞其米尔(E. Kretschmer)根据他对精神病患者的临床观察,提出人的气质主要取决于他们的体型(图 11－1)。认为人的身体结构与气质特点以及可能患的精神病种类有一定的关系。他把人分为肥胖型(身材短矮、圆肩阔腰)、瘦长型(高瘦纤弱、细长、窄小)和斗士型(骨肉均匀,体态与身高成比例)。各种体型在气质和行为倾向方面具有不同的表现(参见表 11－1)。

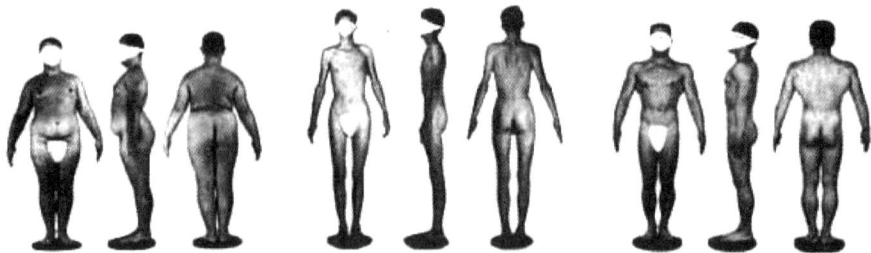

图 11－1　气质的体型说

表 11－1　体型与气质、行为倾向的关系

体型	气质	行 为 倾 向
肥胖型	躁郁气质	善交际、活泼、乐观、感情丰富
瘦长型	分裂气质	不善交际、沉静、孤僻、神经过敏
斗士型	粘着气质	固执、认真、理解迟钝、情绪暴发性

以后,美国心理学家谢尔顿(W. H. Shelden)进一步把体型分三类:内胚叶型(柔软、丰满、肥胖)、中胚叶型(肌肉骨骼发达,结实强壮、体态呈长方形)、外胚叶型(虚弱、瘦长)。他分别把这三类体型的人分为内脏紧张气质、身体紧张气质和头脑紧张气质。这三种不同的气质类型的人在行为倾向方面也有不同的表现(参见表 11－2)。

表 11－2　体型与气质、行为倾向的关系

体型	气质类型	行 为 倾 向
内胚叶型	内脏紧张型	动作缓慢、爱好社交、情感丰富、情绪舒畅、随和、有耐心
中胚叶型	身体紧张型	动作粗放、精力旺盛、喜好运动、自信、富有进取性和冒险性
外胚叶型	头脑紧张型	动作生硬、善思考、不爱交际、情绪抑制、谨慎、神经过敏

气质体型说具有一定的、表面的合理性,但用体型来说明气质的生理机制是不科学的;而且这一学说忽视了人的体型会因生活条件和年龄的变更而变化,以至最终不能自圆其说。

专栏 11-1

胚叶是什么

"胚叶"也叫胚层，指构成动物早期胚胎层的细胞层。人有三层胚叶，在正常发育中各胚叶将分化成一定的组织和器官。外胚叶形成表皮、神经组织等；中胚叶形成肌肉、骨骼等；内胚叶形成内脏器官等。按照谢尔顿的意见，由于胎生期的内胚叶发生的内脏器官得到较好的发展，于是形成了肥胖型；由于中胚叶发生的骨骼和肌肉得到较好的发展，于是形成筋骨型；由于外胚叶发生的皮肤组织和神经系统得到较好的发展，就形成了瘦长型。

（资料来源：郭亨杰. 心理学：学习与运用. 上海：上海教育出版社，2001）

（三）气质的激素说

生理学家柏尔曼（Berman）认为气质是由某些内分泌腺的活动所决定的。这种理论根据人体内哪种内分泌腺的活动占优势，把人分成甲状腺型、脑垂体型、肾上腺分泌活动型、副甲状腺型和性腺过分活动型等。

现代生理学的研究证明，内分泌腺的活动影响到人的情绪、肌肉的力量与速度、人的代谢机能等，这一切的变化必然会对人的气质特点产生明显的影响。如肾上腺特别发达的人会表现出情绪容易激动的气质特征，甲状腺分泌过多的人会表现出感觉灵敏、意志力强的气质特征等。但是，激素说孤立地解释内分泌活动对人的气质的决定作用则是片面的。这一学说忽视了内分泌腺的活动受神经系统调节，而神经系统的差异是造成气质差异的主要原因这一点。

（四）气质的高级神经活动类型说

前苏联心理学家巴甫洛夫提出的气质的高级神经活动类型说，是现代最为著名的气质生理学说。巴甫洛夫认为，人类高级神经活动类型的神经过程有三个基本特征，即兴奋与抑制过程的强度、兴奋与抑制过程的平衡性、兴奋与抑制过程的灵活性。兴奋与抑制过程的强度是指兴奋和抑制两种过程间的相对强弱关系；不平衡的情况分两种，即兴奋过程占优势和抑制过程占优势；灵活性是指兴奋与抑制过程互相转化的速率，它保证有机体适应外界环境的迅速变化。

根据神经过程的这些特征，巴甫洛夫确定了高级神经活动的四种基本类型：兴奋型、活泼型、安静型、抑制型。这四种类型又常表述为强而不平衡型，强、平衡而灵活型，强、平衡而不灵活型，弱型（参见表 11-3）。

表 11-3 高级神经活动类型与气质类型对照表

神经过程的基本特性			高级神经活动类型	气质型
强度	平衡性	灵活性		
强	不平衡		兴奋型（不可遏止型）	胆汁质
强	平衡	灵活	活泼型（灵活型）	多血质
强	平衡	不灵活	安静型（不灵活型）	粘液质
弱			弱型（抑制型）	抑郁质

兴奋型的兴奋和抑制过程都很强,但兴奋比抑制相对占优势。这是一种易兴奋、奔放不羁的类型。

活泼型的神经过程非常平衡,反应灵敏,外表活泼,能较快地适应迅速变化的外界环境,属于活泼而灵活的类型。

安静型的神经过程强而平衡,但不灵活,较易形成条件反射,但不容易改造,是一种坚毅而行动迟缓的类型。

抑制型的兴奋和抑制两种过程的强度都很弱。这种类型胆小怕事、畏首畏尾、适应性差,很难接受持续或过强的刺激。

巴甫洛夫认为,这四种神经活动的基本类型是动物和人所共有的,它们与气质密切相关。巴甫洛夫的学说较好地解释了气质的生理机制,但它并不是对气质的生理机制的唯一正确的解释。

除上述介绍的几种气质类型主要学说外,20 世纪 70 年代,美国心理学家巴斯(A. H. Buss)根据人参加各种类型活动的倾向性不同,提出气质特性说。他把人的气质划分为四种类型:活动性的人、社交性的人、情绪性的人、冲动性的人。用活动特性来区分人的气质,这是近年来西方心理学出现的一种新动向。20 世纪 80 年代,波兰华沙大学心理学教授简·斯特里劳(J. Strelau)在巴甫洛夫学说的基础上,从整体活动来探讨气质问题,提出了气质调节理论。他认为,气质是生物进化的产物,但不受环境影响而发生变化。气质在人的整个心理活动中,在人与环境关系中起着调节作用;并认为,反应性和活动性是两个与行为能量水平有关的气质基本维度,它们对有机体起着重要的调节作用。高反应性的人感受性高,耐受性低;低反应性的人感受性低,耐受性高。

此外,日本学者古川竹二根据血型把人的气质划分为 A 型、B 型、O 型和 AB 型四种。但我国学者(黄锋香、赵耕源,1987)经研究认为气质与血型分布的差异无显著意义,即气质和血型没有什么必然的或较为密切的联系。

三、气质的类型特征及其鉴定的方法

(一) 气质的类型特征

气质类型是指表现为心理特征与神经系统基本特征的典型结合。目前,心理科学尚未能编拟出构成气质类型全部特征的完整方案。但是,希波克拉底对气质类型的划分,与日常观察中概括出来的四种气质类型比较符合,所以关于气质的这种分类一直沿用至今。现将胆汁质、多血质、粘液质、抑郁质这四种气质类型的主要特征分述如下(参见表 11 - 4):

1. 胆汁质:具有胆汁质型气质的人精力旺盛、热情直率、意志坚强;脾气躁、不稳重、好挑衅;勇敢、乐于助人;思维敏捷、但准确性差。他们心理活动的明显特点是兴奋性高、不均衡、带有迅速而突发的色彩。

2. 多血质:这种人的行动有很高的反应性,他们容易适应新环境,结交新朋友,具有高度可塑性。他们给人以活泼热情、充满朝气、善于合作的印象。但他们注意力容易转移,兴趣容易变换,很难适应要求耐心细致的平凡而持久的工作。这种人属于敏捷好动的类型。

表 11-4 四种气质类型的基本特点

气质类型	典型特征
胆汁质	直率、热情、精力旺盛,情绪易于冲动,心境变化剧烈,脾气急躁,情感明显外露,但持续时间不长
多血质	活泼、好动、敏感、反应迅速,善于交际,注意易转移,兴趣易变化,情感易外露
粘液质	安静、稳重,反应迟缓,沉默寡言,善于忍耐,不尚空谈,情绪不易外露,注意稳定但难转移
抑郁质	孤僻、好静,行为迟缓,多愁善感,情绪体验深刻,情绪不易外露,善于察觉细小事物

3. 粘液质:属于粘液质的人缄默而沉静,由于神经过程平静而灵活性低,反应比较缓慢。这种人常常严格地恪守既定的生活秩序和工作制度,注意稳定且难转移。给人的外表感觉为态度持重,沉着稳健,不爱作空泛的清谈。这种气质类型的不足之处是有些固执冷淡,不够灵活,因而显得因循守旧,不易合作。那些要求持久、有条理、冷静的工作,对于粘液质的人最为合适。

4. 抑郁质:这种人具有较高的感受性和较低的敏捷性。他们反应缓慢,动作迟钝,缺乏生气,不爱交际;他们的主动性差,在困难面前常常优柔寡断,面对危险常常恐惧畏缩。这种人很少在外表上表现自己的情感,而内心体验则相当强烈。但具有这种气质类型的人往往富于想象,善于体察他人情绪,对力所能及的工作任务,具有较强责任心和完成任务的坚韧精神。

以上介绍的是四种气质类型典型的表现。

专栏 11-2

"看戏迟到"

这四种人如果遇到相同的事情,其表现如何呢?苏联心理学家波果斯洛夫斯基巧妙设计了"看戏迟到"的特定问题情境,对四种典型气质类型的人进行观察研究,结果发现,四种典型气质类型的观众,在面临同一情境时有截然不同的行为表现——气质使其心理活动染上了一种独特的色彩。

胆汁质的人面红耳赤地与检票员争吵起来,甚至企图推开检票员,冲过检票口,径直跑到自己的座位上去,并且还会埋怨说,戏院时钟走得太快了;多血质的人明白检票员不会放他进去,他不与检票员发生争吵,而是悄悄跑到楼上另寻一个适当的地方来看戏剧表演;粘液质的人看到检票员不让他从检票口进去,便想反正第一场戏不太精彩,还是暂且到小卖部呆一会儿,待幕间休息再进去;抑郁质的人对此情景会说自己老是不走运,偶尔来一次戏院,就这样倒霉,接着就垂头丧气地回家了。

[资料来源:(苏)波果斯洛夫斯基等.普通心理学.魏庆安等译.北京:人民教育出版社,1979]

在现实生活中,并不是每个人的气质都能归入某一气质类型。除少数人具有某种气质类型的典型特征之外,大多数人都偏于中间型或混合型,也就是说,他们较多地具有某一气质类型的特点,同时又具有其他类型的一些特点。上海师范大学卢家楣教授还从气质的情绪特性,

即从情绪兴奋的敏感性、强度、速度、变化、外显性以及易控性六方面分析了四种典型气质类型的情绪特性，认为胆汁质的人情绪粗犷，多血质的人情绪丰富，粘液质的人情绪贫乏，抑郁质的人多愁善感。气质类型的情绪特征分析开启了气质研究的一个新视角。[①]

（二）气质类型的心理指标

要了解气质类型的鉴定方法，首先必须了解气质类型的心理指标。根据目前心理科学所积累的材料，气质类型的心理指标由以下几方面构成（参见表 11 - 5）。

表 11 - 5　气质类型和心理特性

心理特性 ＼ 气质类型	多血质	胆汁质	粘液质	抑郁质
感受性	低	低	低	高
耐受性	较高	较高	高	低
速度与灵活性	快、灵活	快、不灵活	慢、不灵活	慢、不灵活
可塑与稳定性	有可塑性	可塑性小	稳定	刻板性
不随意反应性	强	强	弱	弱
内向与外向	外向	外向	内向	内向
情绪兴奋性	高	高	低	体验深
情绪和行为特征	愉快机敏不稳定	容易激怒	冷漠	悲观

1. 感受性：指人对外界事物刺激的感觉能力。一个人感受性的高低，可以根据他产生某种感觉所必需的最小刺激强度以及产生反应的速度来判定。

2. 耐受性：指人在经受外界刺激作用时表现在时间和强度上的耐受程度。它往往通过对长时间从事某项活动时注意力的集中性、对强烈刺激的耐受性、长时间思维活动的效率保持性等的测度加以判定。这一心理指标可反映不同个体神经系统的强度特征。

3. 反应的敏捷性：这是神经系统灵活性的表现。它可分为两类：一类为不随意的反应性，如不随意注意的指向性、不随意运动的指向性等；另一类指心理反应和心理过程的速度，如语速、记忆的速度、思维的敏捷程度、注意转移的灵活程度，以及一般动作的灵活、迅速程度等。

4. 行为的可塑性：这是指人随外界的事物变化而调整自己的适应性行为的可塑程度。这也是一种神经系统灵活性的表现。能较快、较好地顺应变化，适应环境的人具有较强的可塑性；而那些感知变化迟缓，对环境变化情绪上容易出现纷扰的人可塑性较小。

5. 情绪的兴奋性：情绪的兴奋性与神经过程的强度特性、神经过程的平衡性密切相关。它包括情绪兴奋性强弱和情绪外观的强烈程度两方面。有的人情绪抑制力很弱而情绪兴奋性很强，这就明显地表现了兴奋和抑制不平衡的特点。

6. 外倾性和内倾性：神经系统兴奋性强则表现为外倾性，而抑制过程占优势则反映出内倾性。外倾的人往往希望从外界环境寻求更多的刺激，其动作反应、言语反应、情绪反应倾向于外；而内倾性的人则相反。

① 卢家楣. 心理学：基础理论及其教育应用. 上海：上海人民出版社，1998

（三）气质类型的鉴定方法

实验法：通过实验手段、运用一定的仪器了解被试神经过程的基本特征（如强度、灵活性、平衡性等），可获得鉴定被试气质类型的有关资料。例如用测定附加刺激物对绝对感受性的影响，可以了解神经系统的强弱参数；根据阳性条件反射形成的速度和分化形成的速度，可以测量神经系统的平衡性；应用条件反射的方法，可以研究神经系统的灵活性等。

运用实验法来测定气质特性，因为可以创设最佳实验条件而使结果较为可靠，但需要一定的实验仪器，对主试的专业要求也较高，一般较少采用。

行为评定法：行为评定法是指在日常生活条件下，观察一个人的气质特性，从而作出鉴定。例如，教师要了解学生的气质特点，就可以细心观察学生在各种活动中的行为表现：如能否准确而迅速完成作业，能否坚持已开展的各项工作；当受到表扬或批评时，他们的情绪活动有什么特点；在集体生活中，他们是否愿意与别人交往；他们是否喜欢体育活动，在运动中是否勇敢、机智；日常生活中是否活泼好动，对新环境是否很快适应等。通过这些了解，也可以对一个人的气质作出决定。

运用行为评定法确定气质类型，要求在观察、记录一个人日常生活中的行为特征、智力活动的特征、言语的特征以及情绪特征之后，对所得材料进行分析、判断、归纳与组合，然后对照气质心理特征的指标（如表11-5）确定其气质类型。但由于气质在生活环境影响下常常会隐蔽，如果仅根据一个人的行为来判断一个人的气质是有困难的，也容易出现偏差。因此，在使用行为评定法时，教师必须对学生的生活条件、成长道路以及学生在各种环境中的表现，进行全面、深入、细致的了解，并通过条件反射测定法、测验法加以佐证，才能把学生的某些稳定的个性与偶然的行为区别开来，进而了解他真正的气质特点。

量表测定法（问卷法）：量表测定法是广为应用的评定气质的一种有效方法。它要被试对量表中一系列经过标准化的问题作出回答，然后通过统计方法，分析出被试的气质特征。

波兰心理学家简·斯特里劳从20世纪50年代起对气质问题进行了大量研究，编制了几种适合不同对象使用的气质调查表。其中最有特色且已被译成多种文字、在国际上广泛应用的是简·斯特里劳气质调查表（简称S-TI）。S-TI调查表共有134个测验题目，包括兴奋强度、抑制强度、灵活性三个量表，及一个测量平衡性的二级量表。此调查表已被译成中文。

我国心理学家陈会昌在参考上述量表并结合我国国情的基础上编制了气质调查问卷，该问卷主要以传统的四种典型的气质类型的行为特征为依据，由60个题目组成，每种气质类型15个题目。这个问卷对于了解气质类型也是十分有效的，在我国使用得较为广泛。这份量表既可用于学生班级集体测试，也可用于个人自测。

专栏11-3

气质测量量表

下面60道题，可以帮助你大致确定自己的气质类型。在回答这些问题时，你认为：

很符合自己情况的　　　　　　　记2分

比较符合的　　　　　　　　　记 1 分
介于符合与不符合之间的　　　记 0 分
比较不符合的　　　　　　　　记 -1 分
完全不符合的　　　　　　　　记 -2 分

1. 做事力求稳妥,不做无把握的事。
2. 遇到可气的事就怒不可遏,想把心里话全说出来才痛快。
3. 宁可一个人干事,不愿很多人在一起。
4. 到一个新的环境很快就能适应。
5. 厌恶那些强烈的刺激,如尖叫、噪声、危险镜头等。
6. 和人争吵时,总是先发制人,喜欢挑衅。
7. 喜欢安静的环境。
8. 善于和人交往。
9. 羡慕那些善于克制自己感情的人。
10. 生活有规律,很少违反作息制度。
11. 在多数情况下情绪是乐观的。
12. 碰到陌生人觉得很拘束。
13. 遇到令人气愤的事,能很好地自我克制。
14. 做事总有旺盛的精力。
15. 遇到问题常常举棋不定,优柔寡断。
16. 在人群中从不觉得过分拘束。
17. 情绪高昂时,觉得干什么都有趣;情绪低落时,便觉得干什么都没意思。
18. 当注意力集中于一事物时,别的事物就很难使我分心。
19. 理解问题总比别人快。
20. 碰到危险情况时,常有一种极度恐怖感。
21. 对学习、工作、事业怀有很高的热情。
22. 能够长时间做枯燥、单调的工作。
23. 符合兴趣的事情,干起来劲头十足,否则就不想干。
24. 一点小事就能引起情绪波动。
25. 讨厌做那种需要耐心的细致的工作。
26. 与人交往不卑不亢。
27. 喜欢参加热闹的活动。
28. 爱看感情细腻、描写人物内心活动的文学作品。
29. 工作学习时间长了,常感到厌倦。
30. 不喜欢长时间谈论一个问题,愿意实际动手干。

31. 宁愿侃侃而谈,不愿窃窃私语。

32. 别人说我总是闷闷不乐。

33. 理解问题时常比别人慢些。

34. 疲倦时只要短暂的休息就能精神抖擞,重新投入工作。

35. 心里有事,宁愿自己想,不愿说出来。

36. 认准一个目标就希望尽快实现,不达目的,暂不罢休。

37. 同样和别人学习、工作一段时间后,常比别人更疲倦。

38. 做事有些莽撞,常常不考虑后果。

39. 别人讲授新知识、技术时,总希望他讲慢些,多重复几遍。

40. 能够很快忘记那些不愉快的事情。

41. 做作业或完成一件工作总比别人花的时间多。

42. 喜欢运动量大的剧烈活动,或参加各种文体活动。

43. 不能很快地把注意力从一件事转移到另一件事上去。

44. 接受一个任务后,就希望把它迅速解决。

45. 认为墨守成规比冒险强些。

46. 能够同时注意几件事物。

47. 当我烦闷的时候,别人很难使我高兴起来。

48. 爱看情节起伏跌宕、激动人心的小说。

49. 对工作抱有认真严谨、始终如一的态度。

50. 和周围人们的关系总是相处不好。

51. 喜欢复习学过的知识,重复做已经掌握的工作。

52. 喜欢做变化大、花样多的工作。

53. 小时候会背的诗歌,我似乎比别人记得清楚。

54. 别人说我"语出伤人",可我并不觉得这样。

55. 在学习生活中,常因反应慢而落后。

56. 反应敏捷,头脑机智。

57. 喜欢有条理而不甚麻烦的工作。

58. 兴奋的事情常使我失眠。

59. 老师讲新概念,自己常常听不懂,但是弄懂以后就很难忘记。

60. 假如工作枯燥无味,马上就会情绪低落。

气质测量评分表

	题号	2	6	9	14	17	21	27	31	36	38	42	48	50	54	58	总分
胆汁质	得分																
多血质	题号	4	8	11	16	19	23	25	29	34	40	44	46	52	56	60	总分
	得分																

粘液质	题号	1	7	10	13	18	22	26	30	33	39	43	45	49	55	57	总分
	得分																
抑郁质	题号	3	5	12	15	20	24	28	32	35	37	41	47	51	53	59	总分
	得分																

附：确定气质类型的方法：

1. 将每题得分填入上表相应"得分"栏内。

2. 计算每种气质类型的总得分数。

3. 气质类型的确定：

如果某类气质得分明显高出其他三种，均高出 4 分以上，则可定为该气质类型；如果某一项得分超过 20 分，则为典型的该气质类型，得分在 10—20 分之间，则为一般型。

如果两种气质类型得分接近，其差异低于 3 分，而又明显高于其他两种，高出 4 分以上，则可定为这两种气质的混合型。

如果三种气质得分均高于第四种，而且很接近，则为三种气质的混合型。

应用量表测定法来判别气质类型具有较高的客观性和效度，但因受量表的质量和被试的态度等因素的影响，测试的结果难免会产生一定的失真。

上述方法各有其自身的特点，为了提高测量的信度和效度，具体操作中提倡综合使用各种方法，以求对被试作出较为客观的气质类型鉴定。

第二节　气质与教育实践

一、正确认识气质

建立对气质的正确认识，对于教育工作者来说具有十分重要的意义。

(一) 气质本身没有好坏之分

气质只表明一个人心理活动的动力特征，不涉及心理活动的方向和内容，因此，每种气质类型都有积极的和消极的方面，不同的气质类型并没有好坏之分。例如，多血质的人情感丰富、活泼、亲切是优点，但又有多变、精力分散甚至轻浮的缺点；胆汁质的人既有生气勃勃、热情、勇敢、动作迅速有力的优点，但又有暴躁与易冲动的缺陷；粘液质的人既有自制力较强、坚毅、冷静等积极的一面，又有对周围事物冷淡、固执的消极一面；抑郁质的人情感深刻、观察力敏锐、办事认真是优点，但又表现出容易沉沦于个人的体验和过度的沉默，以致孤僻的缺点。正因为这样，个体在任何一种气质的基础上，既可以发展良好的性格特征和优异的才能，也可能发展不良的性格特征和限制才能的发展。

(二) 气质类型并不能决定一个人的未来社会价值和取得成就的高低

气质特征虽能一定程度上影响一个人智力活动的方式，但不能决定一个人智力发展的水平,从根本上说,气质并不能决定一个人活动的社会价值和成就的高低。在任何一个领域内的杰出人物中,都可以找到不同气质的代表人物。如,俄国四位著名文学家就分别具有四种不同的气质,普希金主要属胆汁质,赫尔岑属多血质,克雷洛夫属粘液质,果戈里属抑郁质。因此,不管什么气质类型的人,都有可能成为品德高尚、智力发达、学识渊博、贡献卓著的人。无论哪一种气质类型的人,只要有远大的理想和坚定不移的信念以及锲而不舍的探索精神,都能在各自的领域中有所作为,建功立业。

(三) 气质不决定一个人品德的优劣

品德以社会道德规范为核心和标准,气质类型可能影响到某种品德形成的难易,但任何一种气质类型的人的品德都有积极的和消极的两种发展的可能性,因此,气质并不决定一个人品德的优劣。例如:勇猛、光明磊落、积极进取等正直的品质在胆汁质的个体身上容易形成,但胆汁质的人也易养成马马虎虎、盲目行事、固执己见等不良品质;多血质的个体则易形成豁达、机智、社交能力强、富于同情心等优点,但也容易养成浮躁、不稳定、缺乏持之以恒的习惯;粘液质的个体易形成沉着、冷静、踏实、忍辱负重等品质,但也易变得态度冷漠、办事拖沓等;抑郁质的个体易形成细致、严谨、自重、谦和、有较为丰富的想象等品质,却易表现出胆怯、羞愧、自卑感强等缺点。

正是由于气质的行为能量水平反应在个体身上存在着差异,因此也就决定了教师在学生的品德教育中应注意针对不同气质类型学生采用不同的教育措施和方法。

二、气质对教育实践工作的意义

气质对人的认识活动、情感活动以及意识活动都有一定的影响,因此对学生的学习活动、个性发展以及未来的职业适应均会产生一定的作用。学生的气质特征是教师因材施教的依据之一,教师应当了解不同学生的气质类型和气质特征,做到因势利导,提高教育效果,并要帮助学生认清自己气质的积极方面和消极方面,通过教育的作用和个体的主观努力,扬长避短,形成良好的个性品质。

(一) 不同气质类型学生的教育策略

气质本身没有好坏之分,教师对学生的气质不应存在任何偏见,不能偏爱某种气质类型的学生,或讨厌某种气质类型的学生,因为各种气质既有优点又有缺点。教师教育的目的不是设法改变学生原有的气质,而是要克服这种或那种气质的缺点,发展它的优点,使学生在原有气质的基础上发展优良的个性特征。

任何一种气质类型的学生,在同样的学习任务中,通过努力都能取得好成绩,这是不可置疑的。教师的任务在于,通过对学生学习活动方式方法的指导,提高其学习效率和质量。在教育工作中也是这样,气质无好坏之分,但不同的气质,均存在着积极或消极的方面,教师的工作,就是要促使学生认识并发扬积极的方面,避免或克服消极的方面,逐步养成良好的个性品质。

气质类型偏于胆汁质的学生,要防止和克服粗暴、任性、高傲等个性特点,着重发展其热情、豪放、爽朗、勇敢、进取和主动的个性品质。要求他们要善于控制自己,能沉着地、深思熟虑地回答问题,发表意见,活动中保持镇静而从容不迫;要注意培养他们扎实的工作作风,达观自制的待人态度。对他们的教育不可急躁粗暴,而应慢言细语,实实在在、干脆利落地讲清道理,努力抑制他们的激动状态。

气质类型偏于多血质的学生,要防止其粗心大意、虎头蛇尾、兴趣多移的弱点。注意要求他们学习中认真细致、刻苦努力,在激起他们多种兴趣的同时,要培养中心兴趣;在具体活动中,要求他们增强组织纪律性,培养其朝气蓬勃、满腔热情、善于思维等个性品质。对于他们的缺点错误,批评时要有一定的刺激强度,但又要耐心细致,尤其要做好转化后的巩固工作,防止反复。

气质类型偏于粘液质的学生,往往在集体中"默默无闻"而容易被忽视。教师对这类学生要以满腔热情吸引他们参加集体活动,激发他们的积极情绪,引导他们活泼、机敏地完成活动任务。具有这一气质类型特征的学生,比较安静勤勉,且不妨碍别人,但要注意培养他们高度的积极性、灵活性等品质,防止墨守成规、执拗等不良品质,杜绝可能发生的淡漠和萎靡不振。

气质类型偏于抑郁质的学生,平时给人以呆板而羞涩的印象,这类学生最易出现伤感、沮丧、忧郁、孤僻等行为现象。但在友爱的集体和教师的关怀下,又能充分表现出细致、委婉、坚定、富于同情心等优良品质。对这类学生,教师(同时也应该要求班干部)应该给予更多的关怀和具体的帮助。要着重发展他们机智、认真、细致、有自尊心和自信心的优良个性品质,防止怯懦、多疑、孤僻等消极心理的产生;要引导他们多参加集体活动,在评价过程中给予称赞、嘉许、奖励等,批评时"点到为止";创造条件,安排他们从事有一定困难、需要与他人交往和配合的工作,以培养锻炼他们的沟通能力。

(二)帮助学生认识并调适自己的气质

作为教师,掌握气质的原理与规律不仅有利于教育教学,更重要的是可以指导学生正确认识自己的气质。教师应该使学生懂得,人的气质是不可选择的,要乐于接受自己的气质,因为每种气质都各有优劣之处;教师要指导学生善于认识和分析自身气质的长处与不足。在各种活动中,根据学生的气质特点合理地分配角色,充分调动学生气质的积极方面,帮助他们有意识地克服气质中的消极方面。例如,让多血质和胆汁质的学生多做些宣传、组织、演讲与联络的工作,因为他们善于交往,热情,思维较敏捷而又行动迅速,但在工作中要提醒他们应埋头苦干,学会坚忍自制,不可蛮干和轻率;对粘液质的学生,应给予他们一些具体的、需要认真而又细致的工作,在工作中注意培养他们与人交往、敢于承担责任与创新的精神;对抑郁质的学生则可做一些需要精益求精而又要耐心的事情,在工作中锻炼他们的胆量,学会与人合作,培养其自尊与自信的品质。总之,教师应调动学生的自我教育能力,自觉地克服气质的消极表现并巩固其积极的特性,真正做自己气质的主人。

有一点是重要的,教师本人必须能正确认识与调控自己气质的优缺点,努力增强自身的言行修养,身体力行,为学生树立良好的榜样,这样才能够收到良好的教育效果。

(三)依据学生气质类型特点组织教学活动

实践证明,学生知识技能的掌握与智力的发展,虽不受气质类型的制约,但他们掌握知识技能的方式方法以及智力活动的特点却受气质类型的影响。例如,学生做同样的实验,某种气质类型的学生也许很容易学会操作,而另一种气质类型的学生却不然。又例如,学习某种新的知识,一种气质类型的学生采取这样的学习方式,而另一种气质类型的学生却喜欢采取那样的学习方式。因此,教师应依据学生气质类型的特点进行知识技能的教学。如对多血质类型的学生,应要求他们踏踏实实,独立思考,具有创新精神,切实帮助他们纠正不求甚解的缺点;对胆汁质类型的学生,应要求他们周密思考,耐心细致,切实帮助他们去掉粗心大意的毛病;对粘液质类型的学生,应要求他们活跃思想,拓宽思路,切实帮助他们改进呆板单一的学习方法;对抑郁质类型的学生,应要求他们积极参与发言,大胆与同学交流学习经验。

在开发学生的智力方面,教师也要注意利用气质类型的积极因素,克服消极因素。例如胆汁质类型的学生,可以利用他们反应快、情绪饱满、精力充沛等长处来弥补他们粗心大意的缺陷;粘液质类型的学生,可以利用他们认真扎实的长处来弥补他们思维转移迟缓的弱点;多血质类型的学生,可以利用他们注意力活泼的长处来弥补他们注意力易于分散的缺陷;抑郁质类型的学生,可以利用他们思维深刻的长处来弥补他们反应迟钝的缺陷。

(四) 根据教师与学生的气质特点构建师生关系

气质与教育的关系是多方面的。如果说气质与职业主要是人与物的关系,那么气质与教育则是直接的人与人的关系。教育者气质特点与被教育者气质特点的同于不同,也往往会影响教育教学的效果,就此我们应有一定的认识。

根据巴甫洛夫神经系统活动强弱划分出的四种气质类型,在气质类型的接触上,教育者与被教育者之间就有多种基本形式。

强而平衡、灵活型的教师与强而平衡、灵活型的学生之间,情感和动作都发生迅速,强烈而持久,均精力充沛,脾气暴躁,性情直率,师生间的合作在行动上容易共处,在观念意识相同时能互相促进,而当二者在某个问题看法上出现矛盾时,就易发生急剧冲突。如果教师对其进行变相体罚或说些有伤学生自尊心的话,得到的反应可能就是针锋相对,而使教师难以下台。

强型的教师与弱型的学生之间,学生往往成为教师的行为抑制剂。教师易激动,而学生则感情脆弱,动作迟缓,有时教师急于求成,就会恨学生反应太慢,你紧他不急;弱型的学生在强型的教师眼里总是过于谨小慎微、怯懦胆小,因此受到教师冷落的情况较多。

弱型教师与强型学生之间则是另一种情形。教师总担心学生听不懂或者有意见,特别担心强型学生提问、搞恶作剧或起哄。这类教师讲课慢条斯理,而学生有时则急不可耐,不过这类教师也会因沉稳而受学生尊重;强型学生在课堂上活泼好动,过于活跃,有时不为教师喜欢,被视为太淘气、顽皮。

弱型教师与弱型学生之间在节奏上相似。他们在教育教学活动中都显得异常认真,但效率不高。如果一个班集体弱型学生过多,课堂气氛就会沉闷,班级就会缺少生气,教师也显得精神不振,因而工作总是似有若无地慢节奏进行。

因此,在配备班主任与科任教师时,其气质类型应予以综合考虑,尽量按照师生气质类型的互补作用来调配。如在一个班集体强型学生多的情况下,配备的班主任则以气质深沉、迟缓、稳重型为佳;而以弱型学生为主体的班级,不宜配备弱型气质的班主任,这样班级工作可能很难见成效。在班干部的配备和学生分组活动时也应考虑学生气质的搭配,尽量注意学生中各种气质的协调,以利于工作的完成和学生间的相互影响。总之,气质只是个体特征多重因素中的一个方面,实际问题则比较复杂,要从多方面分析解决。

(五)气质与职业指导

如何开展中学生的职业和中学后教育的专业选择,是目前教育界比较重视的问题。气质理论在这方面可发挥其应有的作用。

气质特征是职业选择的依据之一,某些气质特征为一个人从事某种工作提供了有利条件。

一般来说,胆汁质型的人,较适合于反应迅速、动作费力、应激性强、危险大的工作。如要他们从事耐心细致的工作,那么就必然付出较大的耐力,而且效果不一定很好。多血质型的人,较适合做反应敏捷、动作多变、富有表情的社交性或文艺工作,而要他们从事单调而持久的工作,即使付出很大的主观努力,其效果也不会很好。粘液质型的人,较适合于做按部就班、耐心细致、刻板性强的工作。如果让他们从事激烈多变、灵活敏捷的工作,将是费力不讨好的。抑郁质型的人,较适合于从事烦琐细致、应变缓慢的工作,否则也是效果不佳的。

当然,以上只是说明各种气质类型在某方面工作施展才能较为有利,而要从事另一方面性质不同的工作,需要付出比别人更多的努力而已。

如何运用气质理论的研究成果,指导青年学生的职业选择和专业定向,是一个值得深入探讨的课题。

(六)气质与心理健康

心理的动态平衡是心理健康的标志,而心理活动的各种状态都有着气质能量水平的作用。

根据临床经验,两种极端的不平衡类型往往容易导致心理失调或精神疾病。由于强烈的动机、过度的紧张和不知疲倦的劳累,常常使胆汁质者的抑制过程更加减弱,于是出现神经衰弱或发展为时而情绪高涨时而低沉忧郁的躁狂性精神疾病;与自己能力不相适应的工作和社会的冲突及个体遭受到不幸,都会使神经过程本来就脆弱的抑郁质难以承受,以致转入慢性抑制状态,从而易受暗示产生难以遏制的歇斯底里,或患精神分裂症。为此,在教育过程中,教师应多关心这两种典型类型的学生,在教育方法上,要分别采取一些特殊的措施,尤其是不能给后一类学生施以过多的压力。如有些教师为了引起学生对考试的重视,考前营造过于紧张的气氛,就容易诱发这类学生失眠、食欲不振、精神萎靡、诚惶诚恐、躁动不安等症状。

弱型的个体需要特殊的环境氛围。由于这种类型的个体的神经细胞活动能力较低,因此,即使正常强度的刺激也难以引起保护性抑制,快速多变的强烈刺激会使他们感到防不胜防,行为紊乱,很难适应正常生活,甚至精神崩溃,导致神经官能症。对于这类个体应多关心爱护,引导其参与健康有益而又危险性较小的集体活动,多观赏喜剧、滑稽戏、幽默画等。

保证心理健康,要求个体在社会环境中,不断调节自己。气质虽有着先天性的特点,但气质在后天的实践活动中也不是完全不可改变的。认识到这一点,并辅以适当的教育方法,有助于维护和提高学生的心理健康水平。

第三节 性格的概述

一、性格的概念

性格(character)是指个体对现实的稳定态度和与之相适应的习惯化了的行为方式。性格在人的个性中起着核心的作用，是一个人区别于其他人的最显著、最集中的表现。在西方心理学中，性格与人格并未作严格的区分，常常参互使用。

性格作为一个人个性中最重要、最显著的心理特征，具有如下方面的特点：

（一）性格表现在人对现实的态度和其行为方式中

态度是个体对待社会、他人或自己的一种心理倾向，它包括对事物的认识评价、好恶亲疏等。态度的外在表现是行为方式。如对工作是否热情投入、危难时是否勇往直前、学习上是否勤奋刻苦等，均可表现出人对事物的不同态度，而不同的态度和行为方式则构成了人们的不同性格。

（二）性格是一个人独特的、稳定的个性特征，但同时又具有可塑性

性格是一个人在生活实践中，通过不断重复和强化，一种自动化了的、比较稳定的暂时神经联系系统。如有的人一贯工作勤勤恳恳、一丝不苟，对人坦诚随和，彬彬有礼，对自己总是自尊自律，谦虚克己等，这就构成了这个人的性格特征。而那些在某种情况下，属于一时性、偶然性的所谓"一反常态"的表现，我们则不能认为是一个人的性格特征。

性格是独特的，我们在世界上不可能找到两个性格完全相同的人。尽管在某些性格特征方面不同的人会有相似之处，但就整体而言，"你就是你，我就是我"，每个人的性格构成和具体表现都具有鲜明的个性特点。

性格的可塑性是指由于客观环境的影响或个体有意识的主观努力，一个人的性格可以产生某种变化。如长期的集体生活，可使一个原本孤僻的人变得合群活泼；残酷的战争环境，可使怯弱胆小的人锻炼得勇敢无畏等。现实经验认为，少年儿童的性格可塑性较之成年人更大，但成年人的性格也仍有可塑性的一面。

（三）性格具有直接的社会意义，是个性中具有核心意义的部分

一个人的性格，是在社会生活过程中逐渐形成的。甚至有人认为，性格就是一个人的世界观和人生观以及他的思想作风在处事接物方面的集中表现。社会文化、生活地域的不同，会塑造出人们的不同性格。如北方人和南方人、美国人和法国人，在性格方面就表现出诸多不同。接受不同的环境影响和教育作用，具有不同的物质生活条件和社会实践经历，也就在人们的头脑中形成不同的世界观、人生观和思想作风等，因而使人们表现出不同的性格特征。

不同的性格特点的社会价值是不一样的。例如，勤劳、公正、诚实、礼貌等性格，对社会就具有积极意义；而懒惰、奸诈、自私、粗野等性格，对社会就有消极影响。因此，就社会意义上来说，性格有好坏之分，凡符合社会主导文化、有利于社会进步的性格特征就属于好的性格，反之就是坏的性格。

正因为性格具有直接的社会意义，具有人生观、世界观和价值观等内在属性，所以它在个性中具有核心的地位。

二、性格与气质、能力的关系

（一）性格与气质的关系

性格与气质是两个既有联系又有区别的概念。弄清性格与气质的关系，有助于开展培养

和教育人的工作。

巴甫洛夫从生理基础方面探讨了性格与气质的区别和联系,并指出了性格的后天性和气质的天赋性之间的区别。他认为:气质这种心理现象是以神经过程的特性以及由此组成的高级神经活动类型为其生理基础。性格的生理基础则是先天的神经类型特点与在生活经验影响下神经系统所形成的暂时神经联系的动力定型。巴甫洛夫的观点已被心理学界广为接受。

从性质上讲,性格是由人对现实的态度和其行为方式所表达出来的个性心理特征,具有社会意义。在不同的社会生活条件和文化背景下,人们的性格会产生明显的不同。而气质则是表现在人的心理过程和行为中的动力特点,他由人的神经系统的特性所决定。在不同的社会环境、文化背景条件下,人们的气质可能表现出相同的特点。

在个体的心理发展过程中,气质形成得早,表现在先,可塑性小,变化慢;性格形成得晚,表现在后,可塑性较大,变化较快。

气质并无好坏之分,而性格却有明显的好坏之分。

就气质与性格的联系而言,目前心理学界对诸如气质与性格之间的制约作用、两者之间的渗透机制是什么等问题尚需作进一步的深入探讨。但两者之间在以下几方面的相互影响和相互作用是比较肯定的。

其一,气质可按自己的动力方式渲染性格,使性格具有独特的色彩。例如,同是勤劳的性格特征,多血质的人表现出精神饱满,精力充沛;粘液质的人会表现出踏实肯干,认真仔细;同是友善的性格特征,胆汁质的人表现为热情豪爽,抑郁质的人表现出温柔。

其二,气质会影响性格形成与发展的速度。当某种气质与性格有较大的一致性时,就有助于性格的形成与发展,相反会有碍于性格的形成与发展。如胆汁质的人容易形成勇敢、果断、主动的性格特征,而粘液质的人就较困难。

其三,性格对气质有重要的调节作用,在一定程度上可掩盖和改造气质,使气质服从于生活实践的要求。如飞行员必须具有冷静沉着、机智勇敢等性格特征,在严格的军事训练中,这些性格的形成就会掩盖或改造胆汁质者易冲动、急躁的气质特征。

(二) 性格与能力的关系

性格与能力在相互制约、相互促进中得到发展。首先,性格的形成需要以一定的能力为基础。如在教育、教学工作中学生发展了智力和体力,其性格也能得到相应的发展。通常能力高度发展的专家,往往能形成诸如刻苦耐劳、一丝不苟等优良性格特征。其次,优良的性格特征,如认真细致、勤劳好学、谦虚自信、勇于创造等,也能对能力的形成和发展产生推动作用。再次,能力与性格的良好结合,是一个人取得事业成功的重要条件。比如能力水平相差不大的人,具有勤奋、自信心强、富于创造精神者必然比懒惰、缺乏自信、墨守成规者能在事业上取得更大成功。心理学研究表明,一些"天才"科学家往往同时具有较高的能力水平和较好的性格特征。另外,优良的性格特点往往能补偿某些方面能力的不足。通常所说的"笨鸟先飞""勤能补拙"等说明的就是这个道理。现实生活中,因生理缺陷造成能力发展的障碍,但因具有勤奋、坚忍不拔性格特征而最终成才者,也是不乏其例的。

三、性格的特征及类型

(一) 性格的特征分析

构成性格的心理特征十分复杂,凡涉及认识、情感、意志等方面的一切本质的特征,能影响到一个人对客观事物的举止态度的,都属于性格特征的范围。因此,性格特征具有多方面、多水平的性质。

在分析性格结构时,不同的心理学家往往从不同的角度对性格特征予以归类。现从"性格是表现在人对现实的态度和其行为方式中的个性心理特征"这一论点出发,将人的性格结构归纳为以下四个方面:

1. 性格的态度特征

人们对于客观事物或现象的态度是多种多样的,而能引起态度的对象也是很多的。人们对待现实的态度的性格特征可从以下几方面予以分析。

(1) 对社会、集体、他人的态度的性格特征:主要表现为关心社会、热爱集体、具有同情心、为人诚实热情等;与其相反的特征是得过且过、自私自利、冷酷无情、虚伪傲慢等。

(2) 对工作和生活的态度的性格特征:主要有认真、积极、负责、节俭等;与此相反的则是马虎、消极、无责任心、奢侈等。

(3) 对自己的态度的性格特征:主要有自尊自信、谦虚谨慎、克己自律等;与之相反的是自卑、羞怯、骄傲自大、自暴自弃等特征。

2. 性格的意志特征

性格的意志特征是指人们对自己行为的自觉调节方式和水平方面的性格特征。按照调节行为的依据、水平和客观表现,性格的意志特征可从以下四个方面表述。

(1) 自觉性:主要表现在一个人对自己行为目标的认识深刻程度,以及由此而表现出的对行为的自觉控制水平。主要有独立、主动、积极等;与之相反的是盲目、被动、消极等。

(2) 自制性:这是表明一个人对行动自觉控制水平的性格特征。如冷静、沉着、克制等;与之相反的特征表现为冲动、慌乱、任性等。

(3) 果断性:这是在紧急或困难情况下表现出的性格特征。良好的性格特征是勇敢顽强、镇定果断等;相反的特征则是惊慌失措、优柔寡断等。

(4) 坚毅性:这是在工作或学习过程中,坚忍不拔、百折不挠地克服一切困难和障碍,为实现既定目标而努力的性格特征;与之相反的是马虎草率、半途而废等特征。

3. 性格的情绪特征

人的情绪状态,对人的行为方式有相当大的影响。有的人情绪稳定性较高,不容易产生大的波动,而有的人则情绪波动幅度大,很不稳定,人们称之为情绪上的"冷热病";有的人其行为受情绪感染和支配的程度较高,而且情绪一旦发生就非常强烈,难以控制和调节,而有的人情绪发生较弱,且容易控制和调节;有的人情绪活动的持续时间较长,而有的人则情绪发生很容易减弱或消退等。情绪的这些不同品质特性,影响到人们的气质,也影响到人们的性格。如有的人常给人以安乐宁静、振奋开朗的印象,而有的人则给人以抑郁寡欢、焦躁不安的感觉。

图 11-2　脸谱与观众理解人物性格和情绪

4. 性格的理智特征

人们表现在感知、记忆、想象和思维等认识过程中的态度和活动方式上的差异,称之为性格的理智特征。表现在感知方面的有:有的人对事物的观察积极主动,不易为环境干扰因素所影响;而有的人往往感知被动,而且容易受外界的刺激干扰和暗示。此外,根据人们的感知特点,还有详细分析型和概括型、严谨型和草率型之分;表现在记忆方面有主动记忆型和被动记忆型、信心记忆型和无信心记忆型之分;表现在想象方面有主动想象型和被动想象型、大胆想象型和拘谨想象型、细想型和现实型之分;表现在思维方面有独创型、守旧型、深思型、粗浅型、灵活型、呆板型之分等。

在西方心理学中,较著名的对性格结构进行定量分析的方法主要有阿尔波特(Allport)的人格特质论(personality trait theory)。这一理论认为,人格结构中包含两种特质:共同特质(common traits)和个人特质(individual traits)。所谓特质是指个人的遗传与环境相互作用而形成的对刺激发生反应的一种内在倾向。卡特尔(R. B. Cattell)把特质区分为表面特质(surface traits)和根源特质(sourse traits)。这一理论也有较大的影响。其表面特质是指一组看来似乎聚在一起的特征或行为,但同属于一种表面特质里的特征,其间关系很复杂,因此这些特征虽有关联,但不一定一起变动,也不源于共同的原因。而根源特质指的是行为之间成一种关联,会一起变动而形成单一的、独立的人格维度。每一种表面特质都来自一种或多种根源特质,是构成人格的基本要素。卡特尔根据因素分析的结果得出有 16 个根源特质,并设计出一种人格测验叫 16 种人格因素问卷。表 11-6 是 16 种人格因素上的高分者和低分者的特征。

表 11-6　卡特尔的 16 种根源特质

因素	特质名称	低分者特征	高分者特征
A	乐群性	缄默孤独	乐群外向
B	智慧性	迟钝、学识浅薄	聪慧、富有才识
C	稳定性	情绪激动	情绪稳定
E	好强性	谦逊顺从	好强固执
F	乐观性	严肃审慎	轻松兴奋

因素	特质名称	低分者特征	高分者特征
G	有恒性	权宜敷衍	有恒负责
H	敢为性	畏怯退缩	冒险敢为
I	敏感性	理智、着重实际	敏感、感情用事
L	怀疑性	依赖随和	怀疑、刚愎
M	幻想性	现实、合乎成规	幻想、狂妄不羁
N	世故性	坦白直率、天真	精明能干、世故
O	忧虑性	安详沉着、有自信心	忧虑、抑郁、烦恼多端
Q1	实验性	保守、服从传统	自由、批评激进
Q2	独立性	依赖、附和	自立、当机立断
Q3	控制性	矛盾冲突、不明大体	知己知彼、自律严谨
Q4	紧张性	心平气和	紧张困扰

卡特尔据此编制的 16 种人格因素量表,是国际上通用的人格量表。

(二) 性格类型的研究

性格的类型是指一类人身上所共有的某些性格特征的独特结合。由于性格是一种极为复杂的心理现象,要确定一种公认的、有充分根据的分类原则并非易事,因此,迄今为止,心理学界尚无统一的性格分类。下面介绍几种常见的分类学说。

1. 机能类型说:这是按照理智、情绪、意志三种心理机能在一个人的性格结构中何种占优势的原则,将人的性格划分为理智型、情绪型、意志型三种。

理智型的人,处世冷静,受情绪波动影响小,习惯于以理智来支配和调节自己的行为;情绪型者,外部表露明显,情绪波动大,处世较任性,行为常被情绪所控制和支配;而意志型的人,行动目标明确,自制力较强,常能坚持不懈地努力实现既定目标,但具有这种性格的人中也有固执、鲁莽者。

2. 向性类型说:著名瑞士心理学家荣格以他的精神分析观点,提出这一性格分类学说。他把那种性格活泼开朗、善于交际、反应迅速、不拘小节的人归为外向(extroversion)型性格者;而把处世谨慎、不善交往、反应缓慢、沉静孤僻的人归之为内向(introversion)型性格者。这是目前最普遍的一种分类方法。

3. 独立—顺从说。这是按照个体的独立性强弱来划分性格类型的学说。该学说认为,属于独立型性格的人,善于独立发现问题、解决问题,自主能力强,不易受外界干扰和暗示所影响,能镇定、果断地处理突发事件或危急情况;属于顺从型性格的人,依赖性重,容易盲目地接受别人的意见和要求,缺少主见,外界干扰或他人暗示对其影响大,面对复杂或困难情况往往惊慌失措、束手无策。

除以上所介绍的性格分类学说外,另外还有吉尔福特的特性分析说,普斯兰格的按人类文化生活的形式划分性格类型的学说、乌申斯基的双维度四类型学说等。这里不一一介绍。

性格的生理基础

同其他心理现象一样,性格也是脑的机能。研究表明,脑损伤或脑功能异常的病人,他们的态度和行为方式会出现一些异常的变化。如,有些大脑额叶受损的人,会出现固执己见,不听劝告,反复无常,行为粗鲁等性格上的变化现象。但是,个体的性格是不是完全由大脑所决定的呢?

巴甫洛夫认为,高级神经类型不仅是气质的直接生理基础,而且也是性格的自然基础之一。但是,高级神经类型不是性格。高级神经类型是性格产生的自然前提,而性格是在生活实践中形成的心理特征。从生理机制上来说,性格是高级神经类型和后天生活环境所形成的暂时联系系统的"合金"。在巴甫洛夫实验室中,人们看到,一只弱型的狗,由于生活在顺利的环境中,可以养成沉静、庄重的姿态,它不怕任何东西;而另一只强型的狗,由于生活在经常挨打的环境中,却成为具有明显防御反射的胆小动物。

我们可以认为,每个人的性格既显露出后天生活经历的明显印记,同时又带有某种遗传的色彩。高级神经活动类型不能预先确定一个人的性格,不同高级神经活动类型的人,可能形成相同的性格特征;同一高级神经活动类型的人,也可能形成不同的性格特征。由后天生活经历影响所形成的暂时神经联系系统更具有直接意义。

四、性格的了解与测量

性格作为一种相对稳定的心理特征,在每一个体身上都有其独特的结构。正确地了解和鉴定性格特征和性格类型,是教育工作者对学生进行教育的重要依据。

心理学的研究方法一般都可以用来了解和测量性格,如观察法、谈话法、作品分析法、个案法等。但由于性格个别特征极其纷繁,性格结构错综复杂,因此要想了解和鉴定一个人的性格,就需要将各种方法结合起来,交叉应用,互相补充,互相印证,以便作出比较客观的评定。

(一)了解性格的途径

在教育过程中,教师通过观察和接触,分析、了解学生的性格,是一种比较主动和自然的方法。具体应用中,可从以下几个方面入手:

1. 观察学生在活动中的行为表现,了解学生性格

性格在活动中形成,也是在活动中表现的。如在游戏中,有的儿童愿意扮演领导别人的角色,处处以指挥者的面貌出现,有的却愿意听从别人的指挥、扮演被领导的角色,有的儿童则不能与其他儿童配合进行游戏;有的儿童喜欢运动型游戏,有的则喜欢安静型游戏;有的儿童能坚持把一种游戏进行到底,有的却总是在游戏中半途而废。这些不同反映出儿童在独立性、坚忍性、自制力等性格特征方面的差异。在学习中,有的学生课堂上坐不安稳,常做小动作,课后作业马虎,错误率高;有的学生考试时沉着冷静,耐心细致,而有的学生则焦虑紧张,粗心大意;在劳动时,有的学生积极性高,能吃苦耐劳,但有的学生却参与感低,怕苦怕累等。人的性格既

是在日常各种活动中形成和发展的,同时也是在活动中表露出来的。这些不同反映出不同个体在独立性、坚忍性、自制力等性格特征方面的差异。通过观察,可大致了解学生的一些性格特征。

2. 通过与学生的言语交谈,了解学生性格

一个人怎样说话、话多还是话少、用什么方式说话、言语的风格如何、言语是否真诚等都可以表现出人不同的性格特征。如,爱与人交谈的学生,可能是性格开朗、善于交际,也可能是具有同情心,还可能是自负、妄自尊大;不善于与人交谈的学生,可能是对自己言谈有较高的责任感,也可能是掩饰自己的思想、情感,还可能是孤僻、怯懦。学生对各类话题的兴趣,说话的方式、多寡,语态的风格、速率,谈话的态度、表现等,均可表现出学生的某些性格特征。尤其是学生的言行是否一致、骄傲还是谦虚、思维的快慢与逻辑性等方面的个性特征尤其能在谈话中反映出来。正如有人所说,"言为心声",言语是了解一个人性格特征的有效途径。可见,在言语中,性格表现的意义是多方面的。

3. 通过分析学生的表情流露,了解学生的性格

表情是面部姿态的呈现,是眼神、面部肌肉的动作和嘴的开合等的综合运用。广义的表情,还指人们以身体各部分的动作表达自己的情感状态。一般来说,一个人习惯了的并和其心理活动相联系的面部表情,可作为用以了解其性格特征的依据。如从"笑"的方式,便可判断出一个人的某些性格特征:纵情的笑、辛酸的笑、甜美的笑、含泪的笑、会心的笑、皮笑肉不笑、冷笑、傻笑、嘲笑、苦笑等都可以表现不同的性格特征。

眼睛是心灵的窗户,眼神也是了解人不同性格的信号。列夫·托尔斯泰曾描写过 85 种眼神,如狡猾的目光、炯炯有神的目光、明朗的目光、忧郁的目光、无情的目光、冷淡的目光等,而每种眼神都包含着丰富的性格内容。

典型的姿态也能反映出一个人的性格。如一个人怎样站,怎么走,坐姿如何,经常用什么手势,都会表露出他的性格特征。

人的性格差异往往还可以通过衣着、饰物反映出来。性情活泼的女孩一般喜欢色泽鲜艳、线条富于变化的服装;温柔文静的女孩一般喜欢素静淡雅、线条和饰物简单的服装。

可见人的外部行为、举止和语言、服饰都可以流露出人心灵深处的奥秘及其性格上的特点。

(二) 性格的测量

性格测量有多种方法,较常用的是测验法。性格测验主要分为两大类,一是自陈测验法,二是投射测验法。

1. 自陈测验法是性格测验中应用最广泛的一种形式。它是由受试者自己回答量表中一定数量的问题,据此评分,然后经过统计得出结论。

目前,国内外最常用的性格测验量表有:明尼苏达多相人格测验量表、卡特尔 16 因素测验量表、艾森克人格测验量表、Y—G 性格检查表、向性(内向、外向)检查表等。下面就目前国内外应用广泛的几种量表测验予以简介:

(1) 明尼苏达多相人格测验量表(简称 MMPI)

明尼苏达多相人格测验量表是美国明尼苏达大学教授哈撒韦(S. R. Hathaway)和心理治疗家麦金利(J. C. Mckinley)制定的,因为该问卷同时测量多种特质,因此称为"多相"性格测验量表。

MMPI 共有 550 个题目,分成 14 个量表,其中包括 10 个临床量表和 4 个效度量表。临床量表涉及身体的各个方面(如神经系统、心血管系统、消化系统、生殖系统等)、精神状态及对家庭、婚姻、宗教、政治、法律、社会等的态度。它们不仅能鉴别有无精神疾病,而且能勾勒出一个人广泛的性格特征。效度量表是用于检查被试回答是否小心、误解题意、故意作假、特殊反应以及接受测验的态度。它们是判断测验结果是否可靠的重要指标。

MMPI 自 40 年代制定以来,经过几十年的不断应用和筛选,它在临床上的应用越来越广。从 1980 年起,以中国科学院心理研究所宋维真研究员为首的全国协作组,对 MMPI 进行了修订和试作,正式确定了我国的标准,目前已被广泛应用于医院、学校和其他部门。

(2) 卡特尔 16 因素测验量表(简称 16PF)

16PF 是美国伊利诺州大学人格及能力研究所卡特尔教授编制的。卡特尔通过因素分析获得 16 种性格的根源特质。他认为只要测定一个人的这 16 种因素达到什么程度,就能知道这个人的性格。16PF 就是测定这 16 种性格特质的量表。它共有 187 题,每题都分为三种回答(是的;不一定;不是的),根据被试的回答,可计算出他的每种人格特征的分数,转换成标准分后,就可对其性格特征作出解释。16PF 除可获得 16 种特质的有关数据外,还可通过一定的公式,计算出被试的性格类型(包括适应型与焦虑型;内向型与外向型;感情用事型与安详机警型、怯懦型等),以及心理健康、专业成就、创造能力、适应新环境的能力等情况。

16PF 和 MMPI 一样都适用于有阅读能力的被试。由于测验获得的信息较多,又以正常人为研究对象,所以较广泛地应用于教育、职业指导和各种管理工作中。

(3) 艾森克人格测验量表(简称 EPQ)

该量表由英国心理学家艾森克(Eysenck)等人所编制。相对于其他因素分析的性格量表而言,它所涉及的概念较少,使用较为便利。

EPQ 有成人量表和少年量表两种。成人量表适用于 16 岁以上成人,少年量表适用于 10 至 16 岁少年。各包含 90 个左右的题目。每种类型都含有 4 种量表:精神质量表、外内向表、情绪稳定性量表和效度量表。

EPQ 在我国有多种修订本,北方地区有陈仲庚教授等人修订本,南方地区有龚耀先教授等人的修订本,都有较高的信度和效度。

2. 投射测验法

投射测验法是主测者向受测者提供一些无确定含义的刺激,让受测者在不知不觉中自由地把自己内在的思想感情流露出来,即投射出来,以确定其性格特征。投射测验法有两种主要形式:主题统觉测验和罗夏墨迹测验。这两种方法中被试的联想和陈述相对比较自由和真实,测试的信度较高;但是对主试的专业素质和水平的要求比较高,难以操作,而且主试在确定被试的性格类型时也带有一定的主观色彩,测试的效度难以把握,在教育教学实践中用得较少。因此,我们只作简单介绍。

（1）主题统觉测验（简称 TAT）

主题统觉测验是由美国哈佛大学默里（H. A. Murray）和摩根（C. D. Morgan）于 1935 年编制而成的。该测验全套共有 30 张主题不明确的黑白图片，另有一张空白卡片。图片的内容以人物为主，兼有部分景物。具体测验时，主试根据被试性别以及成人还是儿童，抽选出相应的 19 张黑白图片，按次序一一呈现给被试，要求被试根据每张图片讲一个故事。故事由被试随意编造，但必须说明事情发生的原因，可能出现的结果，以及个人的感想。故事越生动越好。另外，还要求被试在空白卡片上想象画出一幅图画，然后根据这幅图制出一个相应的故事。测验完毕后，主试与被试进行一次谈话，以便深入了解故事的内容。

图 11-3　主题统觉测验图片示例

TAT 认为，被试对图片情景编造的故事，和生活经验有密切的关系。因为故事的内容，一部分受当时知觉的影响，另一部分，即想象部分，则是个人意识与潜意识的反映。也就是说，被试在编造故事的时候，不知不觉地把自己内心的情绪、愿望和理想，用故事情节反映出来，即把个人的心理活动投射到故事之中。主试通过对被试编造的故事的分析，找出被试的需要、态度和情感，从而测出被试的性格特征。

（2）罗夏墨迹测验

该测验是由瑞士精神病学家罗夏（H. Rorschach）建立的。测验共有 10 张墨迹图片。所有图片都毫无意义。图片基本上左右对称，其中 5 张由浓淡墨色组成，2 张在浓淡墨色上加以红色斑点，3 张由彩色构成。

测验时，主试依次呈现图片，问被试："这看上去像什么？""这使你想起了什么？"，对被试的回答作详细记录。被试若不愿意回答时，主试应尽量鼓励他。主试将测验结果按以下四方面进行评定：①部位：即被试对墨迹图形是整体反

图 11-4　罗夏墨迹测验图片示例

应,还是部分反应。②决定反应的因素:即被试的知觉是以形状为主,还是颜色为主。③内容:即被试的答案中提及的是什么东西。④独特性:即被试的回答是否与众不同。

上述各种方法各有所长,各有所短。具体应用时应视条件选择使用。但在对学生的性格进行了解和测量时,应认真细致,综合运用多种方法,才能作出合乎实际的客观评定。

专栏 11-5

性 格 自 测 表

一般来说,典型性格类型的人并不多见,多数处于两极之间,只是偏向于某一类型而已。目前我国用得较多的性格测量表主要有两种,一种是瑞士心理学家荣格设计的,共 19 题,信度与效度均很高,但个别题目不符合我国的国情;另一种是我国学者参考编制的一套性格量表,现编录如下:

1. 在大庭广众面前不好意思。

2. 对人一见如故。

3. 愿意一个人独处。

4. 好表现自己。

5. 与陌生人难打交道。

6. 开会时喜欢坐在被人注意的地方。

7. 遇有不快事情,能抑制感情,不露声色。

8. 在众人面前能爽快地回答问题。

9. 不喜欢社交活动。

10. 愿意经常和朋友在一起。

11. 自己的想法不轻易告诉别人。

12. 只要认为是好东西立即就买。

13. 爱刨根问底。

14. 容易接受别人的意见。

15. 凡事很有主见。

16. 喜欢高谈阔论。

17. 会议休息时宁肯一个人独坐也不愿同别人聊天。

18. 决定问题爽快。

19. 遇到难题非弄懂不可。

20. 常常不等别人把话讲完,就觉得自己已经懂了。

21. 不善和人辩论。

22. 遇到挫折不易丧气。

23. 时常因为自己的无能而沮丧。

24. 碰到高兴事极易喜形于色。

25. 常常对自己面临的选择犹豫不决。

26. 不太注意别人的事情。

27. 好把自己同别人比较。

28. 好憧憬未来。

29. 容易羡慕别人的成绩。

30. 相信自己不比别人差。

31. 注意别人对自己的看法。

32. 不太注意外表。

33. 发现异常现象，容易想入非非。

34. 即使有亏心事也很快被遗忘。

35. 总是把家里收拾得干干净净。

36. 自己放的东西常常不知在哪里。

37. 做事很细心。

38. 容易和人交朋友。

39. 对于别人的请求乐于帮助。

40. 十分注意自己的信用。

41. 热情来得快，消退得也快。

42. 信奉"不干则已，干则必成"。

43. 做事情更注意速度而不注意质量。

44. 一本书可以反反复复看几遍。

45. 不习惯长时间看书。

46. 办事大多有计划。

47. 兴趣广泛而多变。

48. 学习时不易受外界干扰。

49. 开会时喜欢同人交头接耳。

50. 作业大多整洁、干净。

51. 答应别人的事情经常会忘记。

52. 一旦对人有看法不易改变。

53. 不喜欢体育活动。

54. 对电视中的球赛节目尤有兴趣。

55. 买东西前总要比较估量一番。

56. 不惧怕从来没做过的事情。

57. 遇有不愉快的事情，可以生气很长时间。

58. 自己做错了事，容易承认和改正。

59. 常常担心自己会遭遇失败。

60. 容易原谅别人。

计分：上述自测题，每题都有"是"、"似是而非"、"非"三种答案。

凡单数题(1、3、5、7……)，"是"为 0 分；"似是而非"为 1 分；"非"为 2 分；

凡双数题(2、4、6、8……)，"是"为 2 分；"似是而非"为 1 分；"非"为 0 分。

分析：累计得分在：

90 分以上，是典型外倾型性格；

71—90 分，是稍外倾型性格；

51—70 分，是外倾、内倾混合型性格；

31—50 分，是稍内倾性格；

30 分以下，是典型内倾性格。

（资料来源：林永和. 认识你自己. 北京：中国人事出版社，1986)

第四节　性格与教育实践

　　影响人的性格形成与发展的因素很多，既有先天因素，又有后天因素；既有客观因素，又有主观因素。但在人的性格形成和发展中起主导作用的是教育。这里的教育是广义概念上的教育，不但包括学校教育，也包括家庭教育、社会教育和自我教育。在这些因素的综合作用下，学生的性格形成与发展呈现一定的规律性，教育工作者要充分利用这些规律，努力塑造学生良好的性格。

一、学生性格形成与发展的年龄趋势

　　人的性格并非与生俱来，而是随人生的历程而形成和发展的。弗洛伊德特别重视童年在性格形成中的意义，认为一个人的性格在七八岁时已基本定形。我国亦有"三岁看小，七岁看老"之说，尽管这种观点过分夸大了童年的作用，但人的早期经历，尤其是童年和小学、中学时期，对性格的形成和发展影响是很大的，教育工作者应充分认识这一点。

　　刘明、王顺兴等曾对我国儿童青少年学生性格特征的年龄发展趋势作过比较系统的研究。他们用问卷法对共 2127 名儿童青少年学生（城乡比例、男女比例大致为 1∶1）进行了性格的情绪特征、意志特征和理智特征的测查。研究结果表明，我国青少年学生的性格发展的水平随年龄的增长而逐渐升高，表现出由低到高的发展趋势。但是，发展速率是不平衡、不等速的，小学二年级至四年级发展较慢，四年级至六年级发展较快，小学六年级至初中二年级发展尤其缓慢，甚至出现相对停滞状态，初中二年级至高中一年级，又出现快速发展趋势。而且，性格特征的各方面发展趋势又是有差异的。

二、了解影响学生性格形成的基本因素

性格特征不是天生的,是在先天素质的基础上,通过后天的家庭、学校和社会环境的影响,经过个体自己的实践活动和积极主动性才逐渐形成的。

(一)遗传因素对性格形成的影响

这里所说的遗传因素主要是指高级神经活动类型对性格形成的影响。现代生理学研究的成果表明,高级神经活动类型对性格的形成确有影响。首先,高级神经活动类型对性格的形成起着积极的或消极的作用。"兴奋型"的人形成自信的性格要比"抑制型"的人容易一些,"兴奋型"的人由于易冲动难于抑制,形成自制力的品质比"安静型"的人要难一些;其次,不同神经活动类型给同样的性格增添个性化的色彩,如同样是助人为乐,"活泼型"的人表现得满腔热情,积极主动,而"安静型"的人常常是不动声色,从容不迫。

由此可见,生物因素是以一定的方式来影响人的性格的形成。但是人的性格并非天生,人的遗传素质并不能直接决定人的性格。性格主要是在后天的生活条件和教育的影响下,通过个人的实践活动逐渐形成的。

(二)家庭教育对性格形成的影响

从教育的顺序上来说,先是家庭教育,然后才是学校教育。社会和时代的要求,都能通过家庭在儿童的心灵上打上深深的烙印。家庭对一个人性格的形成和发展具有重要和深远的影响。

1. 家长的教育观念、态度和方式对儿童性格形成的影响

人们普遍认为,家长的教育观念、态度和方式对儿童的性格形成具有深刻的影响。家长是孩子的"第一任老师",不但有抚养孩子的责任,更有教育孩子的责任。

家长的教育观念具体表现为:家长对家庭教育的作用与在家教问题上所承担的角色与职能之认识的教育观,家长对儿童的权利与义务、地位及对子女发展规律之看法的儿童观,家长在子女成才问题上之价值取向的人才观,以及家长对自己同子女有什么样的关系之看法的亲子观。研究发现,家长教育观念的正确与否,决定家长对儿童采取何种教育态度与方式,而家长的教育态度与方式又直接影响着儿童的发展,特别是性格的形成与发展。有许多心理学家对父母的教养态度与方式对子女性格的影响进行了研究,其结果表明,在父母不同的教育态度与方式下成长的儿童,其性格特点有明显的差异。

2. 家庭成员的性格和家庭气氛对儿童性格形成的影响

家庭成员的性格和所形成的家庭氛围,对儿童性格的形成具有潜移默化的作用。长期生活在家庭成员关系不和、争吵、猜疑,或缺乏民主气氛家庭中的孩子,常常出现好斗、固执、说谎或孤僻、胆怯等性格特征。民主、宁静、愉快的家庭氛围,则有助于形成孩子活泼、热情、诚实、有礼的性格特征。

3. 儿童的家庭地位和角色对性格形成的影响

孩子的排行(出生顺序)往往使他们在家庭中处在不同的地位、扮演不同的角色。长子所形成的性格特征中往往具有责任心、成就动机、关心他人等品格,而次生子则往往会形成依赖性重、缺乏自信心、保守等性格特征。

前期我国实行提倡一对夫妇只生一个孩子的计划生育政策以来,独生子女在家庭中常常处于"中心"的角色地位,国内关于独生子女性格发展问题的研究时有所见。我们应充分重视在独生子女教育中存在的问题,努力培养独生子女的良好性格。

(三)学校教育对性格形成的影响

学校是对学生进行有目的、有计划、有组织的教育的场所,对学生性格的塑造具有重要影响。

1. 教师对学生性格形成的影响

教师的言行举止、品德风格往往成为学生效仿的榜样。由于"向师性"的作用,学生(尤其是低年级学生)常常理想化地看待教师。教师在教育过程中所传授的价值观念、社会规范和行为方式很容易被学生接受,并进而影响到其性格的形成。但现阶段值得注意的是,借助科技力量而日益发展的信息传媒已使传统的"前喻文化"(即知识文化、价值观念由教师向学生的单向型)作用减弱,"同喻文化"(即知识文化、价值观念在师生间互相渗透、对流和互补)作用增强,教师在教育过程中的影响力已相对减弱。如何更好地发挥教师在学生性格形成中的作用,是我们教育工作者值得探讨的问题。

2. 学校集体对学生性格形成的影响

学校集体包括班集体、团队组织、学生会等。就整体而言,校风和学风对学生性格的形成有较大影响。良好的校风和学风,有助于学生形成勤奋好学、讲礼貌、守纪律等优良性格,否则,易使学生形成自由放任、怠惰、粗野等不良品质。其次,班集体对于塑造学生良好的性格特征也有很大作用。班风正,可使学生情绪稳定、学习积极,从而促使学生形成具有集体荣誉感、义务感、团结互助、自尊自信等良好的性格特征;而不良的班风,则容易使学生形成冷漠、自私、消极、不负责、孤独等性格特征。集体中良好的人际关系,也有助于学生诚恳、公正、谦让、宽厚、尊重他人等性格品质的形成。

(四)社会实践对学生性格形成的影响

社会实践主要是指学生所参与的工作、劳动、政治生活、科学研究、文学艺术、文化娱乐、体育运动等活动。如果说社会最初是通过家庭和学校起作用的话,那么当学生从学校走向社会,这种影响便直接发生作用。在实践中努力适应现实的需要,不断巩固和改变自己的性格特征,同时还会形成许多新的性格特征。

社会意识形态和各种榜样对学生性格的形成起着潜移默化的作用。社会意识形态包括哲学、伦理道德、政治法律、传统习惯以及宗教艺术都以各种形式影响人的性格形成和发展。社会意识形态主要是通过广播电视、戏剧电影、报刊杂志和社会教育、社会舆论等渠道来影响人们的思想观念和性格特征的。社会意识形态对性格的形成和发展既有积极的作用,也有消极的影响。我国社会主义意识形态有利于帮助学生获得积极向上、奋发进取的新思想、新观念。如对青少年进行法纪教育、爱国主义教育、革命理想和革命前途教育,对养成青少年积极向上、奋发进取的性格具有重要的作用。但是残存的旧意识形态并没有完全消失,还在通过各种渠道起作用,尤其是那些带有颓废倾向或掺杂有不健康情节的影视、文学读物以及黄色歌曲的录像带,对于缺乏批判能力的青少年学生常常起着污染作用,妨碍他们性格的健康发展。

新编心理学(第三版)

各种榜样对学生的性格的形成和发展带来的影响也具有双重性。青少年正处在长知识、长身体的时候，思想意识和道德观念正在形成，因而易受感染。一方面英雄模范人物的勤劳朴实、克己奉公、英勇顽强等优良性格给青少年带来积极的影响；另一方面在社会上一些人残存着腐朽没落的封建意识，如拍马讨好、嫌贫爱富、喜新厌旧、重男轻女、好逸恶劳等，给缺乏免疫力的青少年学生带来了不良影响。为了抵制旧意识形态和不良人群的影响，教师必须引导学生跟不良的社会倾向作斗争。

（五）自我教育在性格形成中的作用

人在实践中获得生活经验，进行自我教育，自我调节，这是性格的形成、发展或变化的重要途径。

随着学生年龄的增长，自我教育的能力也逐步增强。有项研究表明：在通过现象揭露道德行为本质方面，初中生具有这种能力者为 24%，高中生为 49.2%；在比较客观、全面地评价事物方面，初中生具有这种能力者 54.5%，高中生为 87.2%；在对具体行为进行一分为二的评价方面，初中生具有这种能力者 59.8%，高中生达到 72.3%。随着青少年学生自我意识的发展，他们常常能主动地分析自己的性格特征，自觉地扬长避短，培养自己良好的性格特征。这时，他们对自己性格的形成已从被控制者转变为自我控制和自我教育者。教师应有意识地发展学生的自我评价和自我教育能力，促使他们性格的健康发展。

当前，我国随着改革开放的深入发展，社会文化正处于迅速变迁时期。在我国当代社会文化的变迁过程中，传统与现代、固有与外来文化交融相汇，碰撞冲突，正使社会期待的模糊因素增多、价值判断难度加大、社会规范漂移变化，青少年学生产生环境不适、认知彷徨、心理失衡以及行为选择无序等问题是可想而知的。为了培养年轻一代良好的性格特征，我们必须深入开展有关方面的研究，帮助他们培养积极的生活态度、良好的群体意识、理智感和心理调适力，乐于接受新的生活经验、新的思想观念和行为方式，增强自尊心和自信心，使之成为具有良好性格特征的一代新人。

三、针对学生性格特征进行教育，塑造学生良好性格

人的性格不是与生俱来的。人刚生下来只有神经类型的个别特点，根本无所谓性格特征，性格也不是出生后在环境的影响下立即出现的，人的性格的形成是一个缓慢的逐渐发展过程。不了解这一点，在性格教育中就会出现"恨铁不成钢"或者"成人化"的倾向。

针对学生性格特征进行教育，是培养学生良好性格的基本方法和原则。离开了这个基本原则来谈性格教育则是庸医治病不对症下药。为了更好地对学生进行教育，应该遵循以下几点：

（一）摸清特点，扬长避短

学生的性格正在形成和发展中。就学生个体的性格特征而言，有符合社会要求的，也有不符合社会要求的。教育者的任务就在于摸清学生的性格特点，帮助学生发展优良的性格，改造不良的性格，使他们的性格更加健全完美。例如，有的学生勤奋、守纪律，但是软弱怕事；有的学生集体荣誉感强，工作积极肯干，但是高傲、固执，听不进批评，爱和别人闹别扭；还有的学生

对人热情、乐于助人,但是做事缺乏坚持性;有的学习勤奋、守纪律,有较强的集体荣誉感和自尊心,但是有虚荣心和嫉妒心;有的学生贪玩懒惰、粗心大意。因此,教师不能只满足一般性的教育活动,而应该在充分了解学生性格的基础上,采取有针对性的措施,帮助学生克服性格中的弱点。

1. 学生性格差异与学习

学生的性格特征和学习方式、学习效果之间存在着不容忽视的关系,教师必须充分认识到这一点。一个具有优良性格特征的学生,可以保证其具有正确的学习动机、稳定的学习情绪、持久的学习兴趣和顽强的学习意志,提高心智活动的水平,获得学习活动的圆满成功。相反,如果一个学生具有某些性格缺陷,必然会对学习产生不利的影响,降低学习的效率或质量。

有人通过问卷调查,归纳出学生的六种学习方式都与学生的性格特征有关:①竞争型。这类学生的学习是为了表现自己比班上其他人学得更好,把课堂视为决定胜负的场所,他们注意分数和教师的奖励,希望在与其他同学的竞争中获胜。②协作型。这类学生喜欢与同伴和教师合作,把课堂看作学习社交的场所,愿意同他人交换意见,也乐于帮助别人。③回避型。这类学生对课堂学习和班里的事不感兴趣,不愿意参与课堂里的师生活动。④参与型。这类学生对课堂内容和上课感兴趣,喜欢参加班级的教学活动和课外活动。⑤依赖型。这类学生只想学习教师布置的内容,对知识缺少好奇,总指望权威人士指导和告诉他做这做那。⑥独立型。这类学生喜欢自己独立思考,自己独立完成学习任务,学习自己认为重要的内容,但也愿意听取别人的意见和想法。

教师应当充分重视学生性格对学习活动的影响,利用他们性格特征中的长处,同时减少其他不利因素对学习带来的负面影响。

2. 开展各种活动,引导学生在实践中锻炼自己的性格

例如,对于勤奋、守纪律但胆小怕事的学生,教师可以有意识地组织学生听报告、看电影和电视录相,参观展览,阅读有关的书籍等活动,还可以吸收他们参加为集体服务的工作,如负责办板报、搞宣传、检查纪律等,不断帮助他们总结经验提高认识。这样既可以使他们的优良性格得到进一步巩固和发展,又可以培养他们所缺乏的勇敢、坚强等性格特征,从而使他们的性格得到较全面的发展。

对于那些自信心强但又骄傲的学生可以从培养他们自信又谦虚的品质入手,使他们懂得"骄傲使人落后,虚心使人进步"的道理,从而养成虚心好学、善于自我批评的习惯,还可以有意识地分配他们担任需要冷静处理才能完成任务的工作,或让他们参加一些平凡而有意义的公益活动,帮助他们克服骄傲自满的情绪,逐步形成谦虚、谨慎、团结互助的性格。

对于开朗热情、乐于助人,但缺乏坚持性的学生可以推荐他们阅读或观看诸如《钢铁是怎样炼成的》《牛虻》之类的小说或观看相关电影,给他们讲古今中外科学家、政治家、文学家、艺术家等名人名家持之以恒、锲而不舍,终于实现远大理想的事迹,并经常委派他们去办一些有明确要求,需要坚持又有监督检查的社会工作,帮助他们逐渐养成坚毅的性格。

对于贪玩懒惰、粗心大意的学生,教师一方面要帮助学生进一步明确学习目的,提高学习

兴趣,另一方面,必须与家庭取得联系,要求家庭配合学校帮助他们建立并严格执行学习和生活制度,并根据他们的学习态度起伏和成绩的升降,不断给予适时的表扬和恰如其分的批评,帮助他们养成好习惯,提高自觉性,克服懒惰和粗心大意。

3. 帮助学生明辨是非,启发学生自觉地进行性格的自我教育

学生既是教育的对象,又是教育的主体。教师对学生进行性格教育时必须充分发挥学生的主观能动性,引导学生进行性格的自我教育。首先,必须发展学生的自我意识,帮助学生明辨是非,培养学生自我评价、自我批评的能力。青少年学生,特别是小学生,他们在评价自己的时候批判性较差,不大容易看到自己的缺点。教师必须努力发展学生的自我意识,经常对学生进行客观的评价,逐步培养儿童的自我评价能力,努力提高他们进行自我评价的自觉性。只有当学生的自我意识、自我评价的能力和自觉性都获得较高水平的发展时,才能自觉地卓有成效地对自己的性格进行自我教育。与此同时,还要从各方面对他们坚持严格要求,以养成他们严格要求自己的习惯;此外,教师应该有意识、有目的、有针对性地向学生介绍一些进行性格自我修养的方法。

(二) 坚持原则,方法灵活

对学生进行性格教育,既要坚持原则又要讲究方法。一个人的性格不可能十全十美,并且性格特征又不是在短时间内可以改变的。因此,为了提高教育效果,教师必须适当地考虑学生的性格特点,采取灵活而有原则的方法。一般说来,对于自尊心强,但又缺乏勇气的学生适合于先冷淡、后做个别工作,既要鼓励他积极上进又要给予恰如其分的批评;对于自卑或自暴自弃的学生,不宜过多去苛责,而要通过启发、暗示、表扬等办法,使他们看到自己还有优点与长处,以增强自信心;对于自尊心过强或自高、自大的学生,不要过多地夸奖,而应适当地进行批评,但批评时要注意场合,留有余地,还要激发他们的上进心,使他们看到自己的缺点和不足;对于较固执,不爱多说话的学生,适合于多用事实、榜样来教育,或用后果教育法让他们自己接受教训;对头脑灵活,但容易骄傲,批评几句就受不了的学生,可启发并帮助他们进行周密的思考,多问几个为什么并着重要求他们付诸行动;对于"吃软不吃硬",或个性偏孽的学生,教师在做思想工作时,应力求心平气和。学生的性格是千差万别的,所以教育方法不能千篇一律。教育是塑造灵魂的艺术,因此必须对症下药,因材施教,坚持原则,讲究机智。

(三) 培养学生积极进取、立志创新的性格

学生是祖国未来的建设者,今日的学生是明天的栋梁。我们培养的学生应该是德才兼备、体脑健壮、开拓进取的社会主义新人。爱因斯坦指出,"优秀的性格和钢铁的意志力比智慧和博学更为重要"。因此我们对学生进行性格教育时,应该注重培养学生善于思考、活泼开朗、锐意进取、立志改革创新的性格。

1. 追求真理,大胆怀疑

追求真理的性格品质是人认识客观世界的一种良好性格特征。学生的学习是探索未知的活动,它要求学生必须具有追求真理的性格品质。

追求真理的性格品质能够充分调动与发挥学生学习的积极性与主动性,使他们集中注意力,思维处于积极的活跃状态,从而提高学习效率,取得良好的学习效果。

追求真理就要敢于大胆地怀疑，不迷信权威。英国哲学家罗素有一次来中国讲学，听讲的多数是社会科学工作者。罗素登上讲台，先提了一个问题："2＋2＝?"虽然连小学生都知道这个问题的答案，但是大家想，罗素是世界知名的大哲学家，他提出这个问题必定有深刻的道理，不会那么简单。于是面面相觑，无人作答。还是罗素自己说："二加二就等于四嘛。"这个绕有趣味的故事告诉我们：对权威的迷信，会束缚人的思想，扼杀人的智慧，有时竟会使人连事实都不敢承认，更不用说开发创造力了。学生在学习过程中，需要大胆地怀疑，思维不能被已有的结论或教师的讲解所禁锢。

培养学生追求真理、大胆怀疑的性格品质，首先要用广博的知识丰富学生的头脑。有了较丰富的文化科学知识和实践经验，才能对周围世界有较科学的看法。如果一个人知识贫乏，就算绞尽脑汁，也不会从现象中悟出什么道理来，更不可能去大胆地怀疑以往的观点和结论，达到追求真理的目的。

其次，引导学生质疑。巴尔扎克说，"打开一切科学的钥匙都毫无异议的是问号，我们大部分的伟大发现都应该归功于为什么，而生活的伟大智慧，大概就在于逢事都问个为什么"。学生在学习中往往不容易提出问题，提不出问题怎么办？教师要指导学生勤思，勤思则疑。疑问是通过思考产生的，一个人在学习研究中能不能提出问题，与其思考深度大有关系。同样一件事，有的人淡然不知其味，全无印象，有的人却能发现疑点，提出问题。教师在教学中还要引导学生善思，善思则疑。要使自己的脑子里常有问题，要善于独立思考，提倡发散思维，启发引导学生从多维度对同一问题进行思考，触类旁通，随机应变，不受消极定势的影响，不局限于某一方面，提出与别人不同的新观点、新思路。如数学教学中的"一题多解"、作文教学中的"一事多写"，就是培养这种能力的方式之一。

2. 积极进取，勇于开拓

只有具备积极进取、勇于开拓的性格品质，才会不满足现状，努力探索，从而能通过一些偶发的平常事件看到新的天地。培养学生刻苦钻研、勇于开拓、不断进取的性格，才能使他们今后有所作为，有所创造。一个胸无大志、因循守旧、循规蹈矩、缺乏理想和进取精神的学生是不可能有所创造的。首先，帮助学生树立崇高的理想。理想是奋斗的目标，是推动人们前进的动力，它能激励学生刻苦学习。一个人追求的目标越高，他的才能发展越快，对社会越有益。没有理想就不可能积极进取，勇于探索。但是，理想不是自发形成的，要靠教育和培养。其次，要有献身精神。献身精神是具有创造性个性的显著特点，也是创造力得以开发的必要条件。无论什么人，一旦把科学作为自己的攻克目标，就要有充分的准备，决心付出代价，作出牺牲。进入科学的门槛，总是以牺牲个人的某些东西作为门票的。学校教育要培养学生的献身精神，教育学生养成默默地劳动，默默地献身的品质。

3. 坚韧不拔，吃苦耐劳

"恒心铺起通天路，勇气推开智慧门。"这就高度地说明了学习要坚韧不拔、吃苦耐劳。教师一定要教育学生懂得，成就是坚韧不拔的结果，成功是恒心的报偿。具有坚韧不拔的性格特征的人，无论遇到什么样的磨难和失败，他都毫不气馁，能够忍受一切痛苦，能够认真总结经验和教训，坚定不移地向着既定目际前进，直至实现预期目的。没有坚韧不拔性格的人，大多怕吃苦耐劳,尽管志向远大也不可能获得成功。居里夫人为了发现和提炼一种新元素镭,曾做了一千多次的实验,实验废物堆积如山,经过十二年的不屈不挠的工作,才提炼出了纯镭。马克思写一部《资本论》推翻了一种社会形态,轰动了全球,但几乎花去了他毕生精力。

培养坚韧不拔,吃苦耐劳的良好性格品质,不一定要在惊天动地的事业中进行,而是"千里之行,始于足下",从小着手,日积月累。教师可以组织学生参加各种兴趣小组,激发其兴趣,从学生的兴趣中选出一项,让其专心致志进行活动,坚持下去,以培养恒心;还可以鼓励学生去完成需要经过顽强努力才能完成的任务,以锻炼其优良的性格品质。但是对学生的期望不能过高,学习的内容不能太深,因为要求学生做的事情太难,超出了他们能力的范围,就无法使他们凭毅力坚持下去。教师还可以组织学生参加各种体育锻炼,以培养学生不怕艰苦、不怕困难的耐性和毅力。

4. 培养学生的独立性

独立性是学生进行创造性学习必不可少的性格品质。独立性就是要敢于提出自己的见解,在学习中不死啃书本,不人云亦云,不拘泥,不守旧,而是独立思考,独辟蹊径。一些社会学家和心理学家曾对诺贝尔奖获得者进行调查和分析,认为"表现独立思考,不喜欢思想束缚是他们共同素质之一"。在提出问题和解决问题的思路和方法上,他们都有自己的独创性。

首先,培养学生的自尊心。苏霍姆林斯基说:"人类有许多高尚品格,但有一种高尚的品格是人性的顶峰,就是个人的自尊心。"自尊心是自我意识中的可贵品质,是推动人不断进取的动力。我国著名的画家徐悲鸿在欧洲留学的时候,为使一个中国人的自尊心不受到屈辱,刻苦钻研,发奋学习,以优秀成绩压倒群雄,使那些蔑视中国人的洋学生不得不承认中国人是聪明伟大的。凡自尊者,都热爱真理不随波逐流,奋发进取不甘心落后,不怕挫折。有了自尊心就相信自己有能力达到既定目标,深信自己所从事的事业的价值,深信自己能够战胜一切困难。因此,教师一定要尊重学生,保护学生的自尊心不受挫伤。其次,培养自信力,克服自卑感。第三,养成自己的事情自己做的习惯,克服依赖他人、寻求赞赏的心理。

了解学生的性格是做好因材施教工作的必要前提,同时也是教育、教学工作的依据。研究学生的性格特征,培养学生良好的性格对提高教育、教学质量具有重要意义。

思考与练习

1.《论语》中记载着这样一个故事:学生子路问孔子:"听到一个好的主张是不是马上去施行呢?"孔子说:"有比你阅历丰富的父兄在,你应该向他们请教,怎么能马上去施行呢?"可是另一个学生冉有以同样的问题提问,孔子却说:"听到了好的办法就应该马上去施行。"站在一旁的公西华迷惑不解,就问是怎么回事。孔子说:"冉有遇事退缩,因此我鼓励他大胆去做;而子路遇事勇敢过人,显得莽撞,所以我叮嘱他要慎重……"从这个事例中您学到了什么?

2. 试述气质与性格的联系与区别。

3. 性格具有哪些特征?请分析自己性格中的意志特征及情绪特征。

4. 你认为在教育中应如何根据学生的气质特点因材施教?

5. 在教育工作中,教师应该如何培养学生的良好性格?

6. 请认真看下面这四幅图,相信你一定会对胆汁质、多血质、粘液质、抑郁质这四种典型的气质类型有更深的理解。

四种典型气质类型

[(丹麦)皮特斯特鲁普]

第十二章 学习心理

课前思考

1. "纸上谈兵"是哪种学习状态？又为何不可取呢？

2. "压断板凳死读书"的学生错在哪里？

3. 为什么尽管掌握了游泳的知识，但下水后却还是不会游？

学习指导

1. 概念识记：学习，学习策略，迁移，正迁移，负迁移，认知策略，元认知策略，操作技能，心智技能。

2. 分析理解：学习的类型，学习理论，迁移的种类，迁移与教学，知识学习的过程。

3. 实际运用：讨论在课堂教学中教师应如何帮助学生更有效的学习知识，掌握技能，培养终身学习的习惯。

第一节　学习心理的概述

学习是什么？它是人类特有的行为吗？我们该如何界定和看待学习？目前又形成了哪些大众认可和称道的学习理论？这些均是我们学习本章内容要解决的问题。

一、学习的实质

作为心理学的专业术语，这里所指的学习不同于日常生活中大家所使用的通俗的学习概念。心理学所研究的学习，其范围更广，内涵更丰富，它不仅包括人类的学习，还包括动物学习，以及机器学习等。我国的教育心理学家通常把学习定义为：学习是在社会生活实践中，以语言为中介，自觉地、积极主动地掌握社会的和个体的经验的过程。

学习的定义应包含三方面的内容。

第一，学习是通过经验和练习而来的，不同于机体成熟带来的变化，也不是药物和疾病带来的变化。例如生活中，小明2岁时够不到餐桌上的碗筷，但是长到4岁，他可以拿到餐桌上的碗筷了,这个从不能到能的变化是机体的成长成熟,身高增长的结果,而不是学习所致。类似的,感冒了的张老师今天上课不像往常一样声音洪亮,精神十足,这些改变是疾病所致,也不能称之为学习。

第二,学习并不都以外显的行为表现出来。例如托尔曼的潜伏学习实验中,十天以后再给予奖励的被试组错误率马上降低并赶上一直给予奖励的被试组。这证明,不及时表现出来的行为改变也产生了学习。此外,读书较多的人,比如大学毕业生跟其他未上过大学的人相比,大部分人都会有这样的评价:大学四年,你学到了一定的知识和技能,但更重要的是产生了思维方式和人格气质的优化改变。思维方式和人格气质的改变自然也是学习的结果,只是并不以具体的外显行为来表现。

第三,学习是行为或行为潜能的相对持久变化而不是短暂的变化。比如在比赛运动中,有的运动员服食兴奋剂等使自己在比赛中获胜。这种行为的变化是暂时的,药物效用过后,由此引发的行为变化也就不复存在了。可见,行为的短暂变化并不是学习,相对持久是指习得某种知识或技能后,在以后的学习中就能一次次重复提取知识,表现技能,而不会很快消失。

二、学习的类型

学习的类型多种多样,心理学家们为了更好的了解和解释学习,从不同的方面对学习作了分类。

(一) 按学习主体分类

按照学习的主体不同分为人的学习、人类以外的动物学习、机器学习三类。

人类学习将是我们后续主要探讨的内容,在此不多论述。

动物学习主要是为了生存,适应环境而进行的低级的、简单的学习活动,与人类的学习有本质的不同。

机器学习主要是指计算机的智能化。计算机系统获取信息,并对信息加工处理从而解决问题的过程称为机器学习。计算机的智能化操作确实能够优化和拓宽人类的学习范围,但是机器缺乏意识、情感和主动思维因而也是远不及人类学习复杂和深远的。可以说机器学习只是人类学习发展的副产品,机器学习是依附于人类学习而存在的。

(二) 按学习目标分类

不少心理学家从认知的层面把学习分为六级。

1. 知识。指对先前所学知识的记忆和对新知识的学习过程。

2. 领会。指最低层面的对所学知识的理解程度,明白所学知识的意义。

3. 应用。指较高层面的对所学知识的理解,运用所学知识解决随后所遇到的知识层面的问题。例如,学了加减法,在随后加减乘除四则运算中的应用,和应用知识指导实践活动,解决实际问题。

4. 分析。指对事物的内在结构的区分,了解各个组成部分的原理和关系。

5. 综合。指能够把所习得的各要素和各部分重新编排组合,产生出新的想法和新的事物。

6. 评价。指根据外在证据和内在标准对所学知识的点评和判断,决断出对与错,好与坏,合格与不合格等的级别。

(三)按学习内容分类

我国学者按照学习内容的不同把学习分为四类:知识学习、技能学习、策略学习和道德品质学习。

(四)按学习方式分类

心理学家奥苏贝尔根据学习方式把学习分为:接受学习和发现学习。接受学习是指教师教,学生学,直接获取知识经验的过程,接受学习所习得的大都是间接经验。发现学习是指通过学生的主动探索,获取知识经验的过程。发现学习可以习得直接经验。根据学习材料之间的关系,奥苏贝尔又把学习分为机械学习和有意义学习。机械学习是指不理解材料之间的关系,死记硬背地记忆知识的学习方法。有意义学习是指对材料和所学知识在理解的基础上学习和记忆。上述学习公式两两结合,学习又可分为四类:有意义的接受学习、有意义的发现学习、机械的接受学习和机械的发现学习。

(五)按学习结果分类

著名教育心理学家加涅根据学习结果把学习分为五类。

1. 言语信息。即"知识",以了解"是什么"的问题,理解和处理事实性知识的能力。

2. 智慧技能。学习解决"怎么做"的问题,运用符号与环境相互作用的能力。

3. 认知策略。学会"如何"学习的问题,学习者管理自己的学习过程,懂得如何运用和把握自己的注意,记忆和思维为学习服务的能力。

4. 动作技能。学习运用自己的四肢、骨骼、肌肉相互配合,习得操作能力。如健美操的学习。

5. 态度。态度的学习表现为形成一种内在稳定的心理状态和行为活动趋势,可产生指导和影响当前与以后学习的作用。

此外,加涅还曾根据不同的学习情境和不同的学习水平,把学习分成信号学习、刺激—反应学习、连锁学习、言语联结学习、辨别学习、概念学习、规则或原理学习以及解决问题学习八类。

三、学习理论概述

心理学中关于学习的理论一直存在着行为主义学习理论和认知学习理论两大流派的纷争,此外还形成了一些其他影响较小,发展不完善的理论。

(一)行为主义学习理论

行为主义学习理论又称为刺激—反应学习理论。

1. 桑代克的试误—联结说

教育心理学的奠基人桑代克通过猫的迷笼实验证明学习是不断地尝试错误,从而接近正确解决问题的行为,也就是通过试误—联结的过程习得技能和知识。

猫走迷笼实验

桑代克将一只饥饿的小猫放入一个装有开门设施的迷笼中,把食物放在笼外可望不可及的地方,然后观察并记录小猫在笼子中的表现。结果发现,小猫刚刚被放进去时,想用爪子直接抓取笼外的食物,但没有成功,接着便表现出极度的不安和逃脱的冲动,竭力想"挤"出笼子。它在笼中乱叫、乱抓、乱跳,在一系列盲目、紊乱的行为之中,偶然触到了开门的设施,逃出迷笼并取到食物。当第二次将小猫放入迷笼中时,它虽然仍旧表现出类似于第一次的多余动作,但大多是在靠近开门设施附近活动,而且逃出迷笼所需时间比第一次短。经过多次重复后,小猫明显地表现出在迷笼中错误、盲目的动作随练习次数的增加而逐步减少的趋势,以至最后一被放入笼中即可触动开门机关,逃出并得到食物。这表明,小猫通过不断尝试,已经完成了一个开启笼门的学习。

桑代克认为,动物的学习都是通过这样一个过程,即刚开始的本能驱使下的冲动反应,偶尔的成功,不断地练习,错误次数减少,有效行为出现的时间缩短,最终形成稳定的刺激—反应联结,成功习得某一经验。桑代克用他的发现解释包括人类在内的所有的学习。

桑代克通过他的研究总结出三大学习规律。

准备率。准备率解决的是动机层面的问题。如同实验中,猫必须处于一种饥饿状态,此时门外的食物才对它有吸引力,从而产生解决问题的准备状态。同样的,学习产生的前提是学习者需要对将要学习的内容做好心理准备。有准备的学习活动才是受欢迎的,满意的。如果有准备而没有活动,学习者会失落不快;而无准备但被要求展开学习活动,学习者则会焦虑而不快。

练习率。练习是形成行为习惯的过程,这一过程包括使用率和失用率,其结果会影响学习者所形成的联结。如果经常重复使用,这种联结的力量便会越来越强(使用率);如果已形成的联结弃而不用,这种联结的力量便会越来越弱(失用率)。也就是说,反应重复的次数越多,刺激—反应之间的联结就越紧密,越牢固。但后来桑代克修正了练习率,认为练习本身并不会促进联结的增强,而是有准备、有目的的练习才促进联结增强。即奖励式的强化在练习率中起到重要作用。

效果率。桑代克认为学习要发生,反应必须产生一种效果。实验中的猫除了要处于饥饿状态外,食物是必需的。只有猫的反应使它最终吃到食物时,这种刺激—反应的联结才会发生并增强。效果率解释了反应的发生要使学习者在反应之后能得到令其满意的效果,即正强化的作用。当前行为产生的满意的效果促进联结的增强。桑代克同时还发现了"效果扩散"现象,即奖励不仅增加了受奖反应的重复率,也增加了邻近反应的重复率。

桑代克的理论告诉我们,教师应该允许学生犯错误,让学生在不断地尝试中习得正确的行为反应,如此习得的知识才会记忆深刻。

2. 巴甫洛夫的条件反射论

生理学家巴甫洛夫通过狗分泌唾液的实验证明了经典条件反射的存在,并认为学习的产生就是条件反射的建立过程。同时得出了消退率和泛化现象的存在,以及高级条件反射的建立。

消退率。消退率是指条件刺激多次出现而不伴随无条件刺激,条件反射逐渐减弱,直至消失的过程。如在实验中,多次摇铃而不给狗喂食,一段时间以后,狗不再对铃声产生分泌唾液的反射,这样消退就出现了。但后来巴甫洛夫发现,消退的反射会有自发恢复的现象,但强度达不到原来的水平。

消退率对教师的教学活动有很好的启示作用。例如,当学生故意违反课堂纪律时,老师和其他同学不予理睬,逐渐的该学生的违纪行为会越来越少,直至消失。

泛化现象。在巴甫洛夫的实验中,狗对铃声产生条件反射,而对于与铃声相似的其他声音也产生条件反射,这就是一种泛化现象。泛化现象可以通过分化来区分,即只在某一特定的铃声之后才给予食物强化,而与之相似的其他声音,不给食物。重复多次之后,狗就习得了只对特定的唯一条件刺激产生反应。教学中同样要注意泛化和分化的合理运用。

高级条件反射的建立。实验中,可以用其他刺激代替原来的条件刺激,例如,狗对铃声形成条件反射之后,把光与铃声结合,即先呈现特定光照,随后摇铃,再给予狗食物,如此重复多次之后,狗便建立了对光的条件反射。这一过程称为高级条件反射的建立。

3. 斯金纳的操作性条件反射论

著名的行为主义心理学家斯金纳通过白鼠等动物,在对桑代克的"迷箱"改进后的斯金纳箱里进行实验,相对于巴甫洛夫的经典条件反射提出了操作性条件反射。斯金纳认为行为可以分为两种:应答性行为和操作性行为。应答性行为即由特定刺激引起的、不随意的反射性反应。例如在巴甫洛夫的实验中,狗听到铃声分泌唾液是对铃声的应答性行为。操作性行为是有机体自发做出的随意反应,不与任何特定刺激相联系。例如,在学习过程中,学生课后自由进行的讨论是自发的操作性行为。

斯金纳利用白鼠在斯金纳箱中做的实验与桑代克的实验类似,只是斯金纳箱的设计更精巧,箱内用按压杠杆替代踩踏板,杠杆与传递食丸的机械装置相连,饥饿的白鼠在笼中做出多种行为反应,偶尔压到杠杆时会有一粒食丸掉下,多次反复后,白鼠主动压杆的行为增加,直到吃饱为止。

斯金纳深入研究了强化和惩罚在改变与塑造行为中的作用。

斯金纳认为任何行为的发生和学习都是强化的结果,因而可以通过控制强化物来控制行为。强化有正强化与负强化之分。正强化又叫积极强化,负强化又叫消极强化。正强化指刺激增加,行为反应的概率也增加。例如,奖励就是一种正强化。正强化在塑造行为的过程中有重要的意义。教师利用表扬和荣誉来强化学生的守纪和努力学习的行为就属于正强化。负强化是指通过减少某种刺激而使行为反应出现的概率增加。例如,撤销惩罚就是负强化。

惩罚是通过增加某种不愉快刺激使行为反应出现的概率减少,或者减少愉快刺激使行为反应出现的概率减少。我们应注意区分惩罚和负强化的关系,两者都与厌恶刺激有关,但惩罚往往使行为减少,而负强化则是使行为增加。

(二) 认知学习理论

认知学习理论认为学习是获得知识,形成认知结构的过程,而不是行为主义所说的那样被动形成刺激—反应联结的过程。

1. 苛勒的完形—顿悟说

格式塔心理学理论的代表人物苛勒通过黑猩猩取香蕉的实验(图 12 - 1)证明了学习是学习者主动通过大脑的有意识的思考,产生顿悟,从而解决问题的过程,而不是胡乱的失误产生的结果。

图 12 - 1　黑猩猩取香蕉的实验

苛勒认为,动物为满足需要而采取的行动中,会含有智慧的成分,它们通过思考,形成假设,再验证假设,放弃错误假设,一步步接近目标,最终解决问题。这其中有意识参与,有智慧的认知活动过程。动物在尝试几次错误假设后,会停止行动,开始思考而不是一味的重复无效动作。在一段时间的思考之后,解决问题的顿悟产生,动物开始行动,学习也就产生了。

完形—顿悟说认为:

(1)学习是通过顿悟实现的。通过顿悟获得的理解,不仅有助于迁移的产生,而且不容易遗忘。

(2)顿悟发生的机制是学习的心理活动具有格式塔的功能,即整体完形之意。心理对外部刺激具有组织的功能,是填补空缺,形成完整结构的过程。顿悟学习本身就是一种奖励,因为顿悟并解决问题会伴有一种愉快和成功的体验,其本身就是一种很好的内部强化。

2. 布鲁纳的认知发现学习理论

认知发现学习理论又称为认知结构学习论。布鲁纳认为学习是学习者主动探索、发现,形成认知结构、知识体系的过程。

认知发现学习理论的主要观点为:

(1)强调学习过程而不是结果。布鲁纳的发现学习观注重掌握学科的基本结构,而不是现成的正确答案,在掌握学科基本结构中,发现的方法和态度是最重要的。学生是一个主动积极的探索者,教师的作用是创设问题情景供学生去探索和解决接近现实生活情景的问题。学习的目的不是习得多少课本知识,而是学生参与建构该学科知识架构的过程。学习具体包括知识的获得、知识的转化和知识的提取三个过程。

(2)强调教学的目的在于使学生理解学科的基本结构。认为教学的最终目的是促进学生对学科结构的理解,从而解决生活情景中的问题。只要设计得当,不同年龄的学生都能形成自己对于该学科基本结构的正确理解。因此教师在设计教学时,应该考查学生已有的知识结构、信息经验、认知特点和认知发展阶段,从而设计出适合该类学生的教学活动。

3. 奥苏贝尔的有意义接受学习论

奥苏贝尔的有意义接受学习理论又称为认知同化学习理论。奥苏贝尔认为,学生的学习要有价值的话应该尽可能有意义。为此,他把学习区分为接受学习与发现学习,机械学习与有意义学习。但发现学习并不必然是有意义学习,接受学习也并不必然是机械学习。

(1)有意义学习的实质。有意义学习是指符号所代表的新知识与已有的认知结构之间要建立实质的非人为的联系。例如:运用谐音记忆电话号码,这种联系是人为的,我们认为它是无意义的学习;而等腰三角形的边角关系我们认为这是实质性的非人为的联系,属于有意义学习。

实现有意义学习需具备三方面的条件:其一,学习者认知结构中具有能够同化新知识的适当的认知结构;其二,学习者具有积极主动地将新知识与已有认知结构建立联系的心理倾向性;其三,学习者必须积极主动地使旧知识与潜在的新知识发生相互作用,从而补充改善旧知识,使新知识获得意义。

(2)接受学习的实质。接受学习是概念同化的过程,是学校教学的主要形式。实现接受学习亦需具备三方面的条件:一是找到能够同化新知识的有关观念;二是找到新知识与起固定作用的观念之间的相同点;三是找到新旧知识的不同点,并进行比较区分,使知识系统化。

(3)先行组织者技术。所谓"先行组织者"是指先于学习任务本身而呈现的一种引导性材料,在新知识与已有认知结构之间起到桥梁的作用,概括性和抽象性高于学习任务,其目的是为新知识的学习提供观念上的固着点。

4. 加涅的信息加工学习理论

很多认知心理学家把人看作是信息加工的机制,把认知看作是对信息的加工。加涅认为学习是一个类似于计算机操作的信息加工流程,由若干的加工阶段组成,每一阶段执行不同的信息加工,形成信息加工模式(如图 12-2 所示)。

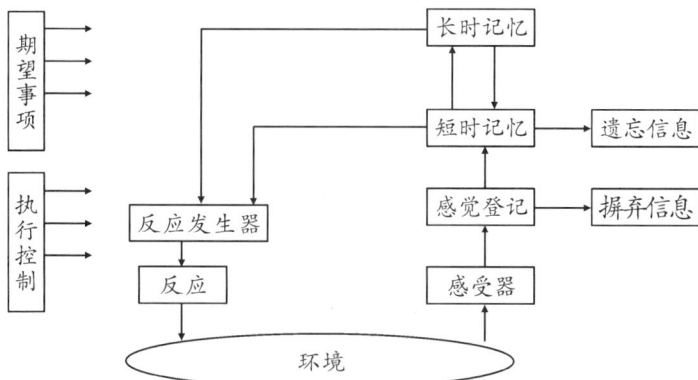

图 12-2 学习的信息加工模式

从图中可知,从外界环境获得的信息首先进入感受器,即各个感觉器官进行感觉登记,外界刺激并不都进入感觉登记,一些不重要的信息被摒弃。通过复述,信息流入短时记忆,部分信息被遗忘,进入长时记忆的信息在需要时又可以提取到短时记忆的工作记忆中进行加工。长时记忆的另一条流向是到达反应发生器,经过大脑分析,作出反应,这个反应又作用于外界环境,信息流闭合,学习完成。

图中左侧上方的期望事项是指学生的学习动机,对学习的期望,只有学生有期望时,教师在教学中的反馈才可能发生作用,强化学习行为。另一个执行控制是加涅认为的认知策略,它决定信息的流转方式和进入感觉登记的信息内容及如何编码。可见期望事项和执行控制在加涅的信息加工理论中是至关重要的。

(三)其他学习理论

行为主义与认知学派之间的纷争,引发了其他心理学家不同的思考,出现了折衷主义的认知—行为主义学习理论,如托尔曼的学习理论,班杜拉的社会学习理论等。此外随后的发展还出现了新的学习流派,如罗杰斯的人本主义学习理论,各种建构主义学习理论等。

第二节 学 习 迁 移

日常生活中,我们经常听到的"触类旁通""举一反三""闻一知十"等都是讲的迁移现象。迁移让我们的学习更高效、省时。因而对于迁移的研究一直是学习领域的重点之一。

一、学习迁移概述

(一)学习迁移的含义

所谓学习迁移是指一种学习对另一种学习产生的影响,或习得的经验对完成其他活动的影响。哪里有学习哪里就有迁移,迁移存在于学习、生活的各个方面。当然,这种迁移既有积极作用,有时也可能产生消极作用。

(二)迁移的种类

从不同的角度学习迁移可分为不同的类型。

1. 按性质可分为正迁移、负迁移和零迁移。正迁移是指一种学习对另一种学习产生积极的影响,负迁移指一种学习对另一种学习产生消极的影响。例如,阅读促进写作,但是汉语拼音阻碍英语音标的学习。正迁移是心理上的良好准备状态,负迁移则相反。因而正迁移是我们所喜欢和需要的,而负迁移却是我们需要避免的。介于正负迁移之间,一种学习对另一种学习并不发生影响的是零迁移。事实上,零迁移在学习中是极少存在的。

2. 按影响方向可分为顺向迁移和逆向迁移。这种分法只是指明,迁移是先前所学知识对后来所学知识的影响还是后来所学知识对先前所学知识的影响。前面影响后面为顺向迁移,后面影响前面为逆向迁移。这里的影响并不指明其影响是积极的还是消极的。

3. 按迁移发生的情景或层次可分为横向迁移和纵向迁移。横向迁移指同一抽象和概括水平的两种学习之间的迁移,也叫水平迁移。例如,对于植物和动物的学习之间的迁移属于横向迁移。纵向迁移是指不同抽象与概括水平的两种学习之间的相互影响，也称为垂直迁移。例如，对于菊花、荷花的学习与植物之间的相互影响。纵向迁移会影响到具有普遍性的方法和原理的学习。

4. 按内容可分为一般迁移和特殊迁移。一般迁移是指学习中习得的基本方法、原理、规则、策略、态度等的迁移。这种迁移，普遍存在于所有的学习之中，因此具有格外的重要性。特殊迁移指一种具体特定的知识的学习对另一种具体特定的知识的学习产生的影响，这种迁移只在有限的情境中产生。例如：学习吹笛子对于学习吹黑管的影响就属于特殊迁移。

此外也有人根据迁移过程中所需的内在心理机制的不同，把迁移分为同化性迁移、顺应性迁移与重组性迁移，或根据迁移的领域不同分为认知领域迁移，情感态度迁移、运动技能迁移。还有人根据范围的不同分为近迁移和远迁移等。

二、学习迁移的主要理论学说

(一) 形式训练说

形式训练说是早期的迁移理论，在欧美盛行了 200 多年，现在仍对迁移的研究有影响。这一理论起源于官能心理学，认为人的心理是由"意志""记忆""思维""推理"等成分（官能）组成的整体。这种学说认为学习的目的就是训练这些官能，如同训练肌肉一样，只有那些能训练各个官能的材料才可以也应该作为学习的材料。例如数学和自然科学中的难题。形式训练说只重视对官能训练并使其发展，认为掌握知识是次要的。只要官能通过训练得到发展了，知识的吸收随时都能很容易的进行。但是后来的实验证明，数学、几何学等传统学科的学习并没有使学习者的智商比其他人优越和超凡。因此，这种认为只要注重官能的训练就能促成无限的迁移的形式训练说后来便不再为大众所认可。

(二) 共同要素说

这种学说为教育心理学家桑代克所提出。桑代克认为只有当两种学习中有相同的要素时，迁移才会发生。例如学习了平行四边形的特性对于学习矩形产生促进作用，即迁移发生，但是对于圆和三角形的学习则没有产生影响。两种学习的情景越相似，即重叠部分越多，迁移越容易发生，反之则迁移难以发生或不发生。

桑代克的迁移理论后来被心理学家伍德沃斯修改为共同成分说，区别在于前者认为的相同要素是反应联结，而后者认为是学习情景的共同成分促成迁移发生。

桑代克的理论对后来的迁移理论产生很大影响，例如在桑代克的研究基础上，奥斯古德提出过"迁移曲面理论"。奥斯古德认为迁移的正负性随着两种刺激情景的相似性和反应的相似性的程度变化而变化。这种三维迁移理论对于迁移的方向和性质有不错的预测作用，但也存在局限。

(三) 经验类化说

贾德在抨击桑代克的迁移理论的基础上提出了经验类化理论，也称泛化理论。这一理论认为，学生只有在学习的过程中概括出一般原理，才能促进迁移的发生。贾德的理论基于他的打靶实验。实验中，被试分为两组，一组被试在打靶训练前学习了物理学中光的反射与折射原理,另一组被试没有学习。实验发现在深水处,学过折射原理的一组被试的成绩明显好于没有学习折射原理的一组。因此,他认为迁移是学习者对一般原理的掌握和运用,只有基本原理学会了才能产生迁移。

(四)关系转换说

格式塔心理学家强调"顿悟"是迁移的决定因素,他们认为迁移不是由于两种学习之间存在相同因素或者共同原理,而是由于学习者突然之间发现的两者之间的关系。苛勒的实验很好地解释了格式塔学派的理论。苛勒训练小鸡在白色和灰色的纸下面寻找食物,但只有深色的灰色纸下面才有食物,浅色的没有。当动物习得在灰色纸下面找到食物之后,实验者又加入一张更深色的纸,再次实验发现,只有30%的机会小鸡在原来的灰色纸下面找寻食物,而70%的机会小鸡在新刺激,也就是在更深色的纸下面找寻食物。由此苛勒认为动物习得的是事物之间的关系,它们懂得在关系之间转换自己的行动以达到目的,而不是相同因素和原理。学习者所迁移的是顿悟,也就是把两个情景联系起来的意识。

(五)学习定势说

持该学说的心理学家们认为,迁移发生于通过练习而获得的定势和学习能力中。他们认为,对于一种问题的学习和重复练习,会对紧接的另一种问题的解决产生影响。迁移的定势理论目前尚未流行,但要注意的是定势对学习的影响具有积极和消极两种可能,也就是既可能产生积极迁移,也可能产生消极迁移。

(六)认知迁移理论

现代迁移理论以认知迁移理论为代表。认知心理学家认为新的有意义的学习必然包括迁移,而机械学习的迁移则相当有限。认知迁移理论的代表是罗耶和奥苏贝尔。罗耶认为,迁移的可能性存在于在记忆中搜索到相关技能和信息的可能性,知识结构的丰富性会影响迁移的产生。只有那些领会了的、交互联结丰富的知识才更易产生迁移。奥苏贝尔认为,有意义的学习中一定有迁移,学生原有的认知结构式是实现学习迁移的最关键因素。

三、学习迁移与教学

学习的目的不是简单的掌握知识,帮助学生掌握学习方法、学会学习是学校教学的重要目的之一。为了促进学生迁移能力的形成,教学活动中应注意以下几个方面:

(一)改善心智的学习策略学习

形式训练说告诉我们,学生一般的认知能力可以通过训练提高。学习策略的运用是问题解决的核心,教师应向学生传授有效的学习策略,发挥学习定势的积极作用。

(二)鼓励把握各门学科的横向联系,整合独立的学习内容

例如让学生就一个问题从历史、地理、政治等不同的学科的角度去分析,加强学生横向联系的意识,有助于学生在以后的学习中产生知识的横向迁移。

(三)强调新旧知识技能、简单与复杂知识技能的联系

知识与技能往往具有一定的纵向联系,先前的简单的知识技能的学习对其后复杂的知识技能的学习会产生迁移的作用。教学应该让学生在对已学知识技能不断复习与巩固的过程

中,更好地学习和掌握新的知识与技能。

（四）注重知识结构、原理、规则的掌握

教学中注重学生对知识结构、原理、规则的学习和掌握,有助于学习迁移的产生。因为知识的结构、原理、规则等是事物本质的必然联系,抓住这些本质的联系有利于学习者在变化的形式中把握实质,而不是简单地堆积知识,从而提高学习效率。

第三节 学 习 策 略

当今时代,知识的更新和发展越来越迅速,要掌握足够多的知识来应对未来的工作已变得越来越困难,只有学会学习,形成较强的学习能力才能适应现代社会的需要。

一、学习策略的含义

学习策略指学习者为了提高学习的效果和效率,有目的、有意识地组织自己的学习过程,并运用恰当的方法和技能来进行学习的方式。学习策略体现了高级认知活动的能力,学习者只有掌握了学习策略,才能在具体的学习过程中灵活地运用各种有效的学习方法。

学习策略和学习方法有所不同。学习策略包括学习方法,比如课后复习、记笔记等,但学习策略并不等同于学习方法,学习策略还应包括对学习的调控能力等。有的学习者即使掌握了学习方法,但面对具体的学习内容时仍不知道如何安排学习顺序,选择哪种学习方法,这就是没有掌握学习策略的表现。

二、学习策略的分类

研究者提出了多种学习策略的分类体系,在此我们介绍目前最为流行的迈克尔等人的学习策略分类。他们认为学习策略可分为三类,认知策略、元认知策略和资源管理策略,如图 12－3 所示。

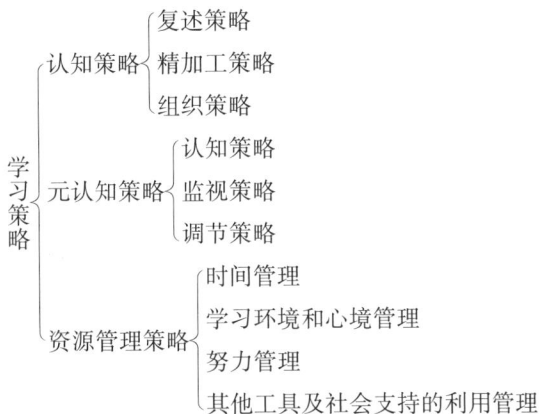

图 12－3 学习策略的分类

（一）认知策略

认知策略也叫记忆策略，类似于我们平常说的记忆方法。细分为复述策略、精加工策略和组织策略。

1. 复述策略。为了把信息保持在记忆中，对信息进行反复识记的策略。复述是我们最常用到的学习策略。这是一种低水平的信息加工策略，例如，重复朗读、抄写、划线等都属于这种识记策略。

2. 精加工策略。精加工策略是对新学习知识通过与已有知识发生联系，领会理解，增加新知识的意义，以便更好识记和之后提取的学习策略。与复述策略相比，精加工是一种更高水平的信息加工策略，经过精加工习得的知识更不容易忘记，且在以后需要时提取也更为容易。精加工策略主要有想象、口述、总结、做笔记、类比、答疑等。精加工策略的运用需要满足两个条件，一是精加工必须是学生自己自觉产生和运用的；二是精加工必须与教学内容相关联。各类记忆术也属于精加工策略。

3. 组织策略。按照知识的类别或特征进行整理和归类，使知识之间的内在联系凸显出来，从而将分散的、孤立的知识集合成一个整体并表示出它们之间的关系的方法。组织策略比精加工策略更高一级，精加工只是与旧知识发生联系，而新知识之间的内在结构以及新旧知识之间的联系就需要通过组织策略来完成。具体的组织策略有组块、选择要点、列提纲、画地图、组织图、画表格等等。

（二）元认知策略

元认知又叫反省或反审认知，简单表述就是对认知的认知，也就是学习者对自己认知过程的认知策略。其实质就是对自己的认知过程和认知结果的意识与控制。一般认为元认知包括元认知知识、元认知体验和元认知监控三方面。

元认知策略就是个体在元认知过程中使用的方法和技术，包括计划策略、监视策略和调节策略。

1. 计划策略。是在一项学习活动开始之前，根据认知活动的特定目标，计划程序、选择方法、预测结果的策略。计划策略包括设置学习目标、浏览学习材料、预设学习疑问、选择学习方法等。

2. 监视策略。指在认知活动中对认知过程的及时评价、反思，估计完成任务的程度、水平，评价认知策略的使用效果等。这一策略可以帮助学习者警觉自己在注意和理解过程中可能出现的问题，以便及时调整。监视策略具有自我测查、集中注意、监视领会等作用。

3. 调节策略。这是对认知活动中认知策略使用效果的一种监督，以便一旦出现问题，可及时采取补救和修正措施的策略。调节策略与监控策略密不可分，只有监视到问题，才能及时调整补救。调节策略有评估阅读速度、重新阅读、复查、使用应试策略等。调节策略能帮助学生矫正不良的学习行为，深入理解学习内容。

（三）资源管理策略

学习的时间、环境、努力程度、他人帮助等都可构成个体的学习资源，要最大限度的提高学习效率，有效地管理学习资源是非常重要的。常用的资源管理策略有时间管理、学习环境和心境管理、努力管理、其他工具及社会支持的利用管理等。

1. 时间管理。时间是学习最宝贵的资源,管理好时间是提高学习成效的基本前提和保证。学习者要加强自己管理时间的意识。有效利用时间可以从这几方面努力:一是统筹安排学习时间,轻重缓急有区分,抓重点;二是高效利用最佳学习时间;三是灵活利用零散时间。

2. 学习环境和心境管理。例如寻找固定地点、安静地点、有组织的地点学习等。学习环境和心境管理就是寻找良好的适合学习的地方,并创设合适的心境等促进学习。

3. 努力管理。通过意志力来维持良好的学习状态。学习失败后的结果归因会影响个体的努力程度。努力管理方法主要有激发动机、调整心境、自我激励、自我强化等。

4. 其他工具及社会支持的利用管理。学习工具和学习者以外的他人都能影响个体的学习,具体有效的方法有寻求教师帮助、伙伴商量、小组讨论、获得个别指导等。

三、学习策略的习得

在教学活动中培养和训练学生良好的学习策略可从两方面入手。

(一)学习者

学习活动是学生最重要的日常活动,在学习过程中,学生自己要有意识的去反思自己的学习策略和学习他人的学习策略,并有意识地积累有效的学习策略。

(二)教育者

教育者在教学活动中要充分认识教授学习者学习策略的重要性,并通过要求学生做学习笔记、写学习心得体会,优化学习过程等方法来培养学生的学习策略。此外给学生提供灵活使用学习方法的条件和环境也有利于学习策略的习得。

第四节　知识学习与技能形成

知识学习和技能形成是学校教学的主要内容,也是学习者为今后的工作和生活打下良好基础的重要环节,从心理学角度如何认识知识的学习和技能的形成,是这一节我们所要讨论的问题。

一、知识的含义及分类

知识是人脑对客观事物的主观表征,是通过个体与外界环境相互作用而获得的关于客观事物的信息及其组织,其实质是人脑对客观事物的特征与联系的反映。

从不同的角度,可对知识进行不同的分类。

(一)感性知识和理性知识

感性知识包括感知和表象,是对事物外部特征的认识。理性知识包括概念和命题,是抽取出的事物的本质特征和联系。这种分类类似于哲学中的感性认识和理性认识,是针对知识所代表信息的深度层面而言。

(二) 陈述性知识和程序性知识

陈述性知识是关于"是什么"的知识,而程序性知识是关于"怎么做"的知识。陈述性知识是描述性的,主要以语言、文字形式表达。程序性知识也称为操作性知识,是关于动作技能或心智技能的表达,并非都能用语言文字形式外化。

二、知识学习的类型

根据知识本身的存在形式和复杂程度,知识学习可分为符号学习、概念学习和命题学习。符号学习的主要内容是词汇学习;概念学习是掌握同类事物的共同的关键特征和本质属性,也就是平时所说的概念的掌握;命题学习是指学习若干概念之间的关系。

根据所学新知识与个体原有认知结构的关系,知识的学习又可分为上位学习、下位学习和并列结合学习。上位学习是指在已经习得一些低层次概念后学习更高层次、概括性更强的概念,例如在习得苹果、梨的概念后学习水果的概念,属于上位学习。下位学习是指先学习高层次、高概括性的知识,然后下行学习它的子类。例如,对于三角形的学习在先,接下来细分直角三角形、等腰三角形、等边三角形等。并列结合学习则是在新知识与认知结构中的原有观念既非类属关系又非总括关系时产生的学习。

三、知识学习的过程

知识学习分为知识获得、知识保持和知识提取三个阶段。

知识的获得是首要也是最重要的阶段。知识获得的途径有直观获得和抽象概括获得两种。例如我们对于苹果的认识可以通过实物来知道它的形状、颜色、味道等,而对于真理这样的知识就是通过抽象概括掌握的。

知识的保持也就是对于知识的记忆。知识在大脑中的储存,在第四章中有具体的讨论。

知识的提取是我们学习知识的最终目的,学习知识就是要在用到时能提取出来,这就涉及知识的遗忘和记忆,在第四章中亦有具体的描述。

四、技能及形成

技能是指通过练习而形成的合乎规律或法则的活动方式。技能是一种活动,包含动作成分,而知识的狭义概念只是信息。技能分为操作技能和心智技能,日常生活中我们更多关注和容易理解的是操作技能,而心智技能则相对陌生。

(一) 操作技能及形成

操作技能也就是动作技能、运动技能。例如游泳、跳健美操、弹钢琴、制作汽车零件、维修电视等都属于操作技能。

操作技能可通过以下过程形成。

1. 通过教授者准确的示范和讲解使得学习者形成操作定向。学习者知道做什么、怎么做以及需要达到什么样的效果。

2. 操作模仿、适当练习。学习者通过模仿教授者的动作和及时适当的练习,形成动作技能的雏形。

3. 充分而有效的反馈,整合操作过程。外界和自身的评价起到反馈和修正操作技能的作用,不断使操作技能更准确,更自然流畅。

4. 操作熟练,建立稳定而清晰的动觉。动作协调,达到自动化的过程也就建立起了操作技能稳定而清晰的动觉。

(二) 心智技能及形成

心智技能也称为认知技能,是调节控制心智活动的活动方式。不同于操作技能针对外物的外显动作操作,心智技能是针对思维活动的具有内潜性的活动方式。例如阅读技能、计算技能、统筹技能等均属于心智技能。

关于心智技能的形成,心理学家有着不同的见解,代表性的有以下几种:

1. 加里培林心智技能五阶段。加里培林认为心智技能分为动作定向阶段、物质与物质化阶段、有声外部言语阶段、无声外部言语阶段、内部言语阶段。

2. 安德森心智技能三阶段。安德森从认知的角度把心智技能分为认知阶段、联结阶段和自动化阶段。

3. 我们最常使用的是从原型模拟的角度把心智技能的形成分为原型定向、原型操作和原型内化三个阶段。

心智技能具体而言是大脑的内部操作过程,但它与操作技能密不可分,日常生活中只有某种技能占主导,而没有绝对的区分。例如下象棋,虽然有操作技能,我们还是认为心智技能占主导,而体操运动也需要心智技能的参与协调,但我们认为是操作技能占主导。

思考与练习

1. 请分析行为主义学习理论的代表人物及其观点。

2. 教师在教学活动中如何运用有效的方法促进学生学习迁移能力的形成?

3. 学习策略具体有哪些? 请举例说明。

4. 知识的学习可分为哪些类型?

5. 试分析知识学习的过程。

第十三章 态度与品德心理

![课前思考]

1. 为什么要强调人才的"德才兼备"?

2. 平日里说的"人格有问题"是指精神失常还是品德败坏?

3. 作为教师,你是否能够正确评价学生的品德好坏?

![学习指导]

1. 概念识记:态度,品德,人格,自我意识。

2. 分析理解:态度的功能,态度与品德的关系,品德的形成理论,人格发展的影响因素。

3. 实际运用:讨论在课堂中教师如何培养学生的高尚品德,形成健全人格。

对事物、人、人际关系的接受与拒绝,喜欢与厌恶,肯定与否定,赞成与反对等都是态度问题,其中属于道德规范内容的态度就是品德。了解态度与品德的关系,可以在教育工作中借助改变态度来培养学生的良好品德。

第一节 态度与品德心理的概述

一、态度的概述

(一) 态度的概念及实质

态度是通过学习而形成的影响个人行为选择的内部准备状态或反应的倾向性。

态度的实质体现在下面几个方面:

1. 态度是一种行为倾向。态度并不是实际行为本身,而是在特定情景对于特定对象的趋向与避开,喜欢与厌恶的倾向性,但并不一定转化成行动本身。

2. 态度是一种准备状态。态度是对于一类事物的内部准备状态,态度可以预测行为,但不代表行为一定发生,态度对行为的预测并不是绝对准确的,而且态度与行为之间的关系是相当复杂的。

3. 态度是一种评价或情感反应。态度代表了个人对于世界的主观理解和看法。不同的人对外界事物会有不同的评价尺度。

4. 态度是习得的。态度并非与生俱来，而是后天学习的结果。它是个体通过与环境的相互作用而形成或改变的。

（二）态度的成分

态度通常包括三种成分，即认知成分、情感成分和行为倾向成分。

态度的认知成分是态度主体对态度对象的认知、理解。观念和信念是态度认知成分的内在体现。一般而言，人们在认识理解某一事物时，总是会带有一定的评价色彩。

态度的情感成分被认为是态度的核心成分，是伴随对事物的认识、理解而产生的情绪或情感反应。当对事物的态度发生变化时，情感也会随之发生相应的变化。有的态度理智成分较多，但有的态度却是非理智、情绪化的。

态度的行为倾向成分是指态度主体对对象表现出行为的可能性，是一种预先安排和准备状态。基于此，我们认为态度可以预测行为。

态度的三个成分之间一般是协调一致的，但也有不一致的时候，例如通过行为来推测一个人的态度，有时可能会出错。

（三）态度的功能

人之所以要形成并保持一定的态度是因为态度具有以下功能：

首先是态度的适应功能。人们往往以需要为中介发展对自己最有利的态度，以利于生存和适应环境。

其次是态度的自我防御功能。态度以信仰的形式提升了主体对于痛苦和不利因素的耐受性。例如个体对所属群体的忠诚度，这种忠诚便是一种自我价值的防御，有利于免除其内心的冲突。

再次是态度的激励功能。经验表明态度能够影响工作效率，一个人干自己喜欢干的事情远比干自己不喜欢干的事情工作效率高。

此外，态度还具有价值的表现功能，态度往往表明了一个人的主要价值观。

二、品德的概述

（一）品德的概念及实质

品德即道德品质，是社会成员以一定的社会道德规范和准则行动时，表现出来的比较稳定的心理特征和倾向。

品德的实质体现在如下方面：

1. 品德具有社会性，反映了人的社会特征。品德是人类社会特有的，不同国家的人往往具有有别于他国的道德标准，这是因为品德在不同社会所依据的道德规范有差异。

2. 品德具有个体差异性，是认识与行为的统一。这体现了道德与品德在概念上的差异：道德规范是对整个社会成员具有普遍约束力的行为规范，但个人的品德修养如何则因人而异，品德属于个体的心理特征。

3. 品德具有相对的稳定性,表现出个体一贯的规范行为。

(二)品德的成分

品德包括道德认知、道德情感、道德意志、道德行为四种成分。

道德认知也称为道德观念,是对道德准则及其执行意义的认识,包括道德概念、命题、规则、关系等。道德观念在个体品德发展中是至关重要的,一个人如果坚信自己的道德认知是正确的,就会坚定地以这些认识指导行动。

道德情感是伴随着道德认知而产生的一种内心情感体验。分为三种类型:一是直觉情绪体验;二是受道德形象感染而产生的情感体验;三是伦理道德的情感体验。

道德意志是人们在履行道德行为的过程中,为争取目标的实现而坚持不懈,主动克服困难的心理状态。道德意志是道德行为的内部力量源泉。道德行为是否能持续进行受道德意志的支配。

道德行为是道德认知和道德情感外化的过程。道德行为分为偶尔的道德表现和长久稳定的道德习惯。主体的道德行为受客观道德环境影响。

品德的四个成分是相互联系的,彼此不能割裂开来看待。一个心智健全的人必然是道德认知、道德情感、道德意志、道德行为相互制约,协调一致的人。

三、态度与品德的关系

从态度与品德的构成可知态度与品德基本同质,都涉及认知、情感、行为三成分,但深入分析其二者还是有所区别的。

一是态度与品德的范畴的大小有别。态度的范畴较品德更为广泛,只有涉及道德规范的态度成分才有可能成为品德的内容。例如,爱护公物既是品德也是态度,而上课不听讲玩手机,只能算学习态度不认真,并不涉及品德不良。

二是态度与品德的价值内化程度不同。只有价值内化到最高级水平的态度,也就是成为了个人性格中的稳定态度,才可被称为品德。我们在品德教育过程中往往会忽视这个问题,如不加区别地用成人的道德观念看待儿童的行为,这就违背了品德教育要符合个体的身心发展这一客观规律。

第二节 态度与品德的形成与发展

一、皮亚杰的品德发展阶段论

心理学家皮亚杰认为儿童的道德发展是从他律到自律的过程。

1. 他律阶段(五六岁到十岁)

儿童在这个时期对行为责任的道德判断是依据行为结果的破坏程度,而不会考虑责任人的主观动机。这一阶段的儿童,观念中只有对错、是非的二分判断,非黑即白。他们认为规则是永恒不变的,从成人那里习得的规则不容破坏,以成人的要求来判断行为的好坏。他们把惩罚看作是天经地义的事,往往认为应该给予违规者更严厉的处罚。

新编心理学(第三版)

2. 自律阶段(十岁以后)

儿童对行为责任的道德判断从自己认可的内在标准出发,不仅考虑行为结果,也考虑责任人的行为动机。这一阶段的儿童认识到,规则是人为制定,并能够协商改变的,其道德判断逐步开始走向准确客观。他们把惩罚看作是对犯错者的一种教训,而且意识到惩罚也并不是必须的。

在五六岁之前的年龄,规则对儿童没有约束力,他们也意识不到规则的存在,这一时期属于无道德阶段。

皮亚杰的研究主要是使用对偶故事法。

专栏 13 - 1

皮亚杰研究中使用的对偶故事

A. 有一个小男孩叫朱利安。他的父亲出去了,朱利安觉得玩他爸爸的墨水瓶很有意思。开始时他拿着钢笔玩。后来,他在桌布上弄上了一小块墨水渍。

B. 一次,一个叫奥古斯都的小男孩发现他父亲的墨水瓶空了。在他父亲外出的那一天,他想把墨水瓶灌满以帮助他父亲。这样,在他父亲回家的时候,他将发现墨水瓶灌满了。但在打开墨水瓶时,他在桌布上弄上了一大块墨水渍。

A. 有一个小女孩叫玛丽,她想使母亲高兴,于是便替母亲裁布。但是,因为她还不会很好地使用剪子,结果将她自己的衣服剪了一个大洞。

B. 一个叫玛格丽特的小女孩在她母亲外出时拿剪子玩,因为她不会很好地使用剪子,结果将自己的衣服剪了一个小洞。

看完每个对偶故事后回答下面两个问题:

(1) 这两个孩子的过失是否相同?

(2) 这两个孩子中,哪一个更坏一些?为什么?

二、柯尔伯格的品德发展理论

美国心理学家柯尔伯格和他的同事采用道德"两难故事法"进行实验研究,提出了三水平六阶段品德发展理论。

专栏 13 - 2

柯尔伯格研究中使用的道德两难故事

在欧洲,有一位妇女因患一种罕见的癌症已濒临死亡。医生认为只有一种可以救她的药,在该镇一位药剂师那里可以买到。但药剂师却以 10 倍于成本的价值 2000 元出售该药。病妇的丈夫海因茨总共才凑得药价一半左右的钱。他告诉药剂师妻子危在旦夕,请他便宜一些售药或允许迟一些日子付款,但药剂师严辞拒绝了他,告诉他只有付了全款才给药。海因茨没有办法了,于是夜里闯进该药店为妻子偷了药。

这个丈夫的做法对吗? 为什么? 海因茨倘若被捕,法官该不该给他判刑,为什么?

1. 前习俗水平(10岁以下的儿童)。相当于皮亚杰的他律阶段,处于这一水平的儿童着眼于行为的具体结果与自己的关系,并没有发生社会规范的内化。这一水平包括两个阶段。

阶段一:以惩罚与服从为取向的阶段。这一阶段的儿童认为一切的行为都应该以避免惩罚为准,只有这样才是对的,他们并没有准则的概念。

阶段二:以相对功利为取向的阶段。这一阶段的儿童,认为帮助别人是为了得到别人的帮助,一切行为从等价交换的原则出发,只有满足自身需要的才是有价值的,即使做出利于他人的行为也是从自身利益的满足出发的,这是一种利己主义的价值取向。

2. 习俗水平(10岁以上直到成人)。相当于皮亚杰的自律阶段。处于该道德发展水平的儿童认为在社会的希望和要求下制定的行为准则、法律、法规,是为了维护社会的整体利益,应该予以遵从。其包括三、四两个阶段。

阶段三:以寻求认可为取向的阶段。帮助别人,是为了讨得赞扬和喜欢,朝着社会认可的"好孩子"方向努力,一切的行为只为取得他人的认可,这是一种依附性的价值取向。

阶段四:以遵守法规为取向的阶段。这一阶段的个体认为法规是神圣不可侵犯的权威,所有人都应该遵守法规,具有较强的责任感和义务感。

3. 后习俗水平。皮亚杰并没有研究到这一层次的道德发展,而且只有少数人能达到这一道德发展水平,很多人一生就只能发展到习俗水平。达到这一道德发展水平的个体已经内化了自己遵守的行为准则和法律法规,不再认为权威和社会规则是不可侵犯的,认识到规则的人为性和可变性。以普遍的道德和良心作为行为准则。后习俗水平也包括两个阶段。

阶段五:以社会契约为取向的阶段。个体以社会道德规范和法律法规行事,并认为法律法规及道德准则是一种社会契约,为了最大多数公众的利益可以改变。

阶段六:以普遍的伦理为取向的阶段。超越现实规范的约束,以良心、平等、公正、正义等最一般的伦理原则为标准去进行道德判断,行为完全自律。

柯尔伯格的品德发展理论认为,这种发展的顺序是由低级阶段依次向高级阶段发展的,这种顺序既不会超越,更不会逆转,阶段的划分是绝对的。道德的发展水平主要取决于个体的心智发展水平,只有其心智发展到一定的程度,才能完成某一阶段的推理,解决生活中的道德判断问题。

三、品德发展的社会学习理论

社会学习理论最初是由美国的心理学家班杜拉在20世纪60年代提出的。他通过大量实验发现人的许多知识、技能、社会规范等的学习都是来自间接经验,是人们通过观察他人的行为及其行为后的奖惩情况而间接学会的,他称这种学习为观察学习。

他认为人的主要学习方式就是观察学习,尤其是在进行品德教育时,儿童要想获得哪些行为是被社会赞许的,哪些是被禁止的信息,不需要逐个行为去尝试,他们可以通过观察他人行为,将他人行为的结果直接内化到自己的知识体系中。换句话说,教师可以通过适当的方式告知儿童哪些是正确的行为方式,哪些是不当的行为方式,并树立良好的可供学生借鉴的榜样。对榜样出现的积极行为给予奖励,就相当于给所有正在观察该榜样行为的学生以奖励,这被我们称为"替代性强化",由于行为被奖励而得到强化,于是当有表现榜样行为的机会时,所有观察过榜样行为的学生就有可能按照榜样示范的行为去做。学生的品德就是在这样的不断的观察学习中建立起来的。

专栏 13-3

班杜拉的观察学习实验

"打充气娃娃"是研究儿童对于成人攻击行为模仿的实验,实验中让三组儿童分别观看影片,影片中成人在踢打一个充气娃娃。所不同的是,甲组看到的影片中的成人受到奖励,乙组看到影片中的成人被惩罚,而丙组儿童看到影片中的成人既不被惩罚也没有奖励。之后把这三组儿童放到游戏室,游戏室有相同的充气娃娃,观看他们对充气娃娃表现出的攻击行为,结果,观看受惩罚组的儿童攻击行为最少,奖励组最多。而后,实验者以糖果奖励,鼓励儿童模仿影片中成人的攻击行为,发现三组儿童的攻击性行为没有区别。这个实验让我们震惊,在孩子的模仿学习中,榜样的作用至关重要。

目前我国有关态度与品德的形成与发展理论大都是对于国外研究的引进和借鉴。在教育实践中,我们应充分认识个体的年龄差异、发展阶段的不同对品德的形成和发展的影响,对应不同的品德发展阶段,运用恰当的理论,才能更好地引导学生的品德发展。

第三节　学生品德的培养

一、道德认知的形成

如前所述,道德认知是指人们对社会道德规范及其意义的理解,以及在此基础上形成的道德观念和评价能力。道德认知水平的状况对品德的形成与发展具有重要作用,这是因为人们的大部分行为是受认识支配的,只有认识深刻,情感体验才会丰富强烈,才能知道为何行动、怎样行动,并把道德行为坚持下去。因此,道德认知始终贯穿于品德形成的各个方面。而道德认知形成发展的过程,主要包括道德概念的掌握、道德评价能力的培养、道德信念的确立三个方面。

(一) 道德概念的掌握

学生掌握道德概念,主要表现为通过道德知识的学习,对道德准则、规范具有了准确的理解。学生的道德概念是在家庭、学校、社会影响下,在已形成的道德表象的基础上,经过有关道德知识的学习,通过分析、综合、比较、抽象、概括、具体化等思维活动而形成的。道德概念的掌握,在学生道德认知以至整个道德品质的形成发展过程中起着非常重要的作用。它表明学生已不是直观感性地去认识道德现象,而是能概括地掌握是非、善恶、美丑的道德标准,知道什么是道德的,什么是不道德的。认识是行为的基础与指导,学生就依据他所掌握的道德概念去指导行动,去评价别人和自己。道德概念的掌握,主要表现为道德观点的形成。道德认知教育也就应着重于培养学生正确的道德观点。为此,应从以下几方面帮助学生形成正确的道德概念。

1. 教师"晓之以理"的教育艺术。道理要讲得真切感人,联系实际。要生动形象,重视道德知识的讲解与学生的道德经验相结合,具体形象事例与抽象道理相结合。

2. 培养学生的道德分析能力,引导学生领会道德概念的本质。引导学生区分事物的本质属性与非本质属性是形成道德概念的关键。因此,教育学生时,要注意"变式"方法的运用。例如,很多青少年学生都想当英雄,但对"什么是英雄行为"的认识是多样的。教师运用变式,举出各个历史时期里的英雄事例,让学生知道英雄行为的本质是具有为人民事业献身的精神,教育学生懂得,当今的时代是英雄辈出的时代,在革命和建设发展的不同阶段,有不同的英雄行为。

3. 在个体的道德实践中发展学生的道德概念。从根本上讲,学生的道德概念是在道德实践中形成与发展的,道德知识的学习必须与个体的道德实践相结合。应创造条件,让学生有道德实践的机会,有计划地指导学生应用道德知识来观察和处理问题。教育实践表明,小学生与学龄前儿童的模仿成人的象征的活动是行之有效的。除了组织校内的道德实践活动外,还应组织学生参加社会上的道德实践活动,以促进学生道德上的发展和成熟。

(二) 道德评价能力的培养

道德评价是运用已掌握的道德标准对别人和自己的行为进行道德分析判断。道德评价是一个运用道德概念,进行道德推理,作出道德判断的逻辑思维过程。学生的道德评价能力主要表现为学生在思想品德方面明辨是非,鉴别美丑、善恶的能力。

学生的道德评价能力是逐步发展起来的。心理学家通过研究发现,道德评价能力发展的一般趋势是:

1. 从他律到自律,即从重复别人的道德评价,到逐步学会进行独立的道德评价。

2. 从效果到动机,即从效果性评价向动机性评价,从外部行为的评价向对内心世界的评价发展。

3. 从注重行为的直接后果过渡到注重行为和后果的性质。其中,又从注重个人的直接后果过渡到注重行为的长远后果,从注重个人后果过渡到注重社会后果。

4. 从情境性的道德评价向原则性的道德评价发展。

5. 从片面到全面。

6. 从评价他人到评价自己,道德评价的对象逐渐趋向自我化。

7. 由从"自我"利益出发过渡到从社会效果、社会利益出发进行道德评价。

思想品德教育应该依据中小学生道德评价的发展趋势,有意识、有步骤地来培养和发展学生的道德评价能力,使他们的道德评价水平逐渐由他律到自律,从效果到动机,从现象到实质,从片面到全面,从情境到原则,从别人到自己,从自我到社会得到充分发展。

(三) 道德信念的确立

道德信念就是坚定的道德观点。当人们把道德认识变成个人行为准则,都会引起情感上的体验,这时道德认识就转化为道德信念。道德信念是道德品质形成中的关键因素。正确道德信念的形成表现在:

1. 懂得道德规范,掌握道德知识并相信它的正确性,形成坚定的道德观点。

2. 把道德信念作为自己行动的指南与原则。

3. 道德观点的实现会引起强烈的积极的情感体验。对与自己信念相近的思想、言行,会表现出极大的兴趣与热情;对违反自己道德信念的事情则会产生强烈的消极情感体验。

4. 用坚强的意志行动去努力实现自己的道德信念,维护自己道德观点的正确性。

二、道德情感的激发

道德情感是情感的高级形式,是人的高级社会性情感。道德情感是人的道德需要是否得到满足时所引起的内心体验。道德情感是在道德认识基础上产生的,同时也是道德认识的具体表现。

教师激发学生的道德情感,应注意以下几方面:

(一) 要重视通过美育来培养道德情感

美感和道德感紧密联系,美育是德育的深化。我国著名教育家蔡元培先生认为,实行美育,可以"陶吾人之感情,使有高尚纯洁之习惯"。美和美育,可以陶冶人的性格,净化情感,深化道德认识,调剂精神生活,促进心理健康。苏霍姆林斯基认为,"美是一种心灵的体操——它使我们精神正直,良心纯洁,情感和信念端正","经过长期美的陶冶,会在不知不觉之中,突然使人感到不良的、丑恶的东西是不能容忍的。让美把恶与丑挤出去,这是教育的规律性之一"。美育是以一系列独特的教育手段触及人的情感深处,起到潜移默化的教育作用。

(二) 丰富学生的道德观念,并且使这种观念与一定的情绪体验联系起来

这要求教师一方面通过言语启示激起学生的情感,使他们在领会道德要求的同时,伴有积极或消极的情感体验;另一方面应创设实践的条件,利用舆论及时地进行表扬与批评,使学生获得道德上的肯定或否定的体验。

(三) 提供榜样的具体形象和生动事例,引起情感上的共鸣

青少年学生正处在积极地探索人生之路,寻找自己所崇拜榜样的时期,而榜样的道德形象是社会道德准则的典范,因此,教师要选择具有时代特征的榜样,组织学生开展学习榜样的活动,这有助于培养高尚的道德情操。

(四) 激发和保持学生健康的情感,预防和消除不健康情感

学生中经常出现的,诸如为自己或集体的成就兴高采烈,遇到失败或挫折而伤心难过,对他人的不幸遭遇深表同情等,这些都是健康的情感。学生中也出现对同伴的成就、进步嫉妒,对同伴的不幸或失败幸灾乐祸,因自己偶尔获得的好成绩得意忘形,遇到一点挫折就灰心丧气等,这些是不健康的情感表露。当学生处于消极心境时,应关心、同情他们,可使用活动转

移、注意转移等方法帮助学生摆脱消极体验，而不要急于向他提出要求，更不宜指责呵斥，要培养学生控制情感的意志力，养成耐心、自制的能力及习惯。

三、道德意志的锻炼

道德意志是人在道德行为过程中所作出的意志努力。它是人们按照道德原则和要求进行道德抉择和行动时调节行为和克服困难的道德能力，是在履行道德义务过程中所表现出来的决心和毅力。缺乏道德意志的学生，其道德行为往往难于一贯坚持。道德意志形成之后，则能不以外部环境为转移，而由道德意志支配自己，去坚定地履行道德义务。这时，学生品德的形成过程，就由从外向内的转化过程变为从内向外，即由道德意识向道德行为转化的过程。锻炼学生道德意志，就是要使学生在道德实践中，在道德意识外化为道德行动的过程中，学会用自己的道德意志支配、调节自己的行动。

道德意志的实现是一个复杂的心理过程，它表现为如下三个阶段：

1. 决心。按照一定道德规范要求，经过动机冲突，激发正确的道德动机，战胜不正确的道德动机，引导学生将水平较低的道德动机转化为较高级形式的道德动机，促使比较软弱、动摇的动机转化为强烈、坚定的动机。

2. 信心。下决心之后，还须坚持一系列复杂的心理活动，从而树立进行道德行为的信心。通过分析自身与客观情况，相信自己能完成道德行为，树立自信心。

3. 恒心。这是最重要的一个阶段。仅有决心和信心，而没有恒心，就不能算有坚强的道德意志。人们准备并经过长期努力，积极地调节自己的活动，克服内外困难，制止不正确的行动，坚持正确的行动，坚持不懈地去实现既定的目的。

道德意志过程的三个阶段是密切联系，互相促进的。

实践表明，道德意志的培养与锻炼，对学生良好品德的形成与发展有极其重要的意义。教师应根据道德意志的基本过程和道德认知转化为道德行动的规律，锻炼学生的道德意志。为此，应注意以下几个方面：

（一）提高道德认知，发展道德情感

坚定的道德意志是正确的道德认知与深厚的道德情感的表现，因此帮助学生提高道德认知，培养学生深厚而积极的情感是锻炼学生道德意志的前提。

（二）组织实践锻炼

坚强的意志，要在实践中加以锻炼才能形成。整个学校教育活动都是锻炼学生意志力的实践活动，是锻炼学生意志力的最基本的途径。如从专心上课到认真完成作业，从参加劳动、体育锻炼到各项政治思想教育活动，教师都要自觉地、有意识地针对学生特点，不失时机地培养学生的意志力。

（三）从小锻炼学生意志

坚强的意志需从小锻炼。从小让学生学会独立生活，培养独立生活能力、独立学习能力、独立工作能力，对意志的锻炼具有重要意义。学生长期要亲人照顾，要成人的监护，导致形成依赖心理，不能独立生活，不易形成坚强的意志。

（四）针对不同的意志类型，采取不同的锻炼措施

对冒失而轻率者，就需培养其沉着、冷静与克制和约束自己的能力；对虎头蛇尾、有始无终、缺乏坚毅性者，则需培养其"恒心""毅力""韧性"。教师及家长要正确了解学生意志品质的优点与弱点，机智地采取为学生所乐于接受的锻炼措施。

四、道德行为的训练

道德行为或称道德行动，是人在一定道德意识的支配下表现出来的，对待他人和社会的有道德意义的活动。它是人的道德认识的外在具体表现。思想品德教育不仅应该教育学生懂得什么是道德的，更重要的是应组织学生道德行为的培养训练，让学生在实践中培养起道德行为，并转化为道德行为习惯。道德行为的培养训练和习惯养成对道德品质的形成具有十分重要的意义。

道德行为的训练，主要包括道德行为方式的掌握和道德行为习惯的培养两方面。

（一）道德行为方式的掌握

道德行为方式的掌握是产生道德行为的必要条件，学生只在道理上懂得道德规范，而未在实际上掌握相应的道德行为方式，就难以实现知行的转化。指导学生掌握道德行为方式有多种形式。例如，可以通过道德行为方式的讲解、道德行为方式的典型分析、道德行为方式榜样的展示、道德行为行动步骤的讨论、道德行为方式的练习、道德行为方式的总结等活动，让学生掌握道德行为方式。在道德行为方式的指导中，应注意以下几方面：明确训练意义，激发学生掌握道德行为方式的道德动机；教给学生行为方式时应由近及远、由简及繁，循循善诱；提高学生道德认识水平，使他们具有独立地、主动地或创造性地选择合理的道德行为方式的能力。

（二）道德行为习惯的培养

著名教育家叶圣陶曾强调指出："什么是教育，简单一句话，就是要养成良好习惯。"习惯是逐渐养成的，不需要任何意志努力和监督的，自动化了的行动方式。道德行为习惯是一个人不需要外在监督，在自己意志努力下，即可实现的道德行为。道德行为习惯的养成是品德形成的重要标志之一。道德行为习惯一经养成，就能成为一个人道德行为的内部动力。

学生的道德行为习惯是在生活和教育过程中形成和发展起来的，其形成方式有以下几种：

1. 行为重复。创设道德教育的情境和条件，让良好的行为经常重复发生，不给重复不良行为的机会。

2. 榜样模仿。提供良好的榜样，让学生进行模仿，但要注意不让学生进行不良行为练习，以培养其良好的行为。

3. 与坏习惯作斗争。要及时纠正学生中的不良风气，不能使之养成坏习惯。对已形成的坏习惯可采取必要的措施，如合理地运用奖惩，必要时可组织集体舆论谴责等，以根除坏习惯。在根除坏习惯时，要使学生懂得坏习惯的害处和增强克服坏习惯的信心。

第四节　学生的人格发展

一、人格的发展

（一）人格的概念

人格是指决定个体的外显行为和内隐行为并使其与他人的行为有稳定区别的综合心理特征。通常包括气质、性格、认知风格等。

不同的学者对人格研究的侧重点不同、理解不同，其所下的定义也会有所不同，但一般都认为人格代表了一个人外在的行为模式，即个人与环境，尤其是与社会环境的互动方式，具有整体性、稳定性、复杂性和独特性等特点。

（二）人格发展的阶段理论

不同的心理学家对人格的发展有不同的认识和看法，这里仅介绍在人格发展理论中较有影响的埃里克森的人格发展阶段理论。

美国著名精神病医师、新精神分析学派的代表人物埃里克森认为，个体人格的发展伴随其一生，并体现在自我意识的形成和发展过程中。他把自我意识的形成和发展过程划分为八个阶段，这八个阶段的顺序是由遗传决定的，但是每一阶段能否顺利度过却是由环境决定的。

埃里克森的人格终身发展论，为不同年龄段的教育提供了理论依据和教育内容，任何年龄段的教育失误，都会给一个人的终身发展造成障碍。

埃里克森划分的自我意识形成和发展过程的八个阶段及内容如下：

1. 婴儿期（0—1.5岁）：基本信任和不信任的冲突

此时是基本信任和不信任的心理冲突期，因为这期间孩子开始认识人了，当孩子哭或饿时，父母是否出现则是建立信任感的重要问题。信任在人格中形成了"希望"这一品质，它起着增强自我的力量的作用。具有信任感的儿童敢于希望，富于理想，具有强烈的未来定向。反之则时时担忧自己的需要得不到满足。埃里克森把希望定义为："对自己愿望的可实现性的持久信念，反抗黑暗势力、标志生命诞生的怒吼。"

2. 儿童期（1.5—3岁）：自主与害羞和怀疑的冲突

这一时期，儿童掌握了大量的技能，如爬、走、说话等。更重要的是他们学会了怎样坚持或放弃，也就是说儿童开始"有意志"地决定做什么或不做什么。这时候父母与子女的冲突很激烈，也就是第一个反抗期的出现。一方面父母必须承担起控制儿童行为使之符合社会规范的任务，即养成良好的习惯，如训练儿童大小便，使他们对肮脏的随地大小便感到羞耻，训练他们按时吃饭，节约粮食等；另一方面儿童开始有了自主感，他们坚持自己的进食、排泄方式，所以训练他们良好的习惯不是一件容易的事。这时孩子会反复应用"我""我们""不"来反抗外界控制，而父母决不能听之任之、放任自流，这将不利于儿童的社会化。然而，若过分严厉，又会伤害儿童自主感和自我控制能力。如果父母对儿童的保护或惩罚不当，儿童就会产生怀疑，并感到害羞。因此，把握住"度"的问题，才有利于儿童人格内部形成意志品质。埃里克森把意志定义为："不顾不可避免的害羞和怀疑心理而坚定地自由选择或自我抑制的决心。"

3. 学龄初期（3—5岁）：主动对内疚的冲突

在这一时期如果幼儿表现出的主动探究行为受到鼓励，幼儿就会形成主动性，这为他将来成为一个有责任感、有创造力的人奠定了基础。如果成人讥笑幼儿的独创行为和想象力，那么幼儿就会逐渐失去自信心，这使他们更倾向于生活在别人为他们安排好的狭窄圈子里，缺乏自己开创幸福生活的主动性。当儿童的主动感超过内疚感时，他们就有了"目的"的品质。埃里克森把目的定义为："一种正视和追求有价值目标的勇气，这种勇气不为幼儿想象的失利、罪疚感和惩罚的恐惧所限制。"

4. 学龄期（6—12岁）：勤奋对自卑的冲突

这一阶段的儿童都应在学校接受教育。学校是训练儿童适应社会、掌握今后生活所必需的知识和技能的地方。如果他们能顺利地完成学习课程，他们就会获得勤奋感，这使他们在今后的独立生活和承担工作任务中充满信心。反之，就会产生自卑。另外，如果儿童养成了过分看重自己的工作的态度，而对其他方面木然处之，这种人的生活是可悲的。埃里克森说："如果他把工作当成他唯一的任务，把做什么工作看成是唯一的价值标准，那他就可能成为自己工作技能和老板们最驯服和最无思想的奴隶。"儿童的勤奋感大于自卑感时，他们就会获得"能力"的品质。埃里克森说："能力是不受儿童自卑感削弱的，完成任务所需要的是自由操作的熟练技能和智慧。"

5. 青春期（12—18岁）：自我同一性和角色混乱的冲突

一方面青少年本能冲动的高涨会带来问题，另一方面更重要的是青少年面临新的社会要求和社会的冲突而感到困扰和混乱。所以，青春期的主要任务是建立一个新的同一感或自己在别人眼中的形象，以及他在社会集体中所占的情感位置。这一阶段的危机是角色混乱。随着自我同一性的建立可形成"忠诚"的品质。埃里克森把忠诚定义为："不顾价值系统的必然矛盾，而坚持自己确认的同一性的能力。"

6. 成年早期（18—25岁）：亲密对孤独的冲突

只有具有牢固的自我同一性的青年人，才敢于冒与他人发生亲密关系的风险。因为与他人发生爱的关系，就是把自己的同一性与他人的同一性融为一体。这里有自我牺牲或损失，但只有这样才能在恋爱中建立真正亲密无间的关系，从而获得亲密感，否则将产生孤独感。埃里克森把爱定义为："压制异性间遗传的对立性而永远相互奉献。"

7. 成年期（25—65岁）：生育对自我专注的冲突

当一个人顺利地度过了自我同一性时期，以后的岁月中将过上幸福充实的生活，他将生儿育女，关心后代的繁殖和养育。他认为，生育感有生和育两层含义，一个人即使没生孩子，只要能关心孩子、教育指导孩子也可以具有生育感。反之没有生育感的人，其人格贫乏和停滞，是一个自我关注的人，他们只考虑自己的需要和利益，不关心他人（包括儿童）的需要和利益。在这一时期，人们不仅要生育孩子，同时要承担社会工作，这是一个人对下一代的关心和创造力最旺盛的时期，人们将获得关心和创造力的品质。

8. 成熟期（65岁以上）：自我调整与绝望期的冲突

由于衰老过程，老人的体力、精力和健康每况愈下，对此他们必须作出相应的调整和适应，所以被称为自我调整对绝望感的心理冲突。当老人们回顾过去时，可能怀着充实的感情与世告别，也可能怀着绝望走向死亡。自我调整是一种接受自我、承认现实的感受，一种超脱的智慧之感。如果一个人的自我调整大于绝望，他将获得智慧的品质，埃里克森把它定义为："以超然的态度对待生活和死亡。"老年人对死亡的态度直接影响下一代儿童时期信任感的形成。因此，第八阶段和第一阶段首尾相联，构成一个循环或生命的周期。

埃里克森认为，在每一个心理社会发展阶段中，解决了核心问题之后所产生的人格特质，都包括了积极与消极两方面的品质，如果各个阶段都保持向积极品质发展，就算完成了这阶段的任务，逐渐实现了健全的人格，否则就会产生心理社会危机，出现情绪障碍，形成不健全的人格。

二、影响人格发展的因素

心理学家们认为，人格是在遗传与环境的交互作用下逐渐形成并发展的，即人格的形成与发展离不开先天遗传与后天环境的关系与作用。

（一）生物遗传因素

人格研究者均注重遗传因素在人格发展中的作用。他们认为遗传是影响人格发展的不可缺少的因素。遗传因素对人格发展的作用程度随人格特质的不同而不同。通常在智力、气质这些与生物因素相关较大的特质上，遗传因素的作用较重要；而在价值观、信念、性格等与社会因素关系密切的特质上，则后天环境的作用更为重要。人格的发展是遗传与环境两种因素交互作用的结果。人既具有生物属性，又具有社会属性。人在胚胎状态时，环境因素的影响就开始了，这种影响会在人的一生中持续下去。

（二）自然物理因素

生态环境、气候条件、空间拥挤程度等这些自然物理因素都会影响到人格的形成与发展。在不同物理环境中，人可以表现出不同的行为特点。有很多研究说明了生态、地域环境对人格的影响。另外气温会提高某些人格特征的出现频率，例如热天会使人烦躁不安，对他人采取负面反应，发生反社会行为。但自然物理因素对人格不起决定性的作用。

（三）家庭环境因素

不同的家庭环境，如家庭结构、经济条件、居住环境、家庭氛围等，以及家庭中的不同教养方式对人格发展和人格差异具有不同的影响。研究发现，权威型教养方式的父母在子女的教育中表现得过于支配，孩子的一切都由父母来控制。在这种环境下成长的孩子容易消极、被动、依赖、服从、懦弱，做事缺乏主动性，甚至会形成不诚实的人格特征。放纵型教养方式的父母对孩子过于溺爱，让孩子随心所欲，父母对孩子的教育有时出现失控的状态。在这种家庭环境中成长的孩子多表现为任性、幼稚、自私、野蛮、无礼、独立性差、唯我独尊、蛮横胡闹等。民主型教养方式的父母与孩子在家庭中处于一种平等和谐的氛围当中，父母尊重孩子，给孩子一定的自主权和积极正确的指导。父母的这种教育方式能使孩子形成一些积极的人格品质，如活泼、快乐、直爽、自立、彬彬有礼、善于交往、富于合作、思想活跃等。

（四）早期童年经验

俗话说："三岁看大，七岁看老。"人生早期所发生的事情对人格的影响历来为人格心理学家所重视。幸福的童年有利于儿童发展健康的人格，不幸的童年常会使儿童形成不良的人格。但应注意的是，二者也并非绝对。比如溺爱也可能使孩子形成不良的人格特点，逆境也可能磨炼出孩子坚强的性格。另外，早期经验不能单独对人格起作用，它与其他因素共同决定着人格的形成与发展。

（五）社会文化因素

每个人都处在特定的社会文化环境中，文化对人格的影响极为重要。社会文化塑造了社会成员的人格特征，使其成员的人格结构朝着相似性的方向发展，这种相似性具有维系社会稳定的功能，又使得每个人能稳固地融合在整个文化形态里。

三、自我意识的发展

（一）自我意识的含义

自我意识是个体对自己以及自己与周围事物关系的认识。自我意识通过个体的机体生长发育，特别是脑机能的成熟在个体社会化的过程中形成与发展起来。自我意识作为人类特有的反映形式，是人的心理区别于动物心理的一大特征。

自我意识由自我认识、自我体验、自我监控三种成分构成。自我认识是个体对自己的心理特点、人格特征、能力及社会价值的自我了解和评价；自我体验是个体对自己的情感体验，包括自尊、自爱、自信、自卑、自责、优越感等；自我监控是自我意识在意志活动方面表现出的自我检查、自我监督和自我控制等。

（二）自我意识的发展

自我意识的形成与发展经历了三个阶段：一是生理的自我；二是社会的自我；三是心理的自我。

1. 生理自我

生理自我是自我意识最原始的形态。新生儿不具有自我意识，一岁前的儿童全然意识不到自己的存在，更不能分辨主客体的区别。一岁左右的婴儿，逐步开始把自己的动作和动作的对象加以区别，到一岁半左右，从成人那里学会使用自己的名字，能把自己和别人相区别。两岁以后的儿童，能够把自己当作主体来认识，这标志着他们真正的自我意识的出现。一般认为，生理自我在三岁左右基本成熟。

2. 社会自我

社会自我是个体对自己在社会生活中所担任的各种社会角色的知觉，包括对各种角色关系、角色地位、角色技能和角色体验的认知和评价。三岁以后的儿童开始进入发展社会自我的阶段。他们对事物开始产生自我独立的评价，并发展起对道德行为的判断能力。但他们的自我评价通常不涉及个人的内心世界和人格特征，自我的调节控制能力尚不强。一般认为，社会自我到少年期基本成熟。

3. 心理自我

心理自我的发展同个体的生理、情绪、思维的发展相关联,主要表现在自我体验、成人感、性意识、自我反省和自我意识的矛盾性等方面。心理自我在青春期开始发展和形成。进入青春期的青少年,逐步能够自觉地按照一定的行动目标和社会准则来评价自己的心理品质和能力,并越来越客观、公正和全面,体现出社会道德性,并在此基础上形成理想和有意义、有价值的追求目标。

(三) 青少年自我意识的发展特点

处于青春期的青少年自我意识的发展具有以下几方面的显著特点:

1. 成人感。由于身体发育趋向成熟,青少年开始强烈地感受到自己体态的变化越来越像成年人了。他们希望受到成年人的尊重,喜欢从表面上模仿成年人的行为,这是一种积极的心理品质。

2. 独立性。要求摆脱成年人的控制,不愿事事处处受到家长和老师的监督与约束,这是青春期学生心理特征的突出表现,应引起家长与老师的重视。

3. 闭锁性。青春期心理与生理的快速变化,促使青少年开始把注意力从对外部世界的观察、分析转向自己的内部世界。喜欢幻想、憧憬未来,编织自己的理想,独自享受想象的乐趣,但有时也会苦闷烦恼,常把自己的秘密告诉自己的知心朋友或写进自己的日记里。

4. 自我评价能力发展。进入青春期后,他们有了独立的见解,而不在意别人对自己的评价,并能为自己的见解辩护,逐步有了独立思考、独立分析的能力。

思考与练习

1. 什么是态度? 试分析态度与品德的关系。

2. 请分别阐述态度与品德的构成成分。

3. 人格有好坏之分吗? 为什么?

4. 教师在教育活动中,应如何激发学生良好的道德情感?

5. 试论述影响人格发展的因素。

第十四章 教师心理

课前思考

1. 为什么说"学者未必是良师"？一个优秀的教师必须对他所任教的学科有较深造诣,此外,他还应该具备哪些心理素质?

2. 俄国著名教育家乌申斯基说过:"没有教师对学生直接的人格方面的影响,就不可能有深入性格的真正的教育工作。"既然教育应注重学生的人格成长,教师应该从哪些方面来提升自己的人格修养?

3. 何谓皮格马利翁效应? 不适当的"期望值"是如何导致归因偏见的?

学习指导

1. 概念识记:角色,教师角色,教师的心理素质,教育机智,归因,罗森塔尔效应,第一印象,晕轮效应,刻板印象。

2. 分析理解:教师的单一角色和多重角色,教师的角色内冲突和角色间冲突,教师的认知能力和人格特征,教育机智的生成,不科学的"学生观"导致的归因偏见,不适当的"期望值"导致的归因偏见,角色认知上的归因偏见。

3. 实际运用:举例说明教师的教育机智的表现。

教育大计,教师为本。基础教育的改革与发展迫切需要造就一支师德高尚、业务精湛、结构合理、充满活力的高素质专业化教师队伍。但当今世界,科技进步日新月异,各种思想文化相互交融、影响不断加深,社会生活方式以及人的精神世界都发生了巨大的变化,教师在变得越来越重要的同时,也变得越来越难当了。教师应承担哪些角色? 教师需具备怎样的心理素质? 如何才能成为一名优秀的当代教师? 这些均是需要我们积极探索和思考的问题。

第一节 教师角色的特征

一、角色的内涵

角色(role),原属戏剧用语,指舞台上的戏剧人物。1934年,美国心理学家米德(G. H.

Mead)最先将这一术语引入社会心理学,以具体说明在社会舞台上的身份。目前,大多数社会心理学家认为,角色就是个体在特定的社会关系中的身份以及由此而规定的行为规范和行为模式的总和。个体在特定的社会关系中的身份反映了个体的社会职能、权利和责任,它规定了一个人活动的特定范围,当个体产生了为自己的社会身份所规定的行为规范和行为模式时,便充当了某种角色。但因为每个人总是处在各种复杂的社会关系中,所以,在社会生活中,每个人都扮演着多种不同的角色。

每个人在不同角色的扮演过程中均要经历角色期待、角色领悟和角色实践三个阶段。个体一旦承担某一角色,首先遇到的是他人与社会对这一角色的期待,即社会公众对其行为方式的要求与期望。如果个体偏离角色期待,就可能招致他人的异议甚至反对。因而,对角色的认知和理解往往是按他人的期待不断调节自己的行为并塑造自己的,这就是我们常说的角色领悟。角色期待与角色领悟的进一步发展就是角色实践,是社会生活中个体实际表现出来的角色,是角色领悟在实践角色期待中所产生的结果。

二、教师的角色

教师角色是指教师这一特殊社会群体依据社会的客观期望并凭借自己的主观能力,为适应所处环境所表现出来的特定行为方式。[①] 在教育工作中,教师往往需要完成多项工作,扮演多重角色。

(一) 权威者的角色

师生关系是学校里最主要的社会关系,教师无疑处于主导者的地位,伴随有一系列权威者的行为模式。

1. 知识的传授者。教师首要的、最突出的角色是知识技能的传授者和解决问题能力的培养者,为此,教师本人首先应该成为某一学科的专家或学者,这是教师的"核心角色"。一个对学科领域内知识缺乏较深造诣的教师,是不可能扮演好知识传授者这个角色的。但"学者未必是良师",某一学科领域内的专家或学者也未必能扮演知识传授者的角色,真正出色的教师应在拥有较全面的知识技能的基础上,还要具备较强的教学能力。

2. 班级的领导者。学生在学校里通过相互交往会形成各种正式的或不正式的群体。班级是学校里最主要的正式群体,教师则是班级中最有权威的领导者。尽管教师常常把部分职责委托给少数学生干部,但教师承担的领导功能仍然是无法逃避的。当班集体形成以后,学生追随教师,而教师对学生进行有指导的教育;对于学生各种课余小组,有高度责任感的教师常常自觉地充当领导和顾问;即使是班内的一些非正式小群体,教师也有不可推卸的引导职责。

3. 纪律的执行者。教师必须根据教学目标设置学习情境,制定必要的规则和程序,判断学生行为的正确与否,并施以奖励或惩罚。这样做的目的是为了形成良好的课堂秩序,使每一个学生都能遵守学校和班级所制定的规章制度,最终都能自觉遵守纪律。在这一前提下,教师

---

① 巩建华.国外教师角色研究述评.上海教育科研,2011,(10)

新编心理学(第三版)

238

在课堂上要考虑的问题主要是如何上好课,相反,如果教师在课堂上总是手忙脚乱地抓课堂纪律,就会成为无情的教育警察,导致低效甚至无效教学。

4. 家长的代理人。教师与其他从业人员的一个重要区别是,他们经常扮演家长代理人的角色。学生对待教师的态度很像他们对待自己父母的态度,迫切希望教师能像其父母那样对待他们。特别是小学低年级学生,常常将老师视为父母的化身。同时,教师在扮演家长代理人的角色时还有优于家长的一面。在实际的亲子关系中难以建立起一种有成效的师生关系。而教师除了扮演了家长关心爱护的角色,还具备了一般家长所不具备的严格要求的角色。研究发现,孩子在家里用哀求、发脾气、要挟和威吓等方式对待家长最有效,用来对待亲切而严格的教师则行不通。从某种意义上讲,这一行为的出现,也标志着学生在社会化方面迈出了新的一步。

5. 模范公民。教师的职责是教书育人,他的道德和学识使他在学生的心目中具有较高的威信。虽然教师也应该像其他公民一样,有生活、思想和行动上的自由,但他们永远在扮演着模范公民的角色。因为社会性学习主要通过模仿来进行,对于学生来说,一个成功的教师无疑是他们崇拜与模仿的对象。孔子说过:"其身正,不令而行;其身不正,虽令不行。"如果教师的行为能够作出表率,不用下命令,学生也就会跟着行动起来;相反,如果教师的行为不端正,而要求学生的行为端正,纵使教师三令五申,学生也不会服从的。所以,教师应当成为学生的表率,他们展示给学生的应该是合乎道德与社会规范的社会行为模式。

(二)心理辅导员的角色

没有丰富精深的心理学修养,就不可能在教育事业上作出杰出贡献。中国当代著名教育家,无不精通心理学,如斯霞、刘纯朴、李吉林、毛蓓蕾、邱学华、于漪、霍懋征等。一个高水平的教师,只有具备较全面的心理学知识,才能扮演好心理辅导员的角色,成为学生的朋友与知己、人际关系艺术家以及心理治疗者。

1. 朋友与知己。教师只有热爱自己的学生,与他们平等相待、坦诚相见,才有可能扮演朋友与知己的角色。但教师扮演这一角色,决不能忘记自己的教师身份,不能以个人的情感去对待学生,无原则地迁就学生,要杜绝学生的表面友好以博得教师欢心的倾向。

2. 人际关系艺术家。集体的力量远远大于个人的力量,学生在精神振奋和团结向上的集体里学习比在涣散的群体里学习更有效。因此,教师有责任帮助学生彼此了解,建立信任,共享痛苦与欢乐,建立起良好的同学关系、师生关系、教师间的关系以及师生与家长间的关系,成为一位善于处理人际关系的艺术家。要做到如此,教师必须具备一些交往技巧,善于运用社会心理学来协调班集体内的各种错综复杂的人际关系。

3. 心理治疗者。社会运转节奏加快,竞争性增强,加之应试教育给学生施加的心理压力,常常导致学生的神经官能病增多。教师平时处理问题不慎,也容易使学生产生自卑感情绪困扰,对学习、生活失去信心和兴趣。因此,心理卫生学强调,教师不能对学生的"心病"视而不见。尽管学校不是心理治疗机构,但教师应该扮演心理治疗者的角色,帮助引导学生从心理的困境中走出来,减轻他们的心理压力,提高他们的自信心。同时,也要强调教师本人的心理健康,这既利于教师的人际交往,也利于学生发展。

学生喜欢的教师特征

优秀的教师应具备什么样的特征呢？究竟什么样的教师特征才是学生喜欢的呢？心理学家通过对学生进行问卷调查，了解他们喜欢与不喜欢的教师的特征。结果表明，学生喜欢的教师应该具备如下的特征：坚定自信、意志顽强，冷静沉着、深思熟虑，兴趣广泛、幽默风趣，愉快活泼、聪慧豁达，机智严谨、果断刚毅，民主公正，热情开朗，平易近人、助人为乐等。而被学生所讨厌的教师则往往会有以下一些特征：嫌贫爱富、偏好整差、欺软怕硬、说长道短、小题大做、下课拖堂、照本宣科等。调查的结果无疑对优秀教师应具备哪些特征作出了回答。

三、教师的角色冲突

在复杂的社会活动中，个体往往需要同时扮演多个角色，当这些角色对个人的期待发生矛盾、难以取得一致时，就会出现角色冲突现象。我们可以将教师的角色冲突分为角色内冲突、角色间冲突。[①] 教师的角色间冲突主要表现在：

1. 权威与朋友。不管教师对学生如何宽容、理解、尊重，不管教师如何允许学生个性充分自由地发展，教师始终是学生心中的权威人物，无论是从知识的拥有量还是对班级的控制权来说，教师都处于绝对优势。这就对教师提出了更高的要求，他们既不能摆绝对权威的架子，滥施权威，以致形成不良的师生关系，又不能成为学生的"铁哥们""铁姐们"，放弃应有的原则。既要成为一个具有权威性的严厉的管理者，又要成为一个像朋友一般为学生所喜爱的人，这常常使教师陷入苦恼之中。

2. 教员与父母。在教育教学过程中，如果教师仅仅扮演教员角色是不够的。学生还要求教师如同父母一般的亲切，尤其是低龄儿童，更是视教师如父母。但是教员与父母的角色是有较大差异的，甚至是相互冲突的。孩子对父母的主要期望是可亲，学生对教师的主要期望是可敬。在学校中，学生要求教师既是教员又是父母，这就要求教师既可敬又可亲。

3. 领导者与顺应者。有效的领导者角色使教师在教育教学过程中始终处于主导地位。但在学生身心发展遇到障碍时，教师应随时提供帮助和咨询，给予同情和理解，帮助学生减轻焦虑和紧张，提供情感和心理方面的支持，这就要求教师扮演学生的同情者、顺应者的角色。换句话说，教师作为领导者时，要严格管理学生，严格要求学生；而作为顺应者时，又要尊重学生，谅解、宽容学生。对很多教师来说，很难同时扮演好这两种角色，经常产生角色冲突的困惑与不安。

教师的角色冲突不仅表现为角色间的冲突，还表现为角色内的冲突，而且角色内冲突有时更为严重，甚至让他们感到痛苦和绝望。教师角色内冲突主要表现在：

---

① 明庆华. 试析教师的心理角色及其冲突. 湖北大学学报（社会科学版），1998,（2）

1. 不同角色期望引起的角色冲突。首先是来自校外的不同角色期望引起的角色冲突。比如,在对待学生的作业量、寒暑假补课、课余补习上,家长、社会和教育行政部门常常存在着很大的分歧;在学生的教育管理上,也有来自不同教育思想、不同教育方法对教师期望的冲突。其次是来自校内各方面的不同角色期望引起的角色冲突。学校中不同身份的人对教师角色的期望是不同的,常常不一致,尤其是当学校领导缺乏领导才能和威望而处事不公时,这种分歧往往十分激烈并难以调和。第三是来自社会角色定势和自身个体表现的角色冲突。社会对教师的角色定势,往往是一种理想化期待,要求每个教师有如"完人"。事实上,教师是各具个性的个体,不可能十全十美,这种差异往往使不少教师遭到他人非议和社会指责,从而使教师在心理上产生矛盾与冲突。

2. 角色本身的局限引起的角色冲突。这里角色本身的局限主要是指教师的认识水平、能力水平与角色需求间存在的差距。首先,表现为教师主体对其扮演的角色行为落差和必须履行角色义务引起的角色冲突,比如有的教师"身在曹营心在汉",对工作敷衍了事,会引起学生乃至学生家长的反感和不满。其次,表现为教师自身的价值观念与角色职责要求不符引起的冲突,譬如有些年轻女教师穿着很时髦,往往会与传统观念中的教师衣着端庄产生矛盾,这种矛盾常常让这些打扮时髦的教师很纠结。第三,表现为教师个人的能力与角色需求不符而引起的冲突。有的教师主观上很努力,但常常不能维持好课堂秩序,对后进生教育束手无策,也会导致他们内心中的不安和冲突。

美国学者威尔逊说过:"所有对他人高度负责的角色,都要经受相当多的内在冲突和不安全感。"[1]适当的角色冲突体验有助于教师适应角色要求,使他们依据社会的期望与职业活动的要求,不断反思自己的角色行为,审视自己的角色形象,诱发他们转变角色行为,但角色冲突也常常让他们产生心理压力和职业倦怠,降低教育效果,甚至造成教师之间、师生之间的矛盾。因而,正确认识角色冲突,妥善处理角色冲突,能够有效促进教师的角色转变和专业成长,从而更好地完成教育任务。

第二节　教师的心理素质

古人云:"经师易得,人师难求。"作为一名高水平的教师,不仅要有高尚的师德、渊博的知识和丰富的经验,还要有良好的心理素质,这是搞好教育工作的重要条件,也是培养学生成才的可靠保证。教师的心理素质是指教师在教育教学活动中,决定其教育教学效果,对学生身心有显著影响的,在心理过程和个性心理特征方面所表现出来的本质特征。综合我国学者对教师心理素质进行的大量研究,我们认为,良好的心理素质包括教师的认知能力、人格特征和教育机智。

---

① 郑金洲.教育通论.上海:华东师范大学出版社,2000

一、教师的认知能力

因为学习是将构成某一学科的知识体系融入到学生已有的认知结构的过程,所以教师如何呈现知识,就成了影响学习有效性的一个重要因素。一方面,教师必须熟练地掌握教材,透彻了解某一学科的结构;另一方面,他还必须掌握呈现知识的有效方法,使呈现的知识内容易于转化成学生知识结构的组成部分。因此,教师必须具备适当的智能水平。

(一) 教师的智力水平和知识水平

教师要有效地呈现知识,首先要有一定的智力水平和知识水平。要成为一名合格的教师,必须经过严格的职业训练和全面的知识储备,使其智力水平和知识水平能够胜任教师的工作。比如西方许多国家都要求中小学教师一般具有大学本科乃至研究生学历,由此可以说明教师的智力水平和知识水平对教学有效性所起的作用。

但是这种作用不是无限止的,即教师的智力水平和知识水平不是越高越好。近期研究表明,当智力和知识水平超过了各自的某一临界点以后,教师的教学效果不再随其水平的提高而提高,而是其他的一些认知能力在起作用,即教师的组织能力与教学有效性有很大的正相关。

(二) 教师的组织能力

如果教师在安排学生学习活动和控制学习变量的过程中,表现出良好的教学组织能力,如教材组织能力、语言组织表达能力、班级组织管理能力和理论思维能力,就会有助于学生获得优良的学习效果。

1. 教材组织能力

教师的教材组织能力包括两部分内容:第一,教材的理解与处理;第二,教材的呈现程序与方法。其关键在于教师思维的条理性。

1963 年,美国的斯波尔丁(R. Spauloling)研究发现,教师的条理性与学生的阅读成绩呈正相关。科根(M. L. Cogan)的研究也认为,教师安排学习活动有条理、有组织,学生的学习收获就大。所以,教师应该仔细认真钻研教材,精心设计,突出重点,抓住关键,突破难点,顾及教材的系统性和连贯性,精心设计每一堂课,即明确先讲什么,后讲什么,什么时候讲,什么时候练,确定如何演示,怎样板书,甚至要考虑板书中的每一个字应该写到什么位置,等等。

2. 语言组织表达能力

课堂教学是当今教学的基本形式,教师主要通过语言把人类所创造的精神财富传授给学生,因此教师的语言组织和表达能力是影响教学效果的重要因素。一般认为,教师恰当的语言组织和清晰的表达能促进学生对知识的理解。

① 教学语言要通俗易懂。大量的教学实践表明,教学取得成效常常是因为教师能深入浅出地讲清问题,不成功的教学往往是教师不能明白地表达自己的意图,颠三倒四,词不达意,含混不清。因此,教师要做到自己的教学语言通俗易懂,就必须对教材上的书面语言进行加工、改造,把书面语言转化成学生喜闻乐见的表达形式,从而使学生容易理解和接受。

② 教学语言要生动形象。苏霍姆林斯基曾这样说过:"教师口中的语言是一个强有力的

工具,就像演奏家手中的乐器、画家手中的颜料、雕塑家手中的刻刀和大理石一样。没有乐器就没有音乐,没有颜料和画笔就没有绘画,没有大理石和刻刀就没有雕塑,同样,没有活生生的、深入人心的动人语言就没有学校,没有教育。"①形象的教学语言是教学的催化剂,如果教师没有好的口才,语言不生动形象,即使是生动有趣的内容,也会讲得干巴巴,索然无味。只有当教师用形象的语言把教学内容勾画成鲜明的表象时,学生才容易形成正确的概念,发展抽象思维。

③ 教学语言要有科学性。准确性是教学语言的灵魂。没有"灵魂"的教学语言就没有生命力。教师缺乏科学性的语言,学生只能掌握知识的表层部分,甚至是错误的东西,从而影响正确的思维活动。

④ 教学语言要有感染力。教师富于情感的语言能以声传情、以音动心,陶冶学生的情操。因而教师要用真挚、美的语言去打动学生的心灵,培养学生积极健康的思想,唤起他们对美的体验和追求,激发学习兴趣,从而提高学习效率。当然,如果教师装腔作势,矫揉造作,往往适得其反。

3. 班级组织管理能力

学生是教师的教育对象,教育好学生,搞好班级建设,教师必须具有班级管理能力,即教师应具有调动学生的学习、工作的积极性和主动性,发展学生的个性,逐步建设成一个团结友爱、朝气蓬勃的班集体的能力。

教师的班级管理能力的形成,关键在于教师应有了解学生的能力。一方面教师通过自己的观察力,去了解学生的身体状况、个性特点和学习状况;另一方面教师运用自己的注意分配和灵活转移的能力,来了解学生的思想变化和各种反应;再一方面,教师要发挥自己的"权威性",摸清学生的家庭情况和班集体状况。

4. 理论思维能力

理论思维能力是教师履行传承和发展人类科学文化职能的需要。科学文化是以理论知识的形态存在的。理论思维的特征是抽象性和系统性。教师不具备较强的理论思维能力,也就难以履行传承科学文化的职责。

教师需要借助理论思维能力来总结自己的教育经验,提升自己的教育水平。教师必须具备一定的抽象思维和系统思维,才能很好地将自己的教育教学的实践经验及时予以概括和总结,上升为理论知识,再用总结出来的理论指导自己的教育教学实践。如此循环往复,教育水平方能不断提高。

二、教师的人格特征

教师的人格特征不仅影响学生的知识学习、智能发展,而且影响学生的非智力因素的发展、品德的形成、人格的塑造。诚如俄国教育家乌申斯基所言:"没有教师对学生直接的人格方面的影响,就不可能有深入性格的真正的教育工作。只有人格才能影响人格的形成与发

---

① (苏)苏霍姆林斯基. 苏霍姆林斯基选集(第五卷).北京:教育科学出版社,2001

展。"可见,培养、提高教师的人格素质至关重要。教师的人格主要是指教师的性格、品德和信仰,具体表现在以下几个方面:

(一)强烈的动机

尽管"好老师"从来就没有一个绝对的标准,人们总是从过去的经验和现在的体会中,不断地建构着、否定着、重塑着"好老师"形象的勾勒及其内涵的界定。[①] 有些教师明知做一个"让学生满意、让家长满意、让社会满意"的好老师很难、很累,但他们还是希望自己做一个"好老师",因为他们心中有自己的职业梦想。分析古今中外的教学名师,我们不难发现这些老师之所以能够取得非同凡响的成绩,是因为他们有强烈的成就动机。凡是成就动机强的教师,他们对工作学习会更加积极,会更善于控制自我,尽量不受外界环境影响,更善于利用时间。我们很难想象,一个缺乏职业理想,整天吊儿郎当的教师,怎么可能将自己的全部精力投入到教书育人中去,成为学生的良师益友。

(二)浓厚的兴趣

对教育工作的浓厚兴趣是教师创造性地完成教育工作的重要动力,同时也能激发起学生的积极向上的学习动机。首先,教师的兴趣要广泛,要有新异性。科学的发展,人类的进步,给教育带来了许多新的知识,教师必须去关心并了解这些新知识。教育界中有一句行话:"要给学生一杯水,自己要先有一桶水。"这说明教师不仅要具备多方面的知识,而且还要给自己这"桶水"不断地"加水""换水"才会永远给学生输送"新鲜养分",才能培养出知识面广、有创新精神的人才。其次,教师的兴趣要有突出,即要有中心兴趣。教师的中心兴趣与其工作直接相关的,即对学生的身心发展、对所授学科的研究兴趣。这种兴趣不仅促使教师接近和了解学生,也促使他们积极地钻研教材,研究教育方法,进行创造性的工作。上述两种兴趣的结合是教师创造性地完成教育工作的重要心理条件。

(三)丰富的情感

教师的情感能推动教师积极地工作,能深深地感染学生。教师的强烈情感主要表现在:

1. 对教育事业的热爱

一个对教育事业充满深厚情感的教师,就会乐于献身教育事业,精心哺育一代新人。教师在自己的教学工作中,严格要求自己,积极追求自我的价值,全身心地投入到教育学生的活动中,必然会博得学生的尊敬和信赖。所以,教师的这种情感是与其教育年轻一代的责任感、义务感、荣誉感、自豪感等联系在一起的。

2. 对学生的热爱

陶行知先生说过:"真的教育是心心相印的活动,唯独是从心里发出的,才能打到心的深处。"只有对学生充满诚挚感情的教师,才会随时随地关心、爱护学生的成长。因此,教师热爱学生,应做到像母亲一样慈爱,像父亲一样严格,像兄长一样亲近,像朋友一样真诚。由此,教师的爱学、乐教的情绪会自然地流露出来,潜移默化地熏染学生,使他们也产生愉悦、和谐的情感体验,激发起积极的学习动机,达到"亲其师而信其道"的教育境界。

---

① 赵卫菊. 我要做个"好老师"——教师成就动机的个案分析. 中小学教师培训,2007,(3)

3. 对所教学科的热爱

一个对所教学科充满热爱的教师,就会博览群书,深刻理解教材,不断提高自己的业务水平,富有情感地去讲授每一堂课,让学生在平静、亲切而又活泼的气氛中学习,能深刻地感知与理解教材,从而使学生学到知识,学会做人。

(四) 顽强的毅力

教师顽强的毅力是一种优秀的意志品质,是顺利而有效地进行教育工作的保证,也是学生锻炼意志学习的榜样。教师的这种意志品质主要体现在三个方面:

1. 不怕困难,知难而进。有一位教师说得好:"当一个人对祖国和事业除了忠诚和责任别无所求的时候,他还有什么困难和挫折,不能克服呢?"具有明确的教育目标和力求达到这目标的坚定意向,是教师克服困难的内在动力,它能使教师在任何情况下忠诚于人民的教育事业,坚守教育岗位。

2. 持之以恒,保持旺盛的精力。俗话说:"十年树木,百年树人。"培养人的工程不是一朝一夕就能完成的,它具有长期性和艰巨性的特点。因而,教师要搞好教学,教育好学生,就要有旺盛的精力,坚持不懈、百折不挠地在教育园地里"耕耘"。

3. 沉着、宽容、自制。教师的职业要求教师善于控制自己的情感,谨慎地运用自己的言行,对学生要宽容,切勿采取粗暴的惩罚,而应以理服人,以情感人,以法育人,使学生也学会如何调控自己的情感。

(五) 良好的性格

教师的良好性格有利于教育工作的顺利完成,并对学生良好性格的塑造起着潜移默化的作用。教师的良好性格特征主要包括:

1. 活泼开朗而不轻浮。教师富有朝气,活泼开朗给人以生气勃勃、坦率而豁达的良好印象。教师应该精力充沛、意志顽强、生动活泼、反应迅速灵活,同时还要稳重安静,不可轻浮。这样才能具有文静潇洒、质朴开朗、彬彬有礼、刚毅果断、稳重沉着的风度美。

2. 热情大方而不做作。热情是融化师生隔阂的阳光。教师如果总是一味地严肃,板着面孔,动辄训斥,就未免使人望而生畏收不到预期的教育效果。因此,教师的言谈、举止、态度、作风应该是热情大方,而不矫揉做作,还要善于掌握分寸,对那些不拘形式的亲昵态度、放荡行为,要坚决反对,才能赢得学生的尊重。

3. 善良和蔼而不怯懦。一个教师是否堪称学生的师表,其衡量标准之一是对学生是否善良和蔼。尤其对差生,教师更要倾注满腔热情,关心激励,耐心帮助。在学生眼里,态度的好坏决定这个教师是否可信。只有教师对学生的批评是善意、诚挚的,学生才容易接受。当然,善良和蔼并不是绝对的感情用事,求稳怕乱,胆小软弱,否则就是不负责任。

4. 谦逊文雅而不庸俗。教师的主要劳动手段是语言,谦逊文雅,高尚优美的言谈,反映美好的思想品质、趣味,情操和文化修养。教师应和气、文雅、谦逊温和而有礼貌,不讲粗话脏话,不强词夺理,不恶语伤人,谈吐不鄙陋粗俗。

三、教师的教育机智

俄国教育家乌申斯基说过:"缺乏所谓教育机智,教师无论怎么研究教育理论,永远也不会成为实际工作上的好教师。"①在教育情境瞬息万变的条件下,有很多情况需要教师灵活机智地对待。这是因为,教师的教育对象是有个性差异、行为方式不同且具有复杂的心理活动的青少年,随时随地都会发生各种难以预料、必须特殊对待的问题。因而教师必须具有敏锐的观察力、灵活的思维能力和意志的果断性,对学生的反应作出正确的处理,促进孩子的学习和个性成长。这就是教师从事教育工作的一种心理素质——教育机智。

(一)教育机智的概念

教育机智的概念曾一直未能引起教育家的兴趣,真正将这一概念引入到教育学中的是德国教育家赫尔巴特,他认为判断一名教师是"优秀的教师"还是"拙劣的教师"就在于他有没有发展出一种机智感。然而,真正对教育机智进行了系统探讨的是加拿大现象学教育学家马克斯·范梅南教授,他提出"我们不应将机智理解成作瞬间的'决定'的过程,而应将机智重新看作是一种深切的关注,它使我们能够在与孩子和年轻人生活时充满智慧地行动"②。从表面上看,展现机智的人似乎都具有在复杂而微妙的情境中迅速地、十分有把握地和恰当地行动的能力,实际上,机智的行动是充满智慧的、全身心投入的。所以,教师的教育机智的本质是教育智慧,它仅是教育智慧的外在表现形式。

首先,教育机智是教育情境中的智慧行动。范梅南将行动区分为"智慧性行动"(thoughtful action)和"反思性行动"(reflective action),前者以智慧的方式对他的行动关注,而不是从情境中撤出来反思各种办法和行动后果。"教育的情境通常不允许教师停下来进行反思,分析情况,仔细考虑各种可能的选择,决定最佳行动方案,然后付诸实施。"③在不断变化的情境中,教师必须迅速地作出决定并行动,因此,教育机智总是与特定的情境相联系的,它必然是一种"智慧性行动"。

其次,教育机智是具有"他人性"的实践。范梅南强调,教师的教育机智意味着指向"他人"的实践,他必须克服世界以我为中心的观念,始终以孩子(他者)的成长为指向,全身心地关注孩子的成长。而体验他人的"他人性"的可能性就在于"我"对他人的"脆弱性"的体验之中,只有教师能够体验到学生会受伤害、沮丧、遭受痛苦、柔弱、悲痛或绝望,他才会开放自我而接纳学生的存在。"我看到了一个受到伤害或遭受痛苦的孩子,于是至少短暂地,我忘记了现在盘踞在我心头的思想。我不再按我个人时间表的计划行事。此刻,我就在那儿就是为了这个孩子,为了这个'另外一个人'。"④放弃教师的自我中心思想,即使仅仅是短暂的一刻,对学生而言,也是一种理解,一种怜悯,一种宽容,教师也会因此而更加温柔。

最后,教育机智促进孩子的学习和个性成长。范梅南指出,教育机智具有自己的使命,即教师通过运用言语、动作、眼神甚至适当的沉默等机智的行动来引导孩子的生活,最终促成孩子身心的成长。教育机智会形成更加民主的师生关系,其目的是保留对孩子有利的事物,保护孩子的个性和独立。机智意味着在适当的时候撤出,通过撤出,教育者给孩子创造了空间。因

① (俄)乌申斯基.人是教育的对象.李子卓译.北京:科学出版社,1995
② (加)马克斯·范梅南.教学机智——教育智慧的意蕴.李树英译.北京:教育科学出版社,2001
③ 同上。
④ 同上。

为过分地保护或者窥探孩子,都会窒息孩子对个人空间的需求。教育机智使成人学会宽容孩子的缺点,避免伤害到孩子,从而与孩子建立起良好的关系。运用教育机智将加强孩子的独特之处,促进孩子的学习和成长,使好的品质得到巩固和加强。

(二)教育机智的表现

教育机智是对教育时机的一种应变,可以改善课堂教学效果,将消极的、混乱的课堂变为积极的、有序的教育活动。

专栏 14-2

小燕子掉队

那是我上小学一年级的时候,当时我们正在上数学课,学习乘法。同学们都在聚精会神地听讲。突然,一只教学用的小燕子图片从黑板上掉了下来,同学们立刻被这一突发情况吸引住了。大家议论纷纷,一时间课堂上乱成一团。

这时候,董老师拍了拍手,示意我们安静下来,然后从地上捡起小燕子图片,微笑着对我们说:"这可真是一只调皮的小燕子,竟然不听燕子妈妈的话,擅自掉队了。我们现在来看看,这只小燕子掉队后,黑板上还剩下几只小燕子啊?"同学们的注意力立刻被拉了回来,乖乖地算起了老师给我们布置的"趣味数学题"。

[资料来源:王萍.教育现象学视域中的教育机智.教育科学研究,2012,(4)]

上述案例中的课堂"小插曲"并不鲜见,再精密的课堂设计也规避不了类似"小插曲"的出现。一旦出现"小插曲",正常的课堂教学秩序就会被打乱,但董老师微笑着说:"这可真是一只调皮的小燕子,竟然不听燕子妈妈的话,擅自掉队了。我们现在来看看,这只小燕子掉队后,黑板上还剩下几只小燕子啊?"这句带有自嘲意味的"说辞"巧妙地将意外变成了"趣味数学题",不仅恢复了教学秩序,而且激发了学习数学的兴趣。教师的教育机智通常表现在教师的教育教学工作中,教师随时可以在教育过程中表现出自己的机智。一般说来,教师的教育机智主要表现在下列几个方面:

1. 善于机智地引入。机智的引入来自机智的设计。方法是抓矛盾、设悬念、提问题,关键是如何设计问题才既富有魅力又符合学生的实际,需要认真思考、比较、选择、实践。

2. 善于机智地传授。要能机智的传授,教师必须诸法皆备,运用自如,精深地理解和掌握各种技巧,并依具体环境恰当选用。在传授某种能力时,必须注意机智巧妙,力戒空讲。只让学生一味模仿,搞"题海题样"是不可能培养出能力强的学生的。

3. 善于机智地转化。即化抽象为直观,化冗繁为明快,等等。目的是突破教育教学过程中的难点,实现化难为易。善于运用机智的教师,一般利用现代化的手段,调动一切智力储备,殚精竭虑。

4. 善于机智地点拨。为了使学生较快地省悟和认识一个真理,教师往往要细心地观察了解,摸清脉络,做好准备,然后恰当地捕捉时机,一语道破,达到目的。

5. 善于机智地应变。教师能否恰当地处理各种突发、偶发事件,是否善于变被动为主动、变坏事为好事,是教师业务素质高低的重要标志,也是教师的教育机智这一能力水平高低的检测标准。像董老师那样,就既做到处事不惊、善于驾驭,又生动形象、风度翩翩,尽展教学魅力。

6. 善于机智地发现。教师可以从学生某一件小发明中、某一闪光点中发现其潜在的能力和品质,根据这种发现因材施教,培养出有见识、有个性的英才。

上述这些教育机智的表现归根结底是教师对学生的积极的情感投射。在国际教育界,瑞士著名教育家裴斯泰洛齐被誉为"教育机智的天才",他说,同儿童接触相交的原点是"微笑和共鸣的眼神"。德国著名教育家第斯多惠说:"教学的艺术不在于传授的本领,而在于激励、唤醒和鼓舞。"从某种意义上说,微笑、激励、唤醒就是教育机智,它可以促使学生在成功的欢乐中充满信心地学习。

(三)教育机智的生成

在日常教育活动中,每个教师都会或多或少地表现出教育机智,证明它不是某些教师的专利,更不是与生俱来的,而是在后天的教育情境中,经过体验、内省、感悟而生成的教育智慧。

1. 提升理论修养

教育理论能够告诉我们在什么情境中应该做什么样的事情,尽管它不能保证我们什么都做好,却能保证我们不会做错。换句话说,教育理论能够为我们的实践提供原则与方向。范梅南曾经指出:"有些人可能学了所有的儿童发展理论,了解了所有的课程方法、运用过所有的教学策略,可是这位教师可能仍然是一位很糟糕的教师。"[1]但如果教师没有掌握儿童发展理论,不了解课程方法,不会运用教学策略,连做教师的起码素养都不具备,要想成为充满机智的教师恐怕也是天方夜谭。所以说,教师的基本教育理论素养是教育机智得以生成的不可缺少的因素。

2. 融入情境体验

既然教育机智是教育情境中的智慧行动,那么,融入情境体验,积累在不同的教育情境下可能的和恰当的行为模式,可以为未来的教育实践提供可供选择的操作模式。融入情境体验,首先要融入所教的学科。只有全身心地投入自己所教学科的教师,才可能在课堂教学中敏感地捕捉到教育时机,采取富于机智的行动。其次,要融入教育情境。教师只有融入具体的教育情境,才有可能对情境作出整体判断,从而敏锐捕捉到教育情境中的教育时机,作出机智的行为。最后,要融入学生的体验。教育机智是一种特殊的实践智慧,教师应该能够判断在某一教育情境中对于某个学生来说采取什么样的行为是最好的。要做到这一点,教师就必须站到学生的立场上理解他们的体验,对儿童有一颗关爱、体贴和宽容之心。

3. 反思教育实践

反思是教师成长的催化剂。但凡有成就的教师都善于反思自我,以此提高自己的自我觉察水平和教学监控能力。及时反思自己的教育实践,最重要的是反思个人的教育故事。通过

---

① Van Manen. *The Tact of Teaching*:*The Meaning of Pedagogical Thoughtfulness.* London:Althouse Press,1991

叙写自己的教育故事,不仅找到教育实践中做得成功的一面,更能找到自己的软肋和不足。事实证明,那些经常叙写、反思并勇于自我剖析的教师要比那些疏于反思、被动反思乃至排斥反思的教师更能在特定的教育情境中展示出机智的行为。除了反思个人的教育故事,还要经常反思他人的教育经验。毋庸讳言,教育教学是具有一定模仿性的经验性行为,通过观摩优秀教师的课堂教学、阅读优秀教师的教学笔记、阅读优秀教师的教育叙事,对他人经验进行反思,可以为自己提供很好的借鉴,使自己对类似的教育情境更加敏感,从而增加在相似情境中灵活应变的可能性。

四、教师的成长与发展

教师的成长是提高我国教师队伍整体素质的重要保障。从一名刚刚走上教育工作岗位的新教师成长为一名合格的教师有一个过程。美国的福勒认为:一个专业教师的的成长是经由关注自身、关注教学任务,最后到关注学生的学习以及自身对学生的影响这样的发展阶段而逐渐递进的。福勒和布朗根据教师不同时期的需要和关注的焦点问题,把教师的成长划分为关注生存、关注情境和关注学生三个阶段。

(一)关注生存阶段

处于这一阶段的一般是新教师,他们非常关注自己的生存适应性,关心他人对自己的评价和态度,尤其是关注领导的评价。因为新教师首先面临的是如何成为班级的有效管理者,所以他们往往会把大量时间和精力花在如何控制班级或如何与学生搞好关系上。

(二)关注情境阶段

当教师感觉自己能够在教育工作中站稳脚跟,即能够生存时,他们便开始把关注的焦点放到注重教育质量、提高学生的成绩上,并思考和研究有关影响教育质量的因素以及如何备好课、如何上好每一堂课等问题上,这也意味着教师进入了关注情境阶段。通常来说,具有了一定教育经验的教师比新教师更关注此阶段。

(三)关注学生阶段

当教师顺利地适应和度过了前面两个阶段后,便会更加关心学生的发展及其内心世界的变化,即进入关注学生的阶段。进入这一阶段的教师,会深入考虑因材施教和全面提高学生学习质量等问题。是否能够进入关注学生阶段,是衡量教师成熟与否的重要标志。

人们认为,教师成长与发展的途径主要有两个方面:一是通过师范教育培养更多合格的新教师进入教育工作岗位;二是通过实践训练提高在岗教师的教育、教学工作能力,具体可通过观摩和分析优秀教师的教学活动、开展微格教学、进行专门训练和反思教学经验等方法予以实施。

第三节　教师的教育行为归因

思维是人类所独有的概念、判断、推理过程。当我们感知到一个行为或事件,往往就能推断到为什么会发生这样的事件或行为。人们利用已知信息,对自己或他人的行为原因加以推断的过程,就是归因(attribution)。从本质上看,归因是由果溯因的过程,是人们希望能预测行为发展结果,掌握事件发展进程,从而获得一种控制感和安全感的需要。人们总是习惯于追问事件或行为发生的原因,但并非所有的追问都是归因。比如,儿童提出一些关于自然规律和日常生活现象的"为什么",如"太阳会什么会东升西落"这样的问题,只是表达疑惑、获取知识的一种习惯性的思维方式,并不属于归因。

教师需要经常对教育行为进行归因。例如,教师在上课提问时,可能会遇到个别学生不礼貌的挑衅,教师可能会追问,到底是自己的态度存在问题,还是学生自身的情绪存在问题。对教育行为或事件的原因进行推断的过程,就是教育归因。显然,教育归因是教师认识教育现象,总结教育规律,不断提高教育水平的重要途径。

著名心理学家凯利(Harold H. Kelley)认为,归因是一种合理的、合乎逻辑的过程。但在实际生活中,人们的行为并非总是既合乎逻辑又合乎情理的,因为在归因过程中,人们往往会产生偏见或偏向。人们已发现了几种有系统的归因偏见,有些来自动机,称为动机性偏见,即某种特殊的动机或需要致使在加工信息材料时出现的归因误差;还有些来自认知,称为非动机性偏见,即由于加工的信息材料和认识上的原因而导致的归因误差。教师只有正确地认识归因,才能有效、正确地组织自己的思想和行为。而教师只要稍稍去体味一下自己所参与的教育、教学过程就不难发现,归因偏见或多或少地存在于自己的头脑和行为中。本节就教师的教育行为归因易产生的偏见作一个较为详细的分析,并提出相应的教学建议。

一、不科学的"学生观"导致的归因偏见

所谓"学生观"是指教师在教学过程中如何认识学生和对待学生。教师在教育过程中采取何种教育态度和方式,取决于教师自己对教育的认识,其核心便是"学生观"。我们可以从教师在学生心目中的威信来体察其"学生观"。

教师的个人威信是有效地影响学生的重要条件。提高教师在学生中的威信,是每个教师顺利走上讲台,走向学生的第一课的关键。要做到这一点,首先取决于教师对威信的认识。

(一)归因偏见的表现

有些教师认为"严教"是树立威信的最佳手段,因而在教育方式上完全从自己的主观意愿出发,整天不给学生好脸色看,如果学生在哪里稍有偏差,就从严发落,进行体罚或变相体罚,如对学生斥责、辱骂、讽刺挖苦。这些教师认为通过制压会使学生怕自己,显示出其所谓教师的威信。

(二)产生偏见行为的原因

造成上述现象的原因,从根本上讲就是这些教师教育观念上的错误。具体地说,这些教师在教育观念上把教师的"威性"与道貌岸然、神圣不可侵犯的"威严"相等同,认为学生之所以调皮捣蛋,不好对付,是由于教师没有采取严厉的教育手段,所以这些教师有意或无意地遵从了"鞭打的威胁是制止学生捣乱的唯一基础"这一观点,从主观上把严厉的惩罚与学生的成长发展必然地联系起来。

（三）归因偏见对教育的消极影响

由于上述事实的存在,必然会造成师生关系紧张。这些教师认为学生调皮捣乱的多,笨头笨脑的多,对教育好学生信心不足,对学生爱不起来,也体会不到学生尊师的欣慰。由此,当学生的情况在高压之下愈益糟糕时,反而变得更加严厉,直至无可奈何为止,这便使教师的整个教学工作陷入一种原因与结果循环的病态的怪圈之中,归因偏见就像一道天然的迷津,使教师的思想跳不出"山穷水尽"的峡谷,更使学生的个性备受摧残,使得学生的"闪光点"逐渐熄灭。

（四）教学建议

优秀教师的事迹表明,他们心目中的学生,不管聪明的、听话的,还是愚蠢的、顽皮的,都是可爱的、可能教育好的学生。他们以满腔的热情,坚强的意志,高明的教育教学艺术,把顽皮的、连父母也失掉信心的儿童"拯救"过来。这就是以正确的"学生观"为动力的。

我们还应该看到,在教育教学过程中,教师传授的知识,有的被学生欣然接受,但也有的被否定,这都是完全正常的。古希腊哲学家和教育家柏拉图有句名言:"吾爱吾师,吾更爱真理。"尊敬自己的老师固然重要,但更重要的是尊重客观规律,因为老师未必一定比学生好,学生也未必一定比老师差,这才是健康的师生关系。所谓"长江后浪推前浪",教师应该鼓励创新,鼓励后代超越前人,学生超越自己。总之,教师有了正确的"学生观",才能搞好教育教学工作,建立起良好的师生关系。

二、不适当的"期望值"导致的归因偏见

（一）罗森塔尔效应

20世纪60年代,美国著名心理学家罗森塔尔(R. Rosenthal)曾经做过一项有名的实验,其名义上对教师说是做儿童发展的实验。实验完毕后,将实验者认为有"优异发展可能"的学生名单通知教师。几个月后,对所有参加实验的学生再进行测验。结果发现,那些被认为有"优异发展可能"的学生学习成绩得到了普遍提高。其实这些被称为"优异"的学生和普通学生一样,是随机抽取的,并不是什么具有"优异发展可能"。他们的学习成绩之所以能够普遍提高,其原因主要是教师受到"优异"的暗示,无形中对这些所谓"优异"学生有一种特殊的关怀和期望(如在表情上和蔼可亲,在行动上亲近他们等)。学生得到教师的期望和关怀后,以极大的努力去刻苦学习,报答老师的关怀和期望,出现了"(教师)期望→(学生)努力学习→(教师)更加期望→(学生)更加努力学习"的良性循环,学生的学习成绩就得到了提高。这种通过教师对学生进行暗示的影响,从而使学生取得教师所期望的进步现象,后来被称为"罗森塔尔效应"。

（二）不适当的期望引起的归因偏见

教师的期望效应是由教师和学生双方一起行动而达成的。但教师是主动的,学生是被动激励去努力的。因而教师的期望的好坏与否直接影响学生的成长发展。

在教育过程中,有些教师在接手一个新的班级之前,该班级的前任班主任或该校的领导会向他介绍班级的情况,提供有关学生的信息,告诉他哪些学生成绩优秀,哪些学生头脑迟钝,哪些是好学生,哪些是后进生。这样,教师对该班级的学生有初步的了解,同时也形成了最初

的期望体系。在看了学生以前的测验分数、操行评定、心理测验等信息后,紧接着与学生直接交往,来进行评定,以确立其期望体系。但对学生尤其是后进生的分析,有些教师常仅凭过去印象和经验随便得出结论,于是给学生粘上标签,如"聪明""迟钝""捣蛋鬼"或"教师的小助手"等。

于是,教师就会较长时间地等待他们认为具有较高能力的学生回答问题,而"能力低"的学生不能马上回答出问题,教师很少给他们思考的时间,并且带着厌烦的口气终止这些学生的回答。同时,教师更愿意给那些"能力高"的学生第二次纠正原来错误的机会,这些学生获得成功就大加表扬,而其失败却很少受到批评,而"能力低"的学生的待遇则正好与此相反。总之,教师会更多地关注他们认为"能力高"的学生,而被贴上"能力低"标签的学生却处处受到冷遇。长此以往,教师这种不很恰当的期望就成为现实了。

(三) 归因偏见带来的不良影响

由于不同的期望,教师对不同的学生采取不同的措施。因此,得到较高期望的学生将会取得较高水平的成就,可能会继续努力,也可能会洋洋自得,骄傲自满;而得到较低期望的学生的相对发展水平就可能下降,因为他们被老师忽视,只好"破罐子破摔",原有的一些潜能也被埋没了,由此影响其一生的成长和发展。可见,教师对学生尤其是后进生期望值的不适当性,可能会造成学生一生的遗憾。

(四) 教学建议

全国著名班主任任小艾说过:"没有不合格的学生,只有不合格的教师。""没有教不会的学生,只有不会教的老师。"在对学生的期望归因时,教师首先要寻找自己的不足,然后将自己的不足与学生的欠缺联系起来,来帮助一些学生克服困难,获得成功。

广东特级教师丁有宽有句名言:"面向全体,偏爱差生。"在对待差生的教育上,他总结出"挖掘闪光点,扶持起步点,抓住反复点,促进飞跃点"的教育流程,说明教师对学生应有正确的期望,使得全班学生共同进步。要做到这一点,就应从实际调查,获取较为客观的一手资料,排除主观臆测。只有这样,才能进行正确归因。

三、角色认知上的归因偏见

角色认知是一种重要的角色技能,是个体对自己或他人的社会地位、身份以及相应的行为规范的认知过程。由于角色认知是一个主观色彩较浓的认知过程,所以极容易产生认知偏见。社会认知是人们社会行为的基础,认知上有了偏差,人的行为也会随之出现差错。在学校里,认知偏见会妨碍教师准确地认识学生和自己,阻碍良好师生关系的建立,直接影响教学效果。因此,在学校教育中,注意预防和纠正认知偏见是十分重要的。

常见的认知偏见有:第一印象、晕轮效应、刻板印象。

(一) 第一印象

第一印象又称初次印象,即人们对初次相遇的陌生人所获得的印象。具体地说对初次相遇的人获得外貌、衣着、言谈举止等方面的印象,这种先入为主的印象会影响全面准确的认知,从而产生心理偏见。

1. 第一印象在学校中的表现

学生的仪表、风度、身体、表情、谈吐、姿态、年龄、衣着等,都是教师对学生形成第一印象的重要因素。教师对学生的第一印象,往往会成为一种定势,影响对该学生的长期印象。第一印象好,教师对学生以后的行为往往会朝好的方面解释,否则会向不好的方面解释。

同样,教师的衣着、言谈举止甚至板书也会让学生产生第一印象。教师给学生的第一印象好,学生就乐于接受他以后的教育。

由于第一印象的形成往往要受认知者的情绪、认知特点、认知对象表现自己的虚伪程度及认知情境等因素的影响,所以第一印象尽管鲜明、牢固、印象很深,但不一定准确、可靠,不一定代表真实情况。由此看来,第一印象有其积极的一面,也有其消极的一面。在学校教育中,要注意发挥其积极作用,避免其消极作用。

2. 教学建议

对教师来说,首先要给学生留下良好的第一印象,并坚持下去。要做好与学生的第一次见面,讲好第一节课,批改好第一次作业,处理好第一次意外事件,开好第一次班会,这样才能掌握教育的主动权,产生良好的教育效果。

其次,消除第一印象的消极作用,要求教师不能单凭第一印象就给学生下定论,在全面、深入地了解每个学生之前,要对每个学生态度一致。因为学生是很敏感的,能体会出教师对人细微的差别。

所以,教师对学生无论第一印象好坏,都要公正、公平,这样才能树立教师应有的威信。

(二) 晕轮效应

晕轮效应,又叫光环效应,指某人某方面的特点突出,于是这个特点就掩盖了他的其他特点和品质,即以点概面的归因偏见。这种现象在学校中比较普遍,一个学生长得好看,家境好,教师很容易对他形成好感,从而断定他智力高,学习好;而一个学生学习好,就认为其思想品德也就不会差,这就是所谓的"一俊遮百丑"。

1. 晕轮效应产生的原因与后果

晕轮效应的产生往往是教师掌握学生的信息很少而作出总体判断的结果。即教师对学生的具体情况和个性特点没有作深入细致的了解,就根据学生的某个比较明显的外部特征进行结论性的评价,产生心理偏见。

这种效应产生的后果是使教师难以正确了解学生和公正评价学生。具体地说,对部分有明显优点的学生,教师可能忽视对他们的缺点和不足的纠正,从而导致这些学生依仗教师的信任为所欲为,形成恶习;面对有明显缺点和不足的学生,教师又可能忽视他们的优点,对他们要么经常批评,要么置之不理,致使这些学生身上的优点自行消失。

2. 教学建议

克服晕轮效应的关键是教师和学生打成一片,实事求是地、全面地掌握学生的信息,一分为二地评价学生。教师对每个学生的特点要心中有数,不随便强化学生的优点或缺点,以免形成"光环"。同时,要随时发扬学生的优点,提醒学生注意自己的缺点,以求进步。

(三) 刻板印象

刻板印象是对一群人或团体产生的固定不变的看法。从地区、职业、性别、年龄等方面都会产生刻板印象。刻板印象有时可以帮助我们对他人进行概括了解,但这种推断常显得太简单,与事实不太符合,因而有相当的局限性和危害。

1. 教育过程中的刻板印象

在教育上,刻板印象是指在教师头脑中存在的关于某一类学生的固定形象。教师观察学生时,会有意或无意地在过去有限经验的基础上,按照年龄、性别、家庭地位和经济条件、居住地区等特征,将学生归入某一类别,并依据自己头脑里已有的关于这类人的固定形象来判断其个性。如看到爱打扮的女学生,有的教师就断定她不是个好学生。因为有些爱打扮的学生不喜欢学习或没时间学习,就想当然地认为她们不是好学生。教师要注意克服刻板印象所带来的归因偏见。

2. 教学建议

由于刻板印象是由固有经验引起的逻辑推断错误,教师自己也常常意识不到。因此,教师首先要把握学生所属群体的一般特征,同时要注意每个学生的特殊性。只有对每个学生不同方面特点全面了解,才不会出现偏见。其次,教师要不断更新自己的教育观念,用发展的眼光看待每个学生和每件事情,不能把一些根本不相关的事情随便联系起来,以此影响对学生的客观认识。

思考与练习

1. 当代教师扮演了哪些角色?

2. 教师的角色冲突主要表现在哪些方面?

3. 何谓教师的教育机智?它主要表现在哪些方面?

4. 请组织一次"我最喜欢的老师"的调研活动,并系统分析这些学生最喜欢的教师具有什么样的心理素质。

5. 举例说明教师的教育行为归因产生的偏见。

第十五章　学生群体心理

课前思考

1. 你知道什么是"从众"心理吗？你有没有过从众行为呢？

2. 在处理人际关系时,为什么有的人"八面玲珑",获得大家的欢迎,而有的人却"形单影只",处处碰壁呢？

3. 你认为良好班集体心理的培养可以从哪些方面入手？

学习指导

1. 概念识记：群体,群体心理,从众,服从,去个性化,群体极化,群体助长,学生群体,非正式群体,班集体,群体动力,人际关系,班级人际关系。

2. 分析理解：群体心理和个体心理的关系,从众和服从的区别,学生群体的类型,如何培养良好的班集体心理,人际关系的建立和发展,班级人际关系的特点。

3. 实际运用：举例说明如何针对不同类型的班级非正式群体进行教育管理。

人不能离群索居,这里的"群"是指群体。学校是一个大群体,它包含着各种各样的小群体。对学生来说,他们在群体中学习知识技能,提高智力水平,进行各种娱乐活动,交流情感,等等,同时,各种学生群体也能满足他们不同的需要。对于教师来说,为了实现有效的教育,不仅要了解学生个体心理发展的特征和规律,还应掌握群体心理的特点及规律,通过对群体心理的研究,理解学生个体在群体中的特有心理状态和行为表现。了解和掌握学生群体心理,一方面可以有助于促进学生个体心理的发展;另一方面,有助于增强群体凝聚力,密切师生关系和同学关系,优化教育教学心理环境,达到提高教育教学效果的目的。

第一节　群体心理的概述

一、群体的概念

(一) 什么是群体

群体是指人们在共同的生活和交往的基础上形成的共同体。人无一不是在群体中生活,一方面,他们要接受群体和群体中的其他个体对自己的影响;另一方面,他们又对群体和群体中的其他个体施加影响。通过在群体中的不断相互交往、相互作用,人从而不断地发展和完善自己。

一般来说,群体的形成应该具备以下特征:

1. 群体拥有共同的目标和利益

群体的共同目标和利益是群体活动的方向和动力,也是群体建立和维持的基础条件。

2. 群体具有一定的组织结构

群体并不是人的偶然集合,而是一个能够密切配合和协作的整体组织。在这个组织结构中,每个群体成员都扮演一定的角色,形成一定的人际关系网络。

3. 群体成员具有共同的心理意识

群体成员之间有一定的心理联系,他们相互影响,相互依赖,并能彼此相容。

4. 群体成员有共同遵守的群体价值和规范

群体共同的价值和规范协调着群体成员的共同活动。

(二) 群体与个体的关系

群体并不是个体的简单集合,它与个体既有联系又有区别。一方面,群体是由个体组成的,没有个体就没有群体。但是群体又不是一定数量个体的简单总和,它有其独特的特征。另一方面,个体总是存在于一定的群体之中,离开了群体,个体就会丧失其社会性。

二、群体心理的概念

(一) 什么是群体心理

群体心理是指群体成员共同的心理现象,是群体成员在群体活动中相互作用、相互影响下所形成的共有的、有别于其他群体的价值、态度和行为方式的总和。如群体需要、群体情感、群体态度、群体行为等。群体心理是一种十分复杂的心理现象,它具有以下特征:

1. 群体心理的共有性

群体心理是群体成员共有的价值、态度和行为方式的总和。群体成员一旦投身于群体活动之中,就会在群体的制约和感染下,产生诸如模仿、从众、随俗、互动、情绪感染等现象,从而产生共同的价值取向、行为倾向和心理状态。

2. 群体心理的界限性

群体心理通常是指某一群体的心理。不同的群体心理应群体需要而生,因群体结构而异。因此,群体心理有自己固有界限,表现为既是群体内共有的,又是与其他群体有别的。群体心理的界限,道是有形却无形,道是无形却有形。群体心理的界限性在一切竞争的场合,表现得尤为明显。

3. 群体心理的动态性

群体心理形成于群体的共同活动之中,是群体成员在群体共同参与的活动中相互联系、相互制约,从而形成大家共有的心理。群体心理一旦形成后就有相对的稳定性。然而,群体心理的稳定性并不排斥它具有动态性。群体成员的变化、目标的调整、领导人物的更迭、群体业绩的升降、外部环境要求的变化等，都会使业已形成的群体心理发生变化。因此，群体心理既稳定，又经常处于变化之中。

（二）群体心理与个体心理的关系

群体心理与个体心理既有联系又有区别。个体心理是每个个体对客观现实的主观反映。它主要是普通心理学研究的内容。群体心理是群体成员共有的心理现象。它主要是社会心理学研究的内容。群体心理不是个体心理的简单相加，而是个体心理的有机综合。一方面，每一个群体成员都带着自己的个体心理加入到群体中，并从群体中接受影响，形成群体心理。例如，一个从小在家依赖父母的学生，一旦进入一个充满自强自立气氛的群体，他可能在群体气氛的感染下，选择自强自立的行为方式，久而久之，便形成了自强自立的群体心理特征。另一方面，个体心理也能影响群体心理。尤其是群体中关键人物的心理，能对群体心理产生很大的影响。

三、群体心理现象

群体心理现象很复杂，但仍有规律可循。常见的群体心理现象主要有以下几种：

（一）从众与服从

1. 从众

从众是指个体在群体作用下，不由自主地在认知和行为上倾向于同群体内的多数人相一致的心理现象。从众现象在日常生活中屡见不鲜，也是学校中常见的群体心理现象。如，把一位后进生安排到一个先进的班级中，在新的班级良好集体舆论和集体规范的影响下，该生的思想和行为就会发生变化并多半是朝好的方面转化，具体表现为和班上同学一样爱学习，自觉遵守学校和班级规章制度等等。相反，如果把一个先进生调到一个学习风气很差、纪律很差的班级中去学习和生活，那么，在不良的群体舆论影响下，该生的思想和行为则多半会朝坏的方面转化，产生"随大流"的心态和行为。此外，我们常讲的"随波逐流""人云亦云"等，也都属从众心理现象。从众心理发生受许多因素的影响，其中群体的特点（一致性、内聚力、氛围等）和个体的特征（年龄特征、性别差异、个性特征等）都是影响从众的重要因素。如果群体具有较强的一致性，而个体又表现出依赖性强和缺乏意志力，那么容易产生从众现象。

美国心理学家阿希(S. E. Asch)曾设计了一个典型的"三垂线"实验，证明了在群体压力下从众行为的存在。他把每 7 名被试分为一组，但 7 名被试中仅 1 名为真实被试，其余 6 名为主试请来的合作者，即假被试。实验中让所有的被试比较并回答 X 与 A、B、C 三条垂线中哪一条等长。实验前已向 6 名假被试作布置，让他们故意作出 X 与 A 等长的错误判断，但那位真被试并不知道这个安排。实验的结果只有不足三分之一的真被试坚持了 X 与 C 等长的正确判断，其余的被试则放弃了自己的正确判断而随从了群体的错误判断。

2. 服从

服从是个体按照社会要求，群体规范或别人的意志而产生的与之相符合的心理和行为反应现象。服从与从众形式上看有共同点，两者的心理和行为反应都是属于符合群体要求的，但实质上还有区别。服从具有被迫性质，即对行政命令、群体规范的服从，是无条件的服从。而

图 15-1 阿希的从众行为实验

从众具有自觉主动的性质,是对群体舆论和群体规范的压力的随从。生活里处处都有服从现象,如服从集体、服从教师、服从领导、服从权威等。

(二) 去个性化和群体极化

1. 去个性化

去个性化是指个体在群体影响下丧失了对自我的控制,失去了个体感,产生一些与群体一致行为的现象。去个性化是现实生活中常见的现象。如起哄、球迷闹事、聚众斗殴中都存在去个性化现象。一旦个体处于去个性化状态,会表现出无自知性,行为与内在目标不一致,自制力降低,从而产生一些个人单独活动时不会出现的重复的、冲动的、情绪化的、有时甚至是破坏性的行为。如,在很难找出行为者是谁的情况下,集体宿舍楼出现乱倒污水、乱扔垃圾等,都属于去个性化现象。心理学研究表明,群体处于激励性、充满令人心情紊乱的刺激的状态下,尤其是群体中的成员不易被识别的情形下,易使个体成员产生去个性化现象。

2. 群体极化

群体极化。群体极化是指个体在参与群体讨论时,由于受群体气氛的影响,使个体成员中原已存在的观点和态度得到加强,并从原来的群体平均水平,加强到成为具有支配性地位的现象。群体极化现象研究表明,个体参与群体决策时,往往比单独决策时表现出具有更大的冒险倾向,而较少有谨慎保守的倾向。因此,为了实现群体目标,人们总是希望凡事应大家共同讨论,作出一致性的决策。正如中国俗话所说:"三个臭皮匠,胜过一个诸葛亮。"

(三) 群体助长与群体惰化

1. 群体助长

群体助长是指群体成员在场或群体成员在一起从事同样的活动时,个体活动效率提高,使个体活动出现增量或增质的现象。如赛跑、歌咏比赛,因有人观看或有啦啦队的助阵,选手往往比个人独自跑步和唱歌的效果要好,这就是我们常讲的"观众效应"。还有,个体在图书馆阅览室看书学习,其效果要比单独一个人看书的效果好,这称为"共同行为者效应"。群体其他成员在场或参与活动对个体活动的促进作用,其作用大小要视具体情况而定,常与个体从事的活动的难易复杂程度,个体所表现的是否是优势行为,个体的认知风格及个体与群体成员的熟悉程度等因素有关。

2. 群体惰化

与群体助长相反,群体惰化是指当群体成员在场或群体成员在一起从事某种活动时,个体活动效率反而降低,出现减量或减质的现象,又称群体懈怠、群体致弱、群体逍遥。俗语"一个和尚挑水吃,两个和尚抬水吃,三个和尚没水吃",正是这种群体心理现象的具体体现。还有,日常生活实践中,共同完成一项任务时,群体人数越多,个人出力越少的现象,如"磨洋工""吃大锅饭""出勤不出力"等,都属群体惰化现象。群体惰化现象最易产生在职责模糊,勤懒无法鉴别或不予鉴别,赏罚不明的群体组织之中。

第二节　学生群体与教育管理

一、学生群体概述

(一) 学生群体分类

学生群体是指在学校群体中,除教育者和学校其他工作人员以外的学生个体的集合。在学校教育活动中,学生群体存在的形式多种多样。根据不同的标准,学生群体分为以下不同类型:

1. 正式学生群体和非正式学生群体

按照构成群体的原则和方式的不同,可将学生群体划分为正式学生群体和非正式学生群体。正式学生群体是指由正式文件规定而建立的学生群体。正式学生群体有固定的成员编制,有规定的义务和权利。如学校中的班级、少先队、党团组织和班委会等都属于正式学生群体。非正式学生群体是指没有明文规定而自发形成的群体。非正式学生群体成员间的关系没有明确的规定,它是以某种共同利益、观点和兴趣为基础而形成的带有明显的情感色彩的学生群体。如学校中的各种学生兴趣小组、围棋协会、集邮协会等都属非正式学生群体。

2. 大型学生群体与小型学生群体

根据群体规模的大小不同,可把学生的群体划分为大型学生群体和小型学生群体。大型学生群体指人数众多,成员间只是以间接的方式联系在一起,没有直接社会交往和互动的学生群体。小型学生群体指人数较少,成员间以直接的方式联系在一起,有密切的联系和交往的学生群体。这里的大与小是相对的。例如,在学校中,年级对班级而言是大的,班级对小组而言是大的,而他们对其所属的学校来说又都是小的。因此,在学校教育中,学校、年级相对来说是大型学生群体,而班级、学习小组、各种协会组织等相对来说是小型学生群体。

3. 松散型学生群体、联合式学生群体和学生集体

根据群体成员相互关系的密切程度和发展水平的不同,可将学生群体分为松散型学生群体、联合式学生群体和学生集体。

松散型学生群体是指学生相互之间缺乏了解和情感联系,没有太多的共同目标与共同活动,学生之间虽然在时间上和空间上聚合在一起,但成员之间没有明确的关于活动内容、活动目的和活动意义的共同认识,彼此之间心理距离较远,实际上是一个个孤立的个体。"一盘散沙"就是对松散型学生群体的一种生动的刻画。

所谓联合式学生群体就是成员之间存在着共同的目标或共同的活动计划,学生之间建立了一定的相互接触关系,共同的活动较多,但成员之间仍带有某种程度的松散性,故而不能很好完成任务,尤其不能完成艰巨任务。

学生集体是学生群体发展的高级阶段,其主要特点是:学生之间有着明确的共同奋斗目标、共同感情、共同的纪律与规范,群体内形成了较高的共同信仰体系和为实现集体目标争作贡献的自觉性和健康向上的舆论,成员之间联系紧密,心理相容,团结在一个坚强的核心周围,同学之间、师生之间建立了较稳定的合作友爱互助的关系。学生集体是教育者努力培养的对象,也是教育学生的强大力量。

(二) 学生群体心理效应

群体一经确立,对个体的心理和行为都会产生重要的影响。在学校中,学生群体对学生的心理的影响和作用,主要表现在两个方面:

1. 群体归属感

群体归属感是指个体在群体的影响和作用下,自觉地把自己归属于所属群体的一种情感。如,一个学生在社会上表明身份时,总是说我是某个学校的,而在学校时,则强调是某班的。这些言行举止就是学生群体归属感的具体表现。学生群体归属感在一定条件下会表现得更强烈。如,当学生所在班级的群体内聚力越强,取得成绩越大时,学生的归属感就越强烈,并能激发自豪感。因此,学生强烈的归属感是形成良好的集体的重要心理条件。

2. 群体认同感

群体认同感是指个体在群体统一舆论和群体规范的影响和作用下,在认识和评价上都保持一致的情感。如,在班级中出现的"好人好事有人夸,坏人坏事有人抓"的良好风气,实际上就是学生群体认同感的具体表现。一般来说,群体认同感的产生有两种情况。一种是自觉主动的认同,即因为群体内人际关系密切,群体对个体的吸引力大,个体对群体信赖,于是个体成员会主动与群体发生认同。一种是被动的认同,即在群体压力下,为了避免被群体抛弃或受到批评指责而产生的服从性认同。因此,从这个意义上来说,在积极向上的学生群体中,群体认同感的产生有助于学生良好品行的形成。

二、班集体的特点与教育管理

(一) 班级与班集体

班级是学校教育的基本单位。它是学校按照学生的年龄段和教育管理的需要而组织起来的正式学生群体。班集体是班级群体发展的高级阶段,它是在一般班级群体的基础上经过有意识、有目的、有计划的培养和建设而形成的一种高级正式学生群体。与一般的班级群体相比,班集体具有以下特征:

1. 目标特征：定向统一

凡是班集体，都有明确的共同目标，没有集体的目标，集体本身就很难生存和发展。在集体中，学生能够把国家学校明文规定的教育目标内化为自己的目标，实现个人目标和班集体目标的统一。

2. 价值特征：集体主义取向

班集体崇尚集体主义精神，在班集体内，关心集体，爱护集体，遵守集体的规范，把集体利益和荣誉放在第一位，学生通力合作为集体争荣誉，往往构成班级生活的主旋律。必要时，个人能为班集体而放弃自己的利益，改掉自己的缺点，这就是集体主义价值取向的体现。

3. 行动特征：令行禁止

在一般的班级群体里，由于存在着目标定向分歧等原因，有些想办的事常常可能议而不决，不了了之。而班集体则不同，它已形成集体主义自决的方式，因此，班集体认为该做的事一经决定就立即去做，班集体不认可的事，一经决定不做就立即停止，即使个人有不同意见，也会服从。

4. 情感特征：彼此相悦相容

在班集体中，学生彼此团结友爱，相互关心，相互支持，这种巨大的包容性可以满足各种不同个性的学生的需要，给学生提供许多积极的情感体验。这是社会上其他群体难以具备的特征。因此，班集体往往令学生产生眷恋之情。

（二）班集体的形成

班级从组成群体到变成班集体，需要有一个过程。根据班集体的主要特征和构成要素，通常将班集体的形成过程分为以下三个阶段：

1. 前班集体阶段

在此阶段，虽有班级的组织形式，但班级共同活动的目的与任务仍然是来自外部的教育要求，主要是来自教师；学生之间仍然处于相互观望、探索的状态，关系生疏，缺乏交往，个别学生开始接近，其条件也是从好感或恶感出发；集体活动由学校和教师组织，班级对学生缺乏吸引力。在集体舆论方面，表现出无争论也无共同意见与态度。

2. 班集体成型阶段

在此阶段，班级进入班集体雏形形成阶段，表现出具有以下四方面的特征：一是出现了一支能主动协助班主任开展工作的班干部队伍，他们能带头完成学习任务，又能反映民意，提出合乎学生需要的班级活动建议，并能在班主任指导下提出班级目标、拟定班级计划。二是班级大多数学生开始出现对班级活动的期待，并愿意为班级活动的成功出智力、出体力。三是在班级的共同活动中，学生之间有了共同的感受和语言，交往频繁，形成了相互关心、相互合作的关系，班级的组织化程度得到进一步强化。四是班级规范和班级舆论初步形成，多数学生对班级的基本问题开始形成一致的意见和态度，班级的影响力、吸引力增大。

3. 班集体成熟阶段

在此阶段，班级发展出现两大突出的特征，那就是高度的自主性和高度的凝聚力。所谓高度的自主性是指班级能够高度自主地进行运转，而非靠外力的推动。具体表现为：学生的主动性、创造性得到了充分的发挥,他们不仅根据学校的要求组织活动,而且根据现实社会的发展新情况,提出新的班级发展目标,并采取行动来适应外界的各种挑战。所谓高度的凝聚力,是指班级对其成员有高度的吸引力,表现为:学生之间交往频繁、心理相容、齐心协力、朝气蓬勃,形成了强有力的集体舆论。

(三) 良好班级群体心理的培养

良好的班级群体心理并非自发地形成和发展起来的,需要通过有目的、有计划的教育和培养。培养良好的班级集体心理,具体可从以下几方面着手:

1. 构建良好的班级群体意识

班级群体各成员能清楚而正确地认识群体的性质和目标是形成良好群体心理的重要条件。只有明确了群体的共同目标,每个学生才会将自己的进步和个人目标与班级目标紧密联系在一起,全班同学人人参与,齐心协力为实现这一共同目标而奋斗。要构建良好的群体意识,应该注意以下几方面:首先,在班级集体中,提出班级明确的奋斗目标,强调班风、班规,这对于班级群体成员具有指引、激励和制约作用;其次,对目标进行整合,使班级每个成员的个人目标与群体目标相统一。当学生个人目标与群体目标发生冲突时,教师应该帮助引导学生修正个人目标,以实现群体目标,同时在实现群体目标过程中,使个人的需要和愿望得到满足。只有这样,学生班级群体心理才可能形成和发展。

2. 建立积极的班级群体规范

群体规范是指群体所确立的非正式的没有明文规定的行为准则和标准。群体规范的作用很大。一方面,群体规范是在群体成员相互作用的过程中,通过从众、服从、模仿和受暗示而形成的,它对群体成员心理上的约束力表现是自觉自愿的。另一方面,群体规范能统一每个成员的信念、价值观和行为,使群体成员的活动与群体目标的实现保持一致性,从而调整成员的个体行为,使之明确应当做什么和不应当做什么。

因此,作为班级群体的组织者和领导者的教师,应重视建立积极的班级群体规范,在正确的教育教学思想的引导下,运用榜样的作用,修正班级群体中的不良规范,形成良好积极的规范。此外,教师应重视群体规范的社会标准,即把社会对学生的要求具体化为行为准则,并内化为学生自己的个人行为,从而使之成为学生群体人人自觉遵守的行为准则。良好积极的班级群体规范的建立,有利于形成良好的群体心理。

3. 明确班级群体角色和地位

在学校班级群体中,各成员都有自己的相对地位,扮演着不同的角色。地位和角色实质上是同一事物的不同方面。地位反映的是一个人在社会群体中所处的位置,而角色则是处在这一位置的人的言行模式。每个人根据自己在群体中的相对地位和所扮演的角色,都应该自觉地履行自己的职责和义务。明确各自在班级中所处的地位和所扮演的角色,对于学生自觉遵守纪律、完成各项活动任务以及纠正学生乃至群体的不良行为都有着重要作用。如果群体中的每个人都不履行自己的职责、义务,不干自己应干的事情,那么,群体活动就会停止,群体就会处于一种瘫痪状态。因此,帮助学生明确自己在群体中的地位和所扮演的角色,是增强学生的责任心和义务感,顺利开展班级活动,形成良好的班级群体心理的重要保证。

4. 丰富班级群体的活动内容和形式

群体心理是由每个成员的心理组合而成，但它并不等同于个体心理的简单相加。群体心理的形成是在群体活动中实现的。在班级群体中开展内容和形式多样的活动，客观上增加了群体成员之间相互交往、相互影响的机会，也为他们在需要、情感等诸多心理成分上的共鸣创造了条件。在学校中，教师除了组织班级群体成员开展丰富多彩的学习活动外，还可积极组织学生参与各种课外活动，如文艺活动、体育活动、社会义务服务劳动等。开展丰富多彩而又健康的群体活动，有助于促进良好班级群体心理的形成和发展。

5. 激发班级群体动力

所谓群体动力就是指群体活动行为的能力和方向。群体行为是怎样产生的？根据法国心理学家勒温的"群体动力论"观点，他认为群体行为的主要驱动力在群体内部，群体及群体内成员之间的相互关系和相互影响是群体行为的动力源泉。群体动力学理论给我们的启示是：要激发班级群体动力，必须在班级群体目标和群体意识、班级群体规范和群体凝聚力、班级群体人际关系和群体领导方式、班级群体民主参与和群体心理氛围等方面加强研究和改善。

6. 营造良好的班级群体心理氛围

群体心理氛围是指在群体中占优势的某些态度与情感的综合表现。任何一个群体都存在着某种心理氛围，可能是和谐、欢乐、民主的，也可能是冲突、烦闷、专制的。根据学校教育的实际，学生群体心理氛围主要有三种类型：一是积极欢快型，表现为师生关系、生生关系和谐融洽，民主平等，师生配合默契；二是消极沉闷型，表现为师生关系、生生关系不冷不热，学生被动服从，气氛沉闷，师生沟通少；三是紧张对立型，表现为师生关系恶劣，生生关系不友好，出现敌对小团伙，气氛紧张对立。积极欢快的心理氛围是营造良好班级群体心理氛围的理想境界。

三、班级非正式群体的特点与教育管理

（一）班级非正式群体的特点

在形成班集体的过程中，常遇到班级内非正式群体问题。班级非正式群体是情投意合者自发形成的友伴群体。非正式群体没有明文规定的行为准则，但有一套成文的价值观，对人对事内外有别；它的领头人是自然形成的，其群体成员自觉听从其指挥；它的存在以个人的喜爱、兴趣、需要等心理相容和一致为基础。非正式群体和正式群体一样，都属于学生群体的一种类型，但与学生正式群体相比，非正式群体具有其独有的特点，主要表现为以下几点：

1. 群体规范的无形性以及较强的约束性

学生非正式群体不像正式群体有明文规定的规范如条约、公约、守则、纪律、准则等，但这不等于它没有行为规范。只是这种规范是无形的、不成文的，是从各自利益、需要、情趣和爱好出发而自发约定俗成的，它对每个成员行为的指导和调节作用，有时比正式群体规范的作用更有效和显著。因为这些不成文的无形规范，是群体成员共同心理特点的表现和反映，与成员内在心理需求比较融合，加之非正式群体规模不大，很容易相互监督和参照，因而这些无形的规范就具有很大的约束力。

2. 群体的情感维系性和心理凝聚性

一般说来，维系学生正式群体存在的主要因素是外部因素，如明确的组织制度、规范条约、定员编制、内部的分工及相应的权利、义务、职责等。而非正式群体则不一样，维系其存在的主要因素在内部，维系力量来自成员间的情趣、利益一致，或爱好、志向、个性等相同或相似，以及需要、情感、思想等相容，因而也就具有很强的凝聚力。这种强的凝聚力突出表现在非正式群体的自卫性和排外性上。

3. 群体核心人物的权威性

学生非正式群体也像正式群体中的班集体、学生会等一样有自己的核心人物，即领袖人物。不过他们并非像正式群体由上级组织或官方任命和派遣，也不是全体学生通过正式途径推举产生的，基本上是凭借其本身固有的内在影响力如知识、经历、特长、能力、品德、体力等而自发成为核心人物。这样的首领人物在群体内有很高的威信，对成员有一种无形的吸引力。该首领人物虽然没有学校班级赋予的正式职务和权利，却对周围的同学具有较大的影响力，可以左右小团体内每个同学的一言一行，其他同学多以他为中心，无条件地自愿接受他的指挥，服从安排。

4. 群体内部信息传递的畅通性和随意性

非正式群体由于规模较小，带有浓厚的情感色彩，所以成员之间的交往和关系极为密切，彼此之间的思想交流畅通。只要校内外、班级内外发生一点事情，小团伙内的学生就会迅速传递和交流信息，直到人人知晓。与此同时，由于这种信息的传递带有明显的情绪色彩，故随意性较大，易表现出明显的夸大倾向，所以，流动信息的客观性和真实性在质和量上均有一定的偏差。

（二）班级非正式群体的作用

在班级中，学生非正式群体是客观存在的，且有其独特的作用，就其积极方面来讲，具有以下作用：

1. 有助于满足学生心理上和精神上的需要

学生非正式群体是为满足自身心理需要而产生的。学生具有多层次、多方面的需要，往往很难通过正式群体一一满足，而通过组成一些非正式群体则可以获得一定满足。于是，为弥补正式群体这一不足，班级中学生的非正式群体自然形成。

班级学生非正式群体的这种积极功能突出地表现在两方面：第一，满足精神生活的需求。每一个学生都有自己的思想、志趣、情感以及在这些观念形态指导下的行为，不但在日常工作、学习、生活中表现出来，而且还希望得到他人的共鸣，以获得同情、理解和支持。但在正式群体和组织中，往往没有满足这些需要的适当的机会和渠道，这就势必将那些不适合在正式公开场合与渠道显露的事情和思想，在非正式群体的场合中宣泄。这样可以减轻心理上的压抑，消除紧张状态，保持心理平衡，调适精神生活。第二，可以丰富学生业余文化生活。学生通过非正式群体活动，丰富了闲暇消遣，活跃了业余生活，这对维护身心健康，保持旺盛的精力，提高适应能力，建立良好的人际关系都有十分重要的作用。

2. 有助于为学生个体提供及时而较为彻底的物质和精神援助

当学生遇到困难挫折时，最先提供援助的就是各种类型的非正式群体，这是因为非正式群体有较高的情感维系性。在日常生活中,个人的烦恼、生活的困难等不可能都"依靠组织"来解决,正式组织也难以解决每日每地发生的大量此类问题。这些问题就得依靠具有浓厚情感色彩的非正式群体来消解。一般说,非正式群体提供的援助有两个特点。一是随时性。由于非正式群体成员之间交往密切,彼此信息灵通,一人有困难大家能很快了解。同时,解决问题不像正式组织那样层层报批,故而及时。二是比较彻底全面。朋友、同学之间感情深厚、亲密友好,所以提供经济和物质援助多是无条件的、非借贷性的,而且比较全面。援助也不仅有物质经济上的,还有精神和心理上的。比如当某个学生遇到挫折时,就会及时得到好友、同学等热情而诚挚的劝解、同情、安慰和支持,能有效减少烦恼,消除挫折感。

3. 有助于学生之间相互学习、相互提高,促使个性得到和谐发展

学生在非正式群体中,彼此之间交往频繁,了解透彻,可以看到群体内其他成员的能力、知识水平和品格个性的表现,又可以了解到别人对自己的评价、反映。这会加深自己对别人更加全面和正确的认识,也更清楚地认识了自我,因此易于及时发现自身的缺点和他人的长处,从而取长补短,不断进行自我完善和提高。另外,非正式群体是不受正式行政组织约束的,大家自愿结合,成员的交往与行为依靠情感道义等来制约,没有固定的规章制度和严格的组织纪律,成员间可以无拘束地发表自己的思想、言论和观点,行动自由,这有利于学生个性的和谐发展和保持良好的心境及愉快的情绪。

(三)班级非正式群体的教育与管理

班级非正式群体多种多样,性质各异。有积极型,如亲集体倾向型;有消极型,如偏离集体倾向型和反集体倾向型。因此,学校教师在对班级非正式群体进行教育与管理时,应区别对待,针对不同性质,具有不同群体心理倾向的非正式群体进行因势利导的教育和管理。

1. 班级非正式群体的亲集体倾向与教育

班级里有些非正式群体具有明显的亲集体倾向,对于这种积极型的学生非正式群体,要大胆加以使用,使之发挥特长优势,促进其健康发展。如,有些学生为了帮助班上某个伤残的同学解决行走上的困难,自愿组织起来,轮流护送,这种靠共同的爱心连结在一起的自发性助人群体,就是亲集体倾向的表现。此外,有些志同道合的学生利用假期出去进行社会调查,在调查中,他们不是求助于父母的资助,而是靠自己沿途打工积攒旅费,以实现考察的意愿。这种自发性的自助群体,也是亲集体倾向的表现。班级非正式群体的这种心理和行为,符合班集体的规范,有助于提高班集体的声誉。因此,对于这种亲集体倾向的非正式群体,教师在教育管理时,应给予肯定和表扬,并利用他们的良好心理倾向和行为引导出更多的良好心理倾向和行为,以促进班集体的形成和巩固。

2. 班级非正式群体的偏离集体倾向与教育

班级里的非正式群体,既有亲班集体的心理倾向和行为,也有偏离班集体的心理倾向和行为。如,班级中许多学生喜欢聚在一起聊天,谈老师,说父母,评社会,论学校。有的甚至模仿社会组织,形成了俱乐部式的非正式学生群体。他们每周活动一次,进行自发的交流,对某些问题进行讨论和评价。由于受学生自身的认知发展水平和知识经验等方面的局限,学生往往在讨论中会出现片面的、偏激的认识倾向和观点行为,如"为中学生早恋正名",认为"规章制

度束缚学生个性"等等。

对于班级内的这类非正式群体心理倾向和行为,教师在进行教育管理时,应采取具体分析、谨慎对待、正面引导的态度,把它纳入班集体的发展轨道和教育内容之中。

3. 班级非正式群体的反集体倾向与教育

班级里的非正式群体,不仅会出现偏离班集体的心理倾向和行为,有时还会出现反集体的心理倾向和行为。这种非正式群体数量虽少,但能量极大。如学生中的哥们义气、帮派意识、不守校纪校规、追求吃喝玩乐等等,这些容易在学生中产生畸形甚至错误的价值观念、生活态度、人生信仰和行为方式,从而危害班集体、学校和社会。这样的学生非正式群体具有消极破坏性质,若得不到及时的教育和管理,就易发展成为班级、学校和社会的破坏性群体。

目前,一些青少年犯罪团伙的形成,多是从消极的非正式群体演变而来。在对这样的非正式群体进行教育管理时,首先,教师应与家庭、社会上的有关部门配合,对其进行改造或使之瓦解,及时帮助群体成员走上正道,回归集体。其次,教师在教育他们时,应宽严相济,一方面要严格清查和控制反集体倾向的客观影响源,另一方面要十分耐心地从心理上帮助他们找回自我的尊严。再次,教师应做好群体中核心人物的转化教育,善于发现和肯定核心人物的优点长处,给予真诚的关心爱护,激发他们健康向上的精神。切忌采取"枪打出头鸟""杀鸡给猴看"的办法,否则就会招致这类群体学生的强烈不满和反抗对立,甚至产生破釜沉舟、铤而走险的极端行为。

第三节 班级人际关系及其协调

一、人际关系概述

(一)人际关系的概念

人际关系是指在相互接触、交往的实践活动中所形成的人与人之间的心理关系。人际关系通常可用心理距离来描述,心理距离又可用人与人之间的空间距离来衡量。美国人类体语学家爱德华·霍尔教授研究发现:人际关系不同,交往时人际空间距离也不同。他在 1963 年出版的《躯体行为的符号体系》一书中,把人际距离分为四个区。一是亲密区,0.5 米以内,这是属于具有直接血缘关系、夫妻或恋人以及同性要好朋友间的交往距离范围。二是个人区,0.5—1.2 米内,这是属于较熟悉的同事、同学或朋友间的交往距离范围。三是社交区,1.2—3.7 米内,这是一种社交性的较正式的人际交往距离范围,属于公事公办关系人员的交往距离范围。四是公共区,3.7 米以外,这是人际交往界域的最大距离,是一切人都可以自由出入的交往空间范围。一般来说,人际距离越近,人际关系越亲近。相反,人际距离越远,人际关系越疏远。

(二)人际关系的心理因素

人际关系是多种心理因素的复合体,通常包括认知、情感和行为三种基本成分。

1. 认知

认知成分反映个人对人际关系状况的了解程度,它是人际关系得以形成的理性条件。人际关系是在人际交往中通过感知、识别、了解和理解而建立起来的心理关系。任何人际关系的形成都是从人与人的相互认识开始的,彼此不直接交往,根本就不认识,就不可能建立任何一种人际关系。

2. 情感

情感成分反映的是交往双方在情感上的满足程度,它是判断人际关系状态的主要指标。人际关系的状况总是以各种情绪、情感体验为特征的。不同的人际关系会引起不同的情绪、情感体验,如人与人之间关系密切,心心相印,彼此都会感到心情舒畅,相宜相悦。这种情绪、情感体验的产生是以交往中双方的需要是否得到满足为依据。需要得到满足时会产生积极的情感体验,在此基础上,人际关系就朝着良好的方向发展;需要得不到满足则会产生消极的情感体验,在此基础上,人际关系就朝着不良的方向发展。

3. 行为

行为成分反映的是交往双方在实际交往中的外在表现,它是反映人际关系状况的重要标志。在一般情况下,人际关系好,则行为上多有亲近表示;人际关系差,则行为上多有疏远表示。如人们在工作、学习、旅游、玩耍等交往活动中的协作方式、交往密度、利他行为等,都能反映出人际关系的状况。

(三)人际关系的建立和发展

人际关系的建立与发展过程,实际上是一个情感卷入和交往由浅入深的过程。从人际交往由浅入深的发展历程来看,良好人际关系的建立和发展分为以下三个阶段:

1. 注意阶段

由零接触过渡到单向注意或双向注意的定向阶段。注意阶段包含着对交往对象的注意、选择识记等多方面的认知心理活动。在此阶段,由开始时的彼此无关,即零接触状态,逐渐实现选择性注意,从而把对方纳入自己的知觉对象或交往对象的范围。如果交往双方互相注意时,说明双方进行了互相选择,处于一致性互动状态中,为人际关系的建立准备了良好的心理基础。

2. 接触阶段

由注意逐渐向情感探索、情感沟通的轻度心理卷入阶段转变,开始建立初步的心理关系。接触阶段包含着角色性接触、情感沟通等心理活动。在此阶段,双方仍未进入对方的私密性领域或隐秘敏感区,自我暴露也不涉及自己的根本方面。在交往中,双方严格遵守交往法则,属普通的人际关系阶段。

3. 融合阶段

由接触而导致情感联系不断加强,心理卷入程度不断扩大,进入稳定交往阶段。融合阶段包含着对事物的认识、评价趋于一致,情感产生共鸣等心理活动。在此阶段,双方的安全感已经确定,表现出情感联系越来越密切,自我呈现的广度和深度大大扩展,彼此已成为知己好友,双方关系的性质出现实质性的变化。在实际交往过程中,人际关系的融合阶段仍然有一个逐渐深化的过程,在其低水平层次上,表现为交往双方的适应与合作,即求同存异,在其高水平层次上,表现为知交和融合,即心心相印。

(四) 影响人际关系的因素

人际关系受许多因素制约,其中,既有增进人际吸引的因素,也有阻碍人际吸引的因素。

1. 增进人际吸引的因素

社会心理学认为,增进人际吸引的因素包括两个方面的内容:一是个人吸引力方面的因素,即指个人具有对别人产生吸引力的条件和素质,包括仪表、性格、能力等方面;二是相互吸引力方面的因素,即指人们在相互交往过程中,使彼此间产生吸引力的条件和因素,包括相近、相似、相补和相悦四大方面的因素。一般说来,人与人之间时空距离越近,交往次数就越多,彼此间越容易相互吸引并产生亲密感。人与人之间在年龄、性别、学历、需要、态度、兴趣或职业、社会地位等方面越相似,彼此间容易获得对方的支持并产生共鸣。人与人之间双方都具有满足对方某种需要的条件和素质时,彼此间也易产生强烈的吸引力。人与人之间在情感上能相互接纳和肯定对方,也会使彼此间产生强烈而持久的吸引力。

2. 阻碍人际吸引的因素

社会心理学家指出,阻碍人际吸引,导致人际排斥的因素主要是个人的不良个性品质。在人际交往中,造成人际排斥的个性品质因素有:(1)不尊重人。这种人不尊重别人的人格,对他人缺乏感情,不关心他人的喜怒哀乐,在交往中易遭到他人的排斥。(2)为人虚伪。这种人对人不真诚,使人产生不安全感,在交往中,自然被人疏远。(3)自我中心。这种人自私自利,只关心自己的需要,不顾他人的利益,自然在交往中缺乏吸引力。(4)妒忌心强。妒忌心强的人,对别人的成功不满,诽谤,甚至陷害他人,易引起他人的反感。(5)猜疑心重。这种人往往容易与他人的关系陷入僵局,因而缺乏吸引力。(6)过于自卑。过于自卑,对自己缺乏自信心的人,在交往中缺乏魅力和吸引力。(7)固执孤独。孤独而不爱与人交往,对他人怀有偏见,不愿意接受他人规劝的人,在交往中,难以使人接近。(8)苛求于人。这种人喜欢吹毛求疵,常常令人感到不快,挫伤别人自尊心,使人难以接受。

二、班级人际关系的特点与协调

(一) 班级人际关系的特点

班级人际关系是班级群体成员在相互接触和交往中所形成的心理上的关系。在班级情境中,相互交往的对象是教师和学生,因此,班级人际关系主要包括师生关系和同学关系。与其他人际关系相比,班级人际关系具有以下特点:

1. 教师是班级人际关系的主导者

教师是班级活动的主要参与者,他不仅是班级活动的组织者和领导者,而且是班级人际关系的主要协调者,在班级人际关系中扮演一个主导者的角色。从根本上说,教师不仅决定着班级师生关系的好坏,还对学生之间的关系起着调节作用。具体体现为:

(1)教师是师生关系建立过程中的一个重要决定方面。如教师的民主态度、对学生的热爱、教师的良好个性、较强的专业能力等,是影响良好师生关系建立的重要因素。

（2）教师对同学关系具有主导性的影响。如教师的领导方式、教师组织学习的形式、教师对学生的态度等，这些都是决定班级同学关系的重要因素。大量研究证实，教师采用民主的领导方式，使学生在友好合作的情境下学习，关心学生，则同学间易形成一种友好、合作的关系，有助于促进良好同学关系的建立。

以上说明，教师与班级人际关系有着直接的关系，并在班级人际关系的建立和发展过程中占主导地位。

2. 班级人际关系具有纯洁性特点

班级人际关系属学校人际关系，不像其他社会人际关系那样深沉、错综复杂，具有纯洁性特点。主要表现为道德规范在人际关系中的约束力和调节作用相对强大，这是由学校自身的特点决定的。从学生与学生之间的关系看，学生群体成员是天真无邪的青少年，青少年之间基本上没有直接的经济上的利害关系和权利上的钩心斗角，人际关系是建立在共同的活动、相同的兴趣爱好基础上的，因而较少染上庸俗的功利色彩。从学生与教师的关系看，教师本身担负着传播精神文明、传播知识和弘扬道德准则与真善美的任务，教师的工作性质和学校育人的性质，直接制约着学校的人际关系。受学校这种人际环境的影响，班级人际关系就更具有纯洁性的特点。

3. 班级人际关系具有教育性特点

班级作为学校教育的基本组织形式，班级中的人际关系必然受教育目的和培养目标的制约与调节，班级中人际关系的内容、性质及其心理成分如情感、态度等，本身就是学校德育的范畴。建立良好的人际关系，培养每个学生的交往能力，培养他们善于团结同学，甚至包括与自己有过冲突、闹过对立的同学的良好品质，让他们学会尊重自己和尊重别人，使他们学会关心别人和理解别人，学会处理复杂的人际关系，这本身就是我们培养新型人才应具有的素质，也是教育的目的。另外，学校整个教育任务的完成包括知识的传授、品德的培养、智能的发展、社会化的完成等等，都需要有良好的师生关系和同学关系，没有和谐的班级人际关系与群体心理气氛，任何教育都是难以进行的。教育实践表明，班级中正常的人际关系是维护学生心理健康的重要条件，人际关系的失调常常是导致心理障碍和心理疾病的重要原因。所以，班级中良好的人际关系也是教育的手段。

4. 班级人际关系具有可塑性特点

班级人际关系的可塑性指群体成员在交往中，彼此的心理距离不是固定不变的，不像成人那样一旦产生隔离则难以愈合。班级人际关系具有可塑性，这种可塑性的大小受年龄特征的制约。从师生关系的基础发展变化来看，教师与年幼学生的关系是建立在教师的一种单纯的爱护、关怀等情感基础上，而随着年龄的增长，师生关系就越来越多地具有理性成分，即学生对教师的能力、学识和个性等方面的要求在师生关系的建立中占有越来越重要的地位。从班级同学关系的基础发展变化来看，小学阶段同学之间的关系大多是建立在共同游戏、相互帮助、相互喜欢的基础之上。到了中学阶段，性别以及共同的兴趣、爱好、态度等，逐渐成为学生建立良好关系的基础。到了大学阶段，性别已不成为影响学生建立良好关系的重要因素，而共同的态度、价值观、兴趣和个性相投等已成为重要的影响因素。

（二）班级和谐人际关系的营造

良好的班级人际关系是实施有效教学活动的重要条件。大量研究表明,班级人际关系对课堂教学过程和教学效果具有重要而直接的影响。要在班级中形成和发展良好的人际关系应从以下几方面入手:

1. 坚持平等尊重原则

平等尊重是人与人之间建立良好情感关系、达到心理相容的基础,也是建立和保持良好班级人际关系的重要原则。在学校班级交往过程中,师生之间的情感关系就是互尊互爱的关系。这说明教师和学生都有友爱和尊重的需要。因此,班级中的每一个成员,都必须以尊重他人为前提,以平等的态度待人,而不盛气凌人,不以强欺弱。只有这样,才能促进师生之间、同学之间的心理相容,构建良好和谐的班级人际关系。

2. 促进和保持思想一致

思想一致是指班级成员要有共同的理想、信念和世界观。思想一致是构成良好班级人际关系的认知基础,也是直接影响班级人际关系的情感成分和行为成分的心理因素。如在班级群体中出现的集体情感,即情感共鸣,就是在班级成员思想一致的条件下产生的。相反,如果班级群体成员之间在思想上产生分歧,就难以在思想情感上产生共鸣,在行动上保持一致,也就不能形成良好的班级人际关系。因此,在班级人际关系的构建过程中,应尽量促进成员间在思想上保持一致,这样有利于班级人际关系建立在更深更牢的基础之上。

3. 提高交往水平

交往既是人际关系产生和发展的条件,也是人际关系建立和发展的手段。没有交往,就不可能产生认识和情感,也谈不上行为倾向的一致。交往水平是指彼此间相互联系的紧密程度。它由交往频率和交往深度两方面来体现。一般来说,交往频率越高,交往深度也会深化。因此,在培养良好的班级人际关系过程中,应促进师生之间、同学之间的交往和交流。通过组织多样化的班级集体活动,促进师生之间、同学之间思想与情感的接近、沟通与理解,这样才有利于班级成员进一步密切联系,营造和谐的班级人际关系。

4. 克服知觉偏见

在人与人的交往过程中,由于主客观条件的限制,人对他人的感知和判断往往会因各种因素的影响而产生歪曲实际的知觉,从而影响良好的人际关系的建立。因此在班级人际交往过程中,师生应克服知觉中的偏见,以营造良好的人际关系。在实际交往中,尤其是教师,需要克服的对学生的知觉偏见主要有:(1)首因效应和近因效应造成的偏见。要求教师既不能只根据学生第一次的表现来对其作出判断和评价,也不能仅凭最近的表现来作出评价,而应从全面、发展的角度来评价学生。(2)晕轮效应造成的偏见。要求教师不能因为学生某一方面的好或差,就简单地加以全盘肯定或全盘否定,而应持一分为二的观点来评价学生。(3)定势效应和社会刻板印象造成的偏见。这就要求教师不能机械地对某一类学生产生固定的看法,而应具体情况具体分析。例如,不能认为男生就捣蛋顽皮,而女生就认真听话,也不能认为男生聪明,女生愚笨等。这些都是社会认知偏见,也是我们在师生交往中需要克服的。

用赏识的眼光看学生

一次，陶行知看到学生王友用泥块砸同学，当即制止，让他放学后到校长室。陶行知到校长室时，王友已等在门口准备挨训了。没想到陶行知却给了他一颗糖，并说："这是奖给你的，因为你很准时，我却迟到了。"王友惊疑地瞪大了眼睛。陶行知又掏出第二颗糖对王友说："这第二颗糖也是奖给你的，因为我不让你再打人时，你立即就停止了。"接着，陶行知又掏出第三颗糖："我调查过了，你砸的那些男生，是因为他们不遵守游戏规则，欺负女生。你砸他们，说明你很正直善良，并且有跟坏人作斗争的勇气，应该奖励你啊！"王友感动极了，哭着说："陶校长，你打我两下吧！我错了，我砸的不是坏人，是自己的同学……"陶行知这时笑了，马上掏出第四颗糖："因为你正确地认识了错误，我再奖励你一颗糖……我的糖没了，我看我们的谈话也该结束了。"

总之，在班级人际关系的营造过程中，教师是主导方面。要构建良好的班级人际关系，还必须充分发挥教师的主导作用，通过教师去协调和创造。

思考与练习

1. 简述群体的概念和特征。

2. 分析群体心理与个体心理的关系。

3. 举例说明群体助长与群体惰化的现象。

4. 简述学生群体的概念和类型。

5. 试分析优秀班集体所应具有的特征。

6. 谈谈你对班级非正式群体教育与管理的理解。

7. 简述班级人际关系的特点。

8. 如果你是一位班主任，你会怎样营造班级和谐的人际关系？

第十六章　教学策略与课堂管理

1. 你知道具体课程的教学目标应该如何表述吗？

2. 试卷的信度、效度和区分度指的是什么？

3. 作为一名教师，你觉得课堂管理要注意哪些方面？

学习指导

1. 概念识记：教学目标的定义和种类，个别化教学的基本环节和典型程序，教学评价的概念与分类，教学测量与评价及测验的关系，非测验性评价技术的种类，课堂管理的定义，课堂纪律的定义和类型。

2. 分析理解：教学目标的表述方法，教学媒体选择方法，情境教学的含义，合作学习的特征，标准化成就测验的含义与优越性，有效测验的基本特征，影响课堂管理的因素，群体动力的要素，课堂气氛的概念和影响因素。

3. 实际运用：分别用指导教学法和发现教学法设计一堂课的教学，自编测验技术编制成就测验试题，分析课堂问题行为的类型并说明正确对待问题行为的主要教育对策。

第一节　教　学　策　略

教学策略通常是指在教学过程中，根据教学目标和教学的主客观条件，对所设计和选用的教学活动程序、教学组织形式、教学方法和教学媒体等的总体考虑。教学策略的运用指向特定的教学目标、特定的教学情境、特定的教学内容，并直接影响师生的教学行为。

一、教学目标

教学目标是指预期学生通过教学活动获得的学习结果。在具体学科的教学中，教学目标作为预先规定的教学结果，对于教师指导和支配整个教学活动，设计和组织教学过程，检测和评价教学效果均具有"标杆"的作用。

（一）教学目标的分类

根据布鲁姆等人的教学目标分类法,可将教学目标分为认知目标、情感目标、动作技能目标三大类。

1. 认知目标

认知领域的教学目标分为知识、领会、应用、分析、综合和评价六个由低到高的层次。

（1）知识。指对所学材料的记忆,包括对具体事实、方法、过程、概念和原理的回忆。其所要求的心理过程是记忆。如识记古诗词、数学公式等。这是最低水平的认知学习结果。

（2）领会。指把握所学材料的意义。可以借助三种形式来表明对材料的领会。一是转换,即用自己的话表达自己的思想。如概括段落大意;二是解释,即对一项信息加以说明或概述;三是推断,即对事物之间的逻辑关系进行推理。领会超越了单纯的记忆,代表最低水平的理解。

（3）应用。指将所学材料应用于新的情境之中,包括概念、规则、方法、规律和理论的应用。应用代表着较高水平的理解。

（4）分析。指将整体材料分解成其构成成分并理解组织结构,包括对要素的分析、关系的分析和组织原理的分析。分析代表着比应用层次更高的理解水平,因为它既要理解材料的内容,又要理解其结构。

（5）综合。指将所学的零碎知识整合为系统知识。包括三个水平:用语言表达自己意见时表现的综合;处理事物时表现的综合;推演抽象关系时表现出的综合。

（6）评价。指对所学材料作价值判断的能力,包括按材料的内在标准或外在标准。评价目标是最高水平的认知学习结果。

2. 情感目标

根据价值内化的程度把情感领域的教学目标分为五个等级。

（1）接受。指学生愿意注意特殊的现象或刺激。包括三个水平:知觉有关刺激的存在;有主动接受的意愿;有选择地注意。这是低级的价值内化水平。

（2）反应。指学生主动参与学习活动并从中得到满足。处于这一水平的学生,不仅注意某种现象,而且以某种方式对它作出反应,以及反应的满足。这类目标与教师通常所说的"兴趣"类似,强调对特殊活动的选择与满足。

（3）形成价值观念。指学生将特殊对象、现象或行为与一定的价值标准相联系,对所学内容在信念和态度上表示正面肯定。包括三个水平:接受某种价值标准;偏爱某种价值标准;为某种价值标准作奉献。这一水平的学习结果是将对所学内容的价值肯定变成为一种稳定的追求。

（4）组织价值观念系统。指将许多不同的价值标准组合在一起,消除它们之间的矛盾和冲突,并开始建立内在一致的价值体系。包括两个水平:价值概念化,即对所学内容的价值在含义上予以抽象化,形成个人对同类内容的一致看法;组成价值系统,即将所学的价值观汇集整合,加以系统化。与人生哲学有关的教学目标属于这一级水平。

（5）价值体系个性化。指个体通过学习,经由前四个阶段的内化之后,所学得的知识观念已成为自己统一的价值观,并融入性格结构之中。包括两个水平:概念化心向,即对同类情境表现出一般的心向;性格化,即指心理与行为内外一致,持久不变。其学习结果包括广泛的活动范围,但重在那些有代表性的行为或行为特征。

3. 动作技能目标

动作技能教学目标指预期教学后在学生动作技能方面所应达到的目标。时至今日,这一方面的目标总是被多数不直接从事体育、艺术等教育的教师所忽视。

(1) 知觉。指学生通过感官,对动作、物体、性质或关系等的意识能力,以及进行心理、躯体和情绪等的预备调节能力(如表现出外部的感觉动作)。

(2) 模仿。指学生按提示要求行动或重复被显示的动作的能力,但学生的模仿性行为经常是缺乏控制的。

(3) 操作。指学生按提示要求行动的能力,但不是模仿性的观察。这就是说,学生要能进行独立的操作。例如,在进行一段实践之后,能在操作成绩表上 10 点中得 7 点。

(4) 准确。指学生的练习能力或全面完成复杂作业的能力。学生通过练习,可以把错误减少到最低限度。例如,在乒乓球练习中,抽球动作的成功率至少达到 75%。

(5) 连贯。指学生按规定顺序和协调要求,去调整行为、动作等的能力(如准确而有节奏地演奏)。

(6) 习惯化。指学生自发或自觉地行动的能力。也就是学生能下意识地、有效率地各部分协调一致地操作。例如,在乒乓球比赛中,面对各种情况,抽球还击的比率达到 90%。

在实际生活中,认知、情感、动作技能这三方面的心理行为几乎是同时发生的。例如,学生写字时(动作技能),也正在进行记忆和推理(认知),同时,他们对这个任务会产生某种情绪反应(情感)。因此,在教学中,教师往往需要同时设置这三个方面的目标。

(二) 教学目标的陈述

1. 行为目标

行为目标是指用可观察和可测量的行为陈述的教学目标。行为目标的陈述需具备三个要素。(1)具体目标。即用行为动词描述学生通过教学形成的可观察、可测量的具体行为。如"写出""列出""解答"等,旨在说明"做什么"。(2)产生条件。即规定学生行为产生的条件。如"根据参考书""按课文内容""不用笔算"等,旨在说明"在什么条件下做"。(3)行为标准。即提出符合行为要求的行为标准。如"没有语法或拼写错误""90%正确""30 分钟内完成"等,旨在说明"有多好"。

例如,在语文课上,"通过教学培养学生的分析能力"就是一个含糊的教学目标,缺乏指导和评价意义,应改为:"提供报上一篇文章(产生的条件),学生能将文章中所陈述事实的句子与发表议论的句子归类,做到全部正确(行为标准)。"

2. 心理与行为相结合的目标

根据认知学习理论,教学活动中学生学习的实质是内在的心理变化。但内在的心理变化无法直接观察到。因此,有人提出了内部心理与外部行为相结合的目标陈述方法。用这种方法陈述的教学目标由两部分构成:第一部分为一般教学目标,用一个动词描述学生通过教学所产生的内部变化,如记忆、知觉、理解、创造、欣赏等;第二部分为具体教学目标,列出具体行为样例,即学生通过教学所产生的能反映内在心理变化的外显行为。

例如,在语文课上,可以这样陈述教学目标:

A. 理解议论文写作中的类比法(反映心理变化)。

A－a. 用自己的话解释运用类比的条件(行为样例)。

A－b. 在课文中找出运用类比法阐明论点的句子(行为样例)。

A－c. 对提供的含有类比法和喻证法的课文,能指出包含了类比法的句子(行为样例)。

这里"A"陈述了教学目标中的要义是"理解",而非"理解"的具体行为。但这些行为样例(A－a,A－b,A－c)仅仅是表明"理解"的许多可能的行为中的样例而已。这样,既强调了学生学习结果的内在心理变化,又克服了目标陈述上含糊不清的弊端,实现内外结合。

(三) 任务分析

任务分析指将教学目标逐级细分成彼此相联的各种子目标的过程。在进行任务分析时,教师要从最终目标出发,一级子目标又一级子目标地揭示其先决条件,反复提出这样的问题:"学生要完成这一目标,预先必须具备哪些能力?",一直追问到学生的起始状态为止,然后把学生需要掌握的学习目标逐级排列出来。通过任务分析,教师能够确定出学生的起始状态;能够分析出从起始状态到最终目标之间必须掌握的知识、技能或行为倾向;能够确定出为实现最终目标而逐级实现各种子目标的逻辑顺序。

(四) 教学目标的意义

在教学中,教学目标具有指导教师对学生进行教学测量和评价、选择和使用教学策略、指引学生学习等功能。

1. 指导学习结果的测量和评价

教学目标是评价教学结果的最客观和可靠的标准,教学结果的测量必须针对教学目标。如果教师在教学结束后的自编测验没有针对目标,那么,就没有测量到所想要测量的教学结果。如果某节语文教学的目标是阅读理解,而测量的重点是词汇和知识的记忆,就会造成目标和测量的不一致,这种测量就是无效的。

2. 指导教学策略的选用

一旦确定教学目标后,教师就可以根据教学目标选用适当的教学策略。例如,如果教学目标侧重知识或结果,则宜于选择接受学习,与之相应的教学策略是讲授教学;如果教学目标侧重于过程或探索知识的经验,则宜于选择发现学习,与之相应的教学策略则是有指导的发现教学。

3. 指引学生学习

上课伊始,教师明确告诉学生本课的学习目标,将有助于引导学生集中注意教学中的重要信息,对所教内容产生预期。

二、组织教学过程

确定教学目标并进行任务分析之后,教师要组织教学过程中的几个基本要素,如教学事项、教学方法、教学媒体和教学等。

（一）教学事项

教学是有一定程序结构的活动。在教学程序中，学生的学习随事先设计的教学情境而进行，教师安排的程序性事项就是教学事项。加涅指出，在教学中，要依次完成以下九大教学事项。

1. 引起学生注意

引起学生注意是教学过程中的首要事项。教师可以通过三种方式来引导学生的注意。(1)激发求知欲，即由教师提出问题，学生们为了知道问题的答案，就会集中注意教师的讲解以及其他教学活动。(2)变化教学情境，即通过教学媒体，提高教学的直观形象性，促进学生的感知和思维活动。(3)配合学生经验，即从学生最关心的问题入手，结合日常生活经验，然后转到所教主题之上。

2. 提示教学目标

在引起学生注意之后，向学生提示教学目标，使学生在心理上做好准备，明了学习的结果，以免学生在学习中迷失方向。在向学生陈述教学目标时，要注意用学生能够理解的语言，确保学生理解目标和结果，形成心理定向。这等于是用学生头脑中的原有知识基础产生对新知识的期望。如果将未曾学习的新概念包含在教学目标之中，将会使学生感到困惑或不理解，从而达不到教师交代教学目的所预期的定向效果。

3. 唤起先前经验

任何新知识的学习必须以原有知识技能为基础。教师要激活学生头脑中的与新知识有关的旧知识技能，以此为基础推导和生发出新知识。如果发现学生缺乏必需的基础知识技能，就要给予及时辅导，以免学习困难。

4. 呈现教学内容

在整个教学过程中，以教学材料为中介的师生互动过程是特别重要的。教师在呈现教学内容时要根据教学材料的性质、学生学习特点与预期学习结果等有关问题，采用不同的教学方法和策略。

5. 提供学习指导

在呈现完教学内容之后，教师要指导学生完成课堂作业。进行指导时要注意：(1)当学生对人名地名等事实性的问题不理解时，可以给予直接指导，将正确答案直接告诉学生，因为事实性的问题是不能靠知识经验和思维加以推理的。(2)对于与学生经验有关的逻辑性问题，可以提供间接指导，即给学生一定的暗示或提示，鼓励学生自己进一步推理而求得答案。(3)在进行间接方式指导时，要根据学生个体差异而采用不同的方法，对于能力强个性独立的学生，给予较少指导，鼓励自行解决问题，对于能力差个性依赖的学生，给予较多的指导，直到得到正确答案为止。在学习指导中，教师要教学生如何将新旧知识联系在一起，并教给学生一些记忆和理解的方法，促进学生对新知识的保持。

6. 展现学习行为

教学活动的目的是要学生学到新行为。而学习是内在的心理活动，如果要想确定教学之后学生是否产生了学习,那就要让学生展现其外显行为。教师可以根据学生行为上的三种线索来判定学生是否产生了学习:(1)眼神和表情,当求知活动由困惑而获得理解时,学生的眼神和表情会流露出一种满意的状态。(2)随时指定学生代表将所学知识或问题答案说出来。(3)根据学生的课堂作业来检查全班学生的理解状况。

7. 适时给予反馈

当学生表现出一次正确行为时,未必就表示他已确实学到了该种行为,因为靠短时记忆学到的东西如果不加复习,就难以存储在长时记忆中,因此,要给学生提供反馈,使其整合新旧知识,加强对正确反应的记忆。学生反应的反馈线索既可以来自自己,如技能的学习,正确的行为导致正确的结果,根据行为的结果,自己能够找到活动与正确行为之间的关系;学生反应的反馈线索也可来自教师,尤其是知识的学习,可以通过作业和谈话而获得反馈。

8. 评定学习结果

通过学生的作业情况、课堂小测验或者其他课堂问答等形式,教师能够了解学生对本节课内容的掌握情况,根据学生中普遍存在的问题,给予一定辅导。

9. 加强记忆与学习迁移

当确定学生获得了所教知识、技能之后,就应该及时提供相应的问题和情境,以加强学生对知识的记忆和技能的掌握,促进学习迁移。

(二)教学方法

教学方法指在教学过程中师生双方为实现一定的教学目的,完成一定的教学任务而采取的教与学相互作用的活动方式,它是整个教学过程整体结构中的一个重要组成部分,是教学的基本要素之一。在学校教育中,教师常常要用到以下一些基本的教学方法:讲解法;演示法;课堂问答;练习;指导法;讨论法;实验法;游戏;参观法;实习作业等。

(三)教学媒体

在教学过程中用于传播教学信息的媒体,称为教学媒体。一般来说,学校中的教学媒体包括:①非投影视觉辅助,如黑板及改进后的各种呈现板(如白板等)、实物、模型、图形、表格、图片以及提纲等。②投影视觉辅助,如投影器和幻灯机等。③听觉辅助,如录音机等。④视听辅助,如电影、电视、录像以及多媒体计算机和远距离传播系统等。各种媒体都有其独特的特点和作用。

选择教学媒体时,教师要综合权衡教学情景(如全班、小组和自学);学生学习特点(如阅读、非阅读、视听偏好);教学目标性质(认知、情感和动作技能)以及教学媒体的特性(如静止图像、动画、文字、口语)等方面的因素。戴尔(1946)曾从直接具体经验到抽象经验排列了11种媒体,构成一个经验锥形(图16-1)。

在这一经验锥形中,学习者开始被看作是一个实际经验的参与者,然后是一个实际事件的观察者和中介事件(即通过某种媒体呈现的事件)的观察者,直至最终是一个(表征某一事件的)符号的观察者。这种排列有助于我们根据学习者的学习能力和先前经验水平选择适当的媒体。例如,在"有直接目的的经验"的水平上,儿童通过与实物、动物和人接触,"在做中学"。随着年龄的增加,图片或其他模拟的替代物能被用来获得某些经验。对于成熟的学习者,通过

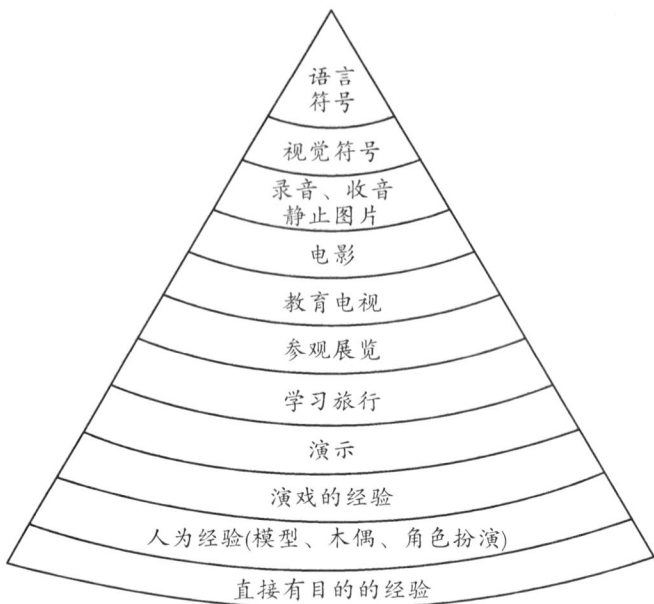

图 16-1　戴尔的经验锥形图

锥形的顶端的"言语符号"进行阅读学习是十分有效的方法。

　　使用教学媒体是为了使教学遵循这样一个顺序进行：从经验的直接动作表征、经验的图像表征直到经验的符号表征。因此，教师要确定学生的当前经验水平，利用教学媒体融入一定程度的具体经验，并帮助学生整合新旧经验，促进学生对抽象概念的理解。当然，教师要注意在学习经验的具体性水平与学习时间的限制之间取得较为理想的平衡。值得一提的是，受时代所限，戴尔的经验锥形中没有列入多媒体计算机。在当今以信息技术为标志的信息时代，多媒体计算机和网络对人们头脑中传统教学媒体观念产生了冲击。多媒体计算机能集成文字、图形、图像、声音以及动画等多种媒体，并且具有很强的交互作用，存储巨量信息的能力以及虚拟现实的能力，而网络则提供了信息结构非线性与远程通讯能力，这些功能是以往的媒体所无法比拟的。现代多媒体和网络技术有助于营造理想的学习环境，促进现有教学模式从教学目标、内容、方法到组织形式发生根本性的变革，因此成为教育改革的基本背景之一。

（四）课堂教学环境

　　课堂教学环境包括课堂物理环境和课堂社会环境两个方面。课堂社会环境将在后文课堂管理一节中作专门介绍。课堂物理环境除了自然条件（如光线、温度、空气以及色彩等）外，其他如硬件安排和教室空间等物理空间资源的设置是心理学家们比较感兴趣的，因为教师如果能根据教学目标和活动而配以相应的物理环境，将有助于教学目标的实现。

　　一般说来，教师组织课堂空间的方法有两种：第一种是按"领域"原则来安排课堂空间，即将课堂空间划分成一个个领域，某些领域只属于某个人，直到教师重新改变某人的位置为止，这种安排特别适合面向全班的课；第二种是按"功能"安排课堂空间，即将空间划分为各种兴趣范围或工作中心，每个人都能进入适合的区域，这种安排最适合于各小组同时进行各种不同的活动。当然,这两种方法并不相互排斥,可以组合使用。

学生座位的安排会影响课堂教学和学习。有研究表明,坐在教室前面几排以及中间几列的学生似乎是最积极的学习者,教师多数时间都站在这些座位的前面,师生之间的言语交流也大多集中在教室的这一区域,其他位置尤其是后面座位的学生则难于参与,并且更容易走神,因此,教师要经常变换学生在课堂中的座位。

三、选择教学策略

教学策略指教师采取的有效达到教学目标的一切活动计划,包括教学事项的顺序安排、教学方法的选用、教学媒体的选择、教学环境的设置以及师生相互作用设计等。在教学中,由于教学目标、课题特点以及所持学习理论取向不同,教师将会以不同方式来组织教学事项的程序结构,并采取相应的教学方法、媒体以及环境来实现这一程序。有些课题主要包含具有高度结构性的知识和技能(如科学、数学、计算、语法等),如果教学目标是要求学生尽快地掌握这种知识和技能,则宜采用通过以教师为中心的讲授教学策略;但有些课(如创作等)则是比较灵活开放的,需要学生积极参与和实践,如果教学目标重在提高学生的创造性、抽象思维能力和解决问题的能力,则宜采用开放的、非正式的方法,如发现教学和探究教学策略。如果教学是为了增进学生的学习态度、刺激学生的好奇心、加强学生之间的合作,则宜于采用合作学习的策略。此外,还可以根据学生在学习能力和先前经验上的差异进行个别化教学。

(一) 以教师为主导的教学策略

指导教学是以学习成绩为依据、在教师指导下使用结构化的有序材料的课堂教学。在指导教学中,教师向学生清楚地说明教学目标;在充足而连续的教学时间里给学生呈现教学内容;监控学生的表现;及时向学生提供学习方面的反馈。由于在这种教学策略中,主要由教师设置教学目标,选择教学材料,控制教学进度,设计师生之间的交互作用,所以这是一种以教师为主导的教学策略。

有人提出,指导教学包括六个主要活动。(1)复习和检查过去的学习。(2)呈现新材料。(3)提供有指导的练习。(4)提供反馈和纠正。(5)提供独立的练习。(6)每周或每月的复习。这些活动并不是遵循某种顺序的一系列步骤,而是有效教学的因素,例如,反馈、复习、补教,只要有必要就要进行,并且要与学生的能力倾向相匹配。这些活动可以被看作是教授结构良好的基本知识和技能的框架,与我国传统的讲授教学相一致。

专栏 16-1

典型案例——课堂组织教学关注点的对比①

【案例描述】

在课堂组织教学方面,大多数教师主要关注两方面:

---

① http://www.jxteacher.com/lx6801/column22128/f7a53ff0-9915-4db5-ac45-1b808dde5f5c.html

一是将课堂纪律组织好，让学生进入"听讲"的状态。

二是把学生的思维"组织"到教师的思维之下，使每个学生能顺利"接收"老师所讲的内容。而有的教师则努力把思维推向自己的反面，促进学生在听课时对教师保持一种怀疑和警惕的状态。

在上述两种不同教学方式下，学生的发展会有什么差异？

【案例分析】

第一种教学方式是传统灌输式的教学方式，教师把学生置于知识的接受者的位置上，教师把知识传授作为自己的主要任务和目的，把主要精力放在检查学生对知识的掌握上，这样做，学生将整天处于被动应付、简单重复的学习之中，学生学习的主动性、能动性、独立性被消减，思维和想象力被扼杀，学习的兴趣和热情被摧残，严重阻碍学生的发展，导致学生主体性缺失。

第二种教学方法是教师把学生置于知识的发现探究者的位置，不断地激励学生发现问题，并引导学生主动独立地探究学习，这样学生的主体性、能动性和独立性不断生成，使学习过程成为学生发现问题、提出问题、分析问题、解决问题的过程，培养了学生的批判意识和怀疑精神。通过鼓励学生对书本知识的质疑和对教师的超越，使学生的创新精神和实践能力得到提升，促进学生素质的提高。

（二）以学生为中心的教学策略

1. 发现教学

发现教学，又称启发式教学，指学生通过自身的学习活动而发现有关概念或抽象原理的一种教学策略。一般来说，发现教学要经过四个阶段：首先，创设问题情境，使学生在这种情境中产生矛盾，提出要求解决和必须解决的问题；其次，促使学生利用教室所提供的某些材料，所提出的问题，提出解答的假设；再次，从理论上或实践上检验自己的假设；最后，根据实验获得的一些材料或结果，在仔细评价的基础上引出结论。

布鲁纳对发现教学的教学设计提出了四项原则。（1）教师要将学习情境和教材性质向学生解释清楚。（2）要配合学生的经验，适当组织教材。教师要在研究教材和学生的实际的基础上，根据教材内容设计一个一个的发现过程，教师要仔细设计要问的问题，排列好例子，确保参考材料和设备充足，以促进学生进行自我发现。（3）要根据学生心理发展水平，适当安排教材难度与逻辑顺序。（4）确保材料的难度适中，以维持学生的内部学习动机。材料太容易，学生缺乏成就感；材料太难，学生容易产生失败感。发现教学要进行得顺利，关键在于恰当地确定学生可进行独立探究的力所能及的最近发展区。只有教师给学生创设的问题情境最符合学生实际水平，只要跳一跳就能达到最近发展区时，学生的探索和智力、才能才会得到发展。这时学生就会经过独立思考、亲自去发现教材中那些隐含的东西，概括出结论，使这些新东西很快纳入自己认识结构系统里去，把知识变成自己智慧的财富。

2. 情境教学

情境教学指在应用知识的具体情境中进行知识教学的一种教学策略。在情境教学中，教学的环境是与现实情境相类似的问题情境;教学的目标是解决现实生活遇到的问题;学习的材料是真实性任务,这些任务未被人为地简化处理,隐含于现实问题情境之中,并且,由于现实问题往往同时涉及多方面的原理和概念,因此,这些任务最好能体现学科交叉性;教学的过程要与实际的解决问题的过程相似,教师不是直接将事先备好的概念和原理告诉学生,而是提出现实问题,然后,引导学生进行与现实中专家解决问题的过程相类似的探索过程。学生解决问题所需要的原理和概念往往隐含在问题情境之中,学生为了解决当前问题而学习它们,通过解决问题而深刻理解它们,并把这些知识的意义与应用它们的具体问题情境联系在一起。对学习结果的测验将融合于学生解决问题的过程之中,学生在解决实际问题过程中的表现本身就反映了其学习结果。

3. 合作学习

合作学习指学生们以主动合作学习的方式代替教师主导教学的一种教学策略。合作学习的目的不仅是培养学生主动求知的能力,而且要发展学生合作过程中的人际交流能力。

合作学习在设计与实施上必须具备五个特征。(1)分工合作。指以责任分担的方式达成合作追求的共同目的。真正有效的分工合作必须符合两个条件:一是每个学生都必须认识到工作是大家的责任,成败是大家的荣辱;二是工作分配要适当,必须考虑每个学生的能力与经验,做合理安排。(2)密切配合。指将工作中应在不同时间完成的各种项目分配给个人,以便发挥分工合作的效能。(3)各自尽力。合作学习的基本理念是取代为了获得承认和评级而进行的竞争,转而同心协力追求学业成就,因为合作学习的成就评价是以团体为单位的。若此,大家都是成功者,没有失败者。要想成功,团体成员必须各尽其力,完成自己分担的工作,并且要帮助别人。(4)社会互动。合作学习的成效取决于团体成员之间的互动作用,即大家在态度上相互尊重,在认知上能集思广益,在情感上彼此支持。为此,学生们必须具备两项基本技能,一是语言表达能力,二是待人处事的基本社交技巧。(5)团体历程。指由团体活动以达成预定目标的历程。这些团体活动包括如何分工、如何监督、如何处理困难、如何维持团体中成员间的关系等。

(三) 个别化教学

个别化教学是指让学生以自己的水平和速度进行学习的一种教学策略。个别化教学大致包括这样几个环节:(1)诊断学生的初始学业水平或学习不足。(2)提供教师与学生或机器与学生之间的一一对应关系。(3)引入有序的和结构化的教学材料,伴之以操练和练习。(4)容许学生以自己的速度安排学习。

下面简单介绍几种经典的个别化教学模式。

1. 程序教学

程序教学指一种能让学生以自己的速度和水平自学,以特定顺序和小步子安排的材料的个别化教学方法。其始创者通常被认为是教学机器的发明人普莱西。但对程序教学贡献最大的却是斯金纳。程序教学以精心设计的顺序呈现主题,要求学习者通过填空、选择答案或解决问题,对问题或表述作出反应,在每一个反应之后出现及时反馈,学生能以自己的速度进行学习。这种程序能够融入书、教学机器(即一种融入程序学习形式的机器设备)或计算机。

2. 计算机辅助教学

计算机辅助教学(computer assisted instruction,简称CAI)指使用计算机作为一个辅导者,呈现信息,给学生提供练习机会,评价学生的成绩以及提供额外的教学。随着多媒体技术、通讯网络技术的发展,人们把以计算机为核心的所有个别化教学技术都称为信息技术在教育中的应用。与传统的教学相比,CAI具有这么一些优越性:首先是交互性,即人机对话,学生可以根据自己的学习情况选择学习路径、学习内容等。其次是即时反馈。第三是以生动形象的手段呈现信息。第四是自定步调。

3. 掌握学习

掌握学习是由布卢姆等人提出来的,其基本理念是:只要给予足够的时间和适当的教学,几乎所有的学生对几乎所有的学习内容都可以达到掌握的程度(通常要求达到完成80%—90%的评价项目)。学生在学习能力上的差异并不能决定他能否学会教学内容,而只能决定他将要花多少时间才能达到对该项内容的掌握程度。换句话说,学习能力强的学习者,可以在较短的时间内达到对某项学习任务的掌握水平,而学习能力差的学习者,则要花较长的时间才能达到同样的掌握程度,但他们都能获得通常意义上的A等或B等,达到掌握的水平。

基于这一理念,布卢姆等人主张,要将学习任务分成一系列小的学习单元,后一个单元中的学习材料直接建立在前一个单元的基础上。每个学习单元中都包含一小组课,它们通常需要1—10小时的学习时间。然后,教师编制一些形成性测验(即在学习之前或之中的成绩测验)。学完一个单元之后,教师对学生进行总结性测验(这些测验提供了学生对单元中的目标掌握情况的详细信息)来评价学生的最终学习效果。达到了所要求的掌握水平的学生,可以进行下一个单元的学习。若学生的成绩低于规定的掌握水平,就应当重新学习这个单元的部分或全部内容,然后再测验,直到掌握。采用掌握学习的方法,学生的成绩是以成功完成内容单元所需时间而不是以在团体测验中的名次为依据的。学生的成绩仍然有差异,这种差异表现在他们所掌握的单元数或成功学完这些单元所花的时间上。

第二节 教学评价

一、教学评价的意义和作用

(一)教学评价的概念

教学评价是指系统地收集有关学生学习行为的资料,参照预定的教学目标对其进行价值判断的过程,其目的是对课程、教学方法以及学生培养方案作出决策。具体而言,教学评价是一种系统化的持续的过程,包括确定评估目标、搜集有关的资料、描述并分析资料、形成价值判断以及作出决定等步骤。

(二)教学评价与教学测量及测验的关系

教学评价不等同于教学测量和测验。通常意义上的测量主要是一种收集资料数据的过程,是根据某种标准和一定的操作程序,将行为与结果确定为一种量值,以表示被测者对所测问题了解的多少。而测验是测量一个教学行为样本的系统程序,即通过观察少数具有代表性的行为或现象来量化描述人的心理特征。为了减少误差,测验在编制、施测、评分以及解释等方面都必须遵循一套系统的程序。测量和测验是对学习结果的客观描述,而教学评价则是对客观结果的主观判断与解释,但这种主观判断和解释必须以客观描述为基础,否则是主观臆想。测量与测验所得到的结果只有通过教学评价,才能判断这种客观描述的实际意义,否则所得数据或结果毫无实际价值。

二、教学评价的分类

(一) 形成性评价和总结性评价

从实施教学评价的时机而言,有形成性评价和总结性评价之分。形成性评价通常在教学过程中实施,一般是由学生完成一些与教学活动密切相关的测验,也可以让学生对自己的学习状况进行自我评估,或者凭教师的平常观察记录或与学生的面谈。总结性评价,或称终结性评价,通常在一门课程或教学活动(如一个单元、章节、科目或学期)结束后进行,是对一个完整的教学过程进行测定。

(二) 常模参照评价和标准参照评价

根据教学评价资料的处理方式,有常模参照评价和标准参照评价之分。常模参照评价是指评价时以学生所在团体的平均成绩为参照标准(即常模),根据其在团体中的相对位置(或名次)来报告评价结果。标准参照评价,是基于某种固定的标准,来评价学生对与教学密切关联的具体知识和技能的掌握程度。

(三) 配置性评价和诊断性评价

从教学评价的功能看,有配置性评价与诊断性评价之分。配置性评价,或称准备性评价,一般在教学开始前进行,摸清学生的现有水平及个别差异,以便安排教学。通过配置性评价,教师可以了解学生对新学习任务的准备状况,确定学生当前的基本能力和起点行为。诊断性评价,有时与配置性评价意义相当,指了解学生的学习基础与个体差异;有时指对经常表现学习困难的学生所作的评价,多半是在形成性评价之后实施。

(四) 正式评价和非正式评价

根据教学评价的严谨程度,有正式评价与非正式评价之分。正式评价指学生在相同的情况下接受相同的评估,且采用的评价工具比较客观,如测验、问卷等。非正式评价则是针对个别学生的评价,且评价的资料大多是采用非正式方式收集的,如观察、谈话等。有时,教师可以采用非正式评价作为正式评价的补充。

三、教学评价的功能

(一)教学评价具有导向功能,对于建立正确的教学观念,体现全面和谐发展的教育目标具有重要作用;

(二)教学评价可为师生调整和改进教学提供充足的反馈信息;

(三)教学评价是学校鉴别学生学业成绩、家长了解学生学习情况的主要方式;

(四)教学评价作为教学调控和决策的重要依据,有利于及时发现、弥补、矫正学生的知识缺陷和认知错误,以便及时调整教学进度,改进教学方法,提高教学效能。

四、教学评价的方法和技术

（一）标准化成就测验

1. 标准化成就测验的含义及特点

标准化成就测验是指由专家或学者们所编制的适用于大规模范围内评定个体学业成就水平的测验。这种测验的命题、施测、评分和解释，都有一定的标准或规定。由于测验条件的标准化，测验的结果比较客观一致，适用的范围和时限也较宽广。其鲜明特点为：测验由专家按一定测验理论和技术，根据相应的教育目标编制而成；施测条件、计分手段和分数的解释也相同。

2. 标准化成就测验的优越性

第一，客观性。不因教师的不同而出现结果不同的现象。第二，计划性。专家在编制标准化测验时，已经考虑到所需的时间和条件，因此标准化测验比大部分的课堂测验更有计划性。第三，可比性。标准化测验具有统一的参照标准，因此不同考试者的分数具有可比性。

3. 对标准化测验的批评

第一，与不同学校实际课程之间的关系较难协调。在我国，不同地区的教学状况还存在着一定的差异，某个年级或地区的教学内容可能不同于另一个地区的。因此，可能不同地区学生所学到的内容与标准化测验所测量的内容有差异。这就要求教师在选用标准化测验前，仔细查阅内容效度，使得测验的目标与评价的目的相匹配。第二，测验结果的不当使用。通过标准化成就和能力测验的结果，教师往往潜意识里对学生进行分类和贴标签，易对个体造成不良影响，尤其对低分者有可能造成伤害。

（二）教师自编测验

1. 教师自编测验的含义与特点

教师自编测验是由教师根据自己所上课程的教学目标、教材内容和测验目的而编制的供自己所教学生使用的测验。教师自编测验通常用于测量学生对教师所教内容的学习状况的检测，其不同于标准化成就测验，后者是用来判断学生与常模相比时所处的水平。

2. 教师自编测验的编制

（1）测验目的的确定。在编制测验前要确定测验是用于形成性目标还是总结性目标，或者是为了诊断学习困难的学生，以便确定测验的内容和难度等。

（2）确定测验要考查的学习结果。教师在编写试题前，应查阅自己的备课本以及教科书，看看需要考查学生的哪些学习结果。

（3）列出测验要包括的课程内容。把教学中的内容要点及重点、难点等一一列出，作为需要检测的课程内容。

（4）写下测验计划或细目表。测验计划或细目表是使测验能够与教学的目标和内容保持一致，将考试具体化的最重要的工具。细目表的形式是两维表，一般纵栏表示学习结果，横栏表示课程的内容或范围。中间的栏目，就是教师根据自己的情况填上在测验中计划测量多大比例的学习结果和课程内容。

（5）针对计划测量的学习结果，选择适合的题型。自编测验包括客观题和主观题两种类型。教师使用哪一种类型的题目是由测验的目的、内容和时间决定的。一般来说，由于这两种题型各有优缺点，应该综合加以使用。

3. 自编测验的类型

（1）客观题

客观题具有良好的结构，对学生的反应限制较多。学生的回答只有对、错之分，因此教师评分也就只可能是得分或失分。客观题类型主要有选择题、是非题、匹配题和填空题等。

① 选择题。选择题是由题干和两个或两个以上选项组成的。题干形式有直接提问或补充完整句子，选项则提供可供选择的答案。学生的任务就是阅读题目，选择出正确的一个或几个答案。

② 是非题。是非题的形式为判断一句话的对或错，学生有 50% 的机会选择到正确答案，是相对比较容易的客观题类型。

③ 匹配题。匹配题是另一种可提供多种选择的考题形式。通常，题目包括两列词句，一列是问题选项，一列是反应选项。学生根据题意按照某种关系将左右的项目连接起来。它常用于测查彼此存在着简单关系的知识。

④ 填空题。填空题的形式为呈现给学生一句或一段不完整的话或者直接提问，要求学生简要作答。主要考查的是学生对知识的回忆，学生猜测的可能性很小，是难度较大的客观题类型。

（2）主观题

主观题要求学生自己组织材料，并采用合适的方式表达出来。这类题型包括论文题及问题解决题。教师在评分时，对学生的回答需要给出不同量的分值，而不仅仅是满分或零分。

① 论文题。论文题是指要求学生用文字论述方式阐述相关观点的题目。一般分为两种类型，有限制的问答题和开放式论文。有限制的问答题，是指教师对回答的内容和长度都有规定，如平时测验中的简答题等。开放式论文，则允许学生在内容上可以自由选材，自由发挥，而且篇幅较长。论文题能综合考察学生的知识、理解或运用水平，但评分时往往会受光环效应的影响，平时成绩好或者前面几题答得好，甚至是字写得好等，都有可能会对论文题的得分有所增益。同时，论文题需要花费较多时间，试卷里只能出现少量论文题，因此对课程内容的掌握考察也就具有一定的局限性。

② 问题解决题。问题解决题是向学生提供一定的问题情境，要求学生运用知识来解决问题。通常有两种形式。其一是间接测验。学生在作答时，必须写出若干步骤，评分时，按照步骤计分。理科考试中的证明题就属于这种类型的问题。问题解决题的第二种方式是直接测验，也叫操作评价。如实验操作题。这种方式对于考查高级思维和技能十分有效，但是费时费力。

4. 有效自编测验的特征

（1）信度

信度是指测验的可靠性，即多次测验获得的分数的一致性程度。有信度的测验不因施测的时间和施测人不同而出现统计学意义上的不同。如对个体气质类型的测量，不管何时，也不管是谁施测,只要是同一份问卷,则前后或不同人得出的分数应该没有统计学差异。

（2）效度

效度是指测量的正确性,即一个测验能够测量出其所要测量的东西的程度。如"电子秤"对于体重来说就是有效度的测量工具,而"卷尺"对于体重来说就是没有效度的测量工具。效度的重要性大于信度,没有效度的测量,即使有很高的信度也是无用的测量。

（3）区分度

区分度是指测验项目对所测量属性或品质的区分程度或鉴别能力。它是根据学生对测验项目的反应与某种参照标准之间的关系来估计的。区分度高的测验能把不同水平的学生区分开来。

5. 自编测验的常见错误

（1）教师过于相信自己的主观判断而忽视测验的信度和效度指标。

（2）不少教师对测验准备的重要性缺乏足够的认识,对测验准备不够充分,甚至没有准备。

（3）有时教师编制的测验太简单,题量太少。

（三）非测验的评价技术

在实际教育中,除了前述纸笔测验收集资料,教师还使用了许多非测验的评价技术,尤其是情感领域的教学评价更需要采用非纸笔测验。

1. 案卷分析

案卷分析是一种常用的评价策略,指按照一定标准收集学生认知活动的成果,如学生的笔记、周记等案卷作品,并对作品进行考查分析,形成某种判断和决策的过程就是案卷分析。

2. 观察

通过教学过程中的观察,教师也能搜集到大量的关于学生学业成就的信息。这种观察不只限于智能的发展,还包括学生生理、社会和情绪的发展。教师应注意观察的客观性与系统性。

（1）行为检查单

教师可以使用检查单来记录其在教学中的观察结果。检查单一般包括一系列教师认为重要的目标行为,通常采用有/无的方式记录,有时也记录下次数。行为检查单中通常列出比较有效的指标。

（2）轶事记录

轶事记录是描述所观察的事件。与检查单相比,轶事记录可提供比较详细的信息,这些记录一般按照发生时间排列。轶事记录时要注意记录的客观性,并要抓住典型特征。

（3）等级评价量表

等级评价量表对于连续性的行为更为有效。它可用于判断某种行为的发生频率,以及某种操作或活动的质量,采用等级评价法使得观察信息被量化。

3. 情感评价

许多时候,教师有必要针对学生的情绪、学习动机、个人观点等进行评价。我们可以借助已有的量表进行情感评价,但也鼓励教师根据特定目的自己编制评价量表。情感评价较适宜采用开放式问题,且需要写一份详细的报告呈现结果。

(四) 教学评价结果的处理与报告

1. 评分

评分时必须以一定的比较标准为依据,评分的标准可分为绝对标准和相对标准两种。绝对标准是以学生所学的课程内容为依据,学生的分数和其他同学的回答情况没有关系。而且绝对标准强调,由于不同学生的学习起点和背景情况的差异,所以他们的学习结果也是不可比较的。它对应的评价方式,是标准参照评价。相对标准是以其他同学的成绩为依据,对应于常模参照评价。相对标准的评价不仅与学生自己的成绩有关,还与其他同学的成绩有关。

合理的评分过程应包括如下步骤:①搜集有关学生的信息,信息可以来源于不同类型、性质的测验甚至观察的评价方式。②系统地记录下评价的结果,并随时保持最新的结果。③尽量将搜集的资料量化,用数据来表示学生的学习情况。④为了把评价的重点放在最终的学习成就上,教师需要加大最后测验得分的权重。⑤评价应该以成就为依据,而其他特征的评价,不要和成就的评价混杂起来。

教师评分时要尽量做到客观公正,争取分数与学生的实际水平相当。为减少分数对学生个体的消极影响,家长和教师要正确对待分数,不以分数论“英雄”。

2. 合格与不合格

有些课程采用合格与不合格来评价学生的成就。教师可以根据学生是否完成了每次作业来评价,也有可能根据学生的几次作业情况评分,甚至评分的标准可能是学生的出勤情况等。

3. 其他报告方式

除了常用的评分方法,教师还可以使用其他方式来报告评价结果。如教师写学生的个人鉴定或定期的综合评价,提供给家长和学生。观察报告也是一种报告评价结果的形式。此外,通过与家长面谈,也可以交流关于学生的学习情况、行为表现和态度等方面的情况。

第三节 课 堂 管 理

一、课堂管理概述

(一) 课堂管理及其功能

课堂管理是指教师通过协调课堂内的各种人际关系而有效地实现预定教学目标的过程。课堂教学效率的高低,取决于教师、学生和课堂情境等三大要素的相互协调。

课堂管理始终制约着教学和评价的有效进行,具有促进和维持的功能。良好的课堂管理能最大限度地使学生的注意力维持在课堂教学活动中,对教学起重要的促进作用。

(二) 影响课堂管理的因素

1. 教师的领导风格

教师的领导风格对课堂管理有直接的影响。教师权威式的领导,课堂气氛容易消极稳定;

教师放纵式的领导,课堂纪律容易松懈;教师民主式的领导,师生间相互尊重,最有利于营造开放、良好的课堂氛围。

2. 班级规模

班级的大小是影响课堂管理的一个重要因素。首先,班级的大小会影响成员间的情感联系。班级越大,情感纽带的力量就越弱。其次,班内的学生越多,学生间的个别差异就越大,产生心理冲突的概率就更大,良好课堂管理所遇到的阻力就越大。再次,班级的大小也会影响交往模式。班级越大,成员间相互交往的频率就越低,对课堂管理技能的要求也越高。最后,班级越大,内部越容易形成各种非正式小群体,当这些小群体的目标与课堂教学目标不一致时,小群体的存在就容易影响课堂教学目标的实现。

3. 班级的性质

影响教师课堂管理的另一个情境因素是班级本身。不同的班级往往有不同的群体规范和不同的凝聚力,教师不能用固定不变的课堂管理模式对待不同性质的班级,而应该在深入了解的基础上,掌握班级的特点,运用促进和维持的高度技巧,获得理想的管理效果。

4. 对教师的期望

人们对教师在学校情境中执行任务往往有一种比较固定的期望。即使某一位教师的外貌谈吐并不符合这种固定的看法,人们还是会按照这种固定的看法去看待和解释教师的行为,这就是刻板效应。它包括人们对教师理应表现的行为及其所具有的动机和意向的期望。班内的学生对教师的课堂行为同样会形成已经定型的期望。他们期望教师以某种方式进行教学和课堂管理。这种定型的期望必然会影响教师的课堂管理行为。

二、课堂管理的主要内容

(一) 课堂中的群体管理

课堂里的每个学生不是孤立存在的个体,美国心理学家 F. H. 奥尔波特(Floyd Henry Allport,1890—1978)研究发现,群体存在对个体简单活动起到助长作用,而对个体复杂活动起到干扰作用。但现实情境中,课堂中学生群体对个体的活动是产生促进作用还是阻碍作用,往往取决于四个因素:一是活动的难易;二是竞赛动机的激发;三是被他人评价的意识;四是注意的干扰。

管理课堂必须注意协调非正式群体与正式群体的关系。首先,要不断巩固和发展正式群体,使班内学生之间形成共同的目标和利益关系,产生共同遵守的群体规范,并以此协调大家的行动,满足成员的归属需要和彼此之间相互认同,从而使班级成为坚强的集体。其次,要正确对待非正式群体。对于积极型的非正式群体,应该支持和保护。对于中间型的非正式群体,要持慎重态度,积极引导,联络感情,加强班级目标导向。对于消极型的非正式群体,要教育、引导和改造。而对于破坏型的非正式群体,则要依据校规、校纪给予约束。

不管是正式群体还是非正式群体,都有群体凝聚力、群体规范、群体气氛以及群体成员间的人际关系。所有这些影响着群体与成员个人行为发展变化的力量的总和就是群体动力。教师在课堂管理过程中要善于利用这些群体动力因素,实现课堂管理的促进功能。

教师应采取切实可行的措施提高班级群体凝聚力,以利于有效的课堂管理;尤其是当学生表现出符合群体规范和群体期待的行为时,就应给予赞许与鼓励,以强化其行为,并间接影响其他同学。

群体规范则通过从众使学生保持认知、情感和行为上的一致,并为学生的课堂行为划定了方向和范围,成为引导学生行为的指南。在课堂教学中,教师应注意自觉地帮助学生形成良好的班级规范。

(二)课堂气氛的营造

课堂气氛作为教学过程的软情境,它通常是指课堂里某些占优势的态度与情感的综合状态。在通常情况下,课堂气氛可以分成积极的、消极的和对抗的三种类型。积极的课堂气氛是恬静与活跃、热烈与深沉、宽松与严谨的有机统一。消极的课堂气氛通常以紧张拘谨、心不在焉、反应迟钝为基本特征。而对抗的课堂气氛则是失控的气氛、学生过度兴奋、各行其是、随便插嘴、故意捣乱。

教师在课堂教学中起着主导作用,教师的领导方式、教师对学生的期望以及教师的情绪状态便成为影响课堂气氛的主要因素。

教师的领导方式对课堂气氛的影响前面已有论述。现有的研究表明,教师期望可通过四种途径影响课堂气氛。第一是接受。教师通过接受学生意见的程度,为不同学生创造不同的社会情绪气氛。第二是反馈。教师通过输入信息的数量、交往频率、目光注视、赞扬和批评等向不同期望的学生提供不同的反馈。第三是输入。教师向不同期望的学生提供难度不同、数量不等的学习材料,对问题做出程度不同的说明、解释、提醒或暗示。第四是输出。教师允许学生提问和回答问题,听取学生回答问题的耐心程度等等,都会对课堂气氛产生不同的影响。

教师的情绪状态对课堂气氛也会产生明显的作用。教师积极的情绪状态往往会拉近与学生的心理距离,吸引学生的注意力,有利于营造良好的课堂气氛。

(三)课堂纪律管理

1. 课堂纪律的概念

课堂纪律是对学生课堂行为所施加的准则与控制。为了维持正常的教学秩序,协调学生的行为,以求课堂目标的最终实现,必然要求学生共同遵守课堂行为规范,从而形成课堂纪律。

2. 课堂纪律的类型

根据课堂纪律形成的原因,可以将课堂纪律分成四种类型:

(1)教师促成的纪律

刚入学的小学生往往需要教师给予较多的监督和指导,需要教师为他们的学习设置一个有结构的情境,即组织一个良好的集体结构。这样的"结构"就是教师促成的纪律。即使是比较成熟的青少年学生,他们还是需要教师为他们的行为提供指导。所以,在课堂管理中,教师促成的纪律是不可缺少的。

教师促成的纪律应该包括结构的创设和体贴。教师的指导、监督、惩罚、规定限制、奖励、操纵、组织、安排日程和维护标准等,都属于结构的创设。而体贴则包括同情、理解、调解、协助、支持、征求和采纳学生的意见等。

（2）集体促成的纪律

从入学开始，同辈人的集体在学生个体社会化方面起着越来越大的作用。他们开始对同学察言观色，以便决定应该如何思考和如何行事。教师应该注意积极引导集体促成的纪律，形成良好的班风。

（3）任务促成的纪律

每一次任务都有其特定的纪律，有时某一项任务会引起学生的高度注意，而对其他诱人的活动置之不理。任务促成的纪律是以个人对活动任务的充分理解和兴趣为前提的。学生卷入任务的过程，就是接受纪律约束的过程。

（4）自我促成的纪律

当外部的纪律控制被个体内化之后成为个体自觉的行为准则时，自我促成的纪律便出现了。班级自律人数越多越有利于班级课堂纪律管理。

（四）课堂结构与课堂纪律

学生、学习过程和学习情境是课堂的三大要素。这三大要素的相对稳定的组合模式就是课堂结构，它包括课堂情境结构与课堂教学结构。

1. 课堂情境结构

（1）班级规模的控制

一般而言，班级规模越大，学生的平均成绩便越差；班级规模越大，教师态度、学生态度和课堂处理的得分就越低。班级过大容易限制师生交往和学生参加课堂活动的机会，教师在授课的过程中难以做到关注每一个同学，有可能导致课堂出现较多的纪律问题。

（2）课堂常规的建立

课堂常规是每个学生必须遵守的最基本的日常课堂行为准则，它们规定哪些行为是课堂里允许的而哪些又是课堂里不允许的。课堂常规具有约束和指导学生课堂行为的功能，从而使课堂行为规范化。

（3）学生座位的分配

分配学生座位时，争取做到既考虑课堂行为的有效控制，预防纪律问题的发生；又考虑促进学生间的正常交往，形成和谐的师生和生生关系，促进学生形成良好的人格特征。

2. 课堂教学结构

课堂教学结构能使教师满怀信心地按照教学设计，有条不紊地进行教学。

（1）教学时间的合理利用

学生在课堂里的活动可以分为学业活动、非学业活动和非教学活动三种类型。在通常情况下，用于学业活动的时间越多，学业成绩便越好。

（2）课程表的编制

课程表是使课堂教学有条不紊进行的重要条件，编制课程表应该注意把核心、最难懂的课程安排在学生精力最充沛的上午第一、二、三节课，同时注意将文科与理科、形象性的学科与抽象性的学科交错安排，以提高学生的学习效果。

（3）教学过程的规划

教学过程的合理规划是维持课堂纪律又一个重要条件，合理规划教学过程，保持课堂的生动有趣，减少产生纪律问题的诱因。

（五）问题行为与课堂纪律

1. 问题行为的性质

问题行为指不能遵守公认的正常儿童行为规范和道德标准，不能正常与人交往和参与学习的行为。这样的行为不仅影响学生的身心健康，而且常常引起课堂纪律问题，主要表现为漫不经心、感情淡漠、逃避班级活动、与教师和同学关系紧张、容易冲动、上课插嘴、坐立不安、活动过度等等。

问题行为不等同于差生、后进生。差生、后进生是对学生的一种总体评价，他们往往有较多的问题行为。而问题行为则是一个教育性概念，主要是针对学生的某一种行为而言，差生或后进生以及优秀学生都可能出现问题行为，教师要灵活而机智地处理和矫正课堂里的问题行为。

2. 问题行为的类型

心理学家试图从不同的角度对课堂问题行为进行分类。有人把破坏课堂秩序、不遵守纪律和不道德的行为等归纳为扰乱性的问题行为；把退缩、神经过敏等行为归纳为心理问题行为。有人还把问题行为分成品行性问题行为，性格性问题行为以及情绪上、社会上的不成熟行为三种类型。

3. 课堂问题行为的处置与矫正

一般来说，课堂里的行为往往有积极与消极之分。积极的课堂行为指与促进课堂教学目的实现相联系的行为，而消极的课堂行为则是那些干扰课堂教学的行为。对于消极的课堂行为，适当的惩罚是必要的，但不可采用讽刺挖苦、体罚、剥夺学习权利等惩罚手段。严重的课堂问题行为矫正有时还需借助心理辅导等手段。

专栏 16－2

课堂组织教学案例①

今天去听一位年轻老师的课，对他的课堂组织教学感到不满意。常说加强纪律性，革命无不胜。同样，好的课堂纪律也是打造高效课堂的重要条件。

组织教学是在课堂教学中，教师不断地组织学生注意，管理纪律，引导学习，建立和谐的教学环境，指导学生进行学习的行为方式。它的类型有管理性组织、指导性组织和诱导性组织等。

在课堂秩序的管理方面，不同的组织教学的方法会在学生的思想、情感和习惯等方面产生不同的后果。学生在课堂上违反课堂纪律时，如与同桌说话。如果老师只是一味地斥

---

① http://stainless-steel. blog. 163. com/blog/static/9029121620092394330624

责、批评,就会使学生产生逆反心理,挫伤他们学习的积极性。如果老师换个方式,请其回答教师提出的问题,因与同桌说话而答不上时,老师可以说:"别的同学都答上了,你刚才与同桌说话,没有听见老师的问题,因此答不上来。但老师相信你一定能答上,请你再听老师重新给你说一遍。"当他回答正确时,老师应及时表扬他,这样做既不会使学生感到尴尬,还可以增强学生赶上别人的自信心。所以说课堂组织教学也是一门艺术,需要我们老师多动脑筋去思考,寻找出一套切合实际的方法。

思考与练习

1. 发现教学和情境教学有什么区别和共同点?

2. 在教学中要依次完成的教学事项有哪些?

3. 何为标准化成就测验? 标准化成就测验有哪些优越性?

4. 有效测验的基本特征有哪些?

5. 影响课堂管理的因素有哪些?

6. 群体动力的要素有哪些?

7. 课堂问题行为的类型有哪些? 如何正确对待课堂问题行为?

第十七章　心理健康与心理咨询

课前思考

1. "年轻人用健康换金钱,老年人用金钱换健康。"你对这句话有什么看法? 你认为财富与健康究竟哪个更重要? 为什么?

2. 我们身体上有疾病或伤痛的时候,知道到医院进行治疗,为什么当心理上有问题时,却不主动去寻求心理咨询或进行心理治疗?

3. 谁都会有不开心的时候,假如遇到某些不愉快的事情,你又是怎么应对的呢?

学习指导

1. 概念识记:心理健康,心理异常,心理咨询,心理治疗,心理辅导。

2. 分析理解:心理健康的含义和标准,学生心理异常的表现及成因,学校心理咨询的注意事项,学校心理治疗的常用方法,心理辅导的原则、方法、途径和常见技术。

3. 实际运用:举例说明心理健康的实际意义,联系实际谈谈在学校中如何进行心理咨询和心理治疗工作,结合学校和学生实际有效开展心理健康教育与辅导活动。

身心健康是人类生存和发展的基本条件,也是每个人的基本追求。在现代社会,心理健康更是越来越受到人们的重视,尤其是对青少年学生,心理健康对其身心的发展有着巨大的影响,因此,心理健康教育已成为学校教育的重要组成部分。

第一节　心理健康及其标准

古今中外,人们非常重视健康,并用不同的语言表达对健康的共同向往,如健康是人生第一财富,健康和智慧是人生两大幸福,健康就是美等。如果没有健康,智慧就难以表现,知识也无法利用,所以拥有健康是人们最大的愿望。

一、健康与心理健康的含义

(一) 什么是健康

传统观点认为:健康是指人体生理机能正常,没有缺陷和疾病。究竟什么是健康? 长久以来,不少人对健康存在一定的误解。"没有病痛和不适就是健康"的观念一直为许多人所持有,即认为只要自己头不疼、脑不热,或者躯体没有疾病、没有缺陷、不虚弱就是健康。

随着科学文化和社会的不断发展,人们对健康的理解和认识也发生了很大的变化,有了巨大的进步。社会心理因素对于健康和疾病的影响越来越引起人们的关注,人们在重视生理健康的同时,对心理健康的关切程度也与日俱增。现代医学也认为,在人体疾病的发生与发展中,个体的情绪、性格有很大的影响。

世界卫生组织(WHO)1948年成立时,在其宪章中就开宗明义地指出:"健康不仅仅是没有疾病,不体弱,而且是一种躯体、心理和社会功能均臻良好完满的状态",1989年又把健康定义为"一种生理、心理、社会适应与道德品质的完好状态",即健康不仅是没有疾病,而且包括躯体健康、心理健康、社会适应良好和道德健康。这是现代关于"健康"的较为全面、完整、系统、科学的定义。为此,世界卫生组织还进一步提出了十条具体的健康标准:一是精力充沛,能从容不迫地担负日常工作和生活,而不感到疲劳和紧张;二是积极乐观,心胸开阔,勇于承担责任;三是情绪稳定,精神饱满,善于休息,睡眠良好;四是自我控制能力强,善于排除干扰;五是应变能力强,能适应外界环境的各种变化;六是体重得当,身材匀称;七是牙齿清洁,无空洞,无痛感,无出血现象;八是头发有光泽,无头屑;九是反应敏锐,眼睛明亮有神,眼睑不发炎;十是肌肉和皮肤富有弹性,步伐轻松自如。

健康是生理健康与心理健康的统一,二者是相互联系,密不可分的。身体健康是心理健康的基础和载体,心理健康又是身体健康的条件和保证。一个健康的人既要有健康的身体,又要有健康的心理,好比"人"字的一撇一捺,二者缺一不可。

理论研究与实践证明,人是生理、心理与社会等多层面的统一。人不仅仅是一个生物体,而且是生活在一定的社会环境中,有着复杂的心理活动的社会人和文化人。衡量一个人是否健康,必须从生理、心理、社会、行为等因素上进行分析,也就是不仅要看个体有没有器质性或功能性异常,还要看其是否有主观不适感,是否有社会公认的不健康行为等。

专栏 17 - 1

"亚健康"状态

在长期的探索与实践中,人们逐步认识到,健康并不是非此即彼、非黑即白的特征,而是一个动态的、相对的、连续变化的过程。"亚健康状态"即介于健康与非健康之间的中间状态(又称"第三状态"),是机体在内外环境不良刺激下引起心理、生理发生异常变化,但尚未达到明显病理性反应的程度。从生理学角度来讲,就是人体各器官功能稳定性失调尚未引起器质性损伤。主要表现为:各项身体指标无异常,但与健康人相比,生活质量低、学习工作效率低、注意力分散、生活缺乏动力、学习没有目标,有些茫然不知所措,感觉生活没劲。躯体反映为睡眠质量不高,容易疲劳,身体乏力,食欲不振。亚健康状态并非严重的心理问题,但如果不引起足够重视,极易引发相应的心理问题。导致亚健康状态的原因很多,除由于过度疲劳造成的精力、体力透支,人体生物周期中的低潮时期,身体疾病等因素外,心理疾病也是一个非常重要的原因。

人体若处于亚健康状态时,容易患病,身心感到不适,对学习、生活和身心健康造成不良影响,不能很好发挥体力和心理上的潜力。因此应重视人们的亚健康状态,采取有效的措施使有缺陷或障碍的身心功能得到改善、增强或补偿,从亚健康状态转归到健康状态。为预防与消除亚健康状态,我们应做好以下方面:(1)适度运动。(2)全面均衡适量的营养。(3)保持心理健康。保持良好的心态,拥有乐观豁达、奋发进取的精神,是防治亚健康的精神基础。(4)提高自我保健意识。克服不良生活方式是防治亚健康状态的身体基础。(5)适时干预。采取药物预防、保健品调理、体育锻炼、心理治疗等相结合的干预措施,使机体转归健康。

(二) 什么是心理健康

关于什么是心理健康,众说纷纭。国内外学者进行了广泛的讨论,提出了不同的见解。

1946 年第三届国际卫生大会曾为心理健康下过这样的定义:"所谓心理健康是指在身体、智能,以及情感上与他人心理健康不相矛盾的范围内,将个人心境发展成最佳状态。"

心理学者英格里士(H. B. English)1958 年认为,心理健康是指一种持续的心理状态,当事人在这种状态下能够作出良好的适应,具有生命活力,并且能够充分发挥其潜能。这是一种积极的丰富的状态,不仅是免于心理疾病而已。

精神医学专家麦灵格(K. Menninger)认为,心理健康是指人们对于环境及相互间具有最高效率及快乐的适应情况,不只是要效率,也不只是能有满足感,或是能愉快地接受生活的规范,而是需要三者结合兼备,心理健康的人应能保持平静的情绪、敏锐的智能,适应社会环境的行为和愉快的气质。还有人认为,心理健康是指个人在其适应过程中,能发挥其最高的智能而获得满足,感觉愉快的心理状态,同时在其社会中,能谨慎其行为,并有敢于面对现实人生的能力等。

我国学者吴靖提出,心理健康的人应具备五个条件:积极向上,有自信心、自尊心、进取心,能正确认识现实,能适应环境的变化,并有改造环境的能力;有独立性、自觉性,能发挥自己的智慧和能力去学习和工作并获得成功;乐于交往,能以积极的态度与人相处,保持和发展融洽互助的关系;能正确认识和评价自己,发扬优点,克服缺点,使自己的学识品格向高水平发展;心理活动完整协调,能避免由于各种心理因素而产生病态症状。

我国台湾心理学家张春兴则认为,心理健康是一种生活适应良好的状态。一个心理健康的人,一般应符合下列条件:情绪较稳定,无长期焦虑,少心理冲突;乐于工作,能在工作中表现出自己的能力;能与他人建立和谐的关系,而且乐于和他人交往;对于自己有适当的了解,并且有自我悦纳的态度;对于生活、环境有适切的认识,能切实有效地面对问题,解决问题,而不逃避。

上述各种说法,总体上只有范围的不同,而无本质的区别。目前,大多数人认为心理健康指的是一种持续的、积极的心理状态。在这种状态下,个人具有生命活力、积极的内心体验、良好的社会适应能力,能够有效地发挥个人的身心潜力与积极的社会功能。因此,我们认为,心理健康有广义、狭义之分。从广义上讲,心理健康是一种持续、高效而满意的心理状态;从狭义上讲,心理健康是个人的知、情、意、行等心理活动各个方面的协调统一,是人格完善健全,社会适应良好,并达到内心平衡或内外平衡的状态。

二、心理健康的标准与理解

究竟什么样的心理才算是健康的? 国内外心理学家提出过许多不同的看法。心理是否健康一般采用量表测量,其标准不是固定不变的,而应随着时代变迁、文化背景的变化而变化。一般而言,判断个体心理健康与否,要在坚持相对性、协调性、发展性等原则基础上,考虑到个体主观经验和感受、社会适应状况和规范要求、统计学上的常态分布、人格完善程度及心理发展水平等方面要求,科学制定好心理健康的判断标准。我国心理学工作者,借鉴国外学者的研究成果,结合我国的国情,广泛进行探讨,提出了判断心理健康的三大原则和心理健康的八条标准。

(一) 判断心理健康与否的三大原则

1. 心理与环境的同一性

心理是客观现实的反映,任何心理活动和行为,无论形式或内容均应与客观环境(自然环境与社会环境,特别是社会环境)保持一致,即同一性。言行出格离奇,难以被人理解,往往就说明心理不健康。

2. 心理与行为的统整性

一个人的认知、情感、意志行动应是一个完整和协调一致的统一体。这种统整性是确保个体具有良好社会功能和有效地进行活动的心理基础。

3. 人格的稳定性

人格是个人在长期的生活阅历过程中形成的独特的个性心理特征。个性一旦形成就具有相对的稳定性,并在一切活动中显示其区别于他人的独特性,在没有重大变故的情况下,一般是不易改变的。如果某人发生与其个性相反的特征,这就要考虑他是否出现异常。

上述三条原则主要是从外显行为表现是否异常来评估个体心理是否健康。但仅此三条还是不够的,需要进一步明确、具体,为此,在三条原则的基础上,进一步提出了心理健康的八条标准。

(二) 衡量心理健康的八条标准

综合国内外专家学者的观点,结合我国国情,我们认为,评判个体心理健康水平应从以下几个标准给予着重考虑。

1. 智力正常

智力是人脑对客观世界反映的心理基础,是人们正常生活、学习、工作的最基本的心理条件,也是适应周围环境变化所必需的心理保证。智力正常与否可通过智力测验来判定,若智商(IQ)在70分以下即属智力低下。

2. 情绪健康

情绪健康的标志是情绪稳定和心情愉快。情绪在心理健康中起核心作用,情绪异常往往是心理疾病的先兆。人们的情绪是所有心理活动的背景条件和伴随其他心理过程的体验。当遇到挫折与不幸时,善于调节控制消极情绪苦中求乐的人,一般是心理健康的人。而喜怒无常、悲观失望、长期处于焦虑、幽怨之中的人,便是心理不健康者。

心理健康的人情绪稳定,心境良好,热爱生活,对未来充满希望和信心。心理健康者情绪反应与环境相适应,即反应的强度与引起这种反应的情境(刺激的强度)相符合。情绪表达既不十分过敏,也不过于迟钝。既符合社会的要求,又符合自身的需要。在不同的时间和场合有恰如其分的情绪表达,又能随事物对象的变化而产生合理的情绪变化。事业成功,生活如意,感到高兴;身处困境,遇到挫折,感到痛苦:这是正常人的心理反应。否则,刺激和反应失调往往是心理反常的先兆。例如,一个人遇到一点点困难就垂头丧气,取得一点点成绩就欣喜若狂,家人发生不幸就长期悲痛或沮丧,都是心理不健康的表现。这种反应失调者一种情况是经常夸大问题的重要性,认为坏事总是轮到自己的头上;另一种情况恰好相反,遇到不幸的事时,则是感情麻木,若无其事。此外,心理健康的人还能依场合的不同,适当地控制自己的情绪。善于控制与调节自己的情绪,即既能克制又能合理宣泄自己的情绪。

3. 意志健全

心理健康的人,意志与行为是统一协调的,做起事来目的明确,有条有理,善始善终;心理不健康者的行为是矛盾、分裂的,遇事优柔寡断或草率行事,做事虎头蛇尾或任意蛮干,难以使需要、愿望、动机、目标与行为统一起来,更不会根据情况的变化,具体问题具体分析,遵循客观规律,适时调整自身内部的关系、自身与外界的关系。心理健康的人在各种活动中都有自觉的目的性,能适时地作出决定并运用切实有准备的方式解决所遇到的问题,在困难和挫折面前,能采取合理的反应方式,能在行动中控制情绪和言而有信,而不是行动盲目、畏惧困难,顽固执拗。他们有独立的生活能力,意志坚定,无论是在情感上,还是在实际生活中都较少有依赖心理,自主性强。他们能接受现实,不轻易产生敌对情绪,对因家境、地域、病患、个人能力与努力等原因导致的各种差异能正确看待。他们能适应不同环境下的社会生活。不管处于什么社会生活环境下都能主动同社会保持接触,让自己融入社会,自觉用社会规范来约束自己,使自己的行为符合社会的要求,而不是把自己孤立起来,与社会格格不入,并且善于在不同的环境下寻找自己感兴趣的事情和事业的生长点,精神生活充实,很少有孤独感。

4. 人格完整

心理学上的人格是指个体比较稳定的心理特征的总和,包括气质、性格、兴趣、爱好、需要、理想、信念等,也就是我们常说的个性。气质和性格是人格的重要组成部分。人格完整就是指有健全统一的人格,即一个人的所想、所说、所做都是协调一致的。人格完整包括人格结构的各要素完整统一,人格完整的人具有正确的自我意识,不产生自我同一性混乱,以积极进取的人生观作为人格的核心,并以此为中心把自己的需要、目标和行动统一起来。

心理健康的人有相对正确的信念体系和世界观、人生观,并以此为核心把动机、需要、态度、理想、目标和行为统一起来。如果某人经常表现出欲望与信念相违背,需要与良心相冲突,行为方式与态度不相一致,一切以自我为中心,既缺乏同情心,又无责任感,那么他的心理必定是不健康的。

5. 自我认识正确

正确的自我认识是个体心理健康的重要条件。心理健康的人能正确地认识和客观地评价自己，摆正自我的位置，自尊、自爱、自信、自强，面对各种问题，充分挖掘自己的智慧和才能，以切实可行的方法加以处理。对优点感到欣慰，又不至于狂妄自大，对弱点既不回避，也不自暴自弃。面对挫折与困境，能够善于自我悦纳，喜欢自己，接受自己，正视现实，积极进取。如果一个人妄自尊大、好高骛远，或者自轻自贱、悲观失望，甚至试图逃避现实、消极厌世，自然不能算心理健康。

6. 人际关系和谐

良好而深厚的人际关系，是事业成功与生活幸福的前提。其表现是：乐于与人交往，既有广泛而深厚的人际关系，又有知心朋友；在交往中保持独立而完整的人格，有自知之明，不卑不亢；能客观评价别人和自己，善取人之长补己之短；宽以待人，乐于助人，积极的交往态度多于消极态度，交往动机端正。

7. 社会适应良好

个体能够积极主动面对、接受和适应现实。积极向上，面对现实，有较好的社会适应能力。这是国际上公认的心理健康标准之一。个体应与客观环境、现实社会保持良好接触和秩序，既要对周围事物和环境进行客观观察，作出正确认识和客观评价，以有效的办法应付环境中的各种困难，不退缩；又要根据环境的特点和自我意识的情况努力进行协调，或改变环境适应个体需要，改造自我适应环境。

8. 心理行为符合年龄特征

不同的年龄阶段，心理表现并非一样。一个心理健康的人其一般心理特点应与所属年龄阶段的共同心理特征和角色行为大致相符，如果一个人经常出现严重地偏离这些心理和行为的特征，则应考虑是否具有心理问题。一个学生的心理是否健康，主要是看他的心理活动和个性特点与大多数人，特别是同龄人的心理活动和个性是否一致。如果一个人的言行举止偏离了他所属的年龄段，往往是心理不健康的表现。

总之，虽然以上是判断心理健康与否的标准，但只是一个相对的参考依据，必须因人、因事、因时、因地作具体分析，绝不可生搬硬套或"对号入座"，心理健康的人偶尔出现些问题亦属正常，一般不会影响人的整个心理状态。同时，一个人心理是否健康，未必表现在所有方面，常常是在一两个方面表现出严重的失调。判断一个人的心理是否健康，关键是看他的心理、行为是否符合客观规律。另外，儿童青少年身心正处于成长阶段，上述标准仅是作为培养学生良好心理素质的一般要求，不同年龄阶段的学生，在要求上应有层次上的区别。

（三）正确理解心理健康的标准

如何正确理解心理健康及其标准？一般而言，在界定心理健康概念或制定心理健康标准时应该明确以下几个方面特征或注意事项：

1. 比较相对性

心理健康是比较而言的，从健康到不健康只是程度的不同，而无本质的区别。人的心理健康既可以从相对不健康变得健康，又可从相对健康变得不那么健康。心理健康的标准不像生理健康的标准那样具体、精确和绝对。衡量一个人的心理是否处于健康状态,既不能根据其自我感觉来判断,也不能根据其表现是否与众不同来判断。因为精神病患者可自述感觉良好、没有病;而有些卓越的人才在自我行为方面,也常有些独特的行为方式。对心理健康状况的划分,一般用"常态"和"变态"或者"正常"与"异常"来表示。心理健康与否、正常与否的界限是相对的,是一个连续体的两端,没有绝对的分界线。在许多情况下,异常心理与正常心理,变态心理与常态心理之间没有绝对的界限,只有程度上的差异。从另一角度看,每个人在日常生活中,在一定时间内,都会碰到程度不同的心理问题,因此,人人都可有心理问题。

2. 动态连续性

心理健康是一种持续的、积极的心理状态。心理健康状态不是静止不动的,而是动态变化的。心理健康与不健康不是泾渭分明的对立面,而是一种连续状态。而心理不健康或心理异常是一种持续的不良状态。偶尔出现一些不健康的心理和行为并不等于心理不健康,更不等于已患心理疾病。一个人是否心理健康与一个人是否有不健康的心理和行为并不是一回事,因此,心理不健康不能等同于有不健康的心理和行为表现。

3. 文化发展性

心理健康及其标准同样是一个文化的概念,会随着社会的发展变化而不断发展变化,也会因为不同的社会文化背景而出现差异。不同国家、地区,同一地区的不同民族、阶层可能有不同的标准;同一国家、地区的标准也会因为时代、文化变迁和历史进步而出现不同的标准。如中国传统文化重视社会本位,个人与自然、社会保持和谐关系,心理健康以"和"为核心;西方文化传统重视个人本位,其心理健康观念则以"自我"为核心,把自我实现看成是心理健康的最高境界。

4. 理想方向性

心理健康的标准是一种理想尺度,是从人的优秀的心理素质中总结出来的有代表性的特征,它不仅为我们提供了衡量是否健康的标准,而且为我们指明了提高心理健康水平的努力方向。

总之,心理健康是一种持续的、积极的心理状态。心理健康反映的是某一时间段的相对的、特定的、发展的状态,而不应该认为是绝对的、固定的、永远不变的状态。

三、心理健康对人的影响

拥有健康的心理,对一个人的一生有着十分重要的意义。

(一) 心理健康对生理健康的影响

心理健康与生理健康是密切相关、相互影响的。心理健康可以促进生理健康,生理健康又能促进心理健康。只有两者都健康发展,才是高水平的全面健康,才有可能激发自身其他的潜在能力。《黄帝内经》揭示了心理健康对生理健康的影响。现代研究证明,长期情绪不良会导致人体免疫功能下降,感冒、肝炎甚至癌症等疾病都与心理因素有关。

青少年学生正值身心发展的重要时期,心理因素对他们的发展影响巨大。研究发现,不良情绪环境会抑制青少年激素的分泌而影响身高;紧张、焦虑会加重青春期高血压倾向和痤疮、粉刺的发病率;神经性厌食会引起女青年闭经等。因此,心理健康对青少年学生的身心发展具有重要影响。

（二）心理健康对素质教育的影响

心理健康的人不仅具有良好的心理素质,而且其心理素质对其他素质的形成也会起到促进作用。心理健康的人能够自知、自爱、自制,能够从容面对现实和适应环境,具有良好的心理素质;而政治、道德、文化、技能等必须建立在心理素质基础上。搞好素质教育需从提高学生心理素质开始。心理素质教育不仅能够促进德智体美各育的发展,还能够使得各育成果得以稳定和巩固。

（三）心理健康对活动效率的影响

心理健康的人能够充分发挥心理潜能,在其他条件相当的情况下,其学习成绩、工作效率比心理不健康者明显要高。同时对青少年学生来讲,心理健康也是成才立业之本。有些人虽然有强壮的身体,但由于诸如自卑、缺乏毅力等某种不健康的心理因素存在,最终碌碌无为、虚度一生;而有些人,即使疾病缠身,严重残疾,但由于心理健康,能以乐观的态度面对,凭借惊人的毅力不断努力,最终赢得事业上的巨大成功,博得人们的尊重与敬佩。

（四）心理健康对人际关系的影响

人际关系是人与人相互作用形成的直接的心理关系,反映了人们之间的心理距离,也受到一个人心理健康的影响。青少年期是人际关系发生重大变化的时期,一方面仍然维系着与父母、老师等成人的纵向关系,一方面又大大开拓与同龄人的横向关系。有心理问题的青少年,人际关系远不如心理健康者和谐。

总之,青少年时期是精神疾病的多发时期,更是不健康行为的孕育期。青少年学生由于心理活动状态不稳定,认知结构不完备,生理成熟与心理成熟不同步,对社会和家庭的高度依赖等,比成年人有更多的焦虑,会遭遇到更多的挫折,因而更容易产生心理障碍。若暂时性的心理障碍得不到及时排除,便会产生不良的反应,很可能影响以后心理的健康发展,甚至会酿成日后难以挽救的严重的心理疾病。

第二节　学生心理异常的表现与成因

如前所述,对心理健康状况的划分,一般用"常态"和"变态"或者"正常"与"异常"来表示。关于心理健康的水平的等级,一般可以划分三等。一是一般常态心理者:表现为心情经常愉快,适应能力强,善于与人相处,能较好地完成同龄人发展水平应做的活动,具有调节情绪的能力。二是轻度失调心理者:表现为不具有同龄人所应有的愉快,和他人相处略感困难,生活自感有些吃力。若主动调节或通过心理辅导专业人员帮助,可恢复常态。三是严重病态心理者:表现出严重的适应失调,不能维持正常的生活、工作。如不及时治疗可能恶化为精神病患者。有人打破传统的要么健康要么不健康的"非白即黑"观点,提出心理健康"灰色区人"理论,认为人在白色(健康、正常)与黑色(不健康、异常)之间存在不同程度的"灰色"(亚健康,包括深灰色和浅灰色,即包括轻度失调的心理困惑者和重度失调的心理障碍者),如图 17-1 所示。

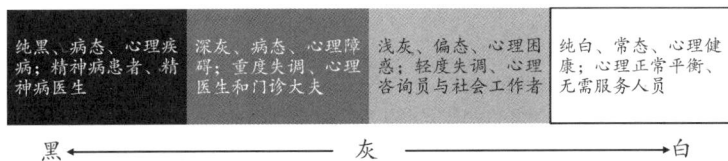

纯黑、病态、心理疾病；精神病患者、精神病医生	深灰、病态、心理障碍；重度失调、心理医生和门诊大夫	浅灰、偏态、心理困惑；轻度失调、心理咨询员与社会工作者	纯白、常态、心理健康；心理正常平衡、无需服务人员

黑 ←——————— 灰 ———————→ 白

图 17 - 1　心理健康的"灰色区人"理论示意图

一、学生心理异常的表现

从严格意义上来讲,心理异常(mental disorder)有两种情况:一是指心理活动的水平和品质比一般人优越,也称"超常",它是心理健康水平的最高表现;另一种是心理活动的水平和品质比一般人差,这是心理发展的一种缺陷或称为"心理问题",人们一般所说的心理异常是指这一种。

根据人的心理异常的程度和种类的不同,一般可分心理困惑、心理障碍和心理疾病三种,现就目前青少年学生中较多见的心理异常现象予以论述。

(一) 心理困惑

又叫心理困扰,是一种轻度心理问题或障碍,这是由各种日常生活,学习,工作,人际关系,情绪情感等压力、矛盾而产生轻度心理失调、冲突等问题组成。服务人员多为心理咨询员和社会工作者。患有心理困扰需要帮助的人,通常称为"来访者""来询者""咨询对象"等。

青少年学生正处于青春期,这是容易滋生心理异常的温床期。青春期是身心各方面发生很大变化的时期,也是精力旺盛、兴趣广泛、对人生充满幻想的时期。在生理上,身体迅速发育成熟;在心理上,则是精神逐渐觉醒。这种身心变化的时差,带来了急剧而复杂、广泛而深刻的心理矛盾与心理动荡。因此,青春期又称为"人生的第二次诞生",意味着要从心理上摆脱对双亲的依赖。这种急剧而彻底的"心理性断乳",会给他们带来突如其来的一时不安,产生情绪上的激动和紊乱,这便是人生的"第二次危机"(人生的"第一次危机"是"生理的断乳"期)。因此,在青少年学生中,有心理困扰者占绝大多数。

在大部分青少年学生中,存在的心理矛盾主要表现在:独立性和依赖性的矛盾;理想与现实的矛盾;情感与理智的矛盾;心理闭锁与寻求理解的矛盾;轻松自豪感与被动自卑感的矛盾;性生理与性心理的矛盾;等等。具体的心理困扰问题主要有:学业压力,偏执、敌对、情绪忽高忽低极不稳定,精神苦闷,心里烦躁不安、焦虑、抑郁,心理不平衡,人际关系紧张,适应能力差等。

(二) 心理障碍

心理障碍是对许多不同种类的心理和行为失常的统称。在程度上有轻重之别,重度的心理障碍就导致心理疾病。因此,一般意义上的心理障碍就是程度比较轻的心理异常(相对心理疾病)。根据心理活动的特点,可分为心理过程障碍和个性特征障碍,即认知障碍、情感障碍、意志障碍、行为障碍和个性障碍。

1. 认知障碍,是指认知过程的障碍。

学生中常见的有:①感知障碍,即感知过程中出现异常,如感觉过敏、感觉衰退、错觉、幻觉等;②记忆障碍,即记忆过程中发生困难或异常,如记忆衰退、记忆困难、健忘症、不识症等;③思维障碍,即思维过程中出现困难或异常,如思维迟钝、思维混乱、强制性思维;关系妄想、疑病妄想、发明妄想等;④想象障碍,即想象过程中出现困难或异常,表现为再造想象困难、创造想象贫乏、沉湎于妄想或幻想之中。

2. 情感障碍,是指正常情感反应的夸张、紊乱或减退。

表现为情绪极不稳定,喜怒无常,该喜不喜、该怒不怒,喜怒过度,或麻木呆板、漠然无情,或激情亢进、过度焦虑、长久的恐惧等。

3. 意志障碍,即意志行动中的异常。

表现为目的不明、盲目蛮干、当做不做、优柔寡断、朝三暮四、易受暗示、固执己见、不容他人、放任自流、缺乏自制、虎头蛇尾、不能坚持等。

4. 行为障碍,主要指由矛盾的心理原因引起的精神性行为、社会品德方面的问题行为和习惯性的问题行为等。

如神经性厌食,心因性腹泻,说谎、偷盗、攻击性行为,外逃,遗尿,吮吸手指,多动症和失眠等。

5. 个性障碍,这里主要指性格方面的缺陷。

如狭隘自私、妒忌猜疑、缺乏同情、幸灾乐祸、妄自尊大、自以为是、自卑怯懦、不善交往、不负责任、忽冷忽热、暴躁鲁莽、缺乏自控等。

(三) 心理疾病

人们对心理疾病的定义的认识,至今也没有完全一致。一般来说,心理疾病就是指心理和行为严重异常,成为一种病态,由心理障碍进一步发展而成。常见的青少年学生心理疾病有以下几种:

1. 焦虑症

以焦虑情绪为主,并伴有明显的植物神经功能紊乱和运动性不安。分急性焦虑症和慢性焦虑症。急性焦虑症,起病突然,病人感到内心有一种说不出的紧张、恐惧,宛如大祸临头、濒临末日,或奔走或呼叫、惊恐万状、四处呼救。常伴有下列症状:出汗、大小便紧迫感、胸闷、心动过速、头昏、眩晕、搓手顿足、惊恐叹息。慢性焦虑症,又称广泛性焦虑或浮游性焦虑,是焦虑症最为常见的形式。患者长期感到无明显原因、无明确对象、游移不定的广泛性紧张和不安、焦急和烦躁,终日提心吊胆、心烦意乱、坐卧不安,无耐心、易激惹。常感到肌肉紧张、颤抖、搓手顿足、腹胀、尿急等。

2. 强迫症

是一种记忆、思维、情感、意志和行为等方面出现各种强迫现象的心理症。其特点是患者对某种观念、情感、意向或行为经常反复出现明知不合理、不必要,却又不能主动控制、加以摆脱,因而感到焦虑痛苦。

强迫性观念主要表现为强迫性回忆、强迫性联想、强迫性穷思极虑、强迫性怀疑、强迫性追悔和强迫性思维等。如反复思考"人为什么要分男女,动物为什么要分雌雄""到底是先有鸡还是先有蛋"之类的问题。他们并非是这方面的专业人员,又无研究此类问题的实际需要,却无休止地为这类内心的争辩而困扰,欲罢不能。

强迫行为表现为重复、刻板、仪式性行为,但行为本身毫无意义,也不会有任何意义的结果。例如,因怀疑污染而不厌其烦地一天数十次洗手或反复洗衣服、因怀疑门未锁好而于出门后往返多次进行核查,还有的睡前反反复复地把自己的衣服、鞋袜按照一定的格式摆好。

3. 抑郁症

抑郁症是一种以抑郁情感作为突出的表现,同时又具有神经症的心理疾患。其表现可概括为四个"失去":(1)失去兴趣。对任何事物都不感兴趣,即使是对以往特别喜好的业余活动也兴趣锐减,无法从享受和消遣中体验到乐趣。(2)失去希望。感到生活无意义,对前途悲观失望,虽想前进,却看不到光明之所在;虽渴望成功,却又不知目标在哪里;虽试图努力,却没有勇气与毅力付诸实现。(3)失去精力。自觉精神不振、全身疲乏、倦怠无力、脑力迟钝、反应缓慢,既不能坚持剧烈活动,又不能坚持复杂思考,因而萎靡不振、力不从心。(4)失去自信。自我评价下降、夸大缺点、妄自菲薄,或对赞扬无相应反应,因而自惭形秽、不愿主动与人交往甚至逢人便退避三舍,遇事踌躇不前。常常自卑、自责、后悔、内疚等。

4. 恐怖症

恐怖症是以特定事物、特殊环境或人际交往时发生强烈恐惧或紧张的内心体验为特征的心理疾病。患者虽知不对,但无法解释,无法摆脱。恐怖症的症状很多,如高楼恐怖、动物恐怖、社交恐怖、闭室恐怖等。尤其值得重视的是有些学生患有学校恐怖症,一提及上学或"学校"就怒气冲冲、乱发脾气、拒绝上学,有时还伴有头痛、腹痛、恶心、呕吐等身体不适,若不涉及"学校"就会表现正常。

5. 神经衰弱

由于较长时期存在的内心冲突引起脑机能活动平衡失调而产生神经活动能力减弱所造成。其症状表现为:易激惹,易伤感,多梦,失眠,易惊醒;注意力分散,记忆力减退,精神萎靡;头昏脑胀,心悸多汗,食欲不振,易兴奋也易疲劳,过于克制和自我关注。

6. 癔症

又称歇斯底里,多由重大精神刺激所引起,青少年期的女性多有发生。癔症患者,发病时好感情用事,易悲易乐;大哭大叫、胡言乱语;行为幼稚、富于幻想、做白日梦,把想象当成真实;以自我为中心,易受暗示。

7. 精神分裂症

这是一种以基本个性改变,思维、情感、行为分裂,心理活动与环境不协调为主要特征的最常见的心理疾病。分单纯型、青春型、紧张型、偏执型四种。对于青少年学生尤其注意青春型分裂症,其表现为情绪不稳定、令人无法捉摸、思想古怪、离奇、言语杂乱无章,内容荒谬不可理解、孤独、多疑、冷漠、懒散、愚蠢、做鬼脸、出怪相。

8. 病态人格

病态人格或人格障碍,是指自童年或少年时期发展起来的,人格在发展和结构上明显偏离正常,以致不能适应正常社会生活的心理疾病。典型的人格障碍分为三大类:第一类以行为怪癖、奇异为主要特点;第二类以情感强烈、不稳定为特点;第三类以紧张、退缩为特点。

由于人格特点差异很大,人格障碍所表现的行为也多种多样。因而对其分类较难确定,目前较易被人们接受的是将其分为如下几种:偏执型人格(主要特征是极度的敏感、多疑,心胸狭隘,好嫉妒,固执呆板,对他人不信任,对自己过分关心,而又无端夸大自己的重要性。患者多见于男性)、分裂型人格(主要特征是孤独、冷漠,对人和事物缺乏基本的热情,对别人给予的批评或鼓励无动于衷,过分沉溺于幻想和内省,几乎没有朋友和社会交往)、回避型人格(心理自卑、行为退缩。想与人交往但又怕被人拒绝;想得到别人的关心,但又害羞而不敢亲近)、强迫型人格(主要特征是常有不安全感和不完善感,表现出强烈的自我克制和自我约束)、自恋型人格(过分关注、夸大自我。常幻想自己有了不起的才学、美貌。期待别人的赞赏,并总是期待别人特殊对待自己,不能接受别人的批评和建议)、反社会性人格(其主要特征是常做出妨碍公众、不负责任的行为,不断违反法纪或犯罪)、依赖性人格、边缘性人格、戏剧性人格等。它们既有共同的特点,又各有自己的特征。

专栏 17 - 2

青少年学生心理健康问题的特点

1. 隐匿性与突发性

青少年时期正是求学、升学的关键时期,家长与教师往往只注意他们学习上的问题、生活上的问题、身体健康问题,容易忽视他们的心理健康问题。青少年本身也存在同样的倾向,即使有的学生想了解心理卫生的知识,也苦于无处求助。这种状况极易使青少年产生的心理健康问题被掩盖起来。在孩子遭遇到一些突发事件(如家人病故、父母离婚、学业严重受挫等)时,也容易产生心理健康问题。

2. 多元性与单一性

对于青少年来说,导致整个青少年群体产生心理健康问题的因素是多样化、多元性的。由于青少年正处于从不成熟到成熟的发展过程中,多方面的心理承受能力相对较弱,因此,对于某一个青少年来说,导致心理不健康的起因往往比较单一。

3. 无知性与盲目性

青少年对自己的心理特点以及自我心理保健方法往往知之甚少或者处于漠然的状态,学校教育很长一段时间也忽视对学生心理健康的教育与辅导,这都使得青少年对心理问题、心理卫生、心理咨询非常陌生,一旦产生问题往往不知如何处理,更谈不上用良好的自我保健技术来处理。

二、学生心理异常的成因

心理异常严重影响青少年学生的身心健康,干扰他们正常的学习和生活,因此,探讨形成学生心理异常的原因,以便对症下药,维护他们的身心健康,是十分必要的。影响青少年学生心理健康的因素很多,有生物学因素(如遗传、体质、性别与年龄等),也有心理、社会因素(如家庭环境与早期教育、个体的冲突、挫折及防御机制等)。具体来讲,主要包括以下几个方面:

（一）生理原因

生理因素又叫生物学因素，是人的心理形成和发展的物质基础，为人的心理提供了发展的可能。主要表现在遗传因素、体质、性别与年龄等因素的影响方面。

遗传因素与人的精神状态，尤其是精神疾病之间的关系问题，较为复杂。国内外遗传生物学因素的研究证明，前辈的遗传基因有缺陷，会影响后代的身心健康。据上海某精神病院对1196 例精神分裂症患者的亲属所患精神分裂症的情况调查，发现患者父母的患病率是 3.3%，而一般人的患病率是 0.1%。研究表明，遗传因素在精神分裂症、躁狂抑郁症、人格障碍、精神发育迟滞等疾病中占有一定的地位。据研究，50%的抑郁症患者的父母中至少有一人曾患抑郁症。有人曾通过对双生子的研究，发现同卵双生子的精神疾病患同病率高达 70%，而异卵双生子的同病率则为 19%。可见，遗传因素并非是可有可无的东西，它对人的心理确实有着重要的影响。当然，遗传性是先天既得性和后天获得性两者相互作用形成的，因此，绝不能忽视社会环境和其他因素的影响。

体质是指在遗传的基础上，个体在发育过程中受内外环境的相互作用所形成的整个有机体机能的状态。体质因素对人的心理也有着重要的影响。性别因素对于人的精神状态的影响较为明显地表现在女性上。

另外，传染病、中毒、外伤、内分泌失调、营养不良、疲劳过度以及某些躯体疾病等引起大脑功能失调或脑组织受损，也会导致某些心理障碍疾病的出现。

（二）社会原因

一个人的心理离不开他所处的社会，并受社会现实的制约。随着时代的发展，社会工业化、生产自动化、人口城市化、居住稠密、竞争激烈、节奏加快、交通拥挤、信息庞杂、人际关系紧张等社会变迁所引起的心理问题越来越突出。在我国，新旧体制更替，改革开放深化，社会上出现了许许多多的新情况、新问题。这就对心理发展尚不成熟的青少年学生提出了新的更高的要求。面对这种新的社会生活环境，他们的内心容易产生矛盾冲突，心理平衡受到冲击。不平衡的心理若不能及时得到调整，就容易出现心理障碍，甚至导致心理疾病。特别是社会上一些旧的恶习、不良的风气和腐败现象，如官僚主义、贪污受贿、以权谋私、享乐主义、卖淫嫖赌、吸毒贩毒、拐卖人口等潜移默化地影响着青少年身心发展，造成他们内心矛盾的冲突加剧，出现一些"不适应"心理，加之各种犯罪分子的欺骗与腐蚀，致使青少年学生产生一系列不健康的心理。

（三）家庭原因

家庭是社会的细胞，是人生的第一所学校。它既是人的生长、发育的温床，又是塑造情感意志、性格品德的场所。我们每个人的心理健康状况，或多或少都打上了家庭的"印记"。良好的家庭环境包括家庭的经济状况及给子女的教养、教育条件，父母的教育思想，教养、教育方式，家庭成员之间的心理气氛等，均会影响青少年心理方面的发展方向及水平。

发展心理学的大量研究表明，在家庭中实施的早期教育及个体获得的早期经验对青少年心理健康的影响主要表现在以下几个方面：(1)亲子关系。亲子关系对青少年心理健康的影响，在不健全的双亲关系方面较为突出。(2)家长的教养思想、教养态度及教养方式。父母正确的教养思想、正确的教养态度及方式是子女健康成长的重要条件。（3）家长的文化修养及个性。父母的受教育程度、个人的兴趣、爱好等对子女的心理与行为有重要影响。

（四）学校原因

学校是青少年学生学习生活的重要场所,学校环境和教育质量将直接影响到他们的身心健康。

在学校,校风、班风是学生所处的心理环境,其内容很广泛,包括领导作风、教育风格、学习风气、集体舆论、师生关系、同学关系等。若校内人际关系紧张,彼此相互对抗、互不信任、感情对立,就会使学生处处设防,提心吊胆,缺乏心理上的安全感,也难以满足人的归属的需要,这样长期下去就会造成严重的心理问题。如学风不正,学生就会无心学习,得过且过,甚至无组织无纪律、打架斗殴、旷课逃学等,这些都会造成不健康的心理。

教师教育思想不端正,教育态度不友好,教育方法简单、粗暴,轻则讽刺挖苦,重则打骂处罚学生,严重伤害学生的自尊心和上进心,造成师生关系的严重对立,往往使学生产生冷漠、消极、敌对心理,有恐惧感,缺乏安全感和归属感,长期得不到调整,就会使他们产生心理障碍,造成心理疾病。

值得重视的是学生学习负担过重、压力过大,整日都处于紧张状态而放心不下,如果再得不到好成绩,很容易形成挫折感,产生焦虑、内疚、自卑、自暴自弃等消极情绪,照此下去,就会严重损害身心健康,出现心理异常。对于成绩优秀的学生,他们得到的赞扬和荣誉比较多,往往就会把自己凌驾于他人之上,目中无人,骄傲自大,自私自利,甚至为了取得成绩而不择手段,这些消极的品质和行为显然对学生的身心健康是有害的,因此,对于成绩好的学生也需严格要求,以消除各种不良的心理品质。

（五）学生自身的原因

在同样的情况和条件下,为什么有的人心理正常,有的人心理异常呢? 这主要是自身的原因,即心理承受力的不同。心理承受力水平高的人,能够客观认识评价自己,对于自身缺陷与不足,以及他人的嘲笑、冷落等消极影响都能实事求是地认识,坦然处之,并能认定目标,积极进取,保持心理的动态平衡。心理承受力差的人面对突然的变化、重大的事故、矛盾冲突、种种挫折等不能客观地加以分析,找到解决问题的积极办法,而往往是走入极端而造成心理问题。中学生处于一个特殊时期,生理的发育与心理的成熟往往并不同步而行,这常常使学生内心产生矛盾冲突,出现烦躁、焦虑、紧张、抑郁、自卑、恐惧、害怕等心理。若得不到自我调整和别人的帮助,往往就会造成心理障碍。在长身体、长知识、形成思想品德的过程中,学生难免会遇到各种各样的挫折,如身体伤残、正当需要得不到满足、个人愿望过高而不能实现、遇到出乎意料的重大灾难等,若心理承受力差,不能适度地进行调控,就会长期处于消极的情绪情感之中而不能自拔,导致心理异常。

当今青少年学生生活、学习条件优越,很少经受风风雨雨的磨炼,因而就形成了他们难以经受挫折,容易走极端的心理状态。这种状态容易导致不健康心理的产生,值得引起重视。因此,教育工作者应积极为学生创造经受锻炼的各种机会,帮助他们学会自我心理防御和调适方法,提高他们对各种问题的心理承受能力、挫折应对能力、压力管理能力,维护其身心的健康发展。

简易心理健康测试题

【指导语与题目】

下面各题根据你自身的情况作出恰当的判断,在你认为"是"的题目上打"√",在"否"的题目上打"×",而在"有时是有时否"的题目上打"△"记号。

1. 心情总是闷闷不乐,做事效率不高,情绪善变,注意力难集中,健忘……这其中是否有几项?

2. 外出时老是担心门未锁好,火炉可能有问题,电源可能没有切断,因此仔细检查,甚至特地从外面赶回来重检一次才放心,又如信投进简后却又怀疑邮票是否漏贴、地址有没有写错等。

3. 结核、癌症、非典、艾滋病或者其他恶性疾病虽然未曾患过,却一直担心会不会染上。

4. 容易脸红,害怕尖端的东西,害怕广场、高处、暗室、人群,或进入地下通道、隧道、窄桥时会感到不安。

5. 由于关心心脏跳动或呼吸是否正常,以致很难入眠,或突然感到心脏欲停、呼吸闭塞等。

6. 一天内总是无法不多次地洗手,碰到公共电话时,不先擦一下总觉得极端不洁而不敢使用。

7. 凡事总是犹豫不决,如"这么做不知道可不可以""这样做是否顺利"等,以致无法放手去做。

8. 有些奇怪的念头老是浮上脑际,自己虽然知道无聊,却又无法摆脱。

9. 离家(宿舍)时如果不从某脚起步则心里不安;用餐时对于碗筷的位置、上床时对于睡具的位置或附近的东西,如不摆在一定的地方就无法入眠;对于电线杆或楼梯的阶级总是想数数看……这里面是否有几项?

10. 尽管四周的人在快乐地玩耍取闹,自己却觉得索然无味。

11. 外界的东西有如影子一般朦胧地浮着,所见的东西无法清晰地浮在脑际;走路时也觉得不像自己在步行;无论吃得怎样多,也没有饱腹之感……这里面是否有几项?

12. 总觉得父母或亲友最近对自己缺少温情或太冷淡,或不知为何老是会引起反感,或忽然会产生孤独感……

13. "世界像是和过去有所不同,像是要发生什么(如地震、灾难)的样子",心里无端地产生这种感觉;或觉得"这个世界正趋入灭亡中,新的世界即将开始"……

14. 总觉得有人在追赶着自己,或有人在不断地凝视自己。

15. 有不愉快的思想自外而入,念头好像从外界打入脑里,像是违反自己的意志而不由自主地举起手来,有一种身不由己而由人左右的感觉。

16. 常独言自语,或独自发笑……

17. 虽然附近并没有人,却听到声音,并且从脑里或腹里传出来;晚上睡着时像是被人打了针或做了什么的样子,总觉得像是有人进入房间……这其中是否感觉到有一点?

18. 遭遇到失败,或与同学(同事)、上司、老师之间不甚和谐时,会很敏感地觉得"我被人嘲笑""在遭人非难""会被退学(或解雇)"……

19. 当自己的权利遭受到侵害时,会拼死力争。

20. 东西遗失时,便不由自主地想到"大概是××偷去的";当领导(老师)责备时会立刻想到"一定是××去告密的"……

【统计与解释】

凡是打"√"的每题记 2 分,打"×"的每题记 0 分,打"△"的每题记 1 分。然后分别计算 N 分(等于 1、2、3、4、5、6、7、8、9、10、11 各题得分之和);S 分(等于 8、9、10、11、12、13、14、15、16、17 各题得分之和);P 分(等于 18、19、20 各题得分之和)。

当 N、S、P 得分小于 4 分,表示心理十分健康,神经也颇为正常;

当 N、S 在 5 至 7 分时,处于一般正常水平;

当 N、S 在 8 至 10 分时,表示你精神有些疲倦了,最好设法减少学习、工作量,或进行娱乐来放松你的心情,调剂你的生活;

如果 N 分大于 11 分,则恐怕有些神经不安症(包括神经衰弱、精神衰弱)的可能;

如果 S 分大于 11 分,则有预防精神分裂症的必要了,最好早日请专门心理医生加以医治;

如果 P 分大于 4 分,就稍有妄想症(偏执狂)的征候,所以最好是早日请专家诊治。

第三节　学校心理咨询与心理治疗

为了提高学生心理素质,促进其身心健康、全面发展,学校教育工作者需要全面了解学生心理异常的表现和成因,切实做好学生心理咨询、治疗以及辅导教育工作。

一、心理咨询与心理治疗概述

(一) 什么是心理咨询、心理治疗

1. 心理咨询的内涵特征

一般认为,心理咨询(psychological counseling)是由咨询者向咨询对象提供心理上的帮助,使咨询对象克服当前的心理困扰,提高自身应付挫折的能力的活动。即指受过专门训练的咨询人员运用心理学的理论、方法以及技巧为求助者提供帮助、指导和支持,找出心理问题产生的原因,探讨摆脱心理困境的对策,从而缓解求助者的心理冲突,提高环境适应能力,促进人格发展的活动。心理咨询有广义、狭义之分。广义的心理咨询除咨询活动本身外,还包括心理检查、心理测验、心理治疗等。狭义的心理咨询只限于心理咨询中双方通过面谈、书信和电话等

手段向咨询对象提供心理援助和咨询帮助。通过心理咨询，可以帮助咨询对象避免或消除不良的心理及社会因素的影响，使其认识、情感、意志和态度有所变化，解决其在学习、工作、生活等方面出现的心理问题，增强他们的心理承受力，从而更好地调整自我、适应环境，保持身心健康。

心理咨询具有以下特点：咨询的对象主要是在应付日常生活中的压力和任务方面需要帮助的正常人；心理咨询是一个促使求助者自我成长的过程；另外，心理咨询具有渐进性、社会性等特点。

提供心理咨询的目的是助人，是帮助人们扫除心理障碍。学校心理咨询的直接目标是使学生解除心理困扰，顺利度过当前的危机；根本目标是促进来访学生的自立自强，使学生增长独立处理问题的能力和自信。

"心理咨询"既可以表示一门学科，即心理咨询学，又可以表示一种技术工作，即心理咨询服务。作为一种服务方式，在国外已有近百年的历史，而在我国则是近几十年的事，它的运用顺应了社会发展和人的生活的需要，在心理卫生知识的普及、防治心理疾患和提高人的身心健康水平等方面起到重要的作用，得到了社会的广泛承认和重视。心理咨询日益成为人们乐于选择的一种服务方式。

2. 心理治疗的内涵特征

心理治疗（psychotherapy）又称精神治疗，是指应用心理学的理论与方法治疗病人心理疾病的过程。即在良好的治疗关系基础上，由经过专业训练的治疗者运用心理治疗的有关理论与技术，对在精神和情感等方面有障碍或疾患的人进行治疗的过程。心理治疗有目的、有计划并按一定程序针对病人所患心理疾病的规律，采用相应方式、方法（主要是用语言、表情、动作和行为向对方施加影响，有时要借助特殊的药物、仪器设备和技术手段）来解决心理上的矛盾，达到减轻、消除或治愈心理疾病的目的。

心理治疗是针对心理问题的一种治疗方法，主要由一位经过专门训练的人员以慎重细致的态度与病人建立一种业务性的联系，用以消除、矫正或缓和现有症状，调节异常行为方式，促进积极的人格成长和发展。

心理治疗着眼于调整病人的心理状态，改变不利于疾病恢复的种种心理因素，使病人消除顾虑，增强治疗信心，从而将消极因素转变为积极因素，悲观情绪转变为乐观情绪，由被动服从治疗转变为主动参与治疗的主体，达到治疗或缓解疾病、排除心理障碍、减轻或消除精神痛苦的目的。

心理治疗具有其自身独有的特点。英国心理学家艾森克曾经归纳了心理治疗的几个主要特征：心理治疗是一种两人或多人之间的持续的人际关系；参与心理治疗的其中一方是有特殊经验或接受过特殊专业训练的；心理治疗的其中一个或多个参与者是因为自己的情绪或人际适应感觉不满意而加入这种关系的；心理治疗中应用的方法实际上是心理学的原理；心理治疗的程序是根据某些正式的关于一般心理障碍的理论和治疗者特殊的心理障碍而建立起来的。

（二）心理咨询与心理治疗的关系

1. 心理咨询与心理治疗的主要区别

（1）对象范围不同：心理咨询主要针对正常人在日常生活中所遇到的人际交往、职业选择、社会化、婚姻家庭等各种适应和发展问题;而心理治疗主要针对有心理障碍的患者或病人碰到的精神病、神经症、性变态、心身疾病、心理与行为障碍等。

（2）目的任务不同：心理咨询工作是更为直接地针对某些有限的具体的目标而进行的；心理治疗的目的则比较模糊,其目标是使人产生改变和进步。心理咨询本质上是帮助来访者从自卑和迷茫的泥潭中自己挣扎出来,即是助人自助;心理治疗解决心理问题,需要通过治疗程序。

（3）工作重点不同：心理咨询在意识层次进行,更重视其教育性、支持性、指导性工作,焦点在于找出已经存在于来访者自身的内在因素,并使之得到发展,或在对现存条件分析的基础上提供改进意见。心理治疗的某些学派,主要针对无意识领域进行工作,并且其工作具有对峙性,重点在于重建病人的人格。

（4）获得的信息不同：心理咨询获得的信息必须是全面的,需要了解对方的家庭、环境、个人活动、心理特征等;心理治疗获得的信息比较单纯,可通过症状来选择恰当的治疗方案。

（5）与来访者的关系不同：心理咨询中咨询者和求询者双方是平等的关系;而心理治疗中治疗者与求治者是医生与病人的关系,即医患关系。

（6）所需时间不同：心理咨询的用时较短,一般咨询次数为1次或几次;而心理治疗费时较长,少则几次多则几年不等。

（7）工作环境不同：心理治疗一般需要特殊的、严格的工作环境,如医院专门心理治疗机构等;而心理咨询的工作环境较宽松,限制较小,场地要求没有心理治疗那么严格,学校、社区等均可。

总之,心理咨询的任务主要在于促进成长,强调发展模式,帮助来访者充分发挥潜力,为正常发展消除障碍,因此重点在于预防,在"危机"之前给予干预,解决轻度的心理问题,所以咨询对象主要是"正常人",涉及的问题也比较广泛,咨询的场所、方式都可灵活掌握。而心理治疗旨在重建人格系统、矫正病态行为、改变认知态度等,其对象是存在某种心理缺陷的病人,如神经衰弱、抑郁症、强迫症、恐怖症、精神障碍的患者等。

2. 心理咨询与心理治疗的相似之处

尽管两者有多方面的区别,但是心理咨询和心理治疗同样具有密不可分的关系。心理咨询与心理治疗的相似之处,表现在：

（1）二者所采用的理论方法常常是一致的;

（2）二者进行工作的对象常常是相似的;

（3）在强调帮助来访者成长和改变方面,二者是相似的;

（4）二者都注重建立帮助者与求助者之间的良好的人际关系,认为这是帮助求助者改变和成长的必要条件。

可见,心理咨询和心理治疗都是利用人类能在心理上相互影响的特点,通过咨询主客体建立起良好的合作关系,在某一特殊理论指导下,应用一定的技术,来解决求助者的问题或治疗某些疾病的方法。也就是说,两者在关系的性质上,在改变和学习的过程上,在指导的理论上都是相似的。在实际工作中,两者往往是相互渗透、相互交叉、相互补充、共同使用的。因此,心理咨询本身可以说是心理治疗的一种有效方式,但它的对象比心理治疗更为广泛,而心理治疗在心理咨询中往往又是不可缺少的环节。心理咨询与心理治疗在许多方面相互重叠,咨询中间有治疗,没有治疗的心理咨询是不完全的,或者说没有实际意义的,而治疗不能脱离咨询,咨询是心理治疗的必要前提,实效性的心理治疗必须建立在大量的、详实的咨询基础之上。

二、学校心理咨询的注意事项

要想有效地开展学校心理咨询活动,必须正确认识和掌握学校心理咨询的服务对象、主要特点、基本原则、构成环节和具体技术手段等。

(一)明确学校心理咨询的对象

在学校中开展的心理咨询,其服务对象一般为三种人。一是心理正常的学生,当他们在学校、家庭和社会生活中遇到诸如学习、适应、发展、择业等方面的问题时,便有可能找学校心理咨询人员寻求帮助。二是心理有所偏差的学生,其中既有在认识、情感、意志、行为等方面存在障碍的学生,也有存在一定的心理疾病症状的学生。三是学校的教师、行政人员或学生家长,他们在学生(或子女)的教育过程中需要得到有关的帮助和指导。

(二)了解学校心理咨询的主要特点

1. 双向性

心理咨询是通过咨询过程,给来访学生心理上以帮助、劝慰、指导和教育,使来访者在学习、生活等方面所出现的心理问题得到解决,从而更好地适应环境,心理更为健康。这个过程需要指导者与来访学生密切配合互相影响,在融洽、愉快、和谐的气氛中进行,这就是心理咨询的双向性。

2. 多端性

众所周知,一个人的心理障碍主要表现为认知、情感、意志、行为障碍或出了偏差。一般来说,认识是起点,行为是归宿,情感和意志是中介。因此,心理咨询过程要从转变和引导来访者的知、情、意、行方面努力,"晓之以理""动之以情""导之以行",并根据具体情况,选择最需要、最迫切的方面作为咨询工作的突破口,既可从认知方面开始,又可从情、意方面入手,还可以从行为方面开始。

3. 社会性

所谓社会性是指咨询必须和学校、家庭、社会的各个方面联系起来,方向明确、步调一致,共同去帮助、指导、教育咨询对象。因为学生的心理无不受社会环境的影响,因此,在解决咨询对象的心理问题时,要利用与心理咨询要求相符合的积极影响去克服与心理咨询要求相违背的消极影响,促使咨询对象更好地克服心理障碍。

4. 渐进性

在心理咨询过程中,咨询双方切忌有急躁情绪,不要一下子提出高不可攀、无处着手的要求。如果操之过急,指望立即成功,往往会弄巧成拙、适得其反,使双方失去信心,严重影响心理咨询的进程和咨询对象心理状态的改变。因此,一定要由浅入深、循序渐进、耐心细致、启发诱导,由量到质逐步取得成效。

5. 反复性

实践证明,任何心理障碍的克服和消除都不是直线前进的,往往有反复。因此,咨询工作者对重点咨询对象要定期随访,及时解决出现的问题,以减少反复。

(三)掌握学校心理咨询的原则

心理咨询的原则就是心理咨询工作中必须遵循的基本要求和规则。学校心理咨询的原则有以下几点:

1. 民主性原则

所谓民主性原则,即学校心理咨询人员要以民主平等的态度对待咨询对象,使咨询工作在亲切、自然、和谐的气氛中进行,而不是拿架子、摆位子,特别是对于那些比较拘谨、性格内向的学生更要态度和蔼可亲,使他们的紧张心理松弛下来,由观望变为信任,进而趋向合作。

心理咨询人员一般不要单刀直入地提出"你有什么问题要解决""你来干什么"之类的问题,可以从闲聊一些感兴趣的内容或介绍有关心理咨询的内容入手,适时引入话题。咨询人员应耐心倾听咨询对象的诉说,鼓励对方畅所欲言,可通过友好的宜于接受的方式给予肯定,进一步缩短双方的心理距离,一般不宜居高临下,不能粗暴地否定对方的观点,打断对方的谈话并批评对方。这是民主性原则的基本内容,也是学校心理咨询工作成功的先决条件。

2. 教育性原则

所谓教育性原则,即学校心理咨询人员要针对咨询对象的具体情况,提出积极的分析意见,鼓励其培养积极进取的精神,树立正确的世界观和人生观。

学校心理咨询要有利于学生的身心发展,有利于教育质量的提高。例如,对于那些具有消极厌世或盲目敌对情绪的学生,咨询人员既不能板起面孔训斥,也不能简单地附和他们的观点,而应实事求是地进行分析,循循善诱地进行帮助。再如,在给学生进行心理发展水平诊断和测量时,一般不应简单地把结果交给学生了事,而应周密地思考,具体地分析,细致地研究,给学生提出发展的建议或意见。

3. 启发性原则

所谓启发性原则,即学校心理咨询人员要鼓励咨询对象吐露真情,启发他们准确地表达所要表达的意思。在咨询过程中,由于咨询对象可能有思想顾虑或种种怀疑,不愿说出全部真情,也可能咨询对象并不知道哪些内容对咨询人员有所帮助,而在说话中"喧宾夺主",还可能由于咨询对象思维混乱,语无伦次、无法表达清楚,造成咨询人员分析、判断的困难。

因此,咨询人员要善于把握谈话的方向,讲究谈话的技巧,借助于和谐的气氛打消咨询对象的思想顾虑,当谈话内容符合咨询需要时要及时给予肯定和鼓励,当谈话的内容比较混乱时,要冷静倾听、察言观色,特别留意那些出现频率较高的词汇,并把握这些词汇所蕴含的内容。需要指出的是,不能"滥用"启发性原则,把自己的意见强加于咨询对象,甚至"启发"咨询对象说假话,胡编乱造以自圆其说。

4. 整体性原则

所谓整体性原则,即学校心理咨询人员在咨询过程中,要运用系统论的观点指导工作,注意心理活动的有机联系,同时要善于抓住主要矛盾,使咨询工作更加迅速、准确、有效。

按照整体性原则,学校心理咨询人员必须注意收集咨询对象的全部信息。不仅要了解他的目前情况,也要了解他过去的生活经历,甚至追溯到其儿童时代的生活经验;不仅要了解学校环境对他的影响,也要了解家庭、社会可能给予的影响。总之,不能满足于简单的就事论事,而应全盘了解。当然,整体性原则并非事无巨细、平均用力,而应在全盘了解的基础上,把握导致心理问题的主要矛盾,这样才能为心理治疗提供切实可靠的依据,以便对症下药。

5. 渐进性原则

所谓渐进性原则,即学校心理咨询人员在咨询过程中,不要操之过急,而应循序渐进,逐步提高。人的心理品质的形成与发展是逐渐的过程,同时,不良心理品质的克服与消除也是渐进的过程,不可能一蹴而就。尤其对于成长中的中小学生更是如此。

6. 谨慎性原则

所谓谨慎性原则,即学校心理咨询人员对心理问题切忌凭空想象、主观臆断,或武断地答复,也不要发表语词含糊、模棱两可的意见,更不能信口开河、乱说一气,同时,也不应马马虎虎,随便搪塞。

因此,学校心理咨询人员对待咨询对象的心理问题要实事求是、认认真真,一丝不苟地进行分析、研究,以获得真实可靠的信息,同时在咨询过程中要善于明察秋毫,及时把握咨询对象的心理动态,以谨慎的态度采取相应的策略和方法,避免"不及"或"过火"现象的发生。

7. 保密性原则

所谓保密性原则,即学校心理咨询人员要保守咨询对象谈话内容的秘密,不得对外公开咨询对象的姓名和任何身份标志,拒绝任何关于咨询对象的调查,尊重咨询对象的人格和合理要求。

替咨询对象保守秘密是学校心理咨询人员的基本道德规范,咨询人员绝不能以任何方式透露或公开那些会给咨询对象带来羞耻或损害咨询对象利益的情况,更不可把咨询对象的隐私当作笑料,随意宣扬作乐。如果是科研或学术交流,发表论著的需要,也必须隐去全部关于咨询对象身份标志的信息。可以这样说,对于学校心理咨询人员来说,泄密就是失职;对于学校咨询部门来说,泄密也就意味着威信和名誉扫地。

8. 预防性原则

所谓预防性原则,即学校心理咨询人员在明确弄清咨询对象心理障碍的同时,应注意咨询对象的整个心理特点并及早预防心理障碍的加深和可能出现的其他心理问题。

心理问题与身体疾病一样,都必须以预防为主。心理品质形成的一条重要规律就是塑造容易改造难,因此,学校心理咨询不应头痛医头,脚痛医脚,孤立地解决咨询对象的某一问题,而应站在预防的高度,对咨询对象可能发展的问题作初步预测,并通过跟踪卡及时了解他们的信息,消除他们心理问题进一步发展的契机或隐患。

(四) 注意心理咨询过程的基本环节

心理咨询过程由掌握材料、诊断分析、劝导帮助、检查巩固四个环节组成。

1. 掌握材料

在这个环节,咨询人员的主要任务是了解咨询对象的基本情况以及与咨询对象有关的社会背景。在掌握材料阶段,心理咨询人员可让咨询对象填表(心理咨询登记表)来了解有关情况,但更多运用听和反馈来开始咨询过程。耐心倾听是建立良好咨询关系的先决条件,它不仅可以使咨询人员了解信息,也有助于咨询对象澄清和阐明问题。它还可以使咨询人员有机会表现自己的同情心和对咨询对象的尊重,从而使咨询对象感到自己可亲、可敬、可信,向自己敞开心扉,对自己的劝导和帮助也言听计从。这样,以后的工作也就便于展开。在这个环节,确定咨询对象的心理问题十分重要。中小学生的概括能力、表达能力以及自我认识能力还不成熟,往往使他们无法清晰地说明自己的心理问题,加之这些问题往往经历的时间长,虽然他一直被苦恼缠绕而不能摆脱,但并不一定能准确说出其心理问题产生的真正原因,而只是不停地诉说目前的痛苦。因此,作为学校心理咨询人员,要弄清学生心理问题的症结所在和为什么来咨询等问题,除了耐心倾听外,还要积极而自然地利用反馈,引导谈话的方向,以便掌握更多全面的有价值的材料。

2. 诊断分析

这个环节的主要任务是在掌握材料的基础上,进行系统的思考,认真分析,从而把握咨询对象存在问题的实质。在第一环节,咨询人员已形成了关于咨询对象的第一印象,取得了大量感性材料,对其存在的心理问题也有了初步的认识。为了进一步检查这些第一印象和初步认识,对咨询对象的心理问题得出明确结论,一方面可以对第一阶段的材料进行整理,找出规律性的东西,另一方面可以通过心理测量与心理诊断掌握有关方面的内容。通过填表、谈话和心理测量之后,就可以着手对咨询对象的心理状况进行比较全面的诊断分析了。在全面、准确地分析了咨询对象存在问题的实质后,必须对解决其问题的办法进行探讨,提出尽可能多的解决办法。当然,在寻找可行的解决办法时,也必须充分发挥咨询对象的主观能动性。因为大多数咨询对象在求助咨询前,就已对自己的问题产生过种种设想,探讨过许多解决办法。只是在咨询人员前不好意思讲出这些设想和方法。因此,咨询人员必须态度诚恳,鼓励他们提出自己的想法并加以肯定,要避免过多的评价,可以记录下所有的可能解决问题的办法,留待逐一分析。咨询人员可以从咨询对象的设想和方法上受到启发,再结合自己的诊断和分析,从而提出一些可供选择的解决方案。

3. 劝导帮助

这个环节的主要任务是咨询人员在提出了一些可供选择的方案后,进行广泛研究,周密思考,进行最优化选择,从而确定解决问题的方法,并具体实施。

在研究这些可能的方案时,不是简单地从方案目录中选择一个就结束,而是有甄别与决定的技巧。一般可从两个方面来研究每个可能的方案:一是成功的可能性;二是付出的代价——体力或经济的。例如,同学之间的矛盾可以通过斗争、逃避或"投降"等方法来解决,也可以通过协商、谦让、体谅等方法来解决。这些方法都会对咨询对象的生活产生不同程度的影响,比较妥当的方法是寻求冲突最好的途径。

在帮助学生解决问题时,咨询人员扮演了两个角色:一是教师的角色,提供建议;二是心理医生的角色,提供治疗。在扮演教师的角色时,教师主要是向学生提供有关信息或建议,教会学生如何作出决定,放松,更有信心地行动,用不同的方式看自己、看世界,形成正确的人生观和世界观,并使学生掌握一些解决心理问题的方法和技巧。在扮演心理医生的角色时,咨询人员主要是针对咨询对象的心理问题,采取必要的校正和治疗措施,但一定要适合问题的性质和咨询对象的个性,这样,才能使咨询对象的心理问题得到改变或完全消除。

4. 检查巩固

这一环节的主要任务是咨询人员还必须进行追踪,强化咨询效果。

追踪一般有三种形式:一是备忘录的形式,即由咨询人员在劝导帮助环节之后,将备忘录交给咨询对象,并嘱其按要求填写。备忘录除包括姓名、年龄、性别等身份标志外,主要有:原有心理问题的表现、指导帮助后生活发生的重要事件、自己的主观感受、别人对自己的评价等。咨询人员可定期收回备忘录进行研究。二是访问咨询对象,以检查咨询的效果。三是召开有关座谈会,约请对象的家人、同学、教师等,对咨询对象的各方面发表意见,从而取得对咨询效果的客观评价。同时,也可争取到社会各方面的积极配合,进而扩大和巩固咨询的成果。

以上四个环节相互联系、相互影响、密切相关,构成了心理咨询的全部过程,但并不意味着这四个环节不分主次,可以平均用力,应根据具体情况,针对心理问题的不同特点,灵活进行。

三、学校心理治疗的常用方法

心理治疗常用的方法主要有认知疗法、心理疏导法、行为疗法、暗示催眠疗法、音乐疗法、放松疗法、宣泄疗法七种疗法。

(一) 认知疗法

认知疗法也称"理性情绪疗法"。主要治疗方法是通过说理、追问、争议等,改变患者的病态认知。因为其理论认为,认知是情绪的基础,不良的认知是造成不良情绪和行为的根源。只要矫正了不正确的思想认识,其派生的不良情绪和行为也随之矫正。治疗的方法首先是认知分析,即让患者记录下具体的主要的适应性不良认知,并详细罗列出支持和反对这些认知的理由,然后引导患者深入分析,常采取划界和离心两种程序。划界是让患者学会分清主观想象和客观想象的界线。例如,"觉得自己不好"不等于"自己是个坏人"。离心则是让患者分清因果关系,不把周围环境中发生的无关紧要的现象往自己身上扯。其次为认知强化,鼓励患者改变自己的想法,一旦形成正确的适应性认识,即予以反馈性强化。此法可用于治疗儿童多动症、冲动性行为、注意缺乏、抑郁症等。

(二) 心理疏导法

这种方法主要以良好的医患关系为基础,以"词"为基本工具,根据患者的具体情况,采用种种疏通和引导的方法,消除心理紧张,激励其自我领悟,增强其解决问题的信心和调动其治疗的能动性,促使心理状态的积极变化,达到治疗和预防疾病,促进身心健康的目的。

心理疏导疗法一般有三个阶段:

1. 疏通阶段,即创造良好的疏导环境,激发患者求治意向和信心,疏通使其真实、具体地讲出心理问题的原因,帮助其形成自我认识,自我分析,注意运用情感变化,使认识深化;

2. 矫正阶段,即利用条件反射等具体手段,破坏病态的心理动力定型,继续疏导,直至其能自我控制;

3. 引导阶段,这一阶段是建立正常的、良好的条件反射,巩固新的生理、心理动力定型,注意防止外界不良刺激,取得多方面的支持与配合。

(三) 行为疗法

行为疗法是改变行为问题的程序和技术的总称。其理论基础包括三大方面,即焦点型条件反射说、操作性条件反射说和社会性学习的学说。行为治疗者认为人的多数行为反应(包括正常行为和异常行为)是通过"学习"和"条件反射"而获得的,所以也可以通过"学习"和"条件反射"使之加强和减轻或消除。这种方法对消除一些恐怖、焦虑症状,纠正青少年某些不良习惯和异常癖好等都有很好的疗效,而且方法简单,容易推广。

行为疗法有许多具体方法,在此简单介绍几种。

1. 系统脱敏疗法,主要用于治疗恐怖症,即让患者反复地接触刺激的情境或事件,直至不再害怕为止,具体方法是指导患者循序渐进地接触恐惧的事物或情境(多利用图片、幻灯片或模型)慢慢过渡到真实的事物或场景,这样就可使患者逐渐消除紧张和恐惧,恢复常态。

2. 厌恶疗法,即用痛苦的或不快的条件刺激,使患者产生不快的体验,经常反复地结合使用,使它与不良行为联想起来,产生厌恶的心理状态,从而达到条件性抑制,矫正不良的行为。

3. 阳性强化法,用满足或奖励等正强化因素使所期望的行为频度增加,称之为阳性强化(或正性强化)。一般以患者喜爱的东西作为奖励,使之产生有利的强化条件刺激,可应用于慢性精神患者和精神分裂症患者等的退缩行为,使之增加社会性活动,逐渐趋向正常行为状态。

行为疗法还有其他一些具体方法。但实施起来都应注意目标明确,进程适当,及时强化,不断巩固。只有这样,才能确实发挥行为疗法的作用,促进患者心理行为的积极性,以达到身心健康的目的。

(四) 暗示催眠疗法

暗示催眠疗法是指通过言语或药物等手段使患者进入催眠状态,然后,治疗者借助于言语暗示,以消除患者的身心障碍的治疗方法。催眠的步骤一般是:首先,甄别患者受暗示性的高低,约 20%—25% 的人不易受暗示,就不能进行催眠;然后,要求患者安静躺在舒适的椅子上,消除杂念,放松肌肉,同时保持周围环境安静,使室内光线若明若暗;接着,催眠师要求患者凝视某物,并用低沉、缓慢的声调反复地说"现在你想睡觉,你已经很疲乏了,四肢无力,闭上眼睛,看不见东西,打哈欠,很快进入梦乡。你就要睡着了……"直至患者蒙蒙胧胧地进入催眠状态,但催眠师仍继续进行暗示;最后,催眠师可通过言语暗示,与患者进行"交谈"来进行治疗。

(五) 音乐疗法

音乐疗法是通过音乐对人的心理作用影响人们身心功能协调和行为变化,增进人的健康的一种心理治疗方法。音乐能振奋人的情绪,唤起生活的勇气,消除抑郁、烦躁与不安,使人安然、宁静,引起松弛、愉快和舒适的感觉,并激起人们对生活的向往,事业的追求,形成新的联想,也可以转移病态意愿和各种负性情绪,增强自我价值,坚定治疗信心。

在实施时,既可让患者聆听音乐,亦可让他们参加演唱或演奏。值得注意的是,治疗者要考虑音乐的针对性,选出恰如其分的音乐曲子,同时,也要考虑患者的可接受性,选择的音乐要易于被他们吸收、理解。也只有这样,音乐才能起到改善心理状态,促进身心健康的作用。

（六）放松疗法

放松疗法是一种古老的身心保健方法。其核心是"静、松"，即在安静的环境下，治疗者可以指导患者进行意念控制，按步骤依次放松全身各组织肌肉，如手指、手掌、手腕、手肘、肩膀等，同时指导患者调整呼吸，以达到"松弛"的状态，来调节其生理机能与心理状态。放松疗法的具体内容很像一组体操，和气功疗法中的放松功也有些类似，主要用于治疗过度紧张、焦虑、愤怒等心理疾病症状。

（七）宣泄疗法

宣泄疗法就是通过创造某种环境，让患者把自身积郁的不满、愤怒、悲伤、痛苦等压抑情绪发泄出来，以减轻心理压力，保持心理平衡的一种心理治疗方法。宣泄的方式和对象多种多样，但作为治疗者要加以启发引导和控制，使患者的所作所为既有利于最大程度地发泄，又不至于带有破坏性、伤害性，并且易于被周围环境接受。

以上所列心理治疗方法在实施时，应具体问题具体分析，灵活运用，既可单独使用，也可多种结合使用。心理治疗的目的就是：促进患者身心健康，生活幸福。

四、学校心理辅导方法技术

心理辅导是一种专业活动，是专业知识和技能的运用。它必须以心理学的理论为基础，运用心理辅导的方法、技术和手段，来促进学生心理的健康发展。

学校心理辅导又叫学生心理辅导，是指学校辅导教师根据学生生理、心理的发展特点，运用心理学的知识和技能，通过形式多样的辅导活动，帮助学生了解自己、认识环境，克服学习、生活与人际关系中的问题及情感困扰，增强其社会适应性，充分发挥个人潜能，促进学生身心全面、和谐发展。

对学生进行心理辅导与教育是促进学生心理健康的重要工具和手段，也是主要方法和途径。要解决学生心理异常问题，促进心理健康，必须重视学生的心理辅导与教育工作。随着社会发展和科技进步，青少年学生心理问题越来越被人们重视，心理健康教育也越发显得迫切和重要。学校心理辅导也日益成为学校实施心理健康教育的主渠道。

（一）学校心理辅导的原则与方法

1. 学校心理辅导的基本原则

（1）面向全体原则，即调动全体学生的参与。心理辅导的目标是全体参与者在心理和行为上的积极改变，这要求辅导人员要尽量给每个学生同等的参与活动的机会。注意辅导班级规模不宜太大，若人数过多，可分小组开展活动。在面向学生群体的同时，要注意处理好与个别学生的个性特长的关系，做到在因材施教的基础上促使学生全面、整体发展。面向全体成员、关注个别学生已经成为学校心理辅导的一个基本原则。

（2）整体发展原则，即要以学生技能形成为导向。心理健康辅导的目的在于使学生掌握一定的处理环境适应问题的方法，故其内容的主体部分是学生的实践与练习，以形成相应的技能或达到态度上的改变。因此，心理辅导的主要形式是活动。

（3）结合实际原则，即紧密结合学生的生活实际。首先，课程的总体安排在保持一定的系统性的同时，更强调根据学生群体的实际进行灵活的调整；其次，在讲课材料中要尽可能地结合学生生活中的实例。

（4）尊重理解原则，即在心理辅导过程中要尊重学生，理解学生。尊重就是要尊重学生的人格与尊严，尊重每个学生的价值和主体性，承认其与师长、他人在人格上的平等地位，充分发挥学生作为辅导活动主体的作用。同时尊重也是理解的基础，理解要求教师以平等的态度，学会共情，设身处地，将心比心，站在对方的立场看待问题，以达到感同身受的效果。

2. 学校心理辅导的主要方式和途径

从我国各级各类学校目前开展心理辅导的实践来看，学校心理辅导的方式主要有两种。

一是发展性辅导，是以全体学生为对象的团体辅导，它以预防性辅导为主，着眼点在于发展学生良好的心理素质，维护和促进学生心理健康，帮助学生成长、成才。如性别识别训练、自信心训练等是对所有学生都适合的发展辅导。

二是矫治性辅导，是以少数学生为对象的个别辅导，是一种补救性的辅导。目的是为那些有各种心理问题的特殊学生，如经常逃学、有学习障碍的学生等，提供心理辅导或矫治，以缓解这类学生的心理困惑或压力，从而使他们的心理得到健康发展。

对学生进行心理辅导的途径很多。除了上述团体（或小组）辅导和个别辅导途径外，根据学校和学生实际，还可以选择以下途径。

（1）独立开设专门的心理健康课程。心理健康教育与辅导内容丰富，体系独立，任务艰巨，可以专门设置一个科目。目前这种专门的心理健康课程一般有两种形式。一种是开设以讲授为主的有关课程，主要有心理学、心理卫生、心理健康教育课或有关的知识讲座，向学生传授、普及心理健康有关知识。这在开展心理辅导工作初期容易被教师掌握，但是从解决学生身上实际存在的问题来讲，其作用是有限的。另外一种形式是开设专门的心理辅导活动课。在形式上以学生活动为主，在内容选取上充分结合学生实际需要，在活动组织上以教学班级为单位，有计划、有系统地安排设计活动目的、内容、方法、程序等，同时适当考虑每个学生的具体情况，实行个别化对待。

（2）将心理辅导融入班级、团队活动之中，即结合班会活动、课外活动、团队活动来进行心理辅导。从某种意义上讲，心理辅导拓宽和加深了学校、班级的活动领域，提高了活动的科学性和实效性。要注意心理辅导有自身的目标、任务和内容，千万不能让心理辅导被班级、团队的日常活动所代替而丧失自己的特色和地位。

（3）在学科教学中渗透心理辅导。学科教学是学校教育最主要、最基本的活动形式。学生获得知识、形成能力、掌握方法主要是在学科教学过程中实现的。因此，在学科教学中渗透心理健康教育有一定的时空优势。并且几乎所有的学科中都有不同程度的适用学校心理辅导的内容和素材，教学过程还经常出现有利于开展心理辅导的教育情境。

（二）学校心理辅导的程序与技术

1. 学校心理辅导的程序

首先，确定心理问题。要注意以下几个重点：

（1）事实：在辅导对象身上发生了什么事情？发生的时间、地点、情境是怎样的？事情的前因后果是什么？

（2）思维方式与态度：辅导对象是怎样认识和看待这些事情的？辅导对象的重要他人（如家长、教师、亲密友人等）又是如何认识和看待这些事情的？两者之间是否有差别或冲突？辅导对象对重要他人又是如何认识和评价的？是否存在什么偏差或不合理之处？

（3）情绪与行为：辅导对象在事件前后都做了什么？现在想怎么做？现在是怎样待人处世？怎样应付困难？是否存在行为不足或过剩的问题？

（4）生存环境：辅导对象的生存环境是否有利于身心的健康发展，等等。

其次，设立辅导目标。作为心理辅导的目标，必须具备以下要求：一致性、具体性、可行性、侧重性。

再次，制定与实施辅导方案。制定辅导方案是综合考虑辅导对象的有关情况、辅导者的策略与技术储备以及已经确立的辅导目标，为实现目标而制定行动计划或方案。方案不一定是最好的，但是要适宜，要有助于调动对象的积极性、自主意识，减少依赖性和阻抗性。

实施辅导方案的过程是帮助、改变或治疗的过程，也是最有影响力的环节。要注意进一步调动对象主动性，及时反馈调节与评价，同时注意在实际生活中巩固和迁移辅导效果。

最后，评估、结束辅导。注意前后对照评价目标的实际达成情况，帮助对象举一反三、学习应用辅导经验，同时要学会接受离别。

2. 心理辅导的技术

关于心理辅导的技术种类很多，这里着重介绍几种适合中小学的常见技术。

（1）自我管理法

其步骤是：选择目标——监测靶行为——改变环境因素，暂时避开不良的环境——签"行为合同"，获取有效的成果。

（2）自信训练

又叫决断训练、肯定性训练。适用于解除人际交往困扰，帮助其表达或敢于表达自己的正当要求、意见或内心情感体验。其步骤是：确认问题——提高对象参与动机——定义适当行为——具体实施训练。

还有其他一些方法，如货币管理法、合理情绪认知转变、放松练习、想象脱敏、角色扮演等，要具体问题具体对待。

思考与练习

1. 心理健康的一般标准是什么？你是如何看待和理解心理健康及其标准的？

2. 心理健康对人有什么影响？你是如何认识心理健康的重要性的？

3. 学生常见的心理异常有哪些？其影响因素是什么？

4. 什么是心理咨询？在进行学校心理咨询时应该注意哪些事项？

5. 什么是心理治疗？常用的心理治疗方法有哪些？

6. 什么是心理辅导？常用的心理辅导技术有哪些？

参 考 文 献

1. 刘华山,江光荣主编. 心理咨询学. 上海:华东师范大学出版社,2010.

2. 刘华山. 学校心理辅导. 合肥:安徽人民出版社,2001.

3. 刘华山,郭永玉主编. 学校教育心理学. 武汉:湖北人民出版社,1997.

4. 蒋长好. 教育心理学. 武汉:华中师范大学出版社,2012.

5. 蔡笑岳. 心理学. 北京:高等教育出版社,2007.

6. 岑国桢. 教育心理学. 北京:中国人民大学出版社,2011.

7. 彭聃龄. 普通心理学. 北京:北京师范大学出版社,2004.

8. 黄希庭. 心理学导论. 北京:人民教育出版社,2001.

9. 林崇德. 发展心理学. 杭州:浙江教育出版社,2004.

10. 沈德立. 高效率学习的心理学研究. 北京:教育科学出版社,2006.

11. 范安平. 心理实验指导. 上海:华东师范大学出版社,1997.

12. (美)托马斯. R. 布莱克斯利著. 右脑与创造. 傅世侠,夏佩玉译. 北京:北京大学出版社,1992.

13. 泛珠三角地区九所师范大学联合编写. 现代心理学. 广州:暨南大学出版社,2006.

14. 邵瑞珍. 教育心理学(修订本). 上海:上海教育出版社,1997.

15. 施良方. 学习论. 北京:人民教育出版社,2001.

16. 李伯黍,燕国才. 教育心理学. 上海:华东师范大学出版社,1993.

17. 阴国恩等. 非智力因素及其培养. 杭州:浙江人民出版社,1996.

18. 范安平,彭春妹主编. 教育应用心理学. 武汉:武汉大学出版社,2003.

19. 谢利民,郑百伟. 现代教学基础理论. 上海:上海教育出版社,2003.

20. 范安平. 中学生心理辅导研究. 深圳:海天出版社,2005.

21. (美)R. J. 斯腾伯格著. 成功智力. 吴国宏,钱文译. 上海:华东师范大学出版社,1999.

22. 李全起. 创造能力与创造思维. 北京:中国档案出版社,2004.

23. 陈安福. 中学心理学. 北京:高等教育出版社,2004.

24. 李铮,姚本先. 心理学新论. 北京:高等教育出版社,2001.

25. 林崇德,辛涛. 智力的培养. 杭州:浙江人民出版社,1996.

26. 蒋长好. 教育心理学. 武汉:华中师范大学出版社,2012.

27. 熊生贵. 新课程:教学创新新试点. 成都:四川大学出版社,2004.

28. 孟昭兰. 普通心理学. 北京:北京大学出版社,1994.

29. 莫雷. 教育心理学. 广州:广东高等教育出版社,2002.

30. 陈琦,刘儒德. 当代教育心理学. 北京:北京师范大学出版社,1997.

31. Shaffer, D. R. (2004). *Developmental psychology:childhood and adolescence*. 6th ed. New York: Wadsworth.

32. 申荷永,高岚. 心理教育. 广州:暨南大学出版社,1995.

33. 姚本先. 儿童发展与教育心理学. 合肥：安徽大学出版社, 2002.

34. 张春兴. 现代心理学. 上海：上海人民出版社, 1994.

35. 张春兴. 教育心理学. 杭州：浙江教育出版社, 1998.

36. Calfee，R. C.（1985）. *Experimental Methods in Psychology*. New York：Holt，Rinehart and Winston.

37. 杨治良. 实验心理学. 上海：华东师范大学出版社, 1990.

38. 章志光. 心理学(修订版). 北京：人民教育出版社, 2002.

39. 郑雪. 人格心理学. 广州：暨南大学出版社, 2001.

40. 叶奕乾, 祝蓓里主编. 心理学(高等学校文科教材)(修订本). 上海：华东师范大学出版社, 1996.

41. Hogon，R.（1991）. *Personality and personality measurement*，CA：Consulting Psychologists Press.

42. 曹日昌主编. 普通心理学(上)(下). 北京：人民教育出版社, 1979.

43. 林传鼎. 智力开发的心理学问题. 北京：知识出版社, 1985.

44. 邵瑞珍主编, 皮连生副主编. 教育心理学. 上海：上海教育出版社, 1988.

45. 黄希庭. 心理学导论. 北京：人民教育出版社, 1991.

46. 朱智贤主编. 心理学大词典. 北京：北京师范大学出版社, 1989.

47. 车文博. 意识与无意识. 沈阳：辽宁人民出版社, 1987.

48. 李孝忠. 能力心理学. 西安：陕西人民教育出版社, 1985.

49. 孟昭兰. 人类情绪. 上海：上海人民出版社, 1989.

50. 高觉敷主编. 西方近代心理学史. 北京：人民教育出版社, 1982.

51. 俞文钊. 实验心理学. 杭州：浙江教育出版社, 1989.

52. 高玉祥. 个性心理学. 北京：北京师范大学出版社, 1989.

53. 安志森. 认知心理学. 长春：吉林教育出版社, 1989.

54. 许其端. 中学教育心理学. 上海：华东师范大学出版社, 1997.

55. 李建周. 心理学. 北京：高等教育出版社, 1991.

56. 周晓虹. 现代社会心理学. 上海：上海人民出版社, 1997.

57. 皮连生. 学与教的心理学. 上海：华东师范大学出版社, 1995.